Rot und realistisch

Günther Nenning

Rot und realistisch

Gesamtsozialistische Strategie und Sozialdemokratie

Europaverlag

Umschlag von Georg Schmid

Printed in Austria
Satz Filmsatzzentrum Deutsch-Wagram
Druck Rosenbaum Wien
ISBN 3-203-50465-0

Inhalt

Einführung in meinen Themenkreis
1.–6. Tag/Ein besserer Waschzettel 11
1. Tag: An meine Nichtleser speziell Rezensenten 13
P. S. 14
2. Tag: Wir Intellektuelle sind Lügner 16
P. S. 17
3. Tag: Linke Theorie und mein Leben 19
P. S. 23
4. Tag: Beichte eines Toren 25
5. Tag: N. N. an seine Freundin über Mehrfachbeziehungen 27
Über Ehe (1)
6. Tag: G. N. an seinen Verleger über garstige Wörter 30
P. S. 32

Leben im Kapitalismus
7.–10. Tag/Die Lage der arbeitenden Klassen 33
7. Tag: Arbeiten ist unmoralisch 34
»Arbeitsmoral«. »Mitbestimmung«. Sozialistische Arbeitsmoral
P. S. 39
8. Tag: Wohnung ist Gefängniszelle 40
Bürgerrecht und Streikrecht. Maffia Boden/Bau/Wohnungskapital. Sozialdemokratisch-kapitalistische Wohnbaureform – Über Ehe (2)
P. S. 47
9. Tag: Verkehr ist Gehirnwäsche 48
Ursprung des Verkehrs aus der Arbeitsteilung. Industriekapital und Automaffia. Autofetischismus. Verkehr als Energievernichtungsmaschine – Über Ehe (3). Sozialdemokratisch-kapitalistische Verkehrsreform
10. Tag: Arbeitende Klassen und Linksintellektuelle 59
P. S. 60

Leben im Kapitalismus
11.–16. Tag/Die Lage der Schüler und Lehrer 63
Vorbemerkung zu den folgenden Kapiteln über Schule 64
11. Tag: N. N. an ein Bauernmädchen 65
12. Tag: Schule tötet Produktion 67
13. Tag: Schule tötet Demokratie 72

14. Tag: Schule tötet Phantasie 77
15. Tag: Befreiung der Schüler. Befreiung der Lehrer 82
16. Tag: Schulreform nicht Schulrevolution 89

Leben im Kapitalismus
17.–23. Tag/Die Lage der Frauen und Männer 97
Über Ehe (4)
17. Tag: Wir Männer sind Schweine 99
Alle Männer betrügen alle Frauen. Mann und Frau als betrogene Betrüger. Das System betrügt uns alle. Das System muß weg
18. Tag: Frauengewerkschaften – Hausfrauengehalt – Neue Ehe 108
Erinnerung betreffend nachfolgende Briefe
19. Tag: *N. N. an seinen Sohn und seine Frau über Liebe im Kapitalismus* 114
20. Tag: *N. N. an seine Freundinnen B. und K. über Liebe im Kapitalismus* 121
P. S. 124
21. Tag: G. N. an seinen Seelsorger über Monogamie 127
P. S. 129
22. Tag: G. N. an seinen Seelsorger über Polygamie 130
Kommune als Utopie. Kirche und Kommune. Kapitalismus und Familie. Polygamie und Rechtsreform
23. Tag: G. N. an seinen Seelsorger über Kommunen 141
Ist die Kleinfamilie politisch unentbehrlich?
P. S. 146

Tod der Neuen Linken
24.–29. Tag/Reform und Konterreform in der Kirche 147
Vorbemerkungen zu den Kapiteln über Kirche 149
24. Tag: G. N.s Absturz vom Paradekatholiken zum Linkschristen 150
P. S. 153
25. Tag: Der Papst ist ein guter Sozialist 155
Kirchenreform als Antwort auf Kapitalismus und Sozialismus. Kirchenreform und westliche Demokratie. Kirchenreform – Sozialismus – Sozialdemokratie. Doppelgesicht der Päpste. Werben um die 3. Welt. Der Papst für Gemeineigentum – Planwirtschaft – Wirtschaftsdemokratie. Der Papst für Revolution. Der Papst für neue Theologie
P. S. 171
26. Tag: Reformierbar ist alles außer die Obrigkeit 172
Wann kommt die nächste Reform? Reform in der Kirche – Reform in der Sozialdemokratie

27. Tag: Der Dialog ist tot 178
Getötet von Rom und Moskau. Jugendblüte. Was bleibt? Er starb an Konzilianz. Handeln statt reden. Neue Linke und alte Tanten. Postdialogischer Dialog
P. S. 195
28. Tag: Vom Klerus zu Jesus 197
P. S. 199
29. Tag: Linkskatholisches Manifest 201
Gesellschaftstheorie der Linkskatholiken. Kirchenbild der Linkskatholiken. Glaube der Linkskatholiken
P. S. 214

Tod der Neuen Linken
30.–34. Tag/Geburt Lebenslauf Absterben Fortleben der Jugendbewegung 215
30. Tag: Geburtsanzeige durch Opa G. N. 217
P. S. 223
31. Tag: Lebenslauf von Subkultur bis Kulturrevolution 224
Motto von Mao 224
Politik aus Kultur. Weltpolitischer Hintergrund. Entwicklungskette. 15 gemeinsame Merkmale – Aufstand der Jungen. Aufstand der Bürgersöhne gegen das Bürgertum. Internationaler Aufstand. Aufstand für die 3. Welt. Radikal antikapitalistischer Aufstand. Aufstand gegen die Wohlstands- und Konsumgesellschaft. Radikal »antimaterialistischer« Aufstand. Aufstand gegen die Leistungsgesellschaft. Aufstand des Lebens. Aufstand der Freiheit. Aufstand der Liebe – Über Ehe (5). Aufstand der Phantasie seis durch Drogen. Aufstand der Kunst. Aufstand der Religion. Anarchistischer Aufstand
P. S. 242
Politökonomie und Poesie. Sozialismus ist Poesie
32. Tag: Lebenslauf von Junglinks bis Juso 246
Neue Linke ist Sozialismus. Neue Linke mit konservativer Wurzel. Neue Linke kontra Alte Linke. Neue Linke kontra Kapitalismus. Politische Revolution. Ökonomische Revolution. Geistige Revolution. Sexuelle Revolution – Über Ehe (6). Neue Linke plus 3. Welt. Neue Linke. Reale Utopie. Neuer Faschismus
P. S. 264
33. Tag: Todesanzeige – Nachruf 265
Kulturelle Vorbereitung. England. USA – Über Ehe (7). Westdeutschland. Japan. »Ostblock« inkl. Jugoslawien. »3. Welt« inkl. China. Frankreich und Italien

34. Tag: Leben nach dem Tode 279
P. S. 282
Kommune ist der 6. Akt. Realismus zwecks Romantik

Wiedergeburt der Sozialdemokratie
35.–43. Tag/Analyse Kritik Funktionen 285
Vorbemerkung zu den Kapiteln über Sozialdemokratie 287
35. Tag: G. N.s Abstieg vom Reformer zum Linken 288
36. Tag: G. N.s Aufstieg vom Krieg zum Frieden mit der Partei 293
P. S. 296
37. Tag: Böse junge Linke gute alte Sozialdemokratie 297
Holzhammer statt Dialektik. Doppelgesicht der Sozialdemokratie (1). »Neue Sozialdemokratie«: KPI KPF US-Demokraten. Doppelgesicht der Reform. Linker Josefinismus und Revolution. Strategie ohne Selbstmord
38. Tag: Linkes Leben im Kapitalismus 306
39. Tag: Sozialismus als Produkt des Kapitalismus 308
40. Tag: Dialektik des demokratischen Kapitalismus 312
Basisdemokratie contra Herrschaftsdemokratie. Alle immer hineinlegen geht nicht. Doppelgesicht der Sozialdemokratie (2). Von bürgerlicher Basisdemokratie über demokratischen Kapitalismus zum Faschismus. Doppelgesicht der Sozialdemokratie (3). Vom Nutzen bürgerlicher Demokratie. Vertreterdemokratie Mediendemokratie
41. Tag: Sozialdemokratie und Großkapital 324
Sozialdemokratie als Störfaktor. Gleichgewicht der Klassen. Arrangement der Klassen. Verkümmerung der Arbeiterbewegung. Historische Arbeitsteilung Sozialismus–Kapitalismus. Planspiel: »Sozialdemokratie« und »Sowjetkommunismus« im Spätfeudalismus. Sozialdemokratie Großkapital Kleinkapital
42. Tag: Doppelgesicht der Sozialdemokratie 338
Man lasse sich nicht irremachen. Tanzen auf zwei Kirtagen. APO der Kapitalisten. Medienzirkus. Preissteigerungen und Ideologie
43. Tag: Funktionen der Sozialdemokratie 346
Zusammenfassung und Weiterführung
Agentur der Massen. Agentur des Kapitals. Liberale Reformagentur. Agentur geistiger Klimaänderung. Agentur zur Ruhighaltung der Massen. Agentur des Sozialismus
P. S. 356

Rosa Revolution
44.–50. Tag/Strategie Lebenlassen Sterbenlassen 359
44. Tag: G. N. an Parteifreunde über gesamtsozialistische Strategie 361
Klassenlose Gesellschaft als Ziel. Sozialistische Bewußtseinsbildung als Weg. Sozialistische Theorie als Voraussetzung. Sozialistische Praxis als Voraussetzung. Rolle der Sozialdemokratie im Kapitalismus. Rolle der Sozialdemokratie in einer gesamtsozialistischen Strategie
45. Tag: G. N. an einen linken Fatalisten über gesamtsozialistische Strategie 376
46. Tag: G. N. an einen linken Optimisten über gesamtsozialistische Strategie 380
P. S. 390
47. Tag: Revolution Gewalt Sozialdemokratie 391
Geschwindigkeit. Gewalt. Inhalt und nochmals Gewalt diesmal auch sozialdemokratische
P. S. 397
48. Tag: Revolutionäre Arbeit und sexuelle Freiheit 398
P. S. 404
49. und 50. Tag: (nichts mehr geschrieben) 405
11. September 1973
Chile und die Revolution 407

Gebrauchsanweisung

Auf der Heimfahrt nach Wien im fertigen Manuskript lesend dachte ich mir:

Es wird welche geben die werden sagen:

Weißt Du das Beste an dem Buch sind diese P. S.

Wo er so von den Sternen redet und den Rehleins

Und was er so treibt in der Hütte

Und sonst

Na sonst ist es ein politisches Buch

Komische Mischung

Bitte warum nicht ich wünsche mir viele solche Leser und ein paar andere

Die P. S. habe ich jedenfalls kursiv setzen lassen und auch diese Briefe von jemand anderen und noch ein paar Sachen

An das Schräggedruckte halten sich bitte Leser mit Sinn fürs praktische Leben

Theorie ist Mist

An diesen halten sich bitte ernsthafte Leser

Danke

—

Einführung in meinen Themenkreis 1.–6. Tag Ein besserer Waschzettel

1. Tag
An meine Nichtleser
speziell Rezensenten
P. S.

2. Tag
Wir Intellektuelle sind Lügner
P. S.

3. Tag
Linke Theorie und mein Leben
P. S.

4. Tag
Beichte eines Toren

5. Tag
N. N. an seine Freundin
über Mehrfachbeziehungen
(Über Ehe (1))

6. Tag
G. N. an seinen Verleger
über garstige Wörter
P. S.

1. Tag
An meine Nichtleser speziell Rezensenten

Vor der Hütte stand rundum Finsternis mit Wänden aus Regen.

Vor der Hütte stand rundum Morgen mit Wänden aus Nebel.

Dann kam statt der einen Wand die Sonne.

Ich holte den Klapptisch und stellte ihn unter den Apfelbaum. Die Sonne machte helle Flecken auf die Platte.

Darauf stellte ich die rote Schreibmaschine davor den Klappsessel darauf legte ich die Wolldecke denn im Rücken wo die Sonne noch nicht war war es kalt. Du schliefst noch.

LIEBE NICHTLESER

Ihr seid die gesunde Mitte. Links die Extremisten, die ein Buch kaufen (borgen stehlen) und lesen, rechts die Extremisten, die weder kaufen noch lesen (z. B. Rezensenten, die es zugeschickt kriegen und darüber schreiben). Erstaunlich viele kaufen ein Buch und lesen es nicht, vor allem wenn darüber geredet wird. Dafür will ich schon sorgen.

Auch ich lese nicht gern, was ich geschrieben habe. Ich schreibe lieber über das, was ich schreiben möchte, daher meine Vorliebe für Einleitungen. Hier eine als Dienst am Nichtleser, am kaufenden wie rezensierenden. (Wer ein Buch rezensiert, kann's nicht auch noch lesen, der Aufwand ist im Honorar nicht drin, gewissenhaft wie er ist, wird er aber die folgenden Zeilen leicht variieren.)

Dieses Buch ist ein Bauchladen, worin wieder einmal Revolution der Köpfe verkauft werden soll, allerlei Rotes für allerhand Rote und Nichtrote, Sozialdemokraten Sozialisten Kommunisten Anarchisten Liberale intelligente Konservative verunsicherte Unternehmertypen vernünftig gewordene Jugendliche unvernünftig gebliebene Erwachsene.

Einer von letzteren ist der Autor, jetzt glücklich 52, Österreicher Journalist Sozialist Linkskatholik, stand innerhalb der Sozialdemokratie zunächst am rechten Flügel, setzte sich dann mit Austromarxismus und Marxismus auseinander (»Anschluß an die Zukunft« 1963, »Sozialdemokratie« 1964, »Öffnung oder Untergang« 1965, sämtlich Europa Verlag Wien). Im Sog der Studentenbewegung geriet er, mitsamt seiner Zeitschrift »Neues Forum«, ziemlich weit nach links.

Das neue Buch zeigt den Veränderlichen wieder auf Kursveränderung. Der passionierte Zwiedenker will nun nicht bloß Sozialist und Christ gleichzeitig sein, sondern auch Linker und Sozialdemokrat. Er kritisiert die Sozialdemokratie von einem linken Standpunkt, recht deutlich aber auch die Linke von einem sozialdemokratischen Standpunkt. Er steht schon wieder auf zwei Standpunkten zugleich, solche Gymnastik scheint ihn jung und frisch zu erhalten. Man muß zugeben, daß seine Personalunion von Christ und Marxist heute nicht mehr so absurd ist wie damals, als er sie verkündete. Nase die er hat wird demnächst womöglich auch seine Personalunion von links und sozialdemokratisch landläufig. Obwohl als geheimes Oberhaupt der österreichischen Linken denunziert, ist er aus der sozialdemokratischen Partei und Gewerkschaftsfraktion (er ist immer noch Vorsitzender der österreichischen Journalistengewerkschaft) nie hinausgegangen, noch hinausgegangen worden.

Sooft man begann ihn ernstzunehmen, in der Kirche in der Sozialdemokratie in der Linken, vereitelte er dies durch eine Kurskorrektur. Man kann ihn nicht einmal als »Wurstel« ernstnehmen. (Wie dies einmal Bruno Kreisky versuchte, jetzt sind sie wieder beisammen.) Vielleicht sind seine ständigen Kurswechsel ein Kreuzen gegen den Wind, mit dem starrsinnig festgehaltenen Ziel eines christlichen und sozialistischen Utopia, welches hinter dem Mond liegt. *Auf* dem Mond ist man schon, vielleicht ist's gar nicht mehr weit. Vielleicht sind alle seine Bücher Reiseführer, da muß der Inhalt jeweils geändert werden, sonst dienen sie dem Reisenden nicht.

Störend ist diesmal die Form des Buches: der politische Essay in der gewohnten Nenningschen Manier wird immer wieder unterbrochen durch Schilderungen, wie das Buch entstand, kokette Kritik am eben erst Hingeschriebenen, Briefe, kaum getarnte Ausflüge in die Privatsphäre des Autors.

Leistet er, auf diese teils läppische teils peinliche Weise, seinen Tribut an das linke (und linkschristliche) Dogma der Einheit von Theorie und Praxis? Oder dient das bloß der Hebung des Verkaufs?

Man weiß es nicht. Womöglich weiß er's selber nicht.

Wir fürchten: Nenning ist wieder einmal unernst.

(Variante für linke Rezensenten: Nenning nennt sein Buch »Rot und realistisch«. Wir fürchten: es ist keins von beiden.)

P. S.

Ihr schreibt Euch leicht liebe Rezensenten. Was unernst ist was rot ist und was realistisch ist das weiß ich alles selber auch. Aber in Wahrheit müßtet Ihr zugeben daß es keine schlechte Einleitung ist wenn Ihr an m e i n e Leser oder Nichtleser denkt. Das sind nicht die gesäßschwieligen linken Universitätspaviane sondern breitlatschiges Fußvolk halblinks halbintellektuell halbinteressiert.

Heute schreibe ich nicht weiter außer daß ich auf den Klapptisch vor der Hütte Papier und Bleistift liegenlasse

Du bist fort ich bin gern allein

Das Bettzeug muß an die Sonne ich hänge es auf die Harpfe mit Heu auf der Wiese und stelle davor die Matratzen auf. Das Haus ist feucht vom Regen und vom Leerstehen

Ich hacke Holz und bekomme gleich Blasen an den Händen

Weil das Feuer nicht brennen will gieße ich in den Herd ein Tip den ich empfehlen kann Petroleum ich brauche sowieso kein Petroleumlicht ich will schlafengehen wenns finster wird und aufstehen wenns hell wird

Ich reinige die Quelle eigentlich ein Loch in der Wiese vom hineinhängenden Gras das Wasser kommt köstlich kalt aber wegen Regens mit Wolken von Erde

Wegen der Mäuse lasse ich den Korb mit Lebensmitteln nicht auf dem Boden sondern hänge ihn mit einer Schnur an die Wand des Vorraums

Die Schnur die ich noch habe spanne ich quer über den Herd für nasse Kleider

Den Tisch rücke ich ans Fenster es ist ein altes Haus mit niedriger Decke am Querbalken stoße ich an

Im zweiten unbenützten Zimmer finde ich einen komischen kleinen Tisch mit runder Platte oben und runder Platte unten diese ist in zwei Teile gesprungen aber dadurch steht er besser ich stelle ihn neben den Herd. Zwischen den zwei runden Platten sind drei ganz schlanke Säulchen mit Resten von Goldfarbe ich finde buntes wasserdichtes Dekorationspapier und befestige es mit Reißnägeln dazu eine Porzellanschüssel im Format von Rokokohygiene. Das ist der Waschtisch

Wäschekasten wird ein Sessel mit Lederbespannung und runder Lehne da kann man alles gut geordnet darüberlegen.

Ich packe alle Bücher aus die Mappen mit schon Geschriebenem und 500 Blatt schönes weißes Schreibpapier

Das Scheißhaus ist aus Altersschwäche so schief daß man nicht darin sitzen kann ich fädle die restliche Schnur quer durch die Klopapierrolle verknüpfe die Schnur so daß eine Schlinge entsteht die hänge ich mir um und gehe in den Wald.

Nachdem alles im Haus so ist wie ich will gehe ich baden

Der Teich ist warm aber trüb von den vielen Karpfen die den Lehm aufwühlen das ist gesund sagt die Badefrau sie hat auch Eis ich kaufe mir eins und gehe bei Tageslicht schlafen

Ich habe schon immer die Meinung vertreten daß man in rotgewürfeltem Bettzeug besonders gut schläft auch die Vorhänge sind rotgewürfelt und das Geschirrtuch

Als A. mir den Schlüssel übergab sagte sie Paß auf was Du träumst in meinem Haus die erste Nacht die Du allein bist das ist wichtig

Ich träumte garnichts.

2. Tag
Wir Intellektuelle sind Lügner

Fertig sind Titel, Umschlag, Waschzettel, Seitenzahl, Preis in Schilling und D-Mark, nur das Buch ist nicht einmal noch angefangen, das Geld hab ich zum größeren Teil auch schon. Das Buch hab ich nur im Kopf, als eine Melodie, die ich höre, aber nicht nachsingen kann. Ich bin sehr nervös. Soundsoviel Druckseiten gleich soundsoviel Maschinschreibseiten dividiert durch 50 Urlaubstage macht etwa 10 Seiten pro Tag macht etwa 10 Arbeitsstunden pro Tag aber ich brauche pro Seite viel länger als eine Stunde manchmal viel kürzer wenn manches oder alles schon da ist im Kopf Stenogramm oder schon Geschriebenem.

Ich habe 7 Jahre kein Buch geschrieben, vorher 3 Bücher in 3 Jahren, heute bin ich ganz woanders. Ich habe die alten Bücher mit, traue mich nicht hineinzuschauen. Dann lese ich doch, und manches ist eigentlich recht haltbar.

Zu 100.000 Büchern ein 100.001. Welchen Sinn hat es außer Selbstbefriedigung.

Zur Sozialdemokratie gibt es wenig Bücher mit Tiefgang. Der Rest ist sozialdemokratisches Wischiwaschi oder kinderkranklinkes Pängpäng und nicht einmal davon viel.

Noch weniger gibt es über linkes *Leben* im Kapitalismus, nicht bloß über *Theorie.* Gerade daran liegt mir, ebensoviel wie an Theorie der Sozialdemokratie und gesamtsozialistischer Strategie.

Zu dieser gehört das linke Leben. Sozialdemokratische Politik allein reicht nur zur Belebung des Kapitalismus. Zum Sozialismus gehört seine Vorwegnahme durch linkes Leben jetzt schon und hier schon.

Gesamtsozialistische Strategie ist die Verknüpfung von sozialdemokratischer Reformpolitik und linkem Leben.

Aber vor theoretischen Essays graut mir. Auf dem soliden Unterbau von 1000 Fußnoten gutbürgerliches Wissenschaftsvolapük unterspickt mit jungbürgerlichem Slang. Neulinkschinesisch.

Aber vor stilistischer Brillanz graut mir. Solange basteln, drehen und wenden, bis die eigene Unsicherheit überdeckt ist von der originellen Formulierung, immer mit Schielen auf Zitierbarkeit für Schutzumschlag, Waschzettel, Rezensionen und erst, schmatz schmatz, Massenmedien.

Wir Intellektuelle sind Lügner. Gefangene sind Lügner zwecks Überleben.

Was hilft's, wenn der Unehrliche ehrlich sich selber schreibt. Herauskommt die ehrliche Schilderung des Unehrlichen.

Wie komme ich aus diesem Teufelskreis?

Garnicht.

Die Ehrlichkeit besteht in der Schilderung, daß man drin ist.

Auch wenn man heutzutage alles frei hinschreiben kann, und wer sich aufregt, ist gegen moderne Literatur und ein moralinsaurer Spießer.

Früher beredeten Autor und Verleger das Mögliche innerhalb dessen die alte Literatur sich zu bewegen hatte. Heute bereden Autor und Verleger genauso intensiv das Unmögliche innerhalb dessen sich die moderne Literatur zu bewegen hat. Im Reich der Unfreiheit, markiert durch Sitte Anstand Zensur was weiß ich, gab es Spielregeln. Im Reich der Freiheit, markiert durch unsittliche Szenen garstige Wörter linkes Esperanto was weiß ich, gibt es Spielregeln, ebenso viele und ebenso strenge. Nach wie vor dreht es sich zwischen Autor und Verleger darum, was man schreiben kann und was nicht.

(Das gilt natürlich nicht zwischen meinem Verleger und mir. Da gibt es nichts.)

Wer nicht für die eigene Schreibtischlade produziert, wird Teil einer Industrie. Sie vermarktet sein Produkt als Ware. Er unterwirft sich ihrem Gesetz. Gesetz aller Warenproduktion: menschliche Bedürfnisse werden um ihre Gesundheit gebracht, indem man sie ins Streckbett von Verkauf und Kauf preßt, unter Verschweigung der Todeskrankheit dieser Produktionsweise: sie kann nicht dienen, sie muß verdienen.

Den Autor, der ehrlich seine Meinung sagt und damit bast, gibt es nicht. Es gibt zweierlei:

- In einer unehrlichen Industrie unehrlich schreiben. Auf einen Schelmen anderthalbe. Warum nicht? Ich will aber nicht.
- In einer unehrlichen Industrie ehrlich schreiben. Hilft nichts. Ehrlichkeit als Ware wird kokett exhibitionistisch clownhaft.

Je ehrlicher der Autor desto mehr wird er zum Wurstel auf dem Jahrmarkt der Medien.

Auf, auf den Jahrmarkt der Medien!

P.S.

Ja Schnecken. Das kleine Haus der kleine Haushalt die kleine Einsamkeit haben ihre eigene Dynamik sie kreisen Dich ein verschlingen Dich im Wirbel der Vergnügungen die sie zu bieten haben denn es gibt immer etwas Interessantes zu tun nämlich nichts. Also bei offenem Fenster und zurückgeschlagenen Vorhängen wird es um sechs zu kühl und zu hell zum Weiterschlafen es ist auch höchste Zeit wenn Du mit allem durchkommen willst was es zu tun gibt. Haustür auf. Sanfter Nebel. Waldlauf. Auf der Wiese mit den Laufschuhen in der

Hand wegen Vater Kneipps Morgentau aber auf dem Waldweg dann lieber mit angezogenen Schuhen. Wendepunkt Maisfeld am Berg wo gerade Rehe frühstücken. Nachprüfen was 52jähriger Herzmuskel kann wenn er muß weil Du willst Sie haben ein schönes großes Linksherz sagte der Arzt vor dem Röntgenschirm vor dem Urlaub. Nach 20 Minuten wieder vor der Haustür erbärmlich keuchend köstlich schwitzend Wasser auf dem Herd ist noch warm das Feuer hält fast die ganze Nacht. Unterm Kaffeereiben geht die Sonne auf. Mit dem Klapptisch tust Du Dir jeden Tag wo weh Finger oder Zehen aber wenn er steht und nicht wackelt hast Du ein Viereck aus blankem Holz gebaut ein Floß gebaut auf das Du Dich verlassen kannst im Weltmeer. Das rotgewürfelte Geschirrtuch macht ein Tischtuch wie auf der Löwingerbühne. Milch und Brot hast Du gestern abend beim Bauern geholt Tomaten Gurken Zwiebel wachsen vor dem Haus. Der kleine Fluß hinter der Wiese ist gestaut zur Füllung der Fischteiche vom Regen fließt viel Wasser über das Wehr macht einen Vorhang aus Geräusch. Vorhang zu. Liegestuhl auf. Augen zu. Augen auf. Du schwimmst in Grün und Blau. Augen zu. Schon ist der Tag vorbei. Sanfter Nebel. Haustür zu. Feuermachen. In die Bettdecke rollst Du Dich mit einem Roller nach hinten und einem Roller nach vorne. Das Feuer knistert riecht malt an der Wand. Augen zu. Eine ganze Nacht hält Deine Blase nicht durch. Notdurft vor dem Haus was sind alle WCs der Welt gegen soviel Sterne. Bei offenem Fenster und zurückgeschlagenen Vorhängen wird es dann um sechs zu kühl und hell zum Weiterschlafen es ist auch höchste Zeit wenn Du mit allem durchkommen willst was es zu tun gibt. Haustür auf. Dir bleibt keine Zeit. Schreiben ist eine arge Störung. Ich suche etwas wo ich in Ruhe schreiben kann sagte ich zu einer Menge Leuten. Ich borg Dir mein Haus sagte A. Da kannst Du in Ruhe schreiben. Welcher Irrtum liebe A. von uns beiden. Woher nimmt man die Zeit zum Schreiben wenns soviel Ruhe gibt.

3. Tag
Linke Theorie und mein Leben

1963 bis 1965 schrieb ich drei Bücher seither keines ich hatte zuviel zu leben

Politisch lebte ich weg von der Druckerschwärze hin zur realen linken Aktion und ein Stück wieder zurück im Steigen und Fallen der jungIinken Flutwelle bis ich gelandet bin beim Nachdenken über die eingetretene Pause in welcher die Linke etwas weniger wichtig und die Sozialdemokratie wichtiger

Publizistisch lebte ich weg von der einzelgängerischen Produktionsweise hin zur genossenschaftlichen und ein Stück wieder zurück als Antwort auf den Anstieg des innerredaktionellen Konfliktpegels dessen Höchststand seinerseits wieder Antwort war auf den Tiefstand linker Aktion in der außerredaktionellen Wirklichkeit

Privat lebte ich weg von der Kleinfamilie plus heimlichem Liebesleben hin zur offenen Gruppe (na ja) und ein Stück wieder zurück im gleichen Takt mit An- und Abschwellen der neulinken Naherwartung des neuen Menschen bis ich gelandet bin beim realistischen realistisch zähen täglichen Kleinkrieg zwischen altem und neuem Adam alter und neuer Eva

Christlich lebte ich weg von der hierarchischen Amtskirche hin zur offenen Gemeinde und ein Stück wieder zurück in progressive Isolierung gleichläufig mit Emporschnellen und ebenso jähem Zusammenbruch innerhalb weniger Jahre der Hoffnung auf Katholizität der katholischen Kirche: Kirche für alle und alles wies im Namen steckt aber daraus wurde nichts.

Solches auf und ab meiner Praxis will ich nun übersetzen skizzenhaft wenigstens ins Auf und Ab einer dialektischen Theorie. Das ist der Sinn dieses Buches oder auch sein Unsinn denn

- Die Frage ist erstens ob der Zeitpunkt schon da ist für Übersetzung einer so wechselvollen neuen Praxis in eine neueste Theorie die verständig geschmeidig dialektisch genug wäre diese Praxis heimzuholen ins Allgemeine das hieße Gebrauchsfähigkeit für andere Leute und ihr Leben

Sicher kann ich das nicht anders als durch Versuch und Scheitern da bin ich besser als im Zustandebringen monumentaler Lehrgebäude die sind mir verdächtig eben weil ich sie nicht zustandebringe.

Im neulinken Leben begab sich das meiste anders als vorgesehen in der neulinken Theorie welcher dieses Leben entwachsen und entlaufen ist. Der theoretisch rasch gebaute neue Mensch kam praktisch weder rasch noch überhaupt in seiner ganzen Schönheit.

Die neue Praxis mußte zunächst von alten Menschen gelebt werden wenn sie auch ganz jung waren gemacht hatte sie die alte Welt.

Umgekehrt entstanden in der linken Praxis so unvollkommen sie war ganz neue Lebenselemente von denen die linke Theorie sich nichts hatte träumen lassen.

Linke Politik linke Kultur linke Gemeinschaft linke Sexualität nichts hielt sich an die linken Bücher.

Alles Leben läuft aller Theorie davon auch neulinkes Leben neulinker Theorie.

Alle Theorie muß die ihr entsprungene Prxis wieder einfangen auch neulinke Theorie neulinke Prxis.

- Die Frage ist zweitens ob gerade ich für diese Arbeit geeignet bin so ungeheuer neulinks ist weder meine Theorie noch meine Praxis

Alle neulinke Praxis und Theorie hat was Neulinke aus Unwissen Unwillen Anmaßung oft nicht wahrhaben solide Anknüpfung an gute alte revolutionär-sozialistische auch revolutionär-bürgerliche Tradition über runde zwei Jahrhunderte zurück. Ich bekenne mich zu dieser Tradition zur sozialistischen wie zur bürgerlichen

- In Ungnade wird meine linke Praxis und Theorie drittens geraten weil keine Praxis und erst recht keine Theorie links genug ist um zu bestehen vor dem Angesicht anderer linker Theoretiker

Auf diese Weise gerät alle Theorie in den Sumpf der Emotion. Sie geht nicht mehr aus vom Ensemble der bestehenden Verhältnisse und der von ihnen erzogenen Menschen in Fleisch und Blut sondern von der Revolution in ihrer ganzen abstrakten Schönheit Irrlicht über dem emotionalen Sumpf.

Wenn die Tatsachen mit der revolutionären Theorie nicht übereinstimmen desto schlimmer für die Tatsachen.

Bleibt nur die Theorie in ihrer von Realität unbefleckten Reinheit dann macht es nichts wenn die wirklichen Verhältnisse die wirklichen Menschen von ihr nichts wissen wollen.

So entwickelt sich aus der Kinderkrankheit des linken Radikalismus der schleichende Prozeß hochmütiger Resignation nicht mehr ganz junger Junger Linker. Aus ihrer erstarrten Theorie wächst keine Strategie und Taktik wie denn die bestehenden Verhältnisse und Menschen zu ändern wären durch Schritte wirklicher Bewegung sondern ein unerbittlicher Richtspruch über die Wirklichkeit die sich den Teufel darum schert.

- Viertens bin ich über 50. Der Fehler wird täglich kleiner weil die gleichfalls nicht mehr so neuen Neulinken gleichfalls täglich älter werden und zwar in so raschem Tempo so daß ich schon jünger bin als manche von ihnen und der lahme bürgerliche Spott immer lahmer daß linkes Leben nichts sei als Jugendtorheit

Desto größer wird bürgerliche Angst und Wut wie die Welt denn weitergehen soll wo die linke Flutwelle gebrochen aber die linken Wasser desto zersetzender überall einsickern in homöopathisch wirksamer Dosierung für Denken Leben Treiben Junger und überhaupt politisch Interessierter. Bürgerliche Nachtgedanken mit geiler Zusatznahrung aus Phantasie was die so treiben unter sich

„Die Philosophie wird in die Welt eingeführt von dem Geschrei ihrer Feinde, welche die innere Ansteckung durch den wilden Notruf gegen die Feuersbrunst der Ideen verraten."

„Im Venusberg vergaß er Ehr und Pflicht, merkwürdig, unsereins passiert so etwas nicht."

So meinten zwei große Revolutionäre Marx und Nestroy (MEW 1,86 bzw Tannhäuser-Parodie)

● Fünftens bin und bleibe ich Mitglied und Funktionär der Sozialdemokratischen Partei und Gewerkschaftsfraktion und nicht bloß aus Sentimentalität wie sie von 25 Jahren Zugehörigkeit produziert werden kann

Sondern ich glaube an Funktion und Effekt der Sozialdemokratie in diesem Geschichtsabschnitt in dem die Entwicklung des Sozialismus unlösbar verknüpft ist mit der Entwicklung des Kapitalismus mit dem wiederum zumindest in unserer Weltgegend die Sozialdemokratie unlösbar verknüpft ist als Agentur zur Vollendung des Kapitalismus als Agentur zur Vorbereitung des Sozialismus.

Wegen dieser geschichtlichen Verknüpfung glaube ich auch an die Gefahr daß die Sozialdemokratie im Kapitalismus versumpft und versinkt. Dies wurde in der Vorkriegszeit gerade noch verhindert durch die mehr oder minder gelungene Verknüpfung von sozialdemokratischer Praxis und bestimmten Spielarten der klassisch-marxistischen Theorie. Ich glaube daß heute diese selbe Funktion der neulinks-marxistischen Theorie zufallen kann wenn man sie aus dem Sektenwesen herausholen und gebrauchsfertig machen kann für eine gesamtsozialistische Strategie in der die Sozialdemokratie den ihr gebührenden Platz erhält.

●● *Ich will zeigen daß in Gegenden und Zeiten wo Revolution als bewaffneter Aufstand bis auf weiteres ein Hirngespinst ist der Weg zum Sozialismus nicht an der Sozialdemokratie vorbeiführt sondern mitten durch sie durch. Der Weg ist ungangbar ohne die Linken.*

●● *Ich will zeigen daß sozialistische Politik immer wieder schief geht wenn sie nicht verknüpft wird mit Vorwegnahme von Stücken sozialistischen Lebens in Politik Produktion Konsum Erziehung Familie Ehe Sexualität. Diesen Nachweis muß ich schuldig bleiben wenn ich meinem eigenen Leben den Abstand nicht schließen oder wenigstens verringern kann zwischen abstrakter Theorie und sehr konkreter Praxis. Im eigenen Leben muß der Test auf Sozialismus unternommen werden. Privatsphäre gilt nicht.*

Als die junglinke Flutwelle nach Österreich kam überschwemmte sie auch meine Zeitschrift. Die Verbindung junglinker Aktion mit junglinker Publizistik im „Neuen Forum" wurde zum hauptsächlichen Rückhalt für die Jugendrevolte in diesem Land. Mein Eigentum am Verlag übergab ich einem jungen Redaktionskollektiv. Es konnte zu 95 Prozent machen was es (und auch ich) wollte. Die restlichen 5 Prozent waren ein Bereich wo ich mir die Entscheidung vorbehielt. Dies hing damit zusammen daß ich weiterhin für die Finanzierung des Defizites sorgen mußte aus Quellen die der Sozialdemokratie nahe waren.

Als die junglinke Welle sich verlief hatte die Zeitschrift ihren Zusammenhang mit der Außenwelt verloren soweit diese aktiv links gewesen war. Für mich hieß dies: in einer neuen Situation eine neue Strategie finden zunächst eine publizistische.

Forum im Dienste einer lebendigen linken Bewegung – das war eine einfache Zielformel gewesen und eine wirksame (25.000 Auflage aber viel weniger zahlendes Publikum).

Nun war es mit dem Laufschritt vorbei. In der Atempause wollte ich auf zwei Beinen stehen: einem theoretischen Spiel- einem praktischen Standbein.

Das „Neue Forum" sollte erhalten bleiben als Gefäß für Theorie links von der Mitte und in Reserve für etwa wiederkehrende linke Bewegung.

Dazu sollte die frisch gegründete „Neue Freie Presse" kommen als Jugendzeitschrift im vorpolitischen Raum bunt Comics Musik Jugendombudsmann Sexberatung – alles nicht bloß zum Anschauen und Lesen sondern zum Mitmachen: Selbstdarstellungen Aktion für Jugendheime für Jugendwohnungen in Althäusern für kürzere Arbeitszeit der Lehrlinge Schüler Soldaten. Nichts sollte doktrinär und abstrakt sein alles konkret kritisch innerhalb der fünf realen Lebensbereiche der Jugend: Elternhaus Schule Arbeitsplatz Kaserne Freizeit. Genug links um vor dem eigenen sozialistischen Gewissen zu bestehen. Sanft links um in ruhiger gewordenen Zeiten dennoch an eine breite Schichte von Jugend heranzukommen. Auf dieser Basis möglichst viel Anzeigen. Die „Neue Freie Presse" sollte langfristig nicht nur sich selbst erhalten sondern auch das „Neue Forum".

Über der „Neuen Freien Presse" kam es zum Streit zwischen mir und dem jungen unterdessen nicht mehr so jungen Redaktionskollektiv. Ihm war die „Neue Freie Presse" zu wenig links es verweigerte die gleichberechtigte Aufnahme der NFP-Produzenten ins Eigentum am Verlag. Der Konflikt wurde freundschaftlich beigelegt – drei

Monate kostete ich von der Erfahrung Zielscheibe junglinker Angriffslust zu sein.

So wurde mein Blick auf die junge Linke der bisher restlos liebevoll war getrübt oder geschärft jedenfalls verändert.

Was hier gilt: Einfluß meiner höchstpersönlichen Affekte auf meine Theoriebildung das gilt erst recht wenn ich meine Ehe Familie Freund- und Liebschaften Sexualität ins Auge fasse. Ich kann nicht stumpfsinnig an sozialistischen Theorien weiterbasteln: daß sexuelles Zusammenleben nicht natürlich sondern von der jeweiligen Gesellschaftsordnung reguliert sei; daß Unterdrückung der Sexualität Kennzeichen einer auch sonst unterdrückerischen Gesellschaft sei; daß sexuelle Befreiung Teil sonstiger Befreiung sei; usw. usf. – *ohne daraus Schlußfolgerungen für mein eigenes Leben zu ziehen.*

Scheitern ist inbegriffen. Wir tragen die Gesellschaft die uns erzogen hat: solange gezogen hat an ihrem Strick bis sie uns beinahe erwürgt hat – wir tragen diese Gesellschaft lebenslänglich mit uns herum im Kopf und in allen einschlägigen Gliedmaßen.

Scheitern darf aber nicht zur Ausrede werden. Wenn sozialistische Theorie sozialistisches Leben zur Folge haben soll dann heißt das: unbrauchbar für dieses Experiment ist der *linke Spießer* dessen Ehefrau kocht wäscht putzt dessen Kinder in die feinste erreichbare Schule gehen dessen Freizeit geteilt ist zwischen Wirtshaus und Freundin dessen Lieblingsbeschäftigung allerdings das Reden Referieren Schreiben über Sozialismus ist.

Wenn ich ein Buch vor mir habe glatt fugenlos fertig dann will ich sogleich wissen wie es entstanden ist: welche Geschichte des Autors steckt hinter dem geschniegelten Endprodukt? Ich will wissen: Lebt der Schreiber wies im Buch steht?

Sicher nicht. Das Buch soll sein Leben übersteigen. Aber wenigstens: versuchen muß ers. *Buch und Leben gehören unter e i n e n Stern.*

P. S.

Ich bin noch zu müde nach einem wilden Arbeits- und Lebensjahr um jetzt schon anzugehen wovor ich am meisten Angst habe daß es schief geht bei diesem Buch: eigenes Leben aufzuarbeiten so daß daraus etwas folgt für die Verknüpfung von Theorie und Praxis. Ich schiebs vor mich her. Ich gehe nach St.M. Gummistiefel kaufen weil das Haus wie eine Arche auf der nassen Wiese schwimmt der Regen ist wiedergekommen aber innen drin ist es schön trockengeheizt. Ich habe ein System entwickelt den Herd nicht ausgehen zu lassen mit einem Minimum an Brennstoffen es funktioniert mit billigen Briketts eingewickelt in feuchtes Zeitungspapier Einzelheiten auf Anfrage.

Mit den neu eingekauften Gummistiefeln erschließt sich eine neue Welt alle nassen Wiesen dreckigen Wege die schmalen Dämme zwischen den Fischteichen wo bei jedem Schritt rechts und links ein Frosch ins Wasser springt eigenes Leben aufzuarbeiten so daß daraus etwas folgt für die Verknüpfung von Theorie und Praxis ich schiebs vor mir her ich bin noch zu müde. Ja und wenn ich nicht mehr so müde bin dann bastle ich recht was Schönes Hochgestochenes so daß daraus etwas folgt für die Verknüpfung von Theorie und Praxis und was daraus folgt ist hochgestochener Scheißdreck nein gerade wo Du noch müde bist mußt Dus machen. Dann bist Du ehrlicher. Morgen wirst Dus machen. Was so Gummistiefel für falschen Optimismus geben Stiefel Stiefel

4. Tag
Beichte eines Toren

Als Kreisky mich einen Wurstel nannte weil ich alter Tepp gar so für die Junge Linke schrieb hatte ich noch eine gewisse Würde mit der ich dies tat die Würde des Publizisten Publizisten sind Leute die sich vor Publikum zu benehmen wissen und zwar benehmen sie sich vor Publikum anders als unter sich und eben dadurch wahren sie ihre Würde. Nicht wahrt seine Würde wer seis Publizist, seis Politiker vor seis zahlendem seis wählendem Publikum sich benimmt wie wenn er ohne Publikum wäre. Würde als Differenz zwischen dem was ich öffentlich schreibe oder tue und dem was ich sonst wie mache besaß ich lange genug.

Bücher und Artikel schrieb ich lange genug immer erst nach Aufleuchten des roten Hirnblinklichtes: Achtung Autor am Werk Publikum liest mit! Weshalb dies zu schreiben sei jenes wegzulassen dies zwar zu denken sei nicht aber zu schreiben jenes zwar zu schreiben sei nicht aber zu denken und was immer geschrieben werde schreibe man nach besten Kräften so daß der Leser gleich weiß: *der* schreibt gut besser als ichs je könnte *der* denkt tief tiefer als ichs je könnte ich bin nur ein gewöhnlicher Mensch er aber ist Autor ist Autorität.

Bekleidet mit Autor-Autorität kriegt man fast alles nachgesehen wenn man neben dem Bücherschreiben auch einmal ein recht gewöhnlicher Mensch ist. »Der Pastor sah wirklich unbeschreiblich aus, aber die Leute betrachteten ihren Hirten mit unerschütterlicher Ehrfurcht«: Strindberg Die Leute von Hemsö gefunden in der Küchenkredenz gelesen beim Frühstück und noch dahinter statt gleich ans Schreiben zu gehen.

Wehe aber wer die unerschütterliche Ehrfurcht seiner Leser zu unterwühlen auszieht sich auszieht so daß er auch beim Schreiben nur ein gewöhnlicher Mensch ist oder auch ein ungewöhnlicher aber *derselbe* beim Schreiben wie beim Leben.

Ein gebildeter Mensch und tut sowas (schreibt sowas).

Ein Kollege und tut sowas (schreibt sowas).

Das Publikum will keinen Autor ohne Autorität.

Die Kollegen gleichfalls nicht.

Ihnen dämmert daß sie vielleicht gleichfalls statt den Lesern einen Autor/eine Autorität vorzuspielen versuchen sollten ihr Schreiben und ihr Leben identisch zu machen.

Ich war mein Leben lang fürs Probieren ich mag nicht bleiben wo und wie ich bin.

So begann ich nicht bloß links zu schreiben sondern links zu leben.

Mit voraussehbaren Folgen.

Mit gleichfalls voraussehbaren Folgen soll dieses Buch nicht bloß eine Theorie der Sozialdemokratie skizzieren in ihrem Verhältnis zu Kapitalismus Linken und gesamtsozialistischer Strategie. Es soll nicht bloß die zugehörige Praxis einbeziehen: Leben Reform Aktion Veränderung im Kapitalismus. Dieses Buch soll *meine* Praxis einbeziehen *mein* Leben *meine* Veränderung.

In den laufenden Text über Theorie und Praxis des Sozialismus im Kapitalismus gehört präzise eingearbeitet zwischen die Zeilen zwischen die Sätze das Leben des sozialistischen Autors im Kapitalismus

Was er denkt und tut während er das Buch schreibt

Was er dachte und tat bevor er sich daranmachte zu schreiben.

Ursprünglich wollte ich jede Buchseite der Länge nach geteilt haben links in aufrechtem Druck Theorie und Theoretisches über die Praxis rechts in schrägem Druck die Praxis des Autors sein Leben die Beichte eines Toren der eine Autorenwürde preisgibt.

Dann erschien mir die Auswägung der Theorie des Autors mit der Praxis des Autors auf jeder einzelnen Buchseite zu pedantisch. Den Einfall die Autorenpraxis die Torenbeichte schräggedruckt druntermischen habe ich jedoch beibehalten.

Außer dem Anhängen von P. S. und dem Einschieben von Briefen wird mir hoffentlich noch das eine oder andere sonstige Schräge einfallen.

Buch und Leben gehören unter *einen* Stern.

5. Tag
N. N. an eine Freundin über Mehrfachbeziehungen

(Über Ehe (1))

LIEBE A.,

danke für Kommen und Bringen. Die Ribiseln Agraseln Himbeeren esse ich am Abend mit Milch vom Bauern und Zucker aus der Porzellandose mit den Blumen drauf. Das Holz spaltet sich so gut, daß es auseinandergeht, wenn man nur hinschaut mit der Hacke in der Hand. Kohle und Briketts reichen auf lange, und dann kommst Du ja wieder.

Als Du wegwarst, habe ich die kleine Petroleumlampe über dem Bett ausprobiert und eines der zugestopften Mauselöcher aufgemacht. Aber ich schlief überm Warten ein. In der Früh saß eine Maus auf dem Bettvorleger.

Ich wundere mich, daß ich nicht stärker versuchte Dich zum Dableiben zu überreden. »Aber er war weit mehr einer Idee als einer Wirklichkeit treu, und da er eine sehr hohe Vorstellung von der Frau hatte und ungemein sanguinischer Natur war, sah er in jedem neuen Frauenantlitz die Möglichkeit, sein Ideal zu verwirklichen.« Das fand ich in einem alten Reclamheft in der Küchenkredenz: Bret Harte Californische Erzählungen. Wenn Du's umdrehst, paßt es auf Dich auch.

Ich dachte an Deinen Wunsch nach einem Haus, wo alle Deine fünf oder wieviel Männer beisammenleben. Eine kindische Idee, also eine richtige. Du willst jederzeit zu dem gehen, den Du gerade brauchst. Wenn Du's umdrehst, paßt es auf mich auch.

Du hast mir erzählt, wie Du bist. Bist Du so? Jedenfalls hast Du Gewissensbisse. Du hältst Dich für einen schlechten Charakter. Schlecht ist daran nur Deine Halbheit. Was Du für richtig hältst, dazu solltest Du getrost stehen: Du suchst immer weiter, nicht um den Richtigen zu finden, Du hast schon mehrere Richtige, sondern weil öfters finden schöner ist als einmal finden. Wenn Du so bist: sei so. Du hast ein Recht, Du zu sein.

Daß Du jenen weh tust, die auf der Strecke zurückbleiben, ist kein Argument gegen Dich. Es ist verletzte Eigenliebe Besitztrieb, wenn sie Dich für sich allein wollen. Wenn sie aber akzeptieren, daß Du auch andere Männer hast, verlieren sie Dich ja nicht. Wenn sie's nicht verstehen, mußt Du's ihnen erklären (damit erklärst Du's auch Dir selber). Wenn sie's immer noch nicht verstehen, darf das kein Hindernis für Dich sein. Du brauchst Dein Gewissen für Wichtigeres.

Gewissen würdest Du z. B. brauchen, um Dich aus Deiner Halbheit herauszuholen. Was Du mit Recht willst: mehrere Männer, müßtest Du auch ihnen zubilligen: mehrere Frauen. Aber Du bist unsicher. Du willst keinen Deiner Männer mit einer anderen Frau teilen, weil Du glaubst: sie ist besser als Du und holt sich ihn ganz, wenn Du ihn nicht unter Terror hältst.

Dein schlechtes Gewissen gegenüber einem Mann, wenn Du Dir den nächsten suchst (oder auch nur daran denkst), kommt von daher: Seine Forderung, eine Frau möge bloß einen Mann haben, anerkennst Du spiegelbildlich durch Deine eigene Forderung, ein Mann möge nur eine Frau haben, nämlich Dich. Du hast recht mit Deiner Forderung nach Mehrfachbeziehung und Du verlierst dieses Recht wieder, indem Du es egoistisch nur auf Dich anwenden willst. So bist Du vorläufig mittendurch gespalten: Mehrfachbeziehung für Dich, Zweierbeziehung für Deine Männer.

Solange Du da nicht herausgefunden hast, hilft Dir das Suchen und Finden des nächsten Mannes nichts. Desgleichen nicht der Rückzug in Dein Bauernhaus, Rückzug aus der Halbheit ins Nichts. Das ist zeitweilig angenehm, aber keine Lösung. Du bist 29. Mir ist aufgefallen, daß Du sagtest: in diesem Haus bist Du nie lange, obwohl Du, im Urlaub, Wochen dasein könntest. Nach zwei drei Tagen gehst Du wieder auf Suche. Aber das hilft Dir nichts, siehe oben, da capo.

Die traditionelle Antwort ist immer noch: Nimm Dir endlich e i n e n Mann, such ihn Dir aus Deinen mehreren Richtigen und setz Dich zur Ruhe, nimm zur Kenntnis, daß es so ist im Leben. Man kann nicht alles(s) haben. Die Antwort verschweigt, daß die traditionelle Zweierbeziehung heute meist scheitert, oft schon äußerlich (Scheidung), öfter noch innerlich bei äußerem Fortbestand. Sie scheitert wegen Langeweile, d. h. Armut an menschlichen Beziehungen.

Die neue Antwort ist: Für die Zweierbeziehung gibt es Gründe, gute und schlechte, die in der Vergangenheit liegen, für die Mehrfachbeziehung Gründe in der kapitalistischen Gegenwart und sozialistischen Zukunft, worüber genauer nachzudenken wäre (z. B. beim Buchschreiben). Jedenfalls ist die Mehrfachbeziehung, sobald durch soziale und ökonomische Entwicklung möglich, die menschlich reichere, sie bietet eben mehr Beziehung (mehr Nächstenliebe würde ich als Christ altmodisch sagen).

Wer die Mehrfachbeziehung wählt, macht ein Experiment, bei dem ihm die Geschichte über die Schulter schaut oder welchen Körperteil immer.

Das heißt nicht, daß man's einfacher hat als in der Zweierbeziehung. Man versucht etwas Neues, aber mit dem alten Adam, der alten Eva, pardon, mitten in sich drin.

Übrig bleibt: So mehrfach können Deine Beziehungen gar nicht sein, soviel Richtige kannst Du gar nicht suchen und finden – die allermeisten Menschen bleiben doch draußen. Du kannst Dir die Menschheit nicht ervögeln.

Draußen bleiben vor allem, die ganz andere Sorgen haben: nicht luxuriöses Schwimmen im Strom der Weltgeschichte, Zweier- oder Mehrfachbeziehung das ist die Frage – sondern simples Überleben, konfrontiert mit Armut Hunger Krankheit.

Verglichen damit, daß man wissen soll wozu man da ist, nämlich zur Solidarität mit diesen, den allermeisten Menschen, ist zu mehreren vögeln so witzlos wie zu zweien. Solidarität muß die Grenzen körperlichen Kontaktes – jetzt hältst Du bei fünf oder was, wieviel mehr können's werden? – sprengen.

Von der Hintertüre, das ist der richtige Zugang diesfalls, kommt Askese wieder herein. Nicht zwecks Einübung von Untertanendisziplin, wohl zwecks Mitarbeit an der Befreiung von Abhängigen Unterdrückten Ausgeplünderten – kann man auch eine ganze Zeitlang garnicht vögeln. Zölibat.

Blitz Donner Sintflut ich wasche Deine Himbeeren usw. im Wasserfall aus der Regentraufe. In einer anderen Nacht hättest Du mir vielleicht anderes erzählt und ich hätte anderes geantwortet.

6. Tag
G. N. an seinen Verleger über garstige Wörter

LIEBER E.,

Du hast mit mir über das Buch gesprochen Du hast den Waschzettel bei mir bestellt und ihn vielleicht gelesen. Ohne Dein Drängen auf Vertragsabschluß wäre das Buch nie geworden, Du kennst meine sonstige Arbeitslast. Ich bin Dir dankbar. Du weißt vielleicht nicht was auf Dich zukommt. Ihr habt schon bei meinem vorigen Buch vorn hingeschrieben: »Der Verlag hat davon Abstand genommen, eine Reihe von Formulierungen, mit denen er nicht einverstanden ist, zu ändern, um dem Autor auch in Fragen der sprachlichen Formulierung die von ihm gewünschte sprachliche Freiheit zu belassen.« Daß der Satz sprachlich hatscht, ist nur Ausdruck seines inneren Hatschens. Angeblich ging's nur um das Wort »Hintern« bei Beschreibung von Funktionären der sozialdemokratischen Partei.

»Unter allen Frauen kenne ich keine mit mehr Tugenden und größerer Herzensreinheit. Ich fragte sie, ob sie etwas wollte? *Rien que de pisser,* sagte Madame de Rambouillet. Härme Dich nicht, freundlicher Leser, Madame de Rambouillet pissen zu lassen. Ich half ihr aus dem Wagen, und wäre ich Priester der keuschen Castalia gewesen, ich hätte mit keinem ehrfurchtsvollerem Anstand an ihrem Quell dienen können.«

Das fand ich in der Küchenkredenz des Bauernhauses: Laurence Sterne Empfindsame Reise durch Frankreich und Italien. Das Problem ist also alt. Härme Dich nicht freundlicher Verleger keine halbwegs linke Literatur kann heute erscheinen ohne garstige Wörter und fehlende Beistriche.

Bei beiden geht es zunächst um Provokation: Hervorrufung zusätzlichen Nachdenkens, übrigens nicht nur beim Leser auch beim Schreiber.

● Wer Beistrichregeln hinnimmt gehorcht ohne zu fragen warum und wird dafür belohnt: wer's kann ist was Besseres. Leser wie Autor lernen dagegen Freiheit wenn sie herausfinden mit wie wenig Beistrichen man auskommt setzt man sie nur wo man sie braucht: nicht wo sie »richtig« sind sondern wo sie helfen den Satz klar zu machen. Baut man seine Sätze von vornherein klar braucht man fast keine. Umgekehrt: braucht man welche dann baut man besser den Satz solange um bis er klar ist auch ohne. Nackt und gut gebaut provoziert der Satz mehr Aufmerksamkeit als im Beistrichkorsett.

● Wer garstige Wörter meidet gehorcht ohne zu fragen warum. Wer sagt: Ich weiß schon warum, solche Wörter sind mir unangenehm peinlich geschmacklos, der antwortet nicht sondern stellt Fragen: Warum sind Dir Wörter unangenehm die den Liebesakt direkt benennen hingegen Wörter gleichgültig jedenfalls nicht geschmacklos die den Todesakt benennen Mord Folter Krieg Hunger Krankheit. Warum regen sich die Leute auf wenn ich vögeln sage aber nicht wenn ich töten sage. Ebendrum sag ichs vielleicht bringe ich sie zum Nachdenken wenn ich sie mit der Nase darauf stoße.

Ein Priester bei dem ich's einmal tat roch aber nichts sondern antwortete: Wörter und Darstellungen aus der sexuellen Sphäre sind gefährlicher als Wörter und Darstellungen aus der Sphäre des Tötens und des Krieges weil der Mensch in der sexuellen Sphäre mehr zur Nachahmung neigt. Der Kleriker traf ins Schwarze: Es soll in der sexuellen Sphäre nicht soviel Nachahmung getrieben nicht soviel herumgeliebt werden so ähnlich sagte es Jesus auch oder ein bißchen anders aber Liebet einander bringt eben die Gefahr daß es ins Vögeln ausartet. Wörter und Darstellungen aus der Sphäre des Tötens haben diese Gefahr der Ausartung ins Lieben nicht. Kommt es da zur Nachahmung dann massenhaft ohnehin nur auf Befehl der Obrigkeit nur sie hat die Mittel zum Kriegführen. Einzelweise Töten kann aber wenigstens in den Zeitungen detailliert geschildert werden ein Verbrechen ohne den Krampf daß man die Dinge nicht bei ihrem Namen nennen kann.

Beim Töten hat alles seinen sauberen Namen beim Lieben nichts. Hieb Stich Schuß Bomben Napalm alles klar. Einführung des männlichen Gliedes in den weiblichen Geschlechtsteil Durchführung des Geschlechtsverkehrs Erreichung des Höhepunktes alles Krampf. Aus Süßigkeit der Liebe wird fachidiotische Beschreibung des maschinellen Prozesses.

»Man darf das nicht vor keuschen Ohren nennen was keusche Herzen nicht entbehren können« reimte o freundlicher Verleger dereinst ein Liebhaber garstiger Wörter Goethe das alte Schwein. Ich hatte den Fall eines 150prozentigen Katholiken der feierlich öffentlich erklärte und die Austria Presse Agentur gabs per Fernschreiber in die Welt und Zeitungen drucktens er könne mit mir von wegen Pornographie nicht in einem Raume sitzen und heimlich hatte er jahrelang eine Freundin ein höchst liebenswürdiges Geschöpf aber heimlich ists fast schon wieder sittlich und gebeichtet wird ers auch immer haben und sie auch immer.

Penis Vagina koitieren Krankheiten haben immer lateinische Namen. Unter Sexualaufklärung versteht der anständige Mensch denn auch nicht etwa Gottbewahre Theorie oder Gott bewahre noch mehr: Praxis der Liebe sondern Warnung vor den schrecklichen

Krankheiten die man dabei kriegt. Das ist wie statt Sport Warnung vor Knochenbrüchen.

Einige Zeit habe ich verbracht im Grase liegend und in den weststeirischen Himmel blickend wie ich Dir freundlicher Verleger das Leben erleichtern könnte durch Ersinnen ganz neuer Namen teils anständig lateinisch teils schweinisch deutsch aber durch die Verbindung zweier Kulturen geadelt und von fremdartiger Klangschönheit wenn Du darauf bestehst kann Dein Korrektor sich meiner Erfindungsgabe bedienen Schwanis Fugina koigeln

P. S.

Ich habe eine wichtige Entdeckung gemacht. In der Küchenkredenz unter den lieben alten Reclambändchen jenen noch mit dem blaßorange Umschlag darauf altdeutsches Gitterwerk und ein dreimal geschlungenes Spruchband »Jede Nummer/für 20 Pfennig/überall käuflich« und »24 ö.-u. K.-W.« (24 Heller österreichisch-ungarischer Kronenwährung).

Unten darunter fand ich eine Mappe mit alten Papieren oder vielleicht nicht sehr alten dem Inhalt nach zu schließen. Verfasser ist ein offenbar älterer Mann oder vielleicht nicht sehr älterer. Gebildete Leute linksgebildete wissen sicher alles was er schrieb aber daß er es selber ausprobierte über junglinkes Alter sicher schon hinaus: das gibt seinen Aufzeichnungen meist haben sie Briefform eine gewisse Treuherzigkeit einen gewissen persönlichen Reiz z. B. zur Auflockerung meines angeblich trockenen Themas.

Er muß gleichfalls in diesem Haus eine Zeitlang gewohnt und geschrieben haben gleichfalls an einem Buch mit etwa meinem Thema.

Ich habe mich entschlossen seine Papiere in mein Buch aufzunehmen und habe gleich begonnen im vorigen Kapitel mit seinem Brief an A. Denn Du sollst nicht stehlen ist in dieser Allgemeinheit ohnehin nicht zu halten. Speziell nicht bei geistigem Eigentum noch spezieller nicht in diesem Fall.

Die Aufzeichnungen meines sozusagen Mitautors nennen wir ihn N. N. sind kursiv gedruckt.

Seine eigentümliche Zeichensetzung nämlich fast gar keine Zeichen habe ich beibehalten manchmal klingts wie ein Gedicht manchmal einfach wie dahergeredet. Irgendwo war der Mann konsequent. Wie aus dem Korsett seines bürgerlichen Lebens wollte er aus dem Korsett der bürgerlichen Beistrichregeln.

Eigentümlicherweise verwendete ich eine solche Argumentation gerade erst selber. Es wird ein Buch ohne Beistriche.

6 Tage sind um. Bisher wurde es ein besserer Waschzettel.

Leben im Kapitalismus
7.–10. Tag
Die Lage
der arbeitenden Klassen

7. Tag
Arbeiten ist unmoralisch
»Arbeitsmoral«
»Mitbestimmung«
Sozialistische Arbeitsmoral
P. S.

8. Tag
Wohnung ist Gefängniszelle
Bürgerrecht und Streikrecht
Maffia Boden/Bau/Wohnungskapital
Sozialdemokratisch-kapitalistische Wohnbaureform
Linke Wohnbaureform
(Über Ehe (2))
P. S.

9. Tag
Verkehr ist Gehirnwäsche
Ursprung des Verkehrs aus der Arbeitsteilung
Industriekapital und Automaffia
Autofetischismus
Verkehr als Energievernichtungsmaschine
(Über Ehe (3))
Sozialdemokratisch-kapitalistische Verkehrsreform

10. Tag
Arbeitende Klassen
und Linksintellektuelle
P.S.

7. Tag
Arbeit
ist unmoralisch

Arbeiten ist ungesund.

Teils *körperlich* weil die meisten Unternehmer sich nur unter Druck entschließen Geld auszugeben für Verbesserung von Unfallschutz Belüftung Beleuchtung usw.

Aber arbeiten ist insbesondere *geistig* ungesund. Zahl und Schwere von Nerven- und Geisteskrankheiten unter Arbeitern und Angestellten ist enorm: das läßt sich erkennen trotz sorgfältig unzureichenden Statistiken.

Daß Arbeiten geistig ungesund ist hat nicht nur zu tun mit der in vielen Produktionszweigen üblichen kostensparenden gewinnbringenden Nervenanspannung Monotonie Langeweile Isolierung der Arbeitenden voneinander.

Das Grundübel liegt ein ganzes Stockwerk tiefer:

Arbeiten ist eine unsittliche Betätigung. Es macht die Leute fertig wenn sie ihr Lebenlang tun müssen was sie eigentlich nicht wollen.

Das macht sie geistig krank: sie stehen unter sittenwidrigem Zwang.

Arbeiten ist unmoralisch.

»Arbeitsmoral«

Arbeiten heißt tun was einen nicht interessiert.

Das gilt für die große Mehrzahl der abhängig Arbeitenden in Fabrik Büro und sonstwo.

Keine Veränderung bringt daß man (solange die Wirtschaft blüht) sich verändern kann. Man wechselt von einem Job zum nächsten wo man mehr verdient oder sonstwie besser dran ist. Man wechselt aus einer Abhängigkeit zur nächsten.

Durch einen langen Prozeß wurde in die Hirne der abhängig Arbeitenden »Arbeitsmoral« eingetrichtert Generation für Generation und immer von kleinauf. Daher arbeiten die Menschen recht brav obwohl sie eigentlich keine Lust haben. Wo der Hirntrichter besonders gut funktioniert hat gibt es sogar grundlos dumpfe Freude über erfüllte Pflicht.

Die »Arbeitsmoral« ist gut in den westlichen Industrieländern wo es seit langem ein diszipliniertes Proletariat gibt. Wie gut die »Arbeitsmoral« ist muß man daran messen wie wenig gute Gründe es gibt für Arbeit die einem nichts angeht außer daß man davon leben muß. Man kann bei Marx im I. Band des »Kapital« nachlesen was es seinerzeit kostete: Blutgesetze gegen Weglaufen aus der Fabrik (»Vagabondage«) Arbeitshaus (der Ursprung des bürgerlichen Gefängniswesens) Polizeirazzien – um die Fabriksdisziplin (»Arbeitsmoral«) einzuhämmern und einzubrennen in die Hirne der ersten Rekrutenjahrgänge des Proletarierheers: Bauern und Handwerker die gewohnt waren an ihrer eigenen Wohnstätte mit eigenen Arbeitsmitteln komplette Produkte herzustellen und nicht bloß irgendwelche Teile. Sie arbeiteten unter niemandes Befehl in ihrem eigenen Rhytmus von Arbeit Ruhe Festefeiern.

Seit es ihn gibt hat der abhängig Arbeitende in aller Regel nicht mitzureden: wo gearbeitet wird wie gearbeitet wird unter wessen Aufsicht er mit wem zusammenarbeitet was hergestellt wird was mit dem Hergestellten geschieht schon gar nicht was mit dem Erlös samt Gewinn geschieht. Sein Interesse kann daher nicht gelten dem Arbeitsprozeß als Ganzem sondern nur einem Teil davon: was ihm bleibt ist ein nicht sehr moralisches nämlich egoistisches Interesse: an der eigenen Arbeitssituation am eigenen Verdienst.

Die Klagen der westlichen Unternehmerschaft daß die „Arbeitsmoral" niedrig sei und ununterbrochen sinke sind unberechtigt. Dafür daß die Arbeiter und Angestellten das alles gar nichts angeht arbeiten sie mit perversem Pflichtgefühl.

Aber die Unternehmerklagen über niedrige »Arbeitsmoral« haben einen realistischen Kern. Die Unternehmernasen wittern wieviel Reserven in ihren Arbeitern und Angestellten drinstecken unausgenützte Energie. Um wieviel mehr leistet einer an Quantität und Qualität der Arbeit wenn er an seinem eigenen Haus baut sein eigenes Auto repariert im eigenen Schrebergarten herumwerkt oder irgendetwas Blödsinniges bastelt den Wiener Stefansturm aus zehntausend Zündhölzern oder was weiß ich. Der Unternehmer ist irgendwo ein guter Marxist er weiß was entfremdete Arbeit ist: er spürt den Unterschied zwischen der Arbeit die eieiner für ihn oder aber für sich selber macht.

»Mitbestimmung«

Mitbestimmung ist der Versuch den Unterschied zwischen Arbeit für den Unternehmer und Arbeit für sich selbst aufzuheben durch die Behauptung der Betrieb gehöre ohnehin auch den dort Beschäftigten: dadurch sollen sie für den Unternehmer so arbeiten als würden sie für sich selbst arbeiten also mehr und besser.

Es wäre naiv diese Seite der Mitbestimmung zu übersehen.

Eigentum ist ein Bündel von Verfügungsgewalten. Bestimmte Stücke Verfügungsgewalt geraten durch die Mitbestimmung in andere

Hände als jene des Unternehmers. Im Zeichen der sozialdemokratisch-kapitalistischen Zusammenarbeit gerät solche Verfügungsgewalt über Unternehmereigentum meist in verläßlich loyale Hände: Gewerkschaftsfunktionäre und Betriebsräte sind in großer Mehrheit sozialdemokratisch. Aber es sind doch eben andere Hände: eine gute Sozialdemokratie kann durch Verwirklichung der Mitbestimmung ihr ewiges Einerseits Anderseits weitertreiben:

einerseits den Kapitalismus loyal verbessern und vollenden

anderseits eben dadurch den künftigen Sozialismus vorbereiten und unterwegs dahin die gegenwärtigen unmittelbaren Interessen der lohn- und gehaltsabhängigen Massen wahren.

Zu den unmittelbaren gegenwärtigen Interessen der abhängig Arbeitenden gehört die Verringerung ihrer Abhängigkeit die Erringung von Stücken Verfügungsgewalt über die kapitalistischen Betriebe (auch über die staatskapitalistischen).

Zur Verbesserung und Vollendung des Kapitalismus gehören Rationalisierung und Erhöhung der Produktivität. *Mitbestimmung ist eine Rationalisierungsmaßnahme:* die Arbeiter und Angestellten arbeiten nach Einführung der Mitbestimmung mehr und besser als vorher. Mitbestimmung hält überdies die abhängig Arbeitenden ruhig: sie wahrt den »sozialen Frieden«.

So vorteilhaft Mitbestimmung für ihn ist so wenig ist der Kapitalismus fähig und willens sie von sich aus einzuführen. Der einzelne Unternehmer hat meist zuviel Angst um sein heiliges Eigentum zu viel Angst vor Diskussion seiner einsamen Entschlüsse in irgendwelchen Mitbestimmungsgremien: Nicht der Kapitalismus selbst sondern die mit ihm zusammenarbeitende Sozialdemokratie und ihre Gewerkschaften setzen die Mitbestimmung durch.

Die Sozialdemokratie ist nicht extremistisch. Sie will höchstens die *Hälfte:* Mitbestimmung heißt für sie *gleiche* Bestimmung über die Betriebe von Seiten der Sozialdemokratie wie von Seiten des Kapitals.

Bis dorthin ist noch ein längerer Weg aber er ist gangbar: der Kapitalismus braucht die Sozialdemokratie und ihre Gewerkschaften für seine Fortentwicklung und diese wiederum geben ihm jede Garantie daß sie sein politisches und ökonomisches System: den demokratischen Kapitalismus nicht ändern wollen. Sie halten diese Garantie auch ein. Sie ändern das System nicht sie reformieren es. Nach wieviel Reformen ist es bitte noch dasselbe System?

Wer in der Mitbestimmung nichts als eine sozialistische Errungenschaft sieht der ist naiv. Naiver ist nur noch wer in der Mitbestimmung nichts als einen kapitalistischen Trick sieht.

Sozialistische Arbeitsmoral

Trotz allen Trichteroperationen zur Eingießung von »Arbeitsmoral« in die Hirne der Arbeiter und Angestellten bleibt diesen unter anderem ein dumpfes Bewußtsein daß sie ständig hineingelegt werden wo immer sie arbeiten.

Weil die prokapitalistischen Trichter größer zahlreicher und wirksamer sind als die prosozialistischen bleibt es beim *dumpfen* Gefühl.

Dieses Gefühl genauer auszudrücken: seine Ausplünderung zu beschreiben dazu fehlt dem abhängig Arbeitenden in seiner großen Mehrzahl die Sprache. In *seiner* Sprache kann er nur die unmittelbaren Angelegenheiten seiner unmittelbaren Lebenssphäre ausdrücken. In der Schule lernte er nicht seine Sprache (zB seinen Dialekt) sondern die Sprache der Dichter und Denker oder was seine Lehrer halt darunter verstanden. Sorgfältig wurde ihm ein Vokabular ferngehalten womit er seine Abhängigkeit exakt beschreiben könnte denn Politik hat in der Schule nichts verloren *diese* Politik die ihm seine Lage beschreibt die *andere* Politik die ihm seine Lage verhüllt ist der eigentliche Existenzgrund der Schule. Als Erwachsener lernt er die Sprache der Zeitungen Illustrierten Romanhefteln und des Fernsehens: er kennt diese Sprache aber er kann sie nicht. Das gibt ihm ein Gefühl der Unterlegenheit und das ist der Zweck dieser Sprache.

Tiefste Erniedrigung des abhängig Arbeitenden: zu alledem worum er bestohlen wird kommt noch daß man ihm die Sprache stiehlt womit er den großen Diebstahl anzeigen könnte.

So bleibt es beim *naturwüchsigen* Gefühl das nun einmal jeder hat der ständig betrogen wird wie raffiniert dies auch geschehen mag wie klar ihm auch sein Glück bewiesen wird und wie wenig er auch *sagen* kann was eigentlich los ist.

Dem entspricht die *naturwüchsige* Arbeitsmoral: angetrieben vom Wunsch nach gutem Einkommen sicherem Job höherem Lebensstandard gebremst von der prinzipiellen Interesselosigkeit an einer Arbeitswelt die nicht die seine ist und in der er um das Seine ständig betrogen wird.

Gegenüber dieser naturwüchsigen Arbeitsmoral im Kapitalismus wird eine *sozialistische* Arbeitsmoral relativ komplizierter und folglich nicht gerade einfach erreichbar sein.

● Sozialistische Arbeitsmoral kann nicht bloß auf die Zukunft abgeschoben werden: reden wir darüber bis wir eine sozialistische Gesellschaft haben. Jetzt und hier müssen Sozialisten antworten können:

●● *Sollst Du arbeiten oder nicht? Sollst Du möglichst wenig und schlecht arbeiten oder möglichst gut und viel?*

● Sozialistische Arbeitsmoral für jetzt und hier muß ausgehen von einer klar verständlichen aber nicht demagogisch vereinfachten Analyse der Abhängigkeit und Ausplünderung der Arbeiter und Angestellten im Kapitalismus: sie müssen die Sprache kriegen in der sie sagen können woran sie leiden.

Moral ohne Einsicht in die eigene Lage ist keine sondern von außen aufgepfropftes Sittensprüchlein (zB »Arbeitsmoral« damit der Unternehmer besser verdient).

- Sozialistische Arbeitsmoral für jetzt und hier wird nicht sagen können: Arbeite nichts oder wenigstens wenig und schlecht! Das sind junglinksintellektuelle Scherze. Arbeiter und Angestellte haben keinen Pappi der monatlich was schickt wenn auch vielleicht wenig auch keinen Pappi Staat der ihnen ein Stipendium gibt wenn auch vielleicht wenig.

Was die naturwüchsige Arbeitsmoral des Einzelnen ist: Wunsch nach Existenzsicherung ist die naturwüchsige Arbeitsmoral auch der ganzen Klasse. Keine theoretischen Verweise auf ein kommendes sozialistisches Paradies sind Ersatz für *Leben* jetzt und hier. Keine strategischen Verweise auf Tod des Kapitalismus durch Nichtmehrarbeiten des Proletariers geben Auskunft wie dieser jetzt und hier weiterleben soll. Auch kann nur ein lebendes Proletariat irgendwann sozialistische Revolution machen. Verdienst Sicherheit Lebensstandard gehören zu seiner modernen Kampfausrüstung – wenn man ihm überdies sozialistisches Bewußtsein sozialistische Organisation gibt.

- Sozialistische Arbeitsmoral schließt schlechte wenig oder keine Arbeit auch deswegen aus: es gibt ein Gesamtinteresse des Proletariats an der Vollendung des Kapitalismus als Grundlage für den Aufbau des Sozialismus.

Daß auf diese Weise auch dem Kapitalismus genützt wird ist klar aber nicht beseitigbar durch linke Phrasen. Das Interesse des Kapitalisten auf viel und gute Arbeit schließt in sich das Interesse des einzelnen Proletariers auf Existenz und das Interesse der ganzen Klasse sowohl auf unmittelbare Existenz wie auf sozialistische Zukunft.

- Unterwegs zur Vollendung des Kapitalismus als Grundlage für künftigen Sozialismus heißt sozialistische Arbeitsmoral: Produktion von möglichst viel Bewußtsein Organisation Strategie des Sozialismus um möglichst viel Verfügungsgewalt aus den Händen des Kapitals überzuführen in die Hände der Arbeiter und Angestellten selbst und ihrer Organisationen.

Sozialistische Arbeitsmoral schließt daher in sich nicht nur Arbeit für den Kapitalismus um auf diesem nicht überspringbaren und nicht wegdekretierbaren Weg zum Sozialismus zu gelangen: sondern auch direkte Arbeit für den Sozialismus durch Arbeit in dessen Organisationen Parteien Gewerkschaften außerparteilichen Gruppen.

P. S.

Wenn arbeiten heißt: Tun was man nicht mag aber muß. Unter Kommando stehen. Keinen Einfluß haben wie man arbeitet was man arbeitet und was daraus wird. Dann habe ich mein Lebtag nicht gearbeitet. Obwohl ich nie mit der gesetzlichen Arbeitszeit ausgekommen bin. Aber eben für mich selber.

Die Arbeit bei einer sozialdemokratischen Tageszeitung (Graz 1948 bis 1958) entsprach meinen Neigungen konnte von mir selber weitgehend eingeteilt und weithin überblickt werden dank einem Chefredakteur bürgerlich-nationaler Herkunft aber in diesem Punkt tadellos utopisch-sozialistischer Gesinnung.

Ab 1965 war ich allein ab 1970 kollektiv im Besitz meines Produktionsmittels Zeitschriftenverlag.

Soviel Selbstverwaltung meiner Arbeit hatte als Preis die Einsicht und Hinnahme sonstiger Abhängigkeiten denen die Publizistik im Kapitalismus unterworfen ist aber es waren und sind Abhängigkeit wählbar und steuerbar im Bereich der Arbeiterbewegung (Sozialdemokratie Gewerkschaften).

Wenn ich auf der Maschine meine Strophe geschrieben habe antwortet ein Laubfrosch im Apfelbaum mit seiner Strophe. Ich lebe unter bescheidenen materiellen Umständen: gewiß. Ich bin allein: gewiß. Ich arbeite statt Urlaub zu machen: gewiß. Aber das alles ändert nichts an meiner luxuriösen Situation verglichen mit der überwältigenden Mehrzahl abhängig Arbeitender verglichen selbst mit der überwältigenden Mehrzahl abhängig Arbeitender in meinem journalistischen Beruf.

Ich nehme Freiheit vorweg.

Ich nehme Freiheit vorweg auf die übliche alte Tour des Intellektuellen in bisher noch jeder Gesellschaftsformation:

Ich bin schon sehr frei während (noch genauer: weil) andere noch sehr unfrei sind.

8. Tag
Wohnung ist Gefängniszelle

Der Bürger des demokratischen Kapitalismus hat gewisse Rechte so das Wahlrecht und seine bürgerlichen Grund- und Freiheitsrechte. Zur Debatte steht hier nicht ob und inwieweit diese Rechte bloße Illusion sind. Denn ob illusionär oder nicht die meisten davon verliert er wenn er überwechselt wie er dies alltäglich in seiner großen Mehrzahl muß aus seiner Station als Bürger in seine Station als abhängig Arbeitender.

Bürgerrecht und Streikrecht

Sobald der Bürger des demokratischen Kapitalismus das Fabriktor die Bürotür oder ähnliche Verschlußvorrichtungen passiert hat verliert er seine wichtigsten bürgerlichen Freiheiten. Er hat an seinem Arbeitsplatz

- *Kein Wahlrecht:* Seine Oberen werden ihm ohne sein Zutun vor die Nase gesetzt.
- *Keine Meinungsfreiheit:* was und wie er zu arbeiten hat darüber gibt es keine Diskussion sondern es wird ihm von oben her gesagt.
- *Keine Freizügigkeit:* Im Betrieb wird ihm sein Aufenthaltsort zugewiesen Ortsveränderungen sind ihm nicht gestattet er muß fragen.
- *Kein Hausrecht:* Im Betrieb können die Räume in denen er sich aufhält stets betreten werden von der Betriebsobrigkeit oder deren Abgesandten auch gegen seinen Willen.

Es stimmt daß der Betriebsrat hinsichtlich Arbeitsbedingungen Arbeitsordnung udgl ein Recht auf Mitsprache hat. Aber das ändert nicht viel.

Hingegen hat der Bürger des demokratischen Kapitalismus innerhalb seiner Arbeitsstätte ein Recht das er draußen nicht hat: primitiv wenn man es vergleicht mit den detailliert durchformulierten Rechten draußen in der politischen Demokratie aber wirksam:

●● ein urtümliches Faustrecht ausgeübt durch solidarischen Zusammenschluß und Bruch eines gesetzmäßigen Zustandes. Niederlegung der Arbeit trotz aufrechten Arbeitsvertrages jedes einzelnen mit dem Unternehmer. Dieser Schlag (englisch strike davon Streik) ins Gesicht des bürgerlichen Rechtsstaates bleibt straflos.

Das Streikrecht ist Bestandteil dieses Rechtsstaates wenngleich auf eine sehr verschwommene verschämte Art. Faustrecht der Arbeiter ist im bürgerlichen Rechtsstaat schwer unterzubringen. Es wäre garnicht unterzubringen wenn es nicht wie jede wesentliche Rechtsfrage eine Machtfrage wäre. Zahm wie die Arbeiterbewegung geworden ist gerade in den hochentwickelten kapitalistischen Industriestaaten: auf das Streikrecht verzichtet sie nirgends. Um es zu beseitigen ist Faschismus nötig.

Wenn der abhängig Arbeitende das Fabriktor die Bürotür oder ähnliche Verschlußvorrichtungen auf dem Heimweg passiert verläßt er das Reich der Solidarität und des durch Solidarität wirksamen Faustrechts. In allen seinen übrigen Lebensbereichen wird der solidarische Bruch eines gesetzmäßig bestehenden Zustandes nicht geduldet.

Aus diesen und anderen Gründen wird der Bürger des demokratischen Kapitalismus am Arbeitsplatz ausgeplündert aber noch viel mehr ausgeplündert in seinen übrigen Lebensbereichen.

Maffia Boden/Bau/Wohnungskapital

Z. B. Wohnen

Machtlos steht die überwältigende Mehrzahl der Bevölkerung vor dem Treiben einer Maffia aus Grundstückbesitzern und -spekulanten Bauwirtschaft Wohnbau- und Finanzierungsgesellschaften Hauseigentümern.

- Neubauwohnungen sind teuer. Es werden relativ wenige gebaut. Die Ware Wohnung wird knapp gehalten. So bleibt der Preis schön oben.
- Billige Altwohnungen werden dezimiert. Teils werden die Mieten auf gesetzlichem Wege erhöht mit der Begründung es würde bei zu billigen Mieten der Neubau von Wohnungen unrentabel. Teils werden durch Altstadtsanierung die alten Häuser mit den billigen Wohnungen einfach abgerissen.

So gibt es weniger Altwohnungen: deren Preise steigen. So entsteht Nachfrage nach Neubauwohnungen: deren Preise bleiben hoch. Einige besonders schöne Altwohnungen werden renoviert: so entstehen statt der billigen Altwohnungen Luxuswohnungen in der Altstadt.

- Der billige kommunale Wohnungsbau wird abgetrieben mit der Begründung durch ihn könne die Wohnungsmisere ohnehin nicht gelöst werden.

Den Gemeinden werden soviel Ausgaben aufgehalst daß sie sich verlorene Baukosten nicht mehr leisten können: sie hören zu bauen auf oder steigern die Mieten bis in die Gegend des privaten Wohnbaus.

- Kapitalkräftige Eigentümer von Neubauten lassen diese leer in Erwartung noch höherer Mieten.
- Weniger kapitalkräftige Eigentümer von Neubauten vermieten

unter dem Selbstkostenpreis in der sicheren Erwartung dies mehr als einzubringen durch kräftige Mietsteigerungen gleichläufig mit der Inflation.

- Eigentümer von Altbauten lassen diese verfallen vertreiben auf diese Weise oder auf andere die Mieter erwerben die Abbruchgenehmigung pferchen noch rasch möglichst viele Fremdarbeiter zu unverschämten Preisen in die Bruchbude. Ist das Haus dann weg liegt der Grund frei kommt das große Geld:

Der Boden ist ohne Haus viel mehr wert als mit. In zentraler Lage wachsen hier Bank- Konzern- Bürohochhäuser. In weniger zentraler Lage bringt ein neues Wohnhaus immer noch viel mehr Miete als ein altes.

- Die Bauwirtschaft bleibt bei ihren astronomischen Preisen und steigert sie immer noch. Bei jeder neuen Preiswelle ist sie Spitzenreiter. Sie ist teurer weil weniger rationalisiert:

Sie hat weniger Maschinen mehr Menschen als andere Industriezweige. Denn bei Konjunkturflaute ist es für sie rentabler Menschen abzubauen als teure Maschinen ungenutzt zu lassen. Weil sie bei Flaute viele abbaut und bei Konjunktur viele einstellt wird sie von der öffentlichen Hand bevorzugt bei Stützung und Ankurbelung der Konjunktur. Ebendrum kann sie sichs leisten nicht zu rationalisieren und teuer zu sein.

- Die Bodenbesitzer verkaufen nach perfekter kapitalistischer Logik an den Meistbietenden. Dadurch geraten die Stadtzentren in die Hände des Finanz- und Industriekapitals. Dadurch werden die Wohnbauten immer mehr an die Stadtränder verdrängt. *Immer mehr Menschen fahren immer längere Strecken immer längere Zeit zur Arbeit und nachhause.*

Die Maffia aus Bodenkapital/Baukapital/Wohnungskapital versetzt die Massen der Arbeiter und Angestellten in perfekte Hilflosigkeit. *Wenn sie eine Wohnung wollen zahlen sie immer mehr für immer weniger.* Neue Wohnungen sind immer weiter draußen und immer teurer. Alte Wohnungen gleichfalls immer teurer und immer schlechter: vergleichsweise immer unmoderner und jedenfalls immer tiefer drin in der Hölle aus Lärm Gestank Abgasgiften.

Die Massen der Arbeiter und Angestellten wollen anständig wohnen jetzt und hier und nicht erst im *Sozialismus.* Ihnen vorzuschwärmen daß dieser das Wohnungsproblem lösen wird ist für sie uninteressant. Sie fordern die Lösung von der *Sozialdemokratie* das heißt: innerhalb des Kapitalismus und in Zusammenarbeit mit diesem. Nicht weil das was Schönes ist sondern weil das Kräfteverhältnis zwischen den Klassen jetzt und hier keine andere Lösung gestattet als in Auseinandersetzung und im Kompromiß mit dem Kapital.

Am Wohnungsproblem ist nicht nur die Sozialdemokratie interessiert in Wahrnehmung der unmittelbaren Interessen der lohn- und gehaltsabhängigen Massen (ihrer Wählermassen). Auch das Industriekapital hat kein Interesse an besonders teurem Wohnungsbau weil sich hohe Mieten in höheren Lohnforderungen niederschlagen. *Das Industriekapital will (zwecks möglichst niedriger Löhne) möglichst niedrige Mieten. Daher ist es in der Wohnungsfrage ein möglicher Bündnispartner der Sozialdemokratie.*

Aber kein verläßlicher. Es gibt Solidarität zwischen Industriekapital und Boden/Bau/Wohnungskapital auf dem Rücken der Arbeiter und Angestellten. Wichtiger noch: es gibt immer mehr Verflechtung zwischen diesen Kapitalen. Industrie- und Finanzkapital strömt auf den Boden/Bau/Wohnungsmarkt weil es dort viel zu verdienen gibt. So gerät Kapital in die übliche Schizophrenie seiner Interessen: will es nun niedrige Mieten wegen niedriger Löhne oder will es am Boden/Bau/Wohnungsmarkt hohe Gewinne. Der Ausweg wird wiederum auf dem Rücken der Arbeiter und Angestellten gesucht. Aber das stößt sich an der Verhandlungsmacht der Sozialdemokratie und ihrer Gewerkschaften. Bei aller Unverläßlichkeit ist folglich das Kapital an die Zusammenarbeit mit der Sozialdemokratie verwiesen.

Auf einem Bündnis zwischen Sozialdemokratie und Industriekapital beruhte in der Ersten Republik Österreich der *»Mieterschutz«:* Gesetzgebung zurückgehend noch auf die Kriegswirtschaft betreffend Mietenstop und Kündigungsschutz in Altwohnungen sowie zwangsweise Verwendung des Mietgeldes für Hausreparaturen. Formal kommt dies einer Enteignung des Hausbesitzers gleich: die wesentliche Verfügungsgewalt über sein Eigentum ist ihm entzogen. Dies aber nicht als Resultat des teuflischen Austromarxismus der damaligen Sozialdemokratie sondern als Resultat eines sozialdemokratisch-kapitalistischen Bündnisses schon damals. Allein hätte das die Sozialdemokratie machtmäßig nicht geschafft. Aber es lag im Interesse des kriegsgeschwächten Industriekapitals niedrige Mieten zwecks niedriger Löhne zu haben. Es war ein Streit um Profit zwischen zwei Kapitalfraktionen. Die Hausbesitzer waren die schwächeren.

●● Auch heute ist das Industriekapital nicht abgeneigt ein Stück mit der Sozialdemokratie zu gehen wenn diese gewillt ist dem Boden/Bau/Wohnungskapital Zügel anzulegen.

Die diesbezügliche Neigung des Industriekapitals wächst wenn es ihm nicht so glänzend geht zB wegen Exportschwäche dann sind niedrige Löhne daher auch niedrige Mieten besonders wichtig.

●● Im Interesse des Gesamtkapitals (und der darin eingeschlossenen unmittelbaren Existenzsicherung des Proletariats) liegt die Förderung des warenproduzierenden Industriekapitals und nicht die

Aufblähung des unproduktiven Boden- und Wohnungskapitals oder des rationalisierungsunwilligen Baukapitals.

Werden schon niedrige Löhne hingenommen als Ergebnis von Auseinandersetzung und Kompromiß zwischen den Klassenkräften vertreten durch Sozialdemokratie und Industriekapital so sollen die niedrigen Löhne der Modernisierung des industriellen Produktionsapparates dienlich sein statt von hohen Mieten aufgefressen zu werden (was dann Lohnforderungen auslöst und die höheren Löhne wandern wieder in den Wanst des Wohnungskapitals).

Sozialdemokratisch-kapitalistische Wohnbaureform

Reformen des Wohnungswesens sind dann sozialdemokratisch das heißt: realistisch wenn sie a) den unmittelbaren Interessen der Arbeiter und Angestellten (der sozialdemokratischen Wähler) dienen b) bündnisfähig sind mit dem Industriekapital ohne dessen Vertrauen und Mitwirkung die Sozialdemokratie (auf Grund des Kräfteverhältnisses der Klassen) garnichts reformieren kann.

- *Reform des Bodenkapitals.* Abschöpfung seiner enormen Gewinne durch Besteuerung zugunsten Wohnungsbau Verkehrs- und Städtesanierung. Beschränkung seiner Gewinnmöglichkeiten durch strikte Planung des Bodens: Festlegung der Zonen für Arbeiten und Wohnen unter möglichster Mischung der beiden um die Verkehrswege zwischen ihnen zu verkürzen. Kommunalisierung des Bodens: Gemeinden dürfen ihren Boden nicht verkaufen und haben Vorverkaufsrecht auf allen sonstigen Boden.

Bei solcher sozialdemokratischer Bodenreform kann das Industriekapital mitgehen aus dreifachem Interesse a) an niedrigen Mieten wegen niedriger Löhne b) weil es selber für Baugrund die horrenden Bodenpreise zahlen muß c) weil die hohen Gewinne aus dem Boden Anlagekapital dorthin locken statt in die Industrie.

- *Reform des Baukapitals.* Rationalisierung und dadurch Verbilligung der Produktion.

Das Industriekapital kann mitgehen aus dreifachem Interesse a) weil Rationalisierung im langfristigen Interesse des Gesamtkapitals liegt b) weil das Industriekapital hiefür die Maschinen liefert c) weil es die freigesetzten Menschen als Arbeitskräfte brauchen kann.

- *Reform des Wohnungskapitals.* Kommunale Wohnungsvermittlung: Die Gemeinden besorgen die Vermittlung kostenlos egal ob es sich um ihren oder um privaten Wohnbau handelt. Wegfall der Maklergewinne. Kommunaler Mietenfonds: *Aus* diesem bezahlen die Gemeinden alle Mieten ob für kommunal oder privat gebaute Wohnungen. *In* den Fonds zahlen alle Mieter und zwar die mit niedrigen Einkommen niedrigere Prozentsätze (eventuell plus kommunalen Zuschüssen) die mit hohem Einkommen höhere.

Derzeit ist es genau umgekehrt: wer viel verdient zahlt relativ wenig Miete wer wenig verdient zahlt relativ viel Miete. Das Industriekapital kann auch da mitgehen wegen seines Interesses an niedrigen Mieten.

●●●●● Daß solche sozialdemokratische Reform des Boden/Bau/Wohnungskapitals viel *Planung* enthält (Bodenplan Mietenfonds) stört das Gesamtkapital nicht unbedingt. Das Kapital ist nicht prinzipiell planungsfeindlich: nämlich dann nicht wenn die Planung in seinem Interesse liegt.

(Beispiele reichen vom fürstlichen Merkantilismus: der den frühen Kapitalismus mittels staatlicher Planung hochpäppelte über staatliche Außenhandelsplanung: Schutzzoll Exportförderung sonstige Industriesubventionen – bis zur staatlichen Gesamtplanifikation: à la De Gaulle oder schon Roosevelt mit seiner Tennessee Valley Authority.)

Sozialdemokratische Reform des Wohnungswesens ist möglich weil hier ein Bündnis möglich ist mit dem Industriekapital dessen Interessen in diesem Punkt gegen das Boden/Bau/Wohnungskapital stehen. Das Industriekapital ist ja auch sonst Bündnispartner der Sozialdemokratie gegen unproduktive unrationalisierte unrationelle Kapitalfraktionen. Die Sozialdemokratie vertritt hiebei

- das Gesamtinteresse des Kapitals gegen kapitalistische Teilinteressen
- die unmittelbaren Interessen der abhängigen Arbeitenden soweit sie gleichläufig sind mit den Interessen des Industriekapitals
- Sie rationalisiert modernisiert vollendet den Kapitalismus was dieser selbst nicht mehr fertigbringt gespalten in seine Teilegoismen. Sie erfüllt ihre geschichtliche Aufgabe: Vollendung des Kapitalismus zwecks Vorbereitung des Sozialismus.

Linke Wohnbaureform

(Über Ehe (2))

Schöner Wohnen: in gesünderer Umwelt verkehrsgünstiger billiger das ist schon etwas. Da gehört schon jungneulinke Arroganz dazu dieses mögliche Resultat sozialdemokratisch-kapitalistischer Reformtätigkeit zu verlachen quer über die Kluft hinweg zwischen den wohnungshungrigen arbeitenden Massen und der linken Avantgarde der nicht die schönere Wohnung genügt sondern erst die Revolution.

Umgekehrt ist es sozialdemokratisch-reformistische Arroganz wenn als junglinke Utopie beiseitegeschoben wird was sozialistische Revolution der Köpfe ist: gerade in der Wohnungsfrage.

Wie schön gesund verkehrsgünstig billig auch immer das Wohnen der arbeitenden Massen werden kann durch sozialdemokratische Reform (hoffen wirs helfen wir mit): ohne Revolution der Köpfe *bleibt die Wohnung eine Gefängniszelle.*

In krimineller Monotonie aneinandergereiht Zelle um Zelle jede Wohnhausanlage jede Satellitenstadt ein immer neueres immer größeres Gefängnis in dem die arbeitenden Massen unter immer komfortablerem Verschluß gehalten werden jede Zelle angefüllt mit immer teurerem immer öderem Möbelkitsch ein Reich der Gartenzwerge aus dem es kein Entrinnen gibt.

Sind die Bürger des demokratischen Kapitalismus sicher in den vier Wänden ihrer Wohnzelle eingeschlossen total isoliert von den übrigen Gefangenen bewährter Grundsatz für alle Sicherheitsverwahrung begeben sie sich das ist alles exakt einexerziert zum Auslaß der zentralen Fernsehbefehlsanlage es ist ein ganz modernes Gefängnis und drehen selber und freiwillig am Knopf.

Steht man abends vor der steilen hohen Außenwand eines modernen Wohnbaugefängnisses leuchtet in jedem dritten Fenster und zwar im selben Teil des Fensters denn der Fernsehapparat steht immer an derselben Stelle in jeder Wohnung weil immer an derselben Stelle in jedem Wohnzimmer die Steckdose ist: der bläuliche Geisterschimmer der zentralen Befehlsanlage.

Zu zweit mit ein oder zwei Kindern Hund oder Katz sitzen sie davor ausgeleert von der Arbeitshölle ausgeleert von der Verkehrshölle ausgeleert von der Kleinehe/Kleinfamilienhölle 20 30jährige verfettet an Herz und Seele was bleibt schon als Fressen und Saufen (im Bett ist es immer derselbe dieselbe dasselbe wenns überhaupt noch was ist oder je was war).

Hier hat die linke Jugend zugeschlagen mit ihrem hohen Ideal von gemeinsamen Wohnen Leben Denken Reden Lieben *mehrerer* Menschen in einer nicht biologischen nicht juristischen sondern *geistigen* Familie (wie Jesus und seine Jünger und die zugehörigen Frauen nur halt nicht herumziehend sondern ortsfest mehr oder minder).

Mit dem linken Ideal und der (weniger linken und weniger idealen) Praxis der Wohngemeinschaft/Großfamilie/Kommune hat die aufständische Jugend etwas getroffen: ein echtes tiefes geheimes Bedürfnis der Massen man siehts an den Reaktionen: Betroffenheit Unsicherheit Angst Wut Aggression geile Phantasie blöde Sittensprüche blöde Witze.

P. S.

Jetzt höre ich einmal auf und komme später wieder darauf zurück. Ohnehin waren ursprünglich im Kopf und Stenogramm eher jene Partien fertig die sich mit dem linken Leben im Kapitalismus befassen. Dann schien mir ein solcher Anfang zu egozentrisch elitär luxuriös. Auszugehen wäre doch von der Lage der arbeitenden Klassen nicht von der Lage der Intellektuellen. Das holte ich jetzt nach und dachte es würde mir mühsam aber im Gegenteil. Höchst heilsam merkte ich beim Schreiben: Wie nah am Leben der arbeitenden Klassen ist die sozialdemokratisch-kapitalistische Reformtätigkeit und wie weit davon bleibt das linke vorgeblich revolutionäre Leben. Für mich folgt daraus: Wie wichtig wäre linke Theorie die nicht vom hohen Roß der Revolution auf die Sozialdemokratie herabsieht sondern a u s g e h t v o n d e r E x i s t e n z d e s P r o l e t a r i a t s j e t z t u n d h i e r.

9. Tag
Verkehr ist Gehirnwäsche

Den weitaus größten Teil ihres Lebens verbrachte die Menschheit ohne Trennung von Arbeiten und Wohnen.

Produktion für den Eigenbedarf der in Arbeit und Wohnen vereinten Großfamilie mit ihren vielfältigen biologischen Beziehungen (mehrere Generationen Blutsverwandte und Angeheiratete) materiellen Beziehungen (einfache Arbeitsteilung) emotionalen Beziehungen (Solidarität bei Krankheit Alter Tod Schwangerschaft Geburt Notfall jeder Art) sexuellen Beziehungen (ehelich außerehelich voreheIich) Produktion über Eigenbedarf hinaus nur für sehr begrenzten Austausch (agrarische oder handwerkliche Eigenprodukte gegen gewisse Arbeitsgeräte Schmuck Gewebe Gewürze)

All dies zerstörte erst der Kapitalismus.

Er entsprang dem Austausch jener seltenen und exotischen Güter. Die damit befaßten Händler wurden reicher als die Bauern und Handwerker. Sie verlegten sich vom bloßen Handel auch aufs Produzieren von Handelsgütern. Wodurch sie noch reicher wurden. Sie produzierten größere Serien erfanden rationellere Produktionsmethoden. Gleichviel Menschen erzeugten mehr Waren: der vermehrte Erlös ging nicht an die damit beschäftigten Arbeiter sondern an die sie beschäftigenden Händler-Produzenten. Wodurch sie noch reicher wurden.

Mit dem vielen Geld finanzierten die Händler-Produzenten teils ihre luxuriöse Lebensweise subventionierten Künstler Intellektuelle udgl (bald auch Fürsten Könige Kaiser um vom geliehenen Geld Zinsen oder andere Privilegien zu kriegen) vor allem aber finanzierten sie damit den Ausbau der neuen Produktionsweise. Wodurch sie noch reicher wurden.

Ursprung des Verkehrs aus der Arbeitsteilung

Kennzeichen der neuen kapitalistischen Produktionsweise war zunächst nicht die Technik: neue Erfindungen udgl – sondern die Manufaktur: produktionssteigernde Zerlegung der Arbeitsprozesse durch immer feinere Arbeitsteilung.

Die fortschreitende Arbeitsteilung reißt Wohnen und Arbeiten auseinander. Bald schon ist es unrationell die Waren von den Arbeitern an deren Wohnort erzeugen zu lassen und sie dann am Wohnort des Händler-Produzenten zu sammeln und zu lagern (daher

Verleger: in der Tat werden Bücher immer noch auf so antiquierte Art erzeugt). Statt beim Händler-Produzenten erst die fertigen Produkte zu konzentrieren konzentriert man dort die produzierenden Arbeiter. Bald schon ist es unrationell die Arbeiter am Produktionsort wohnen zu lassen (zu kasernieren). Man transportiert die Arbeiter von ihrer Wohn- zur Arbeitsstätte und wieder zurück und kann auch daran verdienen:

Zum Transport von immer mehr Gütern zufolge Handel und Arbeitsteilung welche die Produktionsstätten über immer weitere Regionen zerstreut kommt zufolge ebendieser Arbeitsteilung der Transport von immer mehr Menschen. Eisenbahnen und in den Städten Straßenbahnen und Omnibusse werden zu Gewinnquellen für neue Fraktionen des Kapitals.

Das *Verkehrskapital* knöpft den Arbeitern Fahrpreise ab die das *Industriekapital* belasten weil sie zu Lohnforderungen führen. Das industrielle und das gewerbliche Kapital und nicht irgendwelche bösen Sozialisten fordern die »Verstaatlichung« des städtischen Massenverkehrs noch zu Zeiten wo vor den Straßenbahnen und Omnibussen gelenkt von schlecht bezahlten Kutschern schlechtgenährte Pferde übers Pflaster klapperten Profit Profit Profit.

Nicht aus schierer Menschen- und Tierliebe forderten die industriellen und gewerblichen Kapitalisten die »Verstaatlichung« des städtischen Massenverkehrs sondern weil sie sich davon etwas versprachen: niedrige Fahrpreise zwecks niedriger Löhne. Das ist der Ursprung der Kommunalisierung der Tramway zB in Wien unter dem christlichsozialen Bürgermeister Lueger welcher damals viel vom »christlichen Sozialismus« redete und hinterdrein prompt von Linkskatholiken mit christlich-sozialistischem Heiligenschein ausgestattet wurde.

Wiederum nicht irgendwelcher Sozialismus sondern das Industrie- und Handelskapital erlangte die »Verstaatlichung« der Eisenbahnen zwecks niedriger Gütertarife das heißt: Subventionierung der kapitalistischen Produktionskosten durch die öffentliche Hand statt Belastung dieser Produktionskosten durch den Profit des Verkehrskapitals.

Industriekapital und Automaffia

Der Gegensatz zwischen Kapitalsfraktionen ist auch heute noch der Schlüssel zum Verkehrsproblem.

Schlüssel zum Wohnungsproblem: Widerstreit zwischen Boden/Bau/Wohnungskapital das hohe Profite und Industriekapital das niedrige Mieten zwecks niedriger Löhne zwecks hoher Profite will.

Schlüssel zum Verkehrsproblem: Widerstreit zwischen Auto/Treibstoff/Straßenbaukapital das hohe Profite und Industriekapital das niedrige Transportkosten zwecks niedriger Löhne zwecks hoher Profite will.

Was beim Wohnungsproblem die Maffia Boden/Bau/Wohnungskapital das ist beim Verkehrsproblem die Maffia Auto/Treibstoff/Straßenbaukapital.

Die heilige Dreifaltigkeit Auto/Treibstoff/Straßenbaukapital ist die Ursache der Verkehrsmisere. Fast allmächtig wie sie derzeit noch ist boxt sie die denkbar unvernünftigste Transportmethode durch: Massenverkehr mit Privatautos.

- *Massenverkehr mit Privatautos ist die unrationellste Transportart.* Mit keiner anderen Methode können pro Kubikmeter Fahrzeug und pro Quadratmeter Fahrfläche weniger Menschen befördert werden als mit dieser die doch die meisten Menschen befördern soll seit es Verkehrsgeschichte gibt.
- *Massenverkehr mit Privatautos ist die langsamste Transportart.* Die Tachometer mit 200 und mehr Stundenkilometer sind Schwindel. Quer durch die Stadtzentren ist heute jeder Fußgänger Radfahrer Pferdewagen rascher als die Blechkolosse mit Dutzenden Pferdestärken. Der Autoverkehr bringt sich selber um: Je mehr Autos es gibt desto langsamer werden sie. Wenn jeder ein Auto hat kann keiner mehr damit fahren hurra.
- *Massenverkehr mit Privatautos ist die mörderischeste Transportart.* Da hält kein privater Massenmörder mit und auch kein staatlicher: Der Vietnamkrieg verursachte den USA weniger Tote als die eigene Automobilindustrie. Das Auto ist ein fahrender Sarg es tötet die drinnen und die draußen insbesondere hilflose alte Leute und Kinder. Zum raschen Tod kommt der schleichende Giftmord durch Abgase Gestank Lärm und Vernichtung ganzer Städte und Landschaften durch immer mehr Autostraßen.

Das Industriekapital wünscht wegen niedriger Löhne niedrige Transportkosten und daher ein rationelles Verkehrssystem. Aber heute ist es konfrontiert mit einem Verkehrskapital von ungleich größerer Macht als es im 19. Jahrhundert das private Eisenbahn- und Tramwaykapital war: das heutige Verkehrskapital besteht aus mächtigen Teilen des Industriekapitals selbst. Anders als beim Eisenbahn- und Tramwaykapital des 19. Jahrhunderts gelang daher auch keine Verstaatlichung des Auto/Treibstoff/Straßenbaukapitals.

Soweit es Verstaatlichung von Autoindustrie gibt: Frankreich England oder Verstaatlichung von Erdölindustrie: Italien Dritte Welt bleibt a) Abhängigkeit von den mächtigeren privat verbliebenen Teilen dieser Industrie b) ebendrum Führung auch der verstaatlichten Teile nach privatkapitalistischen Prinzipien.

Zur Dreifaltigkeit Auto/Treibstoff/Straßenbaukapital kommt in den Städten wo die Verkehrsmisere am größten ist als viertes das *Bodenkapital.* Es erzeugt immer längere Verkehrswege weil es den Boden an die Meistbietenden verkauft: immer mehr Boden im Stadtzentrum gelangt an Finanz- Handels- und Industriekapital die hier Unmassen von Angestellten beschäftigen. Immer weiter draußen am Stadtrand gelegener Boden gelangt an das Wohnungskapital das hier Wohnungen an eben jene Angestellten verkauft die dann immer längere nerventötendere Wege zur und von der Arbeit haben.

Die Profitvernunft des Auto/Treibstoff/Straßenbaukapitals die den Massenverkehr mit Privatautos produziert multipliziert mit der Profitvernunft des Bodenkapitals das diesen Verkehr auf immer längere Wege schickt ergibt als Resultat die monumentale Unvernunft des großstädtischen Verkehrs.

Autofetischismus

Profitvernunft für das Kapital: nämlich materieller Gewinn – ist Unvernunft für die Massen der Arbeiter und Angestellten: nämlich materieller Verlust Ausplünderung die in dieser Nacktheit nicht haltbar wäre. Das Kapital bedarf der Bedeckung seiner Blöße durch Ideologie:

Erzeugt wird die Verkehrsmisere durch materielle Tollwut der vereinigten Maffia Auto/Treibstoff/Straßenbau/Bodenkapital verewigt wird sie durch ideologische Tollwut: durch Autofetischismus der erzeugt wird durch Abzweigung eines beträchtlichen Teils der Gewinne (macht nichts der Konsument zahlt) in millionenschweren Agitprop des Auto- und Treibstoffkapitals (Straßenbau und Bodenkapital haben nicht einmal diese Ausgaben sie schmarotzen mit).

- Eine so handfeste Ideologie wie der Autofetischismus braucht eine ebenso handfeste Organisation: die Autofahrerverbände von den Agitpropabteilungen der Auto- und Treibstoffindustrie sorgsam gefördert haben ein dichtes wohlfunktionierendes Organisationsnetz übers ganze Land halten ihre zahlreichen Mitglieder durch zahlreiche Vorteile bei der Stange haben wirksame Publikationsorgane in denen ihre Forderungen und die der ihnen freundschaftlich zugewandten Industrie (meist identisch) kräftig zu Wort kommen.

Die Autofahrerverbände sind das Muster einer Pressure Group: eine wohlorganisierte Minderheit mit Kapitalinteressen hinter sich drängt der Mehrheit ihren Willen auf. Kein Politiker der auf die Autofahrerverbände nicht sorgsam Obacht gibt und doch ist die Mehrheit der Bevölkerung auch in hochindustriellen Ländern nicht aktiv autofahrend. (Das ist kein behebbarer Mangel sondern die Voraussetzung fürs Autofahren fährt jeder kann keiner. Alte Leute zB sind zum Überfahrenwerden da nicht zum Selberfahren.) Für den Politiker ist das uninteressant: organisiert sind die Autofahrer und rennen ihm die Türe ein. Nichtautofahrerverbände gibt es nicht.

- Autofetischismus beginnt (wird begonnen) bei den ganz Kleinen. Baby sitzt kaum daß es sitzen kann in einem Sesselchen mit einem Lenkrad vorne dran. Sammeln von Spielzeugautos durch Kinder ernährt eine eigene millionenschwere Industrie und treibt die Eltern zum Kauf neuer Modelle in Spielzeug- wie auch in Großformat. Autos sind im Spätkapitalismus das wichtigste Spielzeug für Kinder und Erwachsene. Das Auto führt zur dauernden Gehirnschädigung der Bürger des demokratischen Kapitalismus.
- Ein Auto besitzen oder auch nur angezahlt haben heißt: Was soll das Gerede vom Kapitalismus bin ich nicht auch ein Kapitalist habe ich nicht ein Auto wie mein Direktor?
- Das Auto ist der Beweis auf vier Rädern daß Privatbesitz glücklich macht und Besitzlosigkeit unglücklich. Das Auto ist die heilige Kuh des Proletariers. Als während der Pariser Maitage 1968 aufständische Jugend (unsinnigerweise) Autos in Brand steckte sagte mir ein proletarischer Autobesitzer auf Raten: Alles gut und schön aber wenn die an die Autos gehen muß geschossen werden.
- Automarke Autotyp sind präzise Gradmesser für den materiellen und gesellschaftlichen Aufstieg des abhängig Arbeitenden. In bestimmten Betrieben gibt es ungeschriebene aber desto festere Gesetze wer welches Auto haben darf und wer nicht: bei Strafe der Karrierebehinderung hat der Untergebene kein besseres Auto als sein Vorgesetzter. Autos sind keine Gebrauchsgegenstände sondern Rangabzeichen.
- Das Auto schiebt sich tief hinein (wird tief hineingeschoben) ins Halb- und Unbewußte des Bürgers im demokratischen Kapitalismus. Wer das bessere Auto hat kriegt die besseren Frauen Pferdestärke ist Potenz Geschwindigkeit Geschlechtsverkehr.

Verkehr als Energievernichtungsmaschine

(Über Ehe (3))

Hinter der Ehe ist vermutlich das Auto die großartigste Maschine zur Vernichtung menschlicher Energie. Die Riesensumme Aggression im Autoverkehr kommt gleich hinter der Riesensumme Aggression im ehelichen Verkehr.

Insgesamt ist es wertvolle menschliche Energie die auf andere Zwecke weitaus nützlicher gewandt wäre zB auf Errichtung einer Gesellschaftsordnung in der weder Auto- noch Geschlechtsverkehr umschlagen müssen in Angriff Wut gedanklichen oder körperlichen Mord. Dann aber würden die Oberen viel schlechter schlafen als derzeit in der Gewißheit daß die Unteren sich in den diversen für sie konstruierten Maschinen zur Vernichtung ihrer materiellen und moralischen Energie schön brav abstrampeln.

● Energievernichtungs- und Idiotisierungsmaschine ist überhaupt der Verkehr von der Wohn- zur Arbeitsstätte und zurück und zwar prinzipiell mit privatem Auto noch mehr als mit öffentlichem Verkehr.

Welcher Aufwand an Agitprop war nötig um vernünftigen Menschen einzureden daß sie besser fahren jeder für sich millionenfach mit strapazierten Nerven verbissenen Mienen ab und zu das Fenster aufkurbelnd um einander mit obszönen Flüchen und Todesdrohungen zu bedenken von Lärm Gestank und Gift umwölkt in der höchsten unmittelbaren Lebensgefahr die sich erdenken und berechnen läßt – daß sie so besser fahren als gemeinschaftlich sitzend redend lesend herumgehend essend trinkend was weiß ich gelenkt von Fachpersonal und modernstem elektronischem Gerät auf eigenem Fahrkörper mit der geringsten Gefährdung für Leib und Leben die sich erdenken und berechnen läßt. Mit häufiger Zugfolge größerer Geschwindigkeit und um einen Bruchteil der Kosten die das Autounwesen verursacht durch ständig wiederholten Autokauf Lahmlegung industrieller Kapazität die für nützlichere Zwecke nötig wäre Bau immer neuer Straßen Tötung Verkrüppelung zehntausender Menschen Vergiftung und Zerstörung der Städte und Landschaften. Wunder des Agitprop. Das Auto bleibt die heilige Kuh. Die Energievernichtungsmaschine läuft und läuft und läuft.

●● Was die Energievernichtungsmaschine Zweierehe/Kleinfamilie frühmorgens noch übriggelassen hat wird in der Energievernichtungsmaschine Verkehr vernichtet

●● Was die Energievernichtungsmaschine Arbeitsstätte spätnachmittags noch übriggelassen hat wird erneut der Energievernichtungsmaschine Verkehr zugeführt

●● Was die Energievernichtungsmaschine Arbeitsstätte plus Verkehr vorher und nachher noch übriggelassen hat wird erneut in die Energievernichtungsmaschine Zweierehe/Kleinfamilie eingefüttert

●● Sollte immer noch Energie übrig sein so steht die Energievernichtungsmaschine Fernsehen schon bereit oder wenn man gar noch ausgehen will die Energievernichtungsmaschine Freizeitindustrie.

●● Alle diese Energievernichtungsmaschinen vernichten nicht Energie schlecht hin sondern wandeln hochwertige menschliche Energie in minderwertige um: in *Aggression*. Was zB an Solidarität noch übrig sein sollte aus dem Arbeitsbereich wird eingefüttert in die Aggressionserzeugungsmaschine Verkehr was dann noch übrig sein sollte kommt in die Aggressionserzeugungsmaschine Zweierehe/Kleinfamilie.

Verkehr ist daher nicht nur ein praktisches Problem sondern ein politisches: Solidarität im Betrieb wird im Verkehr zerrieben. Was daheim angelangt ist ein körperlich und geistig erschöpftes Menschenatom verläßlich isoliert von den andern seinesgleichen mit denen er im Betrieb zusammen war.

Die Trennung von Wohnen und Arbeiten ist ein Produkt nicht nur der Arbeitsteilung sondern auch der Sicherheitsstrategie des Kapitals. Das Risiko der Solidarität bei gemeinsamem Arbeiten soll nicht noch verschärft werden durch das Risiko der Solidarität bei gemeinsamem Wohnen am Arbeitsort. *Sicherheitshalber werden nach der Arbeit die Proletarier durch die endlose Gehirnwaschstraße des Verkehrs geschleust und in alle Himmelsrichtungen zersprengt.*

Sozialdemokratisch-kapitalistische Verkehrsreform

Mit einer linken Analyse was ihnen der Verkehr alles antut ist aber den Massen der Arbeiter und Angestellten noch nicht geholfen. Sie wollen heraus aus der Verkehrsmühle auch wenn dies noch nicht der große Sprung ist in die sozialistische Zukunftsgesellschaft.

Die gegenwärtigen Kräfteverhältnisse zwischen den Klassen erlauben hier wie sonstwo im westlichen Kapitalismus nicht mehr als Reformen in Zusammenarbeit mit gewissen Fraktionen des Kapitals gegen andere Fraktionen des Kapitals. So wurde Karl Marx von Karl Kautsky korrigiert dem Haupt des deutschen Marxismus in den Zehner- und Zwanzigerjahren (K. K. Die proletarische Revolution Stuttgart 1922 S. 106): In der Zeit des Übergangs vom Kapitalismus zum Sozialismus kann die Regierungsform in der Regel keine andere sein als die *Koalition* zwischen Arbeiterbewegung und Kapitalismus. Und nicht wie Marx meinte die *Diktatur* des Proletariats.

Jetzt und hier kann die Reform der Verkehrsmisere nicht mehr sein als Kompromiß aus sozialdemokratisch-kapitalistischer Koalition sie darf aber auch nicht weniger sein als die volle Ausschöpfung der Möglichkeiten solcher Koalition:

- Verringerung oder zunächst keine weitere Vergrößerung der Wege zwischen Wohn- und Arbeitsstätten. Voraussetzung ist die Reform des *Bodenkapitals:*

Die Standorte der Wohn- und Arbeitsstätten müssen statt über den Bodenpreis bestimmt werden über die Bedürfnisse gemäß strikter Raumplanung. Freilich siehe Koalition werden die Bedürfnisse des Kapitals soviel zählen wie die Bedürfnisse der Massen der Arbeiter und Angestellten. Aber fürs erste reicht das. Schon eine Reform im Interesse des *Gesamtkapitals* wäre deutlich verschieden vom gegenwärtigen Zustand des Wuchers den das *Bodenkapital* treibt.

Bei einer solchen Reform würden Finanz- Handels- Industriekapital mitgehen weil diese kein Interesse haben an den horrenden Gewinnen des Bodenkapitals auf ihre Kosten (direkt über die Bodenpreise für ihre Standorte indirekt über die Löhne die von hohen Mieten und hohen Transportkosten gesteigert werden nochmals indirekt über das Wegschwimmen von Anlagekapital zum Bodenmarkt statt zu ihnen).

Das Bodenkapital ist nicht erst vom sozialistischen Standpunkt unproduktiv sondern schon vom gesamtkapitalistischen: es lebt nicht von der Warenproduktion sondern von Rente aus dem bloßen Besitz von Boden.

Reform des Verkehrs durch Reform des Bodenkapitals zwecks Verkürzung der Wege zwischen Wohn- und Arbeitsstätten ist aber eine längerfristige Sache. Mittel- und kurzfristig geht es um zweierlei:

- ● Verringerung oder zunächst kein weiteres Anwachsen des privaten Autoverkehrs
- ● Vermehrung oder zunächst Bevorzugung des öffentlichen Verkehrs.

Das Auto ganz wegzukriegen wird nicht gelingen. Bis auf weiteres ist die Macht der Maffia Auto/Treibstoff/Straßenbaukapital zu groß. Es geht auch gar nicht um irgendwelchen naturschützerischen postkutschenromantischen Autohaß. Das Auto ist eine großartige Erfindung. Daß jeder eins haben kann ist sehr demokratisch. Der Unsinn beginnt erst bei seiner Verwendung für den täglichen Massenverkehr. *Profit zwingt Technik in Idiotie.*

Das meiste am Massenverkehr mit dem Auto ist Zwischenraum das wenigste sind Menschen. Die Autoindustrie könnte statt der gegenwärtigen Mordwaffen Nützlicheres herstellen zB ein sehr haltbares sehr sicheres sehr umweltfreundliches Auto für jedermann und für alle jene Zwecke die der öffentliche Verkehr auch nach seinem Ausbau nicht erfüllen kann.

Rationalisierung des Massenverkehrs heißt zunächst Beförderung von mehr Menschen weniger Kubikmeter Blech und Quadratmeter Verkehrsfläche:

- ●●● Vorrang für öffentliche Straßenverkehrsmittel gegenüber dem Autoverkehr
- ●●● Förderung öffentlichen Verkehrs abseits der Straße (unterhalb oberhalb)
- ●●● Förderung gemeinschaftlichen Autobesitzes
- ●●● Förderung gemeinschaftlicher Autobenützung in den Stadtzentren

Vorrang für öffentliche Straßenverkehrsmittel gegenüber dem Autoverkehr im buchstäblichen Sinn: strikte umfassende Bevorzugung in der Straßenverkehrsordnung wäre eine provisorische kostenlose Sofortmaßnahme kostspielig aber in politischer Münze: Die

Autofahrerverbände würden Sturm laufen und die Politiker kapitulieren.

Totaler Vorrang des Schienen- und Autobusverkehrs würde deren groteske Behinderung durch privaten Verkehr beträchtlich verringern ihre Geschwindigkeit entsprechend erhöhen raschere Aufeinanderfolge erlauben kurz: sie sofort attraktiver machen. Der private Autoverkehr würde im gleichen Maß weniger attraktiv.

Eben davon hat die Automaffia garnichts und das übrige Kapital auch nicht genug. An massenhaftem Umsteigen auf öffentlichem Verkehr wäre es interessiert aus Kostengründen (niedrige Tarife niedrige Löhne) aber das ist von einer solchen Maßnahme nicht zu erwarten. Sie hilft nur jenen die sich mit dem derzeitigen öffentlichen Verkehr abquälen also ohnehin schon billig fahren (weil sie müssen).

Anders stünde es bei Bevorrangung des öffentlichen Straßenverkehrs durch *Einführung des Nulltarifs*. Manche staunen wieso da von durchaus kapitalistischer Seite durchaus positive Töne kommen. Sicher kämpfen dabei zwei Seelen in kapitalistischer Brust: jemandem etwas zu bieten ohne dafür etwas zu verlangen ist buchstäblich eine Kapitalsünde. Aber es *wird* ja bezahlt: von der öffentlichen Hand. Mit dem Nulltarif werden also durch öffentliche Subvention die Löhne niedrig gehalten. So uninteressant ist das nicht für das allgemeine Kapital. Restlos uninteressant ist es nur: für die Automaffia die um ihren Absatz fürchtet – und seltsame Koalition: für sozialdemokratische Stadtverwaltungen die Kostensteigerung befürchten (vermutlich zu Unrecht. Investitionen für zusätzliche Fahrzeuge würden durch Wegfall von Personal wettgemacht. Zu Recht fürchten die sozialdemokratischen Stadtverwaltungen aber ihre sozialdemokratischen Straßenbahngewerkschafter.)

Förderung öffentlichen Verkehrs abseits der Straße (unterhalb oberhalb) ist für das allgemeine Kapital akzeptabel. An den gewaltigen Investitionen verdienen Industrie- und Baukapital entsprechend gewaltig. Die Automaffia kriegt den öffentlichen Verkehr von der Straße weg und entsprechend mehr Platz für ihre Autos.

Förderung gemeinschaftlichen Autobesitzes durch mehrere Personen mehrere Familien zB steuerlich ist für die Automaffia akzeptabel wenngleich mit ideologischem Bauchweh: das Auto ist ja Symbol für Privat- für Einzelbesitz schlechthin. Aber solcher Einzelbesitz stößt an eine Grenze und sie ist in hochindustriellen Ländern fast schon erreicht: Daß ziemlich viele *kein* Auto besitzen ist Bedingung für die Fortbewegung der Autobesitzer. Kaufen sich mehrere Leute steuerbegünstigt gemeinsam ein Auto kann das den Absatz fördern und zwar für größere teurere Modelle.

Förderung gemeinschaftlicher Autobenützung in den Stadtzentren. Möglichst viele Leute mit möglichst wenig Autos zu befördern die in ständigem Umlauf sind schafft weniger Verstopfung wie wenn alle diese Leute mit eigenen Autos fahren: Erweiterung des Taxiverkehrs auf Linienfahrten wo mehrere Fahrgäste zusteigen können. Selbstfahrtaxis mit Münzautomaten. Ausbau des Leihwagensystems: Dial-a-bus: Herbeirufung von Kleinbussen über öffentliche Telefonzellen. Park and Ride: Anfahrt im eigenen Wagen bis zum Zentrum dann Parkplatz (Parkgarage) dann Autobus oder sonstiger öffentlicher Verkehr siehe oben. Die Automaffia geht da mit denn mit alledem soll den Leuten nicht das eigene Auto abgewöhnt werden im Gegenteil für den Verkehr im Zentrum würden neue gemeinschaftlich zu benützende angeschafft werden.

Bei allen sozialdemokratischen Reformen des Verkehrs die diesen rationalisieren und folglich verbilligen kann das allgemeine Kapital mitgehen. Bei allen solchen Reformen die den Autoabsatz nicht behindern oder sogar fördern kann auch das Autokapital mitgehen. Zu diesen offenkundigen Gründen kommen zwei neuartige:

●●●● Die Verkehrsmisere hat bereits solches Ausmaß daß dem allgemeinen Kapital sich die Frage stellt: Behindert der Berufsverkehr nicht schon den Konsumenten- und Güterverkehr?

Zur und von der Arbeit müssen die Leute auf jeden Fall: das braucht nicht weiß Gott wie bequem zu sein. Zum Geldausgeben müssen die Leute nicht unbedingt und immer: die Fahrt zum Einkaufen und Freizeitkonsum muß so bequem wie möglich sein. Und der Güterverkehr muß so rasch wie möglich sein: von der Umschlagsgeschwindigkeit des Warenkapitals hängt der Gewinn ab. Aus diesen beiden profitschwangeren Gründen sollen die Berufsfahrer vom eigenen Auto auf öffentlichen Verkehr umsteigen (außerdem billiger folglich wichtig für niedrige Löhne).

●●●● Die Verkehrsmisere hat bereits solches Ausmaß daß dem Autokapital sich die Frage stellt: »Ist der Schaden am Image des Autos nicht bald derart daß wir einer sozialdemokratisch-gesamtkapitalistischen Verkehrsreform wohl oder übel (eher wohl: also unter Wahrung unserer Interessen) beitreten müssen?«

So wichtig die idiotisierende entpolitisierende Wirkung der täglichen Verkehrsmühle sein mag: ein aufgeklärter Kapitalismus wird sie abwägen gegen die Schäden am Image des Autos Symbol der Überlegenheit des Kapitalismus. Außerdem bleibt genug übrig von der Verkehrsmühle auch nach ihrer Reform. Außerdem hat der Kapitalismus genug andere Maschinen zur Vernichtung menschlicher Energie. Auf Massenmedien und Freizeitindustrie wird doch wohl Verlaß sein.

Strenges Stillschweigen bewahren die reformwilligen Kapitalfraktionen über die *Finanzierung der Verkehrsreform.* Wer schweigt will nicht zahlen. In der Tat erwarten sie sich das Gegenteil: die Auto-

und Treibstoffindustrie erleichterten Absatz (durch Verlegung des öffentlichen Verkehrs weg von der Straße) die Bauindustrie gigantische Aufträge und Gewinne (U-Bahnbau) das allgemeine Kapital niedriggehaltene Löhne durch subventionierte Fahrpreise im öffentlichen Verkehr.

Die allmählich dringende Politur am Image des Autos und damit des Kapitalismus bringt diesen dennoch nicht zur Kasse um das Verkehrsproblem wenigstens kompromißhaft zu lösen: wie immer bedarf es zur Wahrung gesamtkapitalistischer Interessen zusätzlich der Sozialdemokratie.

Ihre Lösung des Verkehrsproblems wird entsprechend dem Stärkeverhältnis der Klassen Kompromiß in der *Sache* sein: gleichrangige Wahrung von Masseninteressen und Kapitalinteressen – desgleichen auch Kompromiß in der *Finanzierung:* anteilig durch Massen und Kapital (Drehung an Steuer- und Tarifschraube für beide).

Die Belastung der Massen ungerecht wie sie ist (sie sind die finanziell Schwächeren und das Kapital hat nur Vorteile: wie bisher aus der Nichtreform so nun aus der Reform) – die Belastung der Massen müßte jedenfalls so erfolgen daß sie abzielt auf besseren: raschen bequemen billigen öffentlichen Verkehr.

●●●●● ZB durch Umleitung des reichlichen Geldstromes aus der Treibstoffbesteuerung vom Autostraßenbau auf öffentlichen Verkehr

●●●●● ZB durch totalen Verbundtarif: jeder zahlt der ins Stadtzentrum einfährt ob mit öffentlichem Verkehr oder eigenem Auto. Die Einkünfte auch aus dem privaten Verkehr gehen in den Ausbau des öffentlichen.

Derzeit ist es eher umgekehrt: während in den westlichen Industriestaaten die öffentlichen Eisenbahnen ihr Transportnetz zu 70 bis 100 Prozent aus ihren Tarifen finanzieren werden 40 bis 50 Prozent der Kosten für Bau und Erhaltung der Straßen nicht von jenen getragen die darauf fahren (aus deren Kraftfahrzeugsteuer Treibstoffsteuer Mautgebühren udgl) sondern von der öffentlichen Hand.

Jene selbe öffentliche Hand die kein Geld hat für den Ausbau des öffentlichen Verkehrs subventioniert den privaten.

So wunderbar sind die Wege der Unheiligen Dreifaltigkeit Auto/Treibstoff/Straßenbaukapital.

10. Tag
Arbeitende Klassen und Linksintellektuelle

Arbeit ist unmoralisch
Wohnung ist Gefängniszelle
Verkehr ist Gehirnwäsche

Skizziert ist jetzt erst die *tagtägliche* Lage der arbeitenden Klassen. Alles Mögliche bleibt noch übrig. Freizeit Krankheit Alte Leute Kinder Frauen Schule einiges davon werde ich noch schreiben. Aber dieses Kapitel wird mir jetzt schon zu lang. Es sollte ja nur Sperrriegel sein hinter einer egozentrischen Einführung in meine Themen Warnsignal erst für mich und dann womöglich für die Leser. Ob es mir so richtig gelungen ist oder nicht (stellenweise glaube ich schon) wichtig ist daß man nicht bloß herumschwärmt von linkem Leben (wie ichs vermutlich noch reichlich tun werde) und von der Notwendigkeit linkes Leben zu verknüpfen mit sozialdemokratischer Reform um beide lebendiger beide sozialistischer zu machen. Das ist alles gut und schön. Wenn man nur nicht vergißt: *Der Zusammenhang zwischen Sozialdemokratie und den Massen der Arbeiter und Angestellten wird nicht hergestellt durch Sozialismus Demokratie oder sonstige schöne Ideen sondern durch die alltäglichen Bedürfnisse und Nöte dieser Massen.* Wenn Sozialdemokratie dem Rechnung trägt durch Zusammenarbeit mit dem Kapitalismus so ist dies für die Massen kein Verrat an der reinen Lehre des Sozialismus sondern (im Erfolgsfall) einfach Wahrnehmung ihrer unmittelbaren Lebensinteressen.

Jede linke Strategie ist bloße Romantik die nur darauf aus ist zu zeigen daß die Sozialdemokratie verräterischerweise mit dem Kapital zusammenarbeitet. Sie müßte den handfest realistischen Massen zeigen daß ihre unmittelbaren Lebensinteressen auch ohne solche Zusammenarbeit gleichgut oder besser vertreten werden können. Dies zu zeigen ist aber in den westlichen Industrieländern unmöglich. *Jetzt und hier gibt es zur sozialdemokratisch-kapitalistischen Koalition keine Alternative.* Diese Koalition (ob nun Koalitionsregierung der Sozialdemokratie mit einer Bürgerpartei oder Koalition einer bürgerlichen Regierung mit den sozialdemokratischen Gewerkschaften oder Koalition einer sozialdemokratischen Regierung mit progressiven Kapitalfraktionen) hat das Format einer geschichtlichen Aufgabe: Vollendung des Kapitalismus zwecks Vorbereitung des Sozialismus.

Linke Strategie soll sich daran ihre ohnehin noch zarten Zähne nicht ausbeißen. Sie sollte ausgehen von der historischen Realität der sozialdemokratisch-kapitalistischen Zusammenarbeit und nach gehöriger Analyse sowie Kritik ohne weiteren Verzug fortschreiten zu ihrer Hauptaufgabe: die Sozialdemokratie weitertreiben die Entwicklung zum Sozialismus weitertreiben durch Entfaltung von linkem Leben im Kapitalismus in der ganzen Spektralbreite von Basisdemokratie bis sexueller Befreiung. Die Aufgabe der Linken in der Zeit des Übergangs vom Kapitalismus zum Sozialismus ist nämlich nicht und kann nicht sein: wirkliche Revolution – wohl aber: Revolution der Köpfe.

Ohne sie wird die wirkliche Revolution nicht kommen.

P. S.

Jetzt kommt ein Reh ums Eck des Hauses das muß es wenn es aus dem Wald ins Maisfeld will die Stengel stehen schon hoch die Kolben sind noch ganz zart und klein gerade richtig dort kann es in Ruhe abendessen. Ich koche heute Kürbis auch direkt vom Feld das heißt: ich dünste was ich noch niemals tat. K. hat mirs gezeigt es ist ganz einfach es geht mit ganz wenig Öl sie sagt es ist wegen Bauch den ich aber hier gar nicht mehr habe.

Wo ich wohne und über Sozialismus schreibe ist eine Idylle die innen hohl ist das weiß ich nach einer Woche Hiersein. Alle Höfe rundum sind bloße Hülsen bäuerlich duftet der Misthaufen und blühen die roten Blumen vor den Fenstern aber der Mann geht arbeiten in die umliegenden Industriebetriebe manchmal auch die Frau fast immer die Söhne und Töchter. Feldarbeit gibts nur am Tag des Herrn mit wild ratternden Traktoren und bunten Maschinen dahinter jede macht an einem Sonntag womit früher ein Dutzend Leute die ganze Woche Arbeit hatten.

Am Abend wenn ich um Milch Eier Zwiebel Knoblauch Brot gehe (noch selbstgeknetet aber schon im Elektroherd gebacken) sitzen sie von der Arbeit im Betrieb und Hof doppelt ausgeschöpft und lassen sich ein drittes Mal ausschöpfen: ihre Fernsehapparate haben die größten gerade erhältlichen Bildschirme. Draußen Sternennacht Nero führt an der Kette seinen Begrüßungstanz auf ein halbes Dutzend Katzen sitzen um die abendliche Milchschüssel man glaubt es sind junge aber es sind schon Mütter südsteirische Katzen werden nicht größer und drinnen die komplette Verblödungsmannschaft Lembke Löwingers und der XY-Zimmermann mit seiner Visage relativ zu welcher die von ihm Gejagten edle Züge haben.

J. 17 mit Brüsten wie für den ganzen Durst der Menschheit Tigeraugen historische Hinterlassenschaft behaupte ich von Hunnen

Avaren Magyaren oder was weiß ich die einst hier durchzogen sitzt wie eine Königin sonntags auf dem Traktor wochentags beträgt ihr Akkord und der von 2500 Bauerntöchtern aus der Umgebung 18.000 Kleinteile täglich für Fernsehapparate. Sie kriegt zwei Drittel des Lohnes den der bundesdeutsche Konzern bei sich daheim bezahlen müßte.

Leben im Kapitalismus
11.–16. Tag
Die Lage
der Schüler und Lehrer

Vorbemerkung zu den folgenden Kapiteln über Schule

11. Tag
N. N. an ein Bauernmädchen

12. Tag
Schule tötet Produktion

13. Tag
Schule tötet Demokratie

14. Tag
Schule tötet Phantasie

15. Tag
Befreiung der Schüler
Befreiung der Lehrer

16. Tag
Schulreform
nicht Schulrevolution

Vorbemerkung zu den folgenden Kapiteln über Schule

Ich blätterte in den Papieren N. N.s
erwägend wie ich meine Absicht wahrmachen könnte
sie einzuverleiben in meinen Text
wo es mir gerade paßt.
Was N. N. über die Schule zu sagen hatte
stimmt so sehr überein mit mir
daß ich lieber gleich meine jüngsten Texte nehme
(teils schon im Rundfunk und in Zeitschriften aber überarbeitet).
Dann aber fand ich einen Brief N. N.s
wie der Leser sehen wird ein bißchen sentimental
der Mann war schließlich über 50
das Mädchen 17
ich kanns ihm aber nachfühlen
in dieser Hütte wird man so.
Und da ich mich nun einmal entschlossen habe
falsch: unterm Schreiben in dieser Hütte ist mirs passiert
daß dieses Buch rot und realistisch wird
aber stellenweise romantisch
Romantik ist Verweigerung des Bestehenden
Romantik ist Vorwegnahme des Künftigen
so stehe N. N.s Brief als Einleitung
zu den Kapiteln über Schule
der Leser wird merken warum.

11. Tag
N. N. an ein Bauernmädchen

LIEBE J.
es war schön im Waldteich zu schwimmen es war schön am warmen Herd zu lehnen und Dir nachzuschauen wie Du Feuer machst mit den Töpfen hantierst die nassen Sachen auf die Besenstange hängst quer über den Ofen. Ich liebe Deine Bewegungen und Stillhalten ich muß Dich immer anschauen.

Wir zwei haben nur die Sprache unserer Augen und unserer Körper.

Was sollten wir miteinander reden außer Beschreibungen was wir gestern taten und was wir heute tun und was wir morgen tun werden und Fotos anschauen Haus Verwandte Hund Hochzeitsgesellschaften wo sie vier Stock übereinander drauf sind damit alle Platz haben.

Du bist gleich nach der Volksschule in die Arbeit gegangen und ich bin zweimal auf die Universität gegangen und habe nie gearbeitet.

Nämlich nie wie du: gezwungenermaßen und zu früh im Leben und ohne Wahl und unter Versäumnis von Dingen die wichtiger sind als Arbeiten für fremde Leute. Weiß ich was hinter Deinen Augen vorgeht außer daß sie machen daß ich Dich mag?

Ich schreibe in meiner Hütte ein Buch sagte ich worüber denn fragtest Du. Ich sagte über Sozialismus. Du sagtest was is das ich sagte daß alle besser leben sollen. Warum machen Sies uns nicht vor, sagte Deine Mutter. Weil einer allein begann ich. Weil einer allein das nicht kann sagtest Du.

Die Welt in der die Leute regieren für die Du um fünf Uhr morgens zur Straße radelst dann kommt der Werksbus und dann hältst Du 18.000 Mal täglich einen kurzen und einen längeren Draht an einen Kontakt die Vormittagsschicht ist besser als die Nachmittagsschicht da kann man zwar länger schlafen aber nicht daheim auf dem Hof helfen außerdem stinkt es schon zu sehr von den 2500 Bauerntöchtern die dort arbeiten –

Die Welt in der die Leute regieren gegen die ich so sehr bin und zu denen ich doch irgendwie dazu gehöre ein Studierter ein Bücherschreiber ein Zeitungsschreiber ein Fernsehkasperl –

Die Welt gegen die ich so sehr bin und so wenig tun kann denn das Geld liebe J. womit man Ideen unter die Leute bringen kann das behalten sich die Leute dies haben dafür daß sie i h r e Ideen unter die Leute bringen: daß nämlich alles oder fast alles gut ist so wie es ist: Deine 18.000 Handgriffe pro Tag und den Gewinn für die Fernsehapparate kriegt der Konzern nicht Du und die anderen 2500 Mädchen und meine Ohnmacht Sozialismus mit den gleichen großen Trompeten unter die Leute zu bringen (Tageszeitungen Fernsehen) wie die ihren Antisozialismus –

Diese Welt sorgt auch dafür daß die Menschen nicht richtig miteinander reden können die einen lassen sie bis zur Volksschule kommen die andern bis zum Doktordiplom und Worte mein Kind haben um sich doppelte dreifache vierfache delikat schwingende Hüllen alle wichtigen Worte haben das und sich mit Worten verstehen heißt nicht die Worte selber verstehen sondern alle die Worthüllen rundherum und das heißt »Bildung« bestimmte Schulen bestimmte Bücher bestimmte Leute

Sprache ist etwas schrecklich Künstliches

Sprachtrennung etwas schrecklich Wirksames

Diesen babylonischen Turm haben sie gebaut damit die Menschen nicht zusammenkommen sich nicht zusammenrotten nicht gefährlich werden für die Wenigen die über die Vielen herrschen und sie ausplündern

Der babylonische Turm ist demolierbar

Man muß dazutun was man kann

Zwischendurch
schwimmen wir im Waldteich
trocknen uns am Herd
haben wir die Sprache der Augen und der Körper
Morgen ist Vollmond

12. Tag
Schule tötet Produktion

Wer ist der Täter?

Die westliche Demokratie liefert Kriminalromane beliebiger Zahl und in endlosen Fortsetzungen. Die einfachen Bürger können fast nie herausfinden, was eigentlich los ist. Klar ist nur: was immer passiert die »Wirtschaft« ist die Schlüsselfigur. Die einen nennen dies freundschaftlich: freie Wirtschaft, die anderen bösartig: Kapitalismus.

Jedenfalls gehören zu dieser Schlüsselfigur »Wirtschaft« Eigenschaften wie die folgenden: um der Gemeinschaft zu dienen (so sagens die Freundlichen) oder um den Leuten das Geld aus der Tasche zu ziehen (so sagens die Bösartigen) ist die Wirtschaft auf Wirtschaftlichkeit aus alles ist sehr rational sehr durchorganisiert sehr kostenbewußt wenn man wo Geld hineinsteckt muß auch der entsprechende Nutzen herauskommen. *Dennoch ist in unserem demokratischen Kapitalismus wo die Wirtschaft die Schlüsselrolle spielt das Schulsystem so beschaffen daß es enorm kostet und verblüffend wenig wirtschaftlichen Nutzen liefert.*

Vom Standpunkt der Wirtschaftlichkeit wäre zu erwarten: in möglichst kurzer Zeit möglichst gut ausgebildete Arbeitskräfte um möglichst wenig Geld.

- Aber die Schulzeit ist lang und immer länger
- Die Schulausbildung für Berufe in einer industriellen Welt dennoch unzureichend
- Und die ohnehin gewaltigen Kosten für Schulen steigen weiter ohne Ende.

Innerhalb des gesamten Schulsystems unserer industriellen Gesellschaft hat die Ausbildung zu industriellen Berufen einen untergeordneten Platz. Nach Umfang und erst recht nach Ansehen überwiegen in diesem Schulsystem die sogenannten allgemeinbildenden Schultypen. In diesen wird für die industrielle Berufsbildung oder auch nur für deren allgemeine Grundlegung fast nichts getan. Aber auch im Berufsschulwesen – das dem allgemeinbildenden Schulwesen untergeordnet bleibt – ist die auf praktischen industriellen Nutzen gerichtete Berufsausbildung seltsam verkümmert.

Die allgemeinbildenden Schultypen werden abgesondert vom industriellen Leben. Die Schüler sehen einen Industriebetrieb von innen ihr ganzes Schulleben lang überhaupt nicht oder ganz flüchtig nach Art einer touristischen Besichtigung. Und das Berufsschulwesen ist nach dem Modell des als »besser« geltenden allgemeinbildenden Schulwesens konstruiert: auch die Berufsschulen werden mit seltsamer Sorgfalt ferngehalten von Verschmelzung mit der industriellen Arbeitswelt.

Schule und Industrie sind in der industriellen Gesellschaft zwei streng getrennte Welten.

In der Schule lernt man nicht für das Leben in der industriellen Gesellschaft. Die eigentliche praktische Ausbildung für die industrielle Arbeitswelt muß nachgeholt werden in dieser Arbeitswelt selbst. *Die Schule ist ein Verzögerungsfaktor:* man muß durch sie endlose Jahre durch ehe man an die eigentliche produktionswichtige Ausbildung gelangt die eben nicht in der Schule sondern in der Produktion erfolgt. Die Schule ist bis dahin Lieferant von Wissen das man in der industriellen Produktion nicht brauchen kann.

Die Schule in der Industriegesellschaft ist ein Hemmnis der industriellen Produktion.

Warum?

Drei Antworten sind möglich:

1) Die Wirtschaft hat in unserer Gesellschaft gar nicht die beherrschende Schlüsselposition. Sie ist gar nicht in der Lage dem Schulwesen ihren Wunsch nach möglichst nutzbringender möglichst rascher möglichst kostensparender Ausbildung für die industrielle Arbeitswelt aufzuzwingen. Sie ist zu schwach dazu.

Diese Antwort ist selber schwach. Für die beherrschende Rolle der Wirtschaft im Kapitalismus gibt es überwältigendes Beweismaterial.

2) Eine weitere Möglichkeit der Antwort auf die Seltsamkeit daß die Schule der Industriegesellschaft nicht auf das industrielle Arbeitsleben vorbereitet wäre die folgende: Zwar ist die Wirtschaft die Schlüsselfigur unserer Gesellschaft zwar spielt sie eine überaus mächtige Rolle aber: das Schulwesen ist ein besonders altertümlicher versteinerter Bereich unserer Gesellschaft dort herrschen noch Ideen aus vorindustriellen Zeiten. Wir stehen hier vor einer Kluft die Theodor Litt mit dem Gegensatzpaar bezeichnet hat »Das Bildungsideal der deutschen Klassik und die moderne Arbeitswelt«[1]).

Die Wirtschaft mächtig wie sie ist in unserer Gesellschaft wird diese Kluft überwinden zugunsten der modernen Arbeitswelt und auf Kosten des Bildungsideals der deutschen Klassik das in unserem Schulwesen als Gespenst umgeht. *Unsere Lehrer sind Erzähler von Gespenstergeschichten die mit unserer Arbeitswelt nichts zu tun haben.*

Anpassung unserer Gespensterschulen und Gespensterlehrer ist der eigentliche Inhalt der allgegenwärtigen Mühen um »Schulreform«. Diese ist wie man so gerne sagt *»technokratische Schulreform«* Beseitigung der Altertümlichkeit unserer Schulen Modernisierung Richtung Industriegesellschaft.

Grob gesagt: statt Schule gemäß irgendwelchen Flausen in humanistischen Lehrerhirnen Ausbildung der Schüler zu *perfekten Anhängseln der Maschinen* in der industriellen Produktion.

Der einfachste rationellste Weg zur wirksamsten raschesten billigsten Ausbildung der Menschen zu Anhängseln der Maschinen d. h. Ausbildung für die industriellen Berufe wäre die *Verschmelzung von Schule und Produktion* wäre die Preisgabe der Trennung: hie Schule hie Arbeitswelt wäre Ausbildung *in* dieser Arbeitswelt selbst.

Genau diese Verschmelzung wurde in der sogenannten »technokratischen Schulreform« bisher *nicht* ins Auge gefaßt. Gewissen Ansätzen in dieser Richtung fehlt noch jede wirkliche Konsequenz. *Auch in der »technokratischen Schulreform« bleibt die Schule einschließlich Berufsschule eine geschlossene Anstalt prinzipiell getrennt von der industriellen Produktion.*

Am zutreffendsten scheint daher die folgende Antwort auf die Frage warum dies so ist und bleiben soll:

3) Die Wirtschaft ist durchaus mächtig in unserer Industriegesellschaft. Was sie braucht: Menschen als geeignete Anhängsel ihrer Maschinen *könnte* sie gewiß durchsetzen auf dem effektivsten billigsten Weg: durch *Auflösung der Schule* durch Einbeziehung der Schule direkt in die Produktionssphäre. Aber wichtiger als die noch so effektive Berufsausbildung für die industrielle Gesellschaft ist die Erhaltung von Ruhe Ordnung Sicherheit in dieser Gesellschaft die Erhaltung jener komplizierten Geometrie des Oben und Unten: Oben die Wenigen die fast alles haben und dürfen. Unten die Vielen die fast nichts haben und dürfen.

Was nützt denn die beste rascheste billigste Berufsausbildung wenn darüber dieses Oben-Unten ins Wanken kommt. Damit so ungerechte: materiell wie menschlich für die Meisten so nachteilige Verhältnisse erhalten bleiben geduldet werden freudig bejaht werden: *dazu* ist die Schule als geschlossene Anstalt zwecks Disziplinierung und Indoktrinierung schlicht und einfach unentbehrlich. Heute wie eh und je in ihrer langen langen Geschichte im Dienste der jeweiligen Herrschaftsverhältnisse.

Auflösung der Schule in die industrielle Arbeitswelt hinein wäre der prächtige der logische Weg zur Ausbildung für diese Welt. Aber er ist ungangbar eben weil er Auflösung der Schule ist welche aber als Disziplinierungsanstalt gebraucht wird.

Gewiß ist die *industrielle* und *politische* Welt des demokratischen Kapitalismus wie wir ihn vor uns haben gleichfalls Schule der Disziplin Ruhe Ordnung Unterordnung. Aber es gibt es in ihr theoretisch jedenfalls teils aber auch praktisch je nach Stärke der organisierten Lohn- und Gehaltsabhängigen ein Maß an Grund- Freiheits- Menschenrechten: Meinungs- Versammlungs- Gewerkschafts- Streikfreiheit. *In der Schule als geschlossener Anstalt gibt es keine Menschenrechte.*

Die Schule aufzulösen in eine Arbeits- und politische Welt hinein wo es Freiheitsrechte seis auch nur ansatzweise gibt wäre verhängnisvoll würde den zu disziplinierenden zu indoktrinierenden jungen Menschen verwirren statt »bilden« das heißt: formen modeln umbauen wie man ihn braucht als Untertan der Obrigkeitsdemokratie. Würden dann deren *Ansätze* von Freiheitsrechten sich nicht auswachsen zu törichten Wünschen nach voller *Befreiung* des Menschen Entfesselung hat man nicht gesehen wozu entfesselte Jugend fähig ist im Mai 1968 und so?

In die Schule als geschlossene Anstalt ist heute gewiß Demokratie mit eingebaut: in den Grenzen bürgerlich-parlamentarischen Anstands und freier Wirtschaft das heißt Kapitalismus und auch dies als *theoretische* Lehrveranstaltung. Demokratie *lernt* man wie unregelmäßige Verba oder die rechten Nebenflüsse von Rhein und Donau. Man lernt sie nicht als *Praxis.* Bei Auflösung der Schule in die Arbeits- und politische Welt hinein wäre Umsetzung des theoretischen Demokratielehrstoffes in betriebliche und politische Praxis logische Schlußfolgerung im Schülerhirn: zum Teil Forderung nach Freiheitsrechten zB auch im Betrieb Schule zum Teil aber auch vorgefundene Wirklichkeit soweit in den Betrieben und in der Politik die organisierten Lohn- und Gehaltsabhängigen eben gewisse Freiheitsrechte wahrnehmen.

Berufsausbildung statt in der Schule gleich in der Arbeitswelt wäre zwar zweckmäßig aber gefährlich. Sie enthielte in sich die Forderung wie Wolfgang Lempert sie für eine demokratische Berufspädagogik vorsichtig formuliert: *»Erziehung aller angehenden Arbeitnehmer zur Durchsetzung und Wahrnehmung von Beteiligungsrechten an allen betrieblichen Entscheidungen die sie betreffen[2]).«*

So erklärt sich das Rätsel daß selbst Berufsausbildung in Berufsschulen vornehmlich sogenannter Allgemeinbildung zustrebt. »Der Weg« heißt es in einer klassischen berufspädagogischen Arbeit von Friedrich Feld »führt von der grundliegenden Bildung über die Berufsbildungssphäre hinweg zur Allgemeinbildung«[3]). Was aber ist diese Allgemeinbildung? Sie ist erläutert Feld »Allgemeinbildung der vollwertigen Persönlichkeit«[4]). Und was ist das wieder? »Vollwertig ist die Persönlichkeit« erläutert Feld »die sich in die Betriebs- und Volksgemeinschaft als nützliches Glied *willig einordnet«*[5]).

Klarer kann mans nicht sagen. Die Berufspädagogik muß »über die Berufsbildungssphäre hinweg« zur »Allgemeinbildung« *weil »Allgemeinbildung« Disziplinierung ist* zum ruhigen und ordentlichen willig sich unterordnenden Maschinenanhängsel (Anhängsel der Maschine Staat Anhängsel der Maschine Kapital).

In der Schule als geschlossener Anstalt auch in der Berufsschule huscht man über die Berufsausbildung hinweg zur »Allgemeinbildung« als Disziplinierungsmittel. Durch Auflösung der Schule in die Produktion und politische Welt hinein käme aber außer einer viel effektiveren Berufsausbildung auch eine neue Allgemeinbildung wieder auf die Tagesordnung nicht eine abstrakte schwindelhafte sondern echte: *praktische Allgemeinbildung zur Demokratie.*

Die Schule ist ein Produktionshemmnis: Sie hemmt die echte intensive (überdies rasche und billige) Berufsausbildung wie sie in der Produktionssphäre selbst stattfinden könnte – wäre eben die Schule als geschlossene Anstalt nicht lebenswichtig zur Disziplinierung der Bürger des demokratischen Kapitalismus.

Anmerkungen

[1]) Theodor Litt: Das Bildungsideal der deutschen Klassik und die moderne Arbeitswelt 6. Aufl. Bochum 1959.

[2]) Wolfgang Lempert Vorwort in: Gisela Stütz Berufspädagogik unter ideologiekritischem Aspekt Edition Suhrkamp 398 Frankfurt am Main 1970 S. IV.

[3]) Friedrich Feld: Wirtschaftspädagogische Problematik in Leitgedanken Berlin/Leipzig 1932 S. 15.

[4]) A. a. O.

[5]) Ders.: Wirtschaftspädagogik Heidelberg 1944 S. 91. Unterstreichung von mir. – Gisela Stütz a. a. O. hat überzeugend nachgewiesen daß diese Gedanken auch die *heutige* Berufspädagogik noch bestimmen.

13. Tag
Schule tötet Demokratie

In unserer Demokratie nicht wahr bestimmen die Bürger über sich selbst unterliegen keinen anderen Vorschriften als die sie selbst sich gegeben haben seis auch auf dem nötigen Umweg über parlamentarische Vertreter gehorchen keinen Obrigkeiten als die sie sich selbst direkt oder indirekt erwählt haben. Vorschriften solcher Obrigkeiten sind auch insofern demokratisch als sie nicht von Fall zu Fall wechseln beliebig und unvorhersehbar sondern nach Inhalt und Strafsätzen im voraus bekannt sind oder doch in Erfahrung gebracht werden können.

In den Schulen unserer Demokratie bestimmen die heranwachsenden Bürger *nicht* über sich selbst. Sie unterliegen Vorschriften die sie sich *nicht* selbst gegeben haben auch nicht auf dem Umweg über Vertreter. Sie müssen Obrigkeiten gehorchen die sie sich *nicht* selbst gewählt haben weder direkt noch indirekt. Die Vorschriften dieser Obrigkeiten sind den Schülern *nicht* nach Inhalt und Strafsätzen im voraus bekannt können von ihnen auch nicht von Fall zu Fall im voraus in Erfahrung gebracht werden sondern kommen über sie unvorhersehbar wechselnd beliebig willkürlich.

Das heißt: *Unser Gesellschaftssystem ist zumindest nach seinem theoretischen Anspruch demokratisch die Schulen unserer Demokratie sind nicht demokratisch auch nicht ihrem theoretischen Anspruch nach und erst recht nicht in der praktischen Wirklichkeit. Unsere Demokratie hat undemokratische Schulen.*

Man kann die Entgegnung versuchen: Kinder Schüler Heranwachsende sind eben *noch nicht reif.* Wissen wir das so genau? Wann wird wer auf welche Weise reif?

Sind jüngere Menschen prinzipiell weniger für Demokratie geeignet als ältere?

Sind ältere Menschen die millionenfach Hitler zujubelten reif für Demokratie? Oder ist es umgekehrt?

Sind junge Menschen zwar reif für Berufsarbeit und Brotverdienst aber nicht für Demokratie:

– Reif zum Waffendienst fürs Vaterland aber nicht reif für Demokratie?

– Reif für schwierige Lernprozesse bei denen die Älteren gar nicht mitkönnen aber nicht reif für Demokratie die von den Älteren so gespielt wird daß sie aus Fünfwortplakaten idiotischen Werbesprüchen Boulevardzeitungen ihre Wahlkriterien beziehen?

Zunächst ist der Mensch nicht reif für Demokratie da braucht er die führende Hand Autorität und alles das und dann wird er reif für Demokratie. Aber wie kommt er aus dem Zustand der demokratischen Unreife in den Zustand demokratischer Reife?

Wird er reif für Demokratie indem er undemokratisch erzogen wird?

Erst braucht er die führende Hand der elterlichen Autorität dann die Autorität der Kindergartentante dann die Autorität des Lehrers dann die Autorität des Unteroffiziers und wenn er von all diesen Autoritäten so etwa zwei Jahrzehnte seines Lebens geführt wurde dann ist er der demokratisch reife mündige selbst entscheidende verantwortungsbewußte Staatsbürger.

Die Theorie von der Erziehung durch Autorität zur Demokratie ist ebenso landläufig wie absurd.

Sie enthält aber einen höchst wahren Kern:

Erziehung durch Autorität zur Demokratie ist dann durchaus sinnvoll wenn wozu erzogen wird gar nicht Demokratie ist sondern autoritäre Demokratie das heißt keine Demokratie. Hinter dem Aushängeschild Demokratie steckt eine ganz andere Firma:

In der autoritären Demokratie bestimmen die Bürger nur scheinhaft über sich selbst. Es gibt keine echte Kommunikation zwischen ihnen so daß sie freie Gruppen bilden könnten die in gemeinsamer Diskussion und Aktion politische Entscheidungen treffen. Statt dessen werden sie als einzelne vereinzelte isolierte Menschenatome zentralisiert und konzentriert gegängelt von Berufspolitikern und Massenmedien durch welche Information und Meinung in einer Art Dauerregen von oben nach unten gelangt: von den Wenigen oben zu den Vielen unten. Gesetze die nach demokratischer Theorie die Bürger sich selber geben seis auch indirekt durch gewählte Vertreter werden von Berufspolitikern und Bürokraten verfaßt und gelangen auf dem Weg über die Massenmedien fertig vorgekaut nach unten. Unten bei den Bürgern selbst gibt es keine eigenständige Meinungs- und Wissensbildung. Die an Stelle des Volkes handelnden Volksvertreter werden auch nicht von unten her gewählt sondern bilden eine sich selbst ergänzende Kaste von hauptberuflichen Politikern die ihre Namen auf Wahlzetteln nach unten reichen wo sie dank Massenwerbung und Massenmedien sowie mangels Alternative in der Regel ziemlich mühe- und gefahrlos Bestätigung durch die Wähler erlangen.

Zur Vorbereitung auf die autoritäre Demokratie ist die autoritäre Schule durchaus geeignet.

Es ist naiv oder zynisch zu behaupten: durch autoritäre Erziehung das heißt Gängelung erwachse irgendwann durch geheimnisvollen Mutationssprung der reife selbständige demokratische Bürger. Sinnvoll ist hingegen die Annahme: Unmittelbare Gängelung durch Autoritätspersonen in der Schule ist eine geeignete Vorstufe zur späteren mittelbaren Gängelung durch Massenmedien politische Apparate und Berufspolitiker mit Vater- oder auch Lehrer-Image (nicht zufällig sind unter den Berufspolitikern der autoritären Demokratie relativ viel ehemalige Lehrer).

Eine Entwicklung vom autoritär gelenkten Schüler zum mündigen Bürger der Demokratie ist absurd. Eine Entwicklung vom direkt gelenkten Schüler zum indirekt gelenkten Bürger der Scheindemokratie ist logisch: es ist jener Fortschritt zur Freiheit der bei der Schulabschlußfeier vom autoritär Gelenkten wie auch vom autoritären Lenker gleichermaßen gefeirt werden soll.

Das ist das aufgelöste Rätsel der undemokratischen Schule in unserer Demokratie: *Die Schule in unserer Demokratie ist undemokratisch weil auch unsere Demokratie undemokratisch ist.*

Die autoritäre Schule kann zur autoritären Demokratie erziehen. Die demokratische Schule kann das nicht. Daher gibt es die demokratische Schule nicht.

Sie wäre die Auflösung der Schule in die Demokratie hinein die Öffnung der geschlossenen Schulanstalt insofern das *Ende der Schule im bisherigen Sinn: Die Schule war in ihrer ganzen historischen Lebenszeit autoritär weil sie die Kinder vorzubereiten hatte auf ihre Untertanenrolle in autoritären Gesellschaften.*

Demokratische Schule hieße Auflösung der bisherigen Schule durch Herstellung von Kommunikation:

1) zwischen Schüler und Schüler
2) zwischen Schüler und Lehrer
3) zwischen Lehrer und Lehrer
4) zwischen Schule und Eltern
5) zwischen Schule und Produktion
6) zwischen Schule und Politik.

Aufgabe der gegenwärtigen Schule ist die Abtötung von Kommunikation. Die Isolierung der Schüler der Lehrer der Schule ist erzieherisches Modell für die Isolierung der Menschen Gruppen Institutionen wie sie in der autoritären Demokratie nötig ist um Herrschaft der Wenigen über die Vielen zu sichern. Wenige können über Viele nur herrschen durch Teilung. Unerwünscht ist daher die horizontale Kommunikation unter gleichen Einzelnen durch selbständige unabhängige Gruppenbildung: Ein dichtes kreuz- und querlaufendes Kommunikationsnetz das die Unteren verteidigungs- und angriffsfähig macht gegen die Herrschaft von oben. Erwünscht ist vertikale Scheinkommunikation durch Massenmedien: Verbunden werden nicht die Menschen untereinander sondern *jeder Einzelne als isoliertes Menschenatom wird verbunden mit der Zentrale oben* von der dann die Informations- und Meinungsbefehle nach unten regnen auf den Einzelnen und daher Wehrlosen.

Dieser massenmedialen Scheinkommunikation von oben nach unten entspricht die von eben diesen Massenmedien lebhaft angepriesene Scheinkommunikation von unten nach oben: eine *Aufstiegsleiter* auf der die Unteren bei Fleiß Leistung anständigem Betragen nach oben gelangen können ihrem Schicksal unten zu sein entfliehen können. Um den Preis daß nichts daran geändert wird daß es eben nun einmal Untere gibt und Obere. Das macht aber nichts denn Untere können Obere werden wenn sie sich anständig betragen das heißt das Oben-Unten unbefragt anerkennen.

In der Schule wird dies eingeübt: Schüler-Schüler-Kommunikation soll minimal sein ein dichtes Beziehungsnetz zwischen Schülern ist unerwünscht. Wenn sich Schüler gut miteinander verstehen werden sie auseinandergesetzt. Schweigen zwischen Schülern ist eine herrschaftswichtige Übung.

Statt Schüler-Schüler-Kommunikation gibt es Schüler-Lehrer-Scheinkommunikation nach dem Muster der künftigen Lehrer der Erwachsenen nämlich der Massenmedien: der Lehrer redet redet redet der Schüler hört hört hört. Die massenmediale Einbahn von oben nach unten wird eingeübt.

Desgleichen wird die Scheinkommunikation von unten nach oben eingeübt: Aufstiegsleiter klettern schieben stoßen andere mitleidlos abstürzen sehen selber sich vor dem Absturz bewahren und aufsteigen um beinahe jeden Preis. Solidarität: Hilfe suchen Hilfe geben ist verpönt man darf weder abschreiben oder sich einsagen lassen noch abschreiben lassen oder einsagen. Nicht für die Schule lernen wir sondern fürs Leben: Leistungskonkurrenz ist das Prinzip wonach die Unteren im Kampf gegeneinander ihre Energie verzehren damit sich diese Energie nicht kollektiv gegen die Oberen wenden kann. Die Oberen schauen wohlgefällig zu und belohnen die Tüchtigsten das heißt die am wenigsten Solidarischen.

Echte Kommunikation zwischen Schülern wie auch zwischen Schülern und Lehrern hieße *Liebe*. Ein furchtbares richtendes Wort gerade für Christen. Die reden meist lieber von Disziplin. Alle großen Erzieher haben von Liebe geredet.

Der Christ Pestalozzi: »Meine Hand lag in ihrer Hand, mein Aug ruhte auf ihrem Auge. Sie waren bei mir und ich war bei ihnen. Ich schlief in ihrer Mitte. Dadurch war es denn freilich auch allein möglich, daß sich die Kinder allmählich und einige innigst an mich angeschlossen«[1]).

Oder kurz und bündig der Atheist Otto F. Kanitz führender Kopf der österreichischen Kinderfreunde-Bewegung der Zwanzigerjahre: Der neue Erzieher »verzichtet auf alle Gewalt, die ihm die Natur als dem Stärkeren einräumt. Der neue Erzieher ist der liebende Freund«[2]).

Sagt man heute *Liebe in der Schule* so hält das jeder für einen Pornofilm.

Den *Lehrern* ist echte Kommunikation so gut verboten wie den Schülern. Kollektives solidarisches Denken und Handeln etwa zugunsten konkurrenzfreier unbenoteter demokratischer Zusammenarbeit mit den Schülern wird verbaut durch ein System von Kontrollen Belohnungen Korruption durch Karriere. Auswahlkriterien für gute Lehrer sind Aufrechterhaltung von Ruhe Ordnung Disziplin Leistungsdruck nach unten Respekt nach oben.

Liebe zwischen Lehrer und Schüler führt zur Disziplinaruntersuchung.

Die Schule wie sie ist kann ihre Aufgabe der Dieszipliniertung und Indoktrinierung nur erfüllen als geschlossene Anstalt. Eine demokratische Schule müßte die *Eltern* so gut einbegreifen wie die Lehrer. Sie müßte die Eltern einbegreifen *als* Lehrer und auch als Schüler. Sie müßte die *Gesellschaft* einbegreifen als den eigentlichen Lehrmeister: Ein dichtes Kommunikationsnetz aus der ganzen gesellschaftlichen politischen ökonomischen kulturellen Lebensfülle wäre unvergleichlich lehrreicher als die fade lebensferne Lehrer-Schüler-Einbahn auf welcher nicht mehr transportiert wird als kurioser Wissenskram. Erst recht müßte die demokratische Schule einbegreifen die Sphäre der gesellschaftlichen *Produktion:* weil nur inmitten des industriellen Betriebs und nicht hinter Schulmauern *Ausbildung für die industrielle Arbeitswelt* geleistet werden kann.

Schleift die Schulmauern. Wenigstens Ziegel um Ziegel: *jede* Öffnung der geschlossenen Schulanstalt zum Leben hin wäre ein Schritt in Richtung Demokratie. Selbst dann wenn das Leben außerhalb der Schule nicht viel demokratischer ist als innerhalb. Jede Öffnung der Schule würde bei Schülern wie Lehrern analytische kritische Denkprozesse einleiten können für die kein Raum ist im detailliert festgelegten Lehrplan der von aller störenden Umwelt abgeschirmt ist zwecks Disziplinierung und Indoktrination.

Ebendrum ist jede Öffnung der Schulanstalt eine erwünschte Irritation. Mitten in dem was wir Demokratie nennen ist die Schule ein Hemmnis der Demokratie. Unsere Schule behindert Demokratie um ungestört auf Scheindemokratie vorbereiten zu können.

Anmerkungen

[1]) zit. b. Siegfried Bernfeld: Antiautoritäre Erziehung und Psychoanalyse Ausgewählte Schriften Band II, 3. Aufl. Frankfurt a. M. 1969/70 S. 479 f.

[2]) Otto Felix Kanitz: Kämpfe in der Zukunft. Für eine sozialistische Erziehung Frankfurt a. M. 1970 S. 11

14. Tag
Schule tötet Phantasie

»L'imagination au pouvoir« »Die Phantasie an die Macht« »Alle Macht der Phantasie« lautete eine berühmte Inschrift an der Sorbonne Mai 1968. Eine andere: »Soyons réalistes demandons l'impossible« »Seien wir realistisch fordern wir das Unmögliche«.

Von den ungezählten revolutionären Parolen an den Wänden des Pariser Quartier Latin waren diese beiden anscheinend bloß französisch geistreichen in Wahrheit die revolutionärsten das heißt: konkretesten.

Die Fesselung der Phantasie ist das beständige Kennzeichen aller Herrschaftssysteme aller bisherigen Geschichte. Die Freisetzung der Phantasie ist das untrügliche Kennzeichen echter Revolution.

Gefordert ist nicht Freisetzung der Phantasie nur in Kinderstuben und Narrenhäusern: wo eben die »Phantasten« daheim sind.

Gefordert ist nicht Freisetzung der Phantasie im privaten Kämmerlein: daheim darf jeder spinnen die Gedanken sind frei draußen aber in der Gesellschaft gelten Herrschaft und Unfreiheit.

Gefordert ist nicht Freisetzung der Phantasie als Spezialistentum: Künstler haben Narrenfreiheit in einer sonst tödlich phantasielosen Gesellschaft ernst ist das Leben heiter die Kunst sie entspannt lenkt ab kitzelt die sonst fast abgestorbenen Sinne.

Gefordert ist vielmehr in jenem Mauerspruch ganz präzise: die Phantasie an die *Macht. Herrschen* soll die Flamme der Phantasie und nicht der Fettwanst der Kapitalisten und Politiker.

Die Forderung nach Herrschaft der Phantasie ist selbst phantastisch. Utopistisch. Unrealistisch.

Aber diese Einwände reichen nicht. Heute ist Phantasie nicht mehr das nicht Mögliche sondern das *noch* nicht Mögliche. Endlose Zeiten lang lautete die Erfahrungsregel für den Einzelnen für die Gesellschaft für die Geschichte: Was nicht möglich ist ist nicht möglich. Heute ist diese Erfahrungsregel umgestoßen es gilt die umgekehrte Regel: *Was nicht möglich ist ist heute nicht möglich bereits morgen wird es mit großer Sicherheit möglich sein. Zu erwarten daß das Unmögliche unmöglich bleibt ist unrealistisch.*

Sehr präzise sagt dies die zweite obzitierte Pariser Maiparole: »Seien wir realistisch fordern wir das Unmögliche« denn eben morgen schon wird das Unmögliche möglich sein.

In Wirtschaft und Technik ist die konservative Faustregel von der Unmöglichkeit des Unmöglichen längst fallengelassen kein Realist hätte in diesen Bereichen einen Satz gewagt wie: Weil wir heute noch nicht auf dem Mond gelandet sind werden wir auch morgen nicht auf dem Mond landen.

Wir sind unterdessen gelandet.

Anders als in der etablierten Wissenschaft und Technik gibt es in der etablierten Politik und Gesellschaft keinen Realismus des Unmöglichen Nochnichtdagewesenen morgen aber wahrscheinlich Daseienden. In etablierter Politik und Gesellschaft gilt worüber man in Wissenschaft und Technik nur lachen kann: Im wesentlichen wird doch alles so bleiben wie es ist und wenn sich was ändert wer weiß ob es besser wird so ist es eben da kann man nichts machen da muß man sich fügen.

Wer in Politik und Gesellschaft Veränderung will Altes einreißen Neues versuchen will – der macht uns unsicher vor dem haben wir schreckliche Angst der ist Sozialist Kommunist Maoist Anarchist kurz ein gefährlicher Außenseiter.

In Wissenschaft und Technik ist die Phantasie wohlangesehen. In Politik und Gesellschaft wird sie verteufelt. Der Unterschied ist wohlbegründet. In Wissenschaft und Technik steht die verändernde Neues schaffende Phantasie im Dienst von Macht und Profit: Aus Phantasie wird Kapital. In Politik und Gesellschaft bedroht untergräbt zerstört die nach Veränderung Neuerung Umwälzung strebende Phantasie eben jenes politische und gesellschaftliche System das aus Phantasie der Wissenschaft und Technik klingende Münze schlägt.

Wissenschaftliche und technische Phantasie bereichert das herrschende System politische und gesellschaftliche Phantasie zerstört es.

Dies gilt solange bis es nicht mehr gilt: Langfristig nämlich wird die wissenschaftlich-technische Veränderung der Produktivkräfte einer Gesellschaft (»Technostruktur«) zur Ursache für die Veränderung der historischen Produktionsverhältnisse das heißt: der Gesellschaft.

Dies hintanzuhalten: *Das herrschende System zu erhalten durch Abtötung von Phantasie ist Hauptaufgabe aller systemtreuen Erziehung folglich Hauptaufgabe der Schule. Unsere Schule ist Hemmnis der Phantasie.*

Das Kind ist *mehr Mensch als der Erwachsene:* Es lebt mehr als der Erwachsene aus jener typisch menschlichen Eigenschaft die man Phantasie nennt. Gerade damit kann eine Gesellschaft nichts anfangen die Angst hat vor Veränderung Neuerung Abenteuer Umwälzung. Nicht zufällig ist in dieser Gesellschaft die Phantasie eingegrenzt auf Kinder und Narren auf private Spintisiererei oder spezialisierte Berufe wie Künstler die dazu da sind den übrigen Gesellschaftsgliedern den Ernsthaften Seriösen Höhergestellten oder auch Unterdrückten höhere oder auch niedere Unterhaltung vorzukasperln.

Schon im Elternhaus und Kindergarten wird dem Kind sein

eigentlich Menschliches: seine Phantasie abgetrieben. Ordnungssinn Ruhe Sauberkeit sogenannter Realitätssinn sind Werte die in der Erziehung höher stehen als Phantasie. Immerhin bringt das Kind noch viel davon und das heißt für die Gesellschaft: zuviel davon mit in die Schule. Hier ist systematische Phantasietötung innerster Kern der Lehrveranstaltung.

Der Zeichenunterricht liefert nur eines aber vielleicht das deutlichste Exempel. Der Erwachsene hat einen absurden von Politik und Massenmedien sorgfältig genährten Aberglauben an Fachleute – auch in der Kunst. Er unterscheidet ehrfürchtig zwischen den Strichmanderln die er als gewöhnlicher Sterblicher fertigbringt und den Werken der teils gelernten teils begnadeten Künstler. *Aber von den Kindern die in die Schule eintreten ist jedes ein Künstler.* Von den originellen und originalen an Inhalten Formen Farben reichen frühkindlichen Kunstwerken bis zum restlos einfallsentleerten Strichmanderl des durchschnittlich Erwachsenen ists ein Weg der die gelungene Erziehung zur Realität anzeigt.

Die Marksteine auf diesem Weg die Grabsteine der kindlichen Phantasie setzt die Schule den Rest besorgt die phantasiezerfressende Menschenmühle des Berufs- Familien- Freizeitlebens.

Diese Schule bereitet auf *dieses* Leben vor.

In Schule wie Leben rangiert die Phantasie menschlichste Schöpferkraft weit hinter anderen Werten die von dieser Schule sorgsam andressiert die von diesem Leben erbarmungslos eingebleut werden: Ordnung Ruhe Leistung bessere Noten in der Schule bessere Qualifikation im Beruf Ellbogen im Wettbewerb gegen Mitschüler später gegen Kollegen im Betrieb Respekt vor dem Lehrer später dem Chef die richtigen Beziehungen zu den richtigen Leuten.

Jene selbe Hand die als Kinderhand Kunstwerke mit müheloser Selbstverständlichkeit schuf und als Erwachsenenhand nur armseliges Gekritzel aber nicht einmal das gehört sich für einen richtigen Erwachsenen – jene selbe Hand gehört zu einem Hirn wo es im Kindesalter von Inhalten Formen Farben phantastisch brodelte und überquoll – und wo es im erwachsenen Alter immer grauer öder trübseliger wurde.

Die Schule spielt in diesem Prozeß der Verödung einst inhalts- form- farbenreicher Hirne die Schlüsselrolle. Das Leben liebe Kinder ist kein Honiglecken daran müßt ihr Euch beizeiten gewöhnen.

Um ein durchschnittliches Alltagsleben als Lohn- oder Gehaltsabhängiger in unserem gegenwärtigen Wirtschaftssystem durchzustehen dazu bedarf es vorgängiger und insofern barmherziger Abtötung der Phantasie.

Abtötung von Phantasie ist kein Willkürakt Einzelner auch keine Unsinnigkeit oder Unmenschlichkeit die man geradesogut abschaffen könnte während alles andere so bleiben kann wie es ist. Abtötung von Phantasie ist ein *notwendiger* Prozeß in der gegenwärtigen Gesellschaftsordnung: Autoritäre Demokratie kann nur bestehen wenn die in ihr vorhandene und zu bewahrende Ordnung als Ideal der Demokratie hingestellt wird: um dieses Märchen von der Demokratie zu glauben dessen Absurdität dem undressierten Hirn offenkundig ist dazu bedarf es einer durch sorgfältige Erziehung ausgebildeten Konservativität Angst vor Veränderung Kritiklosigkeit *Phantasielosigkeit.*

Wenn die kritische Gegenüberstellung des gegenwärtigen Gesellschaftssystems mit wirklicher Demokratie das heißt: Selbstbestimmung der Bürger verpönt und verteufelt wird und erst recht Wille und Aktion zur gründlichen Änderung und Neuerung der Gesellschaft – dann müssen auch analytische und kritische Fähigkeiten dann müssen auch Auflehnung Ungehorsam Empörung *Phantasie* verpönt und verteufelt werden.

Phantasie ist eine politische Kategorie. Die Austreibung von Phantasie durch die Schule ist ein politischer Prozeß.

Ein Demokrat das heißt einer der die Selbstbestimmung aller Bürger will *ist ein Phantast.* Das sollte also ein Ehrenname sein. »Phantast« ist aber in der gegenwärtigen Gesellschaftsordnung und in der gegenwärtigen politischen Diskussion ein Schimpfwort.

Demokratische Schule müßte phantastische Schule: Schule der Phantasie sein.

Die Beseitigung der geschlossenen Schulanstalt als dreifaches Hemmungsinstitut: Hemmung der Produktion Hemmung der Demokratie Hemmung der Phantasie fordert eine Serie von Sprengvorgängen die nur möglich sind bei gleichzeitiger Aufsprengung auch der autoritären Demokratie.

Dies hieße: Gewährenlassen ja zusätzliche Ernährung der Phantasie der Schüler sprich: jungen Bürger der Demokratie. Sie müßten untereinander jede Art von Bindung und Gruppierung eingehen können die zu ihrer schöpferischen also nicht einfach lehrveranstaltungshaften Entfaltung nützlich ist. Das wiederum hieße: *Sprengung der willkürlichen bürokratisch vorbestimmten Klassenverbände.* Hier würden dann Schülergruppen von ganz anderer Kraft des Zusammenhalts daher auch von ganz anderer Arbeits- Denk- Aktionskraft entstehen als die vom Lehrer zusammengehaltenen durch Konkurrenz der Schüler neurotisierten traditionellen Klassen und Klassenzüge.

Weiters: Die Schüler müßten Freiheit haben aus demselben Titel der Phantasie das heißt: Entfaltung ihrer schöpferischen Kräfte *selber zu wählen und zu bestimmen was und zunächst sogar: ob sie überhaupt irgendetwas lernen wollen.*

Wer *spielende* Kinder (oder auch: bastelnde Erwachsene) beobachtet staunt immer wieder über Ausdauer Arbeitskraft Erfindungsgabe bei solcher aus eigenem Antrieb entspringender Tätigkeit. Ließe man Schülerarbeit aus eigenem Antrieb und in freier Themenwahl zu könnte man dasselbe Staunen über Arbeitsleistung auch in der Schule erleben.

Schülerarbeit mittels Phantasie das heißt: aus eigenem Antrieb und in freier Themenwahl ist schon im frühen Schulalter und auch in angeblich streng formalisierten Fächern möglich. Was eine Erwachsenengeneration deren Phantasie durch Schuldisziplin abgetötet wurde nie einsehen kann.

Für den *Rechenunterricht* in der Grundschule haben zB Piaget und Dienes Modelle ausgearbeitet bei denen wie sie schreiben »die sichere Beherrschung einiger weniger Rechenregeln um den Preis des fast völligen Verlustes der produktiven Phantasie des Kindes« *nicht mehr* das Lehrziel ist. Die Kinder erarbeiten sich selbst »Kalküle als zielgerichtete Abstraktion, deren Wert sich danach bemißt, wie gut oder wie schlecht sie ihren Zweck erfüllen . . . *Wenn wir andere Regeln finden, die uns besser dienen, empfiehlt es sich, die alten Regeln zu ändern . . . Dieses revolutionäre Denken könnte uns bei Erwachsenen öfter begegnen, wenn die Kinder zu größerer Kühnheit im Denken erzogen würden«* [1]).

Die Entfaltung der demokratiewichtigen Phantasie als kühne veränderungs- und neuerungssüchtige Schöpferkraft erforderte die *totale Mobilität wie der Schüler als Arbeitsgruppe so auch der Schule als Ganzes.* Unter teils bildlichem teils aber auch buchstäblichem Verschieben bis Niederreißen der Trennwände im Inneren der Schule wie auch der Schulmauern nach außen *müßten Schüler Schülergruppen und Schule sich kreuz und quer durch Gesellschaft Politik Produktion bewegen* müßte die Schule sich in diese hinein auflösen immer nach freier Wahl und Bestimmung der Schüler *mit den Lehrern als bloß dienstbaren Organen.*

Dies würde einen Lernprozeß von einer Intensität Tiefe und Breite bedeuten wie ihn ein bürokratisch vorgeformter Lehrplan weder einleiten kann noch auch einleiten will dessen Lehrziele die Disziplinierung und Indoktrinierung sind zwecks Erhaltung der bestehenden Gesellschaftsordnung.

Solange dies die Lehrziele sind und sein müssen gehört Schule als Reich der Phantasie ins Reich der Phantasie.

Der notwendigen nach Verwirklichung drängenden Phantasie.

Anmerkung

[1]) Piaget/Dienes: Schulmathematik als Bildungsfach Freiburg im Breisgau 1967 S. 17. Unterstreichung von mir.

15. Tag
Befreiung der Schüler
Befreiung der Lehrer

I.

Bestehende Verhältnisse sollen erhalten bleiben. Dazu muß Angst gemacht werden vor jeder Veränderung. Dazu muß jede Veränderung als utopisch unvernünftig unsittlich hingestellt werden. Dazu müssen die bestehenden Verhältnisse als die einzig vernünftigen sittlichen und überhaupt möglichen hingestellt werden. Das muß alles in die Köpfe gepflanzt werden und zwar schon in die Köpfe der Jugend.

Dazu braucht man Lehrer.

Daß Veränderung möglich notwendig sittlich gerechtfertigt ist. Daß es Pflicht ist zugunsten von Menschlichkeit und Nächstenliebe solche Veränderung durchzusetzen. Daß die bestehenden Verhältnisse unvernünftig unmenschlich sind. Das alles muß in die Köpfe verpflanzt werden und zwar schon in die Köpfe der Jugend.

Dazu braucht man Lehrer.

Der Lehrer ist eine Schlüsselfigur wenn es um Konservierung der bestehenden Verhältnisse geht.

Der Lehrer ist eine Schlüsselfigur wenn es um Veränderung bestehender Verhältnisse geht.

Der Lehrer ist eine Schlüsselfigur.

Bismarck soll gesagt haben: Den Krieg gegen Frankreich hat der preußische Schulmeister gewonnen. Der Lehrer der die Treue zu Gott Kaiser Vaterland den Kindern beibrachte zusammen mit Lesen Schreiben und den Grundrechenarten. So daß sie dann ohne Zögern in die Schlacht zogen die großen Kinder und mit Hurra stürmten und starben.

Das können Lehrer.

Auch das können Lehrer:

Lehrer waren es die fortschrittliche bürgerliche Ideen in die Köpfe der Jugend pflanzten Pestalozzi Fröbel Maria Montessori.

Lehrer waren des es die fortschrittliche sozialistische Ideen an die Jugend weitergaben Ideen und Lebensrichtung dieser Jugend bestimmten und ihre Bereitschaft zu Kampf und Opfer für eine neue Gesellschaft. Makarenko Lehrer der russischen Revolution. Glöckel Kanitz Bernfeld Lehrer der sozialdemokratischen Bewegung in Österreich und Deutschland. Ihre Reformideen und pädagogischen Experimente machten Schule weit über die Grenzen ihres Landes.

II

Lehrerorganisationen sind mächtig. Sozialdemokratische Lehrerorganisationen sind mächtig.

Das ist nichts weiter als eine Organisation durch die man einen Posten kriegt wenn man beitritt. Das ist nichts weiter als eine Organisation durch die man einen besseren Posten kriegt wenn man fleißig mitarbeitet. Schuldirektor zB kann man überhaupt nur werden wenn man sich auf diese oder auf jene parteipolitische Seite schlägt. Kurz es ist eine Organisation zur Postenbeschaffung. Was hat das mit Sozialismus zu tun? Otto Glöckel liegt lange schon im Grab und die anderen großen sozialistischen Lehrer und Erzieher gleichfalls. Die Gegenwart heißt: bessere Posten mehr Gehalt weniger Unterrichtsstunden und Erhaltung von Ruhe und Ordnung in den Schulen und Schülerhirnen Erhaltung der bestehenden Verhältnisse.

Diese Meinung ist zur Gänze oder teilweise recht weit verbreitet. Innerhalb wie außerhalb der Partei. Unter Sozialisten die mehr sein wollen als bloße Parteibuchmenschen. Unter jungen Lehrern die sich den Zuständen nur widerwillig fügen. Unter jungen Menschen die für eine sozialistische Zukunft eintreten und darum kämpfen wollen. Ich halte diese Meinung in dieser Absolutheit und Einseitigkeit für zu pauschal und insofern für übertrieben und falsch. Aber es bleibt genug übrig um sagen zu können: gänzlich falsch ist diese Meinung nicht es steckt ein Riesenkorn Wahrheit drin.

Die scharfe überscharfe Formulierung einer Meinung hat in der Diskussion ihren guten Sinn. Standpunkte werden dadurch klarer herausgearbeitet. Der heftige Zusammenstoß von Meinungen bewirkt daß diese ins Wanken geraten auch wenn mans in der Diskussion selbst (gerade weil sie scharf ist) nicht gleich eingesteht nicht bei sich selber und schon gar nicht gegenüber dem Diskussionspartner. Aber solche Diskussionen haben Zeitzünderwirkung. Irgendwann zeigt sich daß man aus einer guten das heißt heftigen Diskussion nicht so herauskommt wie man hineinging. Man ist mit seiner eigenen Meinung in Bewegung geraten. Daher bin ich fürs scharfe Formulieren fürs Angreifen und fürs Angegriffenwerden. Es sollte etwas herauskommen dabei insbesondere unter Sozialisten. Zur Veränderung der Welt gehört auch die Veränderung des eigenen Kopfes.

Daher darf man nicht zimperlich sein. Die sozialdemokratischen Lehrer und ihre Organisation müssen sich Kritik gefallen lassen. Kritik mit dem Ziel: mehr Sozialismus.

III.

Mit dem weltgeschichtlichen Auftritt der sozialistischen Befreiungsbewegung geriet das bürgerliche Denken und die bürgerliche

Gesellschaftsordnung aus der Offensive in die Defensive. Der bürgerliche Angriff gegen die Herrschaftsmächte der Vergangenheit: Feudalismus absolute Monarchie Polizeistaat Zensur Freiheitsschranken aller Art – dieser Angriff zunächst weitgehend erfolgreich geriet ins Stocken wurde eingestellt neue historische Fronten entstanden. Unter dem Ansturm des Sozialismus der die Bürgerlosung Freiheit Gleichheit Brüderlichkeit auch für die Arbeitermassen verwirklicht sehen wollte geriet das Bürgertum in Angst um seinen Besitz seine Herrschaft seine Vorrechte. Es verbündete sich mit den noch überlebenden Mächten der Vergangenheit. *Aus liberal wurde konservativ.*

Der Ansturm des Sozialismus hatte beträchtliche Erfolge. Zwar wurde der Kapitalismus nicht gestürzt zumindest dort nicht wo er stark war (sondern wo er schwach war: in materiell zurückgebliebenen Ländern Rußland China Kubs usw). Aber auch in den Ländern mit starkem Kapitalismus erreichte die sozialistische Bewegung eine Reihe wichtiger Reformen teils direkt aus eigener Kraft teils indirekt: das Bürgertum selbst nahm solche Reformen vor seis unter Angst vor der heimischen Arbeiterbewegung seis unter noch größerer Angst vor dem Kommunismus jenseits der Grenzen.

Mit Durchsetzung solcher Reformen geriet die sozialistische Bewegung insbesondere die Sozialdemokratie immer mehr in eine Periode der Mitwirkung und Mitverantwortung am bürgerlichen Staat an der bürgerlichen Gesellschaft an der kapitalistischen Wirtschaft. Die Sozialdemokratie ist heute aus der bürgerlich-kapitalistischen Welt nicht mehr herauszuoperieren. Sie ist ein Stück von ihr.

Jene erfolgreichen Reformen haben die bürgerliche Welt verändert sie haben aber auch die sozialistischen Veränderer verändert.

Es wäre ein Scherz wollte man behaupten: die sozialistischen Lehrer und ihre Organisation hätten sich als Erzieher der Jugend und daher als geistig besonders bewußte Menschen dieser historischen Entwicklung besonders kräftig entgegengestemmt. Im Gegenteil.

Gewiß: die Entwicklung vom dunkelroten gegen das Bürgertum anstürmenden Sozialismus zur sanftrosa an der bürgerlichen Welt mitwirkenden Sozialdemokratie ist ein historischer Prozeß. Man bekommt ihn nicht dadurch in den Griff daß man mit irgendwelchen scheinradikalen Phrasen das Gegenteil dessen fordert was der geschichtliche Prozeß hervorgebracht hat. Die bloße Hinnahme eines historischen Sachverhalts ist aber gleichfalls keine Antwort. Wer vor der Macht der bestehenden Verhältnisse kapituliert ist kein Sozialist mehr.

Wieviele sozialistische Lehrer unter besonderen Umständen und besonderem Druck haben kapituliert? Wieviele sozialistische Lehrer sind noch Sozialisten?

Die sozialistischen Lehrer müssen sich heute gefallen lassen einem ganz speziellen Vergleich unterworfen zu werden: dem Vergleich mit der sozialistischen Studenten- und Schülerbewegung der späten Sechzigerjahre.

Den alten müde gewordenen Sozialismus mit tausend Fäden geknüpft an die bestehenden Zustände haben junge Menschen konfrontiert mit ihrer Ungeduld ihrem Zorn ihrem Vorwärtsdrängen in eine sozialistische Zukunft. Sie haben vieles falsch gemacht dieses eine war jedenfalls richtig: ihr Bestehen auf einer sozialistischen Zukunft.

Wie haben die sozialistischen Lehrer und ihre Organisation darauf reagiert? Welchen Antrieb haben sie empfangen? Welche Konsequenzen gezogen? Sozialistische Studenten und Schüler haben Veränderung gelehrt. Haben auch sozialistische Lehrer Veränderung gelehrt?

Wo ist die Zukunftsperspektive sozialistischer Lehrer und ihrer Organisation?

IV.

In der Biographie von Sozialisten gibt es ein häufig wiederkehrendes Element: in der Schule gab es vorwiegend konservativ bis reaktionäre Lehrkräfte. Aber einige wenige waren Sozialisten. Und diese wenigen hatten einen tiefgreifenden Einfluß gerade auf die intelligentesten die lebendigsten ihrer Schüler. Sozialistische Lehrer produzierten sozialistische Schüler.

In der jüngsten Zeit etwa seit Mitte der Sechziger Jahre war es in Westeuropa und in der Bundesrepublik sehr viel seltener auch in Österreich gerade umgekehrt. Als Ableger der neuen sozialistischen Studentenbewegung wuchs eine neue sozialistische Schülerbewegung. Sie stand in den Schulen vor einer überwältigenden Mehrheit verständnisloser feindlicher Lehrer auch vor einer Mehrheit verständnisloser feindlicher sozialdemokratischer Lehrer. Aber gerade die intelligentesten die lebendigsten Lehrer wurden von der neuen Bewegung angesteckt. *Sozialistische Schüler produzierten sozialistische Lehrer.*

Im Gefolge der neuen sozialistischen Schülerbewegung entstand eine neue sozialistische Lehrerbewegung.

Stärker noch war dies an den Universitäten zu bemerken: die neue Studentenbewegung riß die intelligentesten die lebendigsten Professoren mit sich. Bei Demonstrationen der sozialistischen Studenten und Schüler marschierten sozialistische Professoren und Lehrer mit.

Die Forderungen die Theorie und die Praxis der neulinken sozialistischen Studenten- und Schülerbewegung war neu und links gemessen am Maßstab der bestehenden Verhältnisse auch am Maßstab der bestehenden Verhältnisse in den traditionellen sozialistischen (kommunistischen sozialdemokratischen) Parteien und deren Organisationen zB auch Lehrerorganisationen. Die Forderungen der neulinken Studenten und Schüler waren aber weder neu noch links gemessen an der klassischen Theorie und Praxis des Sozialismus:

Weder neu noch links sondern einfach sozialistisch ist die radikale das heißt: an die Wurzel der Dinge gehende Kritik am Kapitalismus (und auch am staatskapitalistischen autoritären Sozialismus der Oststaaten).

Weder neu noch links sondern einfach sozialistisch ist die Forderung nach Mobilisierung der lohn- und gehaltsabhängigen Massen auch abseits des parlamentarischen Wahlrhytmus.

Weder neu noch links sondern einfach sozialistisch ist das konsequente Hinzielen auf die Revolution das heißt: Beseitigung des Kapitalismus Aufbau des Sozialismus das wiederum heißt: Veränderung des Menschen nicht nur in seinen politischen und ökonomischen Verhältnissen sondern in allen seinen Lebensverhältnissen also auch Revolutionierung von Familie Ehe Sexualität.

Das Bürgertum hatte gehofft den Sozialismus gezähmt zu haben. Aus dem dunkelroten marxistischen Drachen des 19. Jahrhunderts war ein ordentlich gekleideter Krawatten- Automobil- Eigenheim-Sozialismus geworden. Und jetzt das! In seiner ganzen Unbedingtheit Grundsätzlichkeit und Unzähmbarkeit war der klassische Sozialismus in den jungen Studenten und Schülern wiederauferstanden. Das Bürgertum vertrug das sehr schlecht. Eine Art Kollektivhysterie brach aus.

Manche Teile der traditionellen sozialistischen (kommunistischen sozialdemokratischen) Parteien und Organisationen führten sich auf dem Höhepunkt der Studenten- und Schülerbewegung nicht viel besser auf.

Man müßte lügen wollte man sagen daß sozialistische Lehrer und ihre Organisation in jener Prüfung durch die wilden jungen Sozialisten besonders glanzvoll abgeschnitten hätten.

Ich halte dies für eine Hauptaufgabe in der künftigen Arbeit einer sozialistischen Lehrerorganisation: Das Aufarbeiten der Erfahrungen mit der nun verebbten gescheiterten aber erfolgreich und folgenreich gescheiterten ersten Welle einer neuen jungen sozialistischen Bewegung. Diese Aufgabe ist identisch mit einer eben dadurch wieder aktuell gewordenen Sozialisierung des Sozialismus: dieser ist keine bloße Reformbewegung innerhalb der bürgerlich-kapitalistischen Gesellschaftsordnung er hat vielmehr die welthistorische Dimension die Ablösung der bestehenden Gesellschaft durch eine neue vorzubereiten.

V.

Kataloge von Forderungen Problemen oder gar Lösungen sind immer irreführend weil sie komplizierte Sachverhalte aus dem Zusammenhang reißen und ohne nötige Analyse in künstlicher Trennung nebeneinanderstellen. Dennoch sind solche Kataloge nötig will man nicht in der Theorie verbleiben und von der praktischen Arbeit sich drücken.

Ich glaube daß sozialistische Lehrer und ihre Organisation sich unter anderem (die Aufzählung ist sicher sehr unvollständig) mit den folgenden Fragen vordringlich zu befassen hätten:

- *Verhältnis des sozialistischen Lehrers zur gegenwärtigen Gesellschaft.* Dieses Verhältnis kann sich nicht darin erschöpfen daß er sagt: Die sollen mich erst einmal besser bezahlen (obwohl dies wünschenswert und gerechtfertigt ist). Auch mit der Forderung nach diversen Schulreformen (auch diese wünschenswert und gerechtfertigt) ist es nicht getan. Ebensowenig mit dem Spruch: Die Partei noch dazu wenn sie Regierungspartei ist – die wirds schon machen.

Der sozialistische Lehrer muß sich klar werden durch eine möglichst gründliche Analyse der gegenwärtigen Gesellschaftsordnung daß diese ihn in eine Rolle hineinzwingt der er sich nicht entziehen kann und die er dennoch unterlaufen muß: beeideter Diener dieser bestehenden Ordnung kann oder soll er keine schlechthin sozialistischen Inhalte lehren sondern solche die im wesentlichen auf ein Ja zur gegenwärtigen bürgerlich-kapitalistischen Ordnung abzielen. Seine Rolle ist oder soll sein: Festigung des Bestehenden in den Köpfen seiner Schüler.

Wie kann er dieser Rolle wo nicht zur Gänze so doch zu einem wichtigen Teil entrinnen? Indem er Demokratie beim Wort nimmt und folglich die Kluft aufzeigen kann die da besteht zwischen Demokratie und dieser gegenwärtigen Ordnung. Die konservative Forderung lautet: Demokratie ist was wir gegenwärtig haben keineswegs mehr eher noch ein Stück weniger (jedes Stück mehr ist schon Linksextremismus Bolschewismus Anarchismus). Demgegenüber muß der sozialistische Lehrer die Demokratie als einen nach vorne zur Zukunft hin offenen Prozeß vermitteln: Demokratie heißt ständige Veränderung Demokratie heißt nicht Demokratie wie sie ist. *Demokratie heißt immer mehr Demokratie.*

- Verhältnis des sozialistischen Lehrers zu den gegenwärtigen Lehrplänen. Die Schülerbewegung sieht in ihren Primitivformen den Lehrer als Gegner als Angehörigen der herrschenden Klasse schlechthin. Das ist Unsinn. Der Lehrer ist nicht minder als der Schüler nur auf andere Weise durchaus eingespannt in ein hierarchisches System »Der der prüft hat gleichfals Angst« (Hermann Broch). Dieses System soll sicherstellen daß der Lehrer nichts Falsches lehrt: er muß so lehren daß Autorität Ruhe Ordnung nicht angetastet werden.

Wiederum bedarf es daher einer Strategie gegen die Konservativität der Kontrollinstanzen (rühmliche Ausnahmen ausgenommen) und gegen die von ihnen zu kontrollierende Einhaltung der Lehrpläne. Es gilt das viele unnütze Zeug im Lehrstoff zu unterspielen (das Lernen von unnützem Zeug ist Einübung in fraglosem Gehorsam gegenüber Befehlen von oben). Es gilt Kritik Zweifel bohrendes Fragen nach dem Warum einzubringen in möglichst viele Teile des Lehrstoffes.

In Isolierung hält dies auch ein noch so fortschrittlicher Lehrer nicht durch. Entscheidend ist die *gemeinsame Erarbeitung der nötigen kritischen Gegeninformation.* Soll der Schüler wirklich Bürger einer Demokratie werden so braucht er solche Gegeninformation viel dringender als die sklavische Erfüllung des Lehrplans. Gemeinsame Erarbeitung heißt: außerschulische Zusammenarbeit nicht nur innerhalb der Lehrerorganisation sondern auch Zusammenarbeit der sozialistischen Lehrer mit sozialistischen Schülern und deren Organisationen.

- *Verhältnis des sozialistischen Lehrers zum Schüler.* Der Lehrer der sich eine kritische Einstellung zur bestehenden Gesellschaft erarbeitet – der Lehrer der eine Strategie zur kritischen Durchdringung des Lehrstoffes erarbeitet – er bleibt ziemlich unwirksam wenn es ihm nicht gelingt zur kritischen Theorie die kritische Praxis zu fügen: er muß zum Schüler ein anderes Verhältnis herstellen als das traditionelle auf Amtsautorität beruhende.

Fortschrittliche Inhalte kann man nicht vermitteln mit hierarchischen Lehrmethoden. Was Demokratie ist läßt sich nicht als Hausaufgabe geben dann abfragen und benoten.

Der sozialistische Lehrer braucht den *Mut zu einem Verhältnis der prinzipiellen Gleichheit mit den Schülern.* Er wird dann merken daß der Lehr- und Lernprozeß ein zweibahniger ist. *Er wird von den Schülern wahrscheinlich ebensoviel lernen wie sie von ihm.* Er wird in die Schule einbringen was traditionell streng draußen zu bleiben hat: *das wirkliche Denken und Leben der Schüler.*

Weil dies das Gefährlichste von allem ist weil dies die traditionelle Aufgabe der Schule als *Gehirnwaschanstalt* am meisten gefährdet wird hier der sozialistische Lehrer das größte Risiko eingehen müssen.

Er wird es allein nicht durchstehen. Er wird seine Organisation dazu brauchen. Ist die dazu geeignet und willens? Vielleicht lautet die Antwort: Zur Reform der Schule im sozialistischen Sinn gehört auch Reform der sozialistischen Lehrerorganisation.

16. Tag
Schulreform nicht Schulrevolution

Schleift die Schulmauern!
Löst die Schule auf
● mitten hinein in die Produktion
● mitten hinein in die Demokratie
● mitten hinein in die Phantasie
●● und die Befreiung der Schüler wird auch die Befreiung der Lehrer sein

Nichts von diesen schönen linken goldrichtigen Parolen kann erfüllt werden zur Gänze oder auch nur zum größeren Teil durch eine realistische Schulreform jetzt und hier das heißt: durch eine sozialdemokratische Schulreform.

So gewiß sozialdemokratische Schulreform des Sturm und Dranges linker Theorie und linker Praxis sozialistischer Pädagogik und Didaktik bedarf –

ebenso gewiß kann sie in die Wirklichkeit nur umsetzen was dem Kräfteverhältnis der Klassen entspricht:

Sozialdemokratische Schulreform geht nur in Koalition und Kompromiß mit dem Kapital.

Koalition und Kompromiß

– aus dem Interesse der Masse der abhängig Arbeitenden auf Befreiung aus ihrer Abhängigkeit

– aus dem Interesse des Kapitals auf Fortdauer der abhängigen Arbeit

Natürlich sind diese Interessen langfristig unvereinbar wie Feuer und Wasser

Mittel- und kurzfristig ist dies jedoch anders. Mittel- und kurzfristig sind Kompromiß und Koalition möglich:

●●● Die *totale* Verschmelzung von Schule und Produktion ist nur im Sozialismus möglich. Der Kapitalismus braucht die Schule als geschlossene Anstalt der Disziplinierung und Indoktrinierung. Aber erstmals in seiner Geschichte wird er um ein *Maß* an Hereinnahme der Schule in die Produktion nicht herumkommen:

Die erstklassige wissenschaftlich-technische Ausbildung der künftigen Lohn- und Gehaltsabhängigen ist profitwichtig. Dafür in den Schulen Miniaturduplikate der modernen Produktionsanlagen aufzubauen ist weder technisch noch finanziell möglich das Schulsystem ist auch so schon kostspielig genug. Ein *Teil* der Schulausbildung wird also in die Produktionsanlagen selbst verlegt werden müssen.

(*Kinderarbeit* um Profit herauszuschlagen ist verboten und soll verboten bleiben. Kinderarbeit zur Kenntnis moderner Produktionsanlagen und zur Erkenntnis politökonomischer Zusammenhänge soll erlaubt werden. Sie ist hervorragend bildungswichtig und sicher weniger gesundheitsschädlich als das Eintrichtern und Auswendiglernen von unnützem Wissenskram weit hinaus über die gesetzliche Arbeitszeit der Erwachsenen und ohne jeden gesetzlichen Schutz.

●●● Die Auflösung der Schule in die *totale* Demokratie kleiner Gruppen die selbständig miteinander und voneinander lernen ist nur im Sozialismus möglich. Der Kapitalismus braucht die Einübung des Oben-Unten-Spiels (Chef-Arbeiter Offizier-Soldat Lehrer-Schüler). Aber erstmals in seiner Geschichte wird er um ein *Maß* an Hereinnahme von Demokratie in die Schule nicht herumkommen:

Die wissenschaftlich-technische Kompliziertheit des Produktionsprozesses Automatisierung Computerisierung aber auch die Ratschlüge der Industriepsychologie/Gruppendynamik führen dazu daß in der spätkapitalistischen Produktion Teamarbeit immer wichtiger wird: Kleine Gruppen relativ selbständig arbeitend relativ initiativ handelnd und einen relativ weiten Arbeitsbereich sachkundig überblickend. Diese Arbeitsweise setzt aber voraus ein *Maß* an Demokratie der kleinen Gruppe schon in der Schule.

●●● Die Auflösung der Schule durch *totale* Entfesselung der Phantasie ist nur im Sozialismus möglich. Der Kapitalismus braucht Abtötung der Phantasie damit niemand auf die phantastische Idee kommt daß man den *Kapitalismus* abtöten könnte zugunsten einer menschlicheren vernünftigeren: sozialistische Gesellschaft. Aber erstmals in der Geschichte wird er um ein *Maß* von Entfesselung der Phantasie in der Schule nicht herumkommen:

Gewisse neue Produktionsmethoden wiederum im Zusammenhang mit elektronischen Steuerungsprozessen relativ umfangreicher Fertigungseinheiten und -abschnitte setzen ein *Maß* an selbständiger Vorstellungskraft Kreativität kurz Phantasie voraus wenn diese Methoden ordentlich das heißt: profitabel funktionieren sollen.

Ein Gleiches gilt von einem Industriezweig wo ehe noch Ware selber produziert wird zunächst einmal Nachfrage nach dieser Ware produziert wird: in der Werbewirtschaft braucht man Phantasie und desto mehr je unnützer das Zeug ist das man den Leuten andrehen soll. Werbewirtschaft und was immer mehr dasselbe ist: Massenmedien Zeitungen Illustrierte Fernsehen werden für den Spätkapitalismus immer wichtiger beschäftigen daher immer mehr Leute. Demgemäß muß in der Schule die Phantasie freigehalten werden von gänzlicher Abtötung. Zu beachten bleibt freilich daß über die produktionswichtige profitwichtige Portion Phantasie nicht hinausgegangen wird.

Der früheste Kapitalismus kam *ohne* Schulen aus. Seine Produktion konnte und sollte von Analphabeten besorgt werden. Wissen macht Kopfweh Kopfweh macht aufsässig. In der Dritten Welt sind einheimische Herrenschichten heute noch auf diesem Stand (Indische Brahmanen sagten mir: Wir sind nicht so dumm unser Volk in Schulen zu schicken. Dort lernen sie lesen und das erste was sie lesen sind kommunistische Hetzschriften. Kerala die Provinz mit der höchsten Alphabetisierungsrate dank katholischer Missionsschulen hatte die erste gewählte kommunistische Regierung natürlich wurde sie von der Zentralregierung abgesetzt.)

Der klassische Kapitalismus *brauchte* Schulen zur Ausbildung für unterdessen komplizierter gewordenen Produktionsmethoden. Produktions- und folglich profitwichtig wurden Lesen und Schreiben und die vier Grundrechnungsarten der Rest war Erziehung zum Bravsein Gott Kaiser Vaterland Prinzipal wie der Chef damals hieß. Das ist der unsittliche Ursprung der allgemeinen Schulpflicht:

»Volksschule« war Schule fürs abhängig arbeitende Volk

»Bürgerschule« war Schule der kleinen und mittleren Bürger die für Handel Wandel Gewerbe Industrie mehr Kenntnis brauchten als das von ihnen lohnabhängige Volk aber auch nicht zuviel Kenntnisse darauf schaute die feudal-monarchische Obrigkeit

»Gymnasium« »Universität« waren vorbehalten der feudalen Herrenschichte die sich den Luxus feinerer Bildung leistete ferner den unmittelbaren Dienern dieser Herrenschichte (höhere Beamtenschaft) ferner der großen Bourgeoisie die sich noch nicht juristisch aber faktisch der Feudalklasse gleichstellte durch Kapital (das die Herrenklasse brauchte um herrschen zu können).

Die Namen der Schultypen haben teils gewechselt sich vermehrt um neue aber dieses dreigeteilte Schulerbe aus dem vergangenen Jahrhundert welches ökonomisch klassisch-kapitalistisch war politisch hingegen feudal oder konstitutionell-demokratisch –

Dieses dreigeteilte Schulerbe ist der Spätkapitalismus jetzt und hier immer noch nicht los geworden.

Schon konfrontiert mit dunkelrot linken sozialistischen Forderungen nach Revolutionierung der Schulen –

konfrontiert auch mit zahmeren rosaroten sozialdemokratischen Forderungen nach Schulreform –

kämpft der Kapitalismus außerdem noch mit sich selbst: mit den Schatten seiner eigenen Vergangenheit: mit einem Schulsystem das nicht einmal rein kapitalistisch ist sondern noch vorkapitalistisch-feudal vorkapitalistisch-kleinbürgerlich.

Kapitalistische Profitvernunft muß *Bildung* als Entfaltung aller menschlichen Möglichkeiten teils verlachen als idealistisch utopisch teils fürchten als Aufforderung zur Revolution. Gerade noch akzeptabel ist die *»Mandarinenschule«:* Lernen von garantiert unnützem Zeug und das ist auch schon der Nutzen: Die Mandarinen unterscheiden sich dadurch vom gemeinen Volk daß sie halb besoffen noch zitieren können Aurea prima satast. Eigentlich einleuchtend ist aber der Profitvernunft nicht irgendwelche Bildung sondern die erstklassige *Ausbildung* der künftigen Lohn- und Gehaltsabhängigen zu perfekten Anhängseln der jeweils modernsten Produktionsmaschinerie. Wenn dieser jeweils modernste Stand derzeit erfordert ein Maß an Schulausbildung innerhalb der Produktionsanlagen ein Maß an Einübung von Demokratie in kleinen Arbeitsgruppen ein Maß an Entfesselung der Phantasie in bestimmten Spielarten bitte warum nicht wenns für Produktion und Profit erforderlich ist.

Solche profitvernünftige »technokratische« Ausbildung stößt sich aber

●●●● am vermoderten »klassischen Bildungsideal« das in der konservativen Lehrerschaft umgeht

●●●● an der Sprengwirkung die in aller besseren Schulbildung als Möglichkeit steckt und gerade jüngsthin auch Wirklichkeit wurde: die Jugendrevolte bestand ja aus einer Serie von Studenten- und Schüleraufständen.

Zerren die Studenten- und Schülerrevolten die Entwicklung der Schule nach vorne zum Sozialismus wo der Kapitalismus sicher nicht hinwill so zerrt eine aufs »klassische Bildungsideal« eingeschworene konservative Lehrerschaft die Schulentwicklung womöglich nach hinten in kleinbürgerlich-vorkapitalistische Zeiten wo der Spätkapitalismus sicher gleichfalls nichts verloren und vor allem nichts zu gewinnen hat.

In ihrer Mehrzahl haben die Lehrer so treu sie dem bestehenden System dienstbar sind auf ihren Schultern den Kopf jener Klasse der sie zumeist entstammen: Kleinbürgertum loyal dem großen Kapital aus eingefleischter Ergebenheit und Mangel an historischer Alternative und doch im Genick die Angst vor eben diesem großen Kapital das ihre historische Existenz längst vernichtet hat. Der kleinbürgerliche Schulmann nimmt seine Deutsch- und Rechenexempel lieber aus vorkapitalistisch bäuerlicher und handwerklicher Idylle als aus der kapitalistischen Großindustrie oder gar einer vergesellschafteten sozialistischen. Seine Lieblingsliteratur ist nicht die bürgerlich-revolutionäre (soweit sie vorkommt wird sie eben ins Klassische das heißt Vergangene verfremdet ins Allgemeine Idealistische Unverbindliche) sondern die kleinbürgerlich-romantische behagliche Idylle das Sichducken und Genügen das kleine Glück das die Großen ungeschoren läßt und von ihnen ungeschoren bleiben will und eben dies ist Glück.

(Es gibt Pflichtübungen in moderner Literatur Lesebücher als demonstrativ unlustbetonte Sammelsurien mit gleichviel Textfetzen von Bruno Brehm bis Bert Brecht und wieder zurück.)

Ziemlich hilflos steht der Spätkapitalismus zwischen

- der mehrheitlich noch vorkapitalistisch-kleinbürgerlichen Lehrerideologie die ihm wertvoll ist zur Eintrichterung von Ergebung Gehorsam Arbeitsmoral aber wertlos für die technokratische Ausbildung
- und der revolutionierenden Minderheit von Schülern Studenten und nun auch schon Lehrern deren nachkapitalistisch-sozialistische Ideologie für den Kapitalismus erst recht wertlos ja gefährlich ist.

Dazwischen läuft gewiß noch eine wachsende Schar von Lehrern Professoren und insbesondere Hochschulprofessoren herum mit einwandfrei technokratischer Gesinnung: sie wollen dem Spätkapitalismus das Seine geben an produktions- und profitwichtiger wissenschaftlich-technischer Ausbildung dazu gerade soviel Öffnung zu Produktion Demokratie Phantasie als nötig aus eben diesen Kapitalgründen und das Ganze überzogen mit progressivem Zuckerguß und ewiger Kränkung wenn linke Schüler und Studenten das Zeug doch nicht fressen wollen.

Das Kapital braucht mehr Schulwissen zwecks Profit aber mehr Schulwissen kann eben auch aufsässig machen. Getreulich schwanken die Bildungspläne hin und her: aus lauter Begeisterung für moderne und modernste Wirtschaft können sie einmal garnicht genug Abiturienten und Studenten haben – aus lauter Angst vor unterdessen revolutionierender »gebildeter« Jugend meinen sie ein nächstesmal: wohin eigentlich mit diesen vielen Abiturienten und Studenten soviele von denen brauchen wir gar nicht.

Aus alledem wird eine realistische Schulreform (einschließlich Hochschulreform) erst dann wenn sich jene beiden Kräfte in Koalition und Kompromiß begeben die im Gleichgewicht der Klassen jetzt und hier aufeinander angewiesen sind:

●●●●● Das *progressive* Kapital (das heißt jenes das groß und mächtig und folglich weniger auf seine Konservierung bedacht ist als vielmehr seine Modernisierung und Fortentwicklung) braucht technokratische Schulreform (Hochschulreform) welche der produktionswichtigen (profitwichtigen) wissenschaftlich-technischen Ausbildung Vorrang gibt gegenüber klassisch-bürgerlichem Bildungskram.

Von konservativen Lehrern ist eine solche Reform nicht zu bekommen und auch nicht von konservativen Kapitalfraktionen denen die Schule als Kinderbewahranstalt zur Disziplinierung und Indoktrinierung wichtiger ist als deren modernistische Öffnung zu Produktion Demokratie Phantasie: mag dies alles auch nützlich sein für Produktion und Profit der modernsten Kapitalfraktionen die andern haben Angst davor.

●●●●● Die *Sozialdemokratie* braucht technokratische Schulreform (Hochschulreform) aus dem unmittelbaren Interesse der lohn- und gehaltsabhängigen Massen (ihrer Wählermassen) nach besserer Ausbildung folglich besserer Qualifikation im Beruf folglich Aufstieg und höherem Lebensstandard.

Aus diesem selben Grund des höheren Lebensstandards braucht die Sozialdemokratie einen möglichst modernen möglichst leistungsfähigen Kapitalismus: je reicher (profitabler) dessen Tisch gedeckt ist desto reicher der Abfall für die Arbeiter und Angestellten. Auch das erfordert technokratische Schulreform (Hochschulreform).

Eine gute Sozialdemokratie braucht Schulreform (Hochschulreform) als Öffnung zu Produktion Demokratie Phantasie aber auch deshalb weil solche Öffnung Bedingung ist für die Befreiung der abhängigen Massen aus ihrer Abhängigkeit Vorbereitung von Sozialismus.

Seis auch Stück um Stück Kompromiß um Kompromiß Reform um Reform.

Langfristig gibt es *totale Gegensätzlichkeit*

- des sozialistischen Schulziels: Bildung der abhängig Arbeitenden so daß sie frei werden können
- und des kapitalistischen Schulziels: Ausbildung der abhängig Arbeitenden so daß sie recht viel Profit bringen

Mittel- und kurzfristig gibt es *kompromißlerische Vereinbarkeit* und daher Bündnisfähigkeit durch

- gemeinsames Interesse nach technokratischer Schulreform (Hochschulreform)
- gemeinsames Interesse auf vorsichtige Öffnung der Schule (Hochschule) zu Produktion Demokratie Phantasie

Solche Dialektik irritiert nur die Gefühlslinken. Marxisten fühlen sich hier auf sicherem (eben dialektischem) Boden.

Sozialismus ist eben nicht einfach das Gegenteil von Kapitalismus sondern wächst aus ihm heraus. Jeder Schritt kapitalistischer Entwicklung ist oder kann sein ein Schritt Richtung Sozialismus.

Sozialismus kann nicht wachsen außerhalb des Kapitalismus irgendwo nebenher im Wolkenkuckucksheim am hinteren Ende komplizierter dunkelroter Gehirnwindungen

Sozialismus kann nur wachsen inmitten des Kapitalismus.

Kapitalismuß ist der Mutterschoß des Sozialismus.

Was langfristig unverträglich ist wie Feuer und Wasser: Sozialismus Inbegriff der Menschlichkeit Kapitalismus: Inbegriff der Unmenschlichkeit –

hat mittel- und kurzfristig eine gemeinsame untrennbar verschlungene Entwicklung.

Im Zwischenreich von Koalition Kooperation Kompromiß Reform hat alles sein Doppelgesicht: zu Nutzen des Kapitalismus zu Nutzen des Sozialismus.

Und was davon mehr: das hängt ab von der Stärke der beteiligten Herzen und Hirne Organisationen und Strategien.

Hier wiederum ist der Boden für die Linke. Sie kann in diesem Zwischenreich jetzt und hier nicht wirkliche Revolution machen sie muß in diesem Zwischenreich jetzt und hier Revolution der Köpfe machen. Sie kann nicht Schulrevolution machen sie muß Schulreform ausnützen: weitertreiben ins Sozialistische.

Leben im Kapitalismus
17.–23. Tag
Die Lage
der Frauen und Männer

(Über Ehe (4))

17. Tag

Wir Männer sind Schweine

Alle Männer betrügen alle Frauen
Mann und Frau als betrogene Betrüger
Das System betrügt uns alle
Das System muß weg

18. Tag

Frauengewerkschaften
Hausfrauengehalt
Neue Ehe

Erinnerung
betreffend
nachfolgende Briefe

19. Tag

N. N. an seinen Sohn und seine Frau
über Liebe im Kapitalismus

20. Tag

N. N. an seine Freundinnen B. und K.
über Liebe im Kapitalismus
P. S.

21. Tag
G. N. an seinen Seelsorger
über Monogamie
P. S.

22. Tag
G. N. an seinen Seelsorger
über Polygamie
Kommune als Utopie
Kirche und Kommune
Kapitalismus und Familie
Polygamie und Rechtsreform

23. Tag
G. N. an seinen Seelsorger
über Kommunen
Ist die Kleinfamilie
politisch unentbehrlich?
P. S.

17. Tag
Wir Männer sind Schweine

I.
Alle Männer betrügen alle Frauen

Alle Männer betrügen alle Frauen. Nicht weil wir eine Frau lieben und zugleich eine andere oder mehrere sondern weil wir alle Frauen *haben*. Unser Verhältnis zu ihnen ist:

- Besitzergreifung einer weiblichen Person als wäre sie ein Ding. Im übelsten Fall: unter Absingung linker Phrasen
- Gebrauch und Mißbrauch des Dinges Frau unter Ausschluß Dritter. Im übelsten Fall: unter linker Vorgabe wir seien für »Mehrfachbeziehungen«
- Schamlose Ausnutzung weiblicher Gefühls- und Arbeitskraft. Im übelsten Fall: unter Vorspiegelung es ginge um kollektive Arbeit für den Sozialismus
- Geistige und sexuelle Einsperrung Verkümmerung Idiotisierung der Frau. Im übelsten Fall: mit dialektischer Beweisführung dies sei keine geschlechtsspezifische sondern funktionale Arbeitsteilung zugunsten der Revolution.

Wir betrügen nicht eine Frau mit der anderen sondern alle um ihr Eigentliches: ihre volle Entfaltung als Mensch.

Was und wie eine Frau wäre nicht geformt nach unserem männlichen Bild sondern nach ihrem eigenen weiblichen Bild wissen wir nicht. Es interessiert uns auch nicht. Wir Männer sind Schweine.

(Eine Beleidigung nicht der Männer aber der Schweine es sind anständige intelligente humorvolle Wesen.)

Die Männergesellschaft in der wir Schweine sind ist eine Erscheinungsform der kapitalistischen Gesellschaft in der alle Schweine sind ob Männer oder Frauen: Gepreßt in die kapitalistischen »Sachzwänge« Herrschaft Ausbeutung Manipulation begegnen wir einander nicht als Menschen. In dieser Gesellschaft gibt es keine Menschen. Erst recht keine Frauen.

Die Zusammenhänge zwischen Männergesellschaft Frauenunterdrückung Kapitalismus sind unter anderem die folgenden:

●● *Politisch* herrscht der Kapitalismus in unserer Weltgegend mittels parlamentarischer Demokratie. Sie ist Herrschaft weniger die hauptberuflich und stellvertretend *für* die Vielen regieren das heißt: *über* die Vielen herrschen. Damit das funktioniert ist ständige Idiotisierung dieser Vielen erforderlich. Das geschieht zuerst durch Kindererziehung in Familie und Schule sodann durch permanente

Erwachsenenerziehung mittels Massenmedien. *Innerhalb des idiotisierenden Bildungsweges im demokratischen Kapitalismus wird die Frau doppelt idiotisiert:*

Erstens allgemeine Idiotisierung aller Männer und Frauen.

Zweitens spezielle Idiotisierung der Frau durch Beschränkung auf bestimmte besonders idiotische Tätigkeiten Themen Einstellungen Verhaltensweisen.

Dadurch kann man sich eine spezielle *politische* Idiotisierung der Frau ersparen. Politisch werden die Frauen mit den Männern *unter einem* idiotisiert als deren ohnehin nicht urteilsfähiges Anhängsel. Sie wählen zB fast immer wie ihre Männer. Der demokratisch-kapitalistische Herrschaftsapparat kann rationalisieren: es genügt die politische Idiotisierung der Männer das heißt: von weniger als der Hälfte seiner Untertanen.

●● *Ökonomisch* wird die Frau nicht doppelt sondern mindest vierfach ausgeplündert:

Wenn sie arbeiten geht wird sie ausgeplündert *wie alle* Lohn- und Gehaltsabhängigen.

Zweitens wird sie speziell ausgeplündert weil sie *weniger Lohn und Gehalt* bekommt als Männer in gleichen oder gleichwertigen Positionen (um rund 20% im europäischen Schnitt).

Drittens wird sie ausgeplündert innerhalb des Betriebes: Weil ihr von den verfügbaren von vornherein nur die *schlechteren Arbeitsplätze* offenstehen. Weil sie auf gleichen oder gleichwertigen Arbeitsplätzen *schlechter eingestuft* wird als ein Mann. Weil sie bei Betriebseinschränkungen *rascher hinausfliegt.* Weil sie auch sonst *weniger Aufstiegschancen* hat (weil sie meist den schlechteren Bildungsgang hat und für führende Positionen nur im Ausnahmsfall als geeignet gilt).

Viertens und vor allem wird die Frau ausgeplündert *weil sie nach ihrer Heirat lebenslang ohne Entlohnung für den Mann arbeiten muß oft mit doppelter Arbeitszeit als er: erst im Beruf dann gleich anschließend im Haushalt.* Für ihre besonders harte dreckige langweilige Arbeit als Ehefrau bekommt sie zum Dank nach dem Tod des Mannes nur einen Bruchteil von dessen Rente oder Pension.

Durch diese vierfache ökonomische Ausbeutung der Frau erspart sich der Kapitalismus in jeglicher seiner Währungen ungezählte Milliarden. *Der Kapitalismus liebt die Frau:* Sie ist nicht nur billiger als der Mann sondern überdies und dennoch *weniger aufsässig* als der Mann. Bei Konjunkturschwankungen kann man sie hinauswerfen ohne daß es soviel Aufregung gibt wie bei den Männern. Benachteiligung im Beruf Doppelbelastung durch Haushalt nichts bringt sie zu massivem Protest. *Die Frau ist der Packesel des Kapitals* aber nicht störrisch.

●● *Sexuell* betrügt das kapitalistische Herrschaftssystem Männer wie Frauen um ihre freie Entfaltung um ihr volles Glück. *Aber die Frauen werden auch sexuell wiederum doppelt betrogen:*

Innerhalb der herrschenden Sexualmoral die den Mann wie die Frau unterdrückt wird der Frau nochmals die Rolle des unterdrückten dienstbaren passiven »Partners« zugewiesen dem Mann die Rolle des aktiven führenden. In der herrschenden Sexualmoral ist der Mann *aktives Sexualsubjekt* die Frau *passives Sexualobjekt.* Bei Einhaltung der herrschenden Sexualmoral ist die Frau daher noch ein Stück unfreier und der Mann um eben dieses Stück besser dran.

Der Mann ist aber auch bei Verletzung der Sexualmoral besser dran. Seine Verfehlungen sind Verfehlungen des Herrenmenschen und werden entsprechend milder beurteilt als die der Frau: sie ist der sexuelle Sklave eingeschworen auf »Treue« das heißt: totale sexuelle Unfreiheit.

Einhaltung der Sexualmoral ist herrschaftswichtig: Wer da pariert pariert auch sonst. Verletzung der Sexualmoral ist womöglich *noch* herrschaftswichtiger: *Die herrschende Sexualmoral ist gar nicht dazu bestimmt eingehalten zu werden.* Sie funktioniert gerade dadurch daß sie *nicht* eingehalten wird nämlich von Menschen aus Fleisch und Blut nicht eingehalten werden *kann.* Schuldgefühle Angst sind die eingeplanten Folgen: Menschen mit schlechtem Gewissen können leichter regiert werden.

Indem die Menschen sich abstrampeln die herrschende Sexualmoral einzuhalten entstehen Millionen Minikatastrophen mit den Themen Liebe als Besitzrecht Untreue Eifersucht Scheidung Beschuldigung Lüge Verzweiflung. Unter wildem Geschrei dreht sich das Räderwerk dieser gigantischen Maschine zur Vernichtung wertvollster menschlicher Energie die andernfalls frei würde zu menschlichem Gebrauch: die eigene Situation zu erkennen und zu ändern durch Kampf gegen die kapitalistische Herrschaft. Aber »zu was denn so Sachen für ein' Bürgersmann, der seine Zeit weiter braucht?! Was hat der Mensch nicht alles zu tun, bis er sein Weib glücklich macht und seine Kinder?! Nachher noch so G'schichten anfangen wollen!« (Nestroy Lady und Schneider I/12.)

Von alledem werden Mann wie Frau betrogen und bedrückt aber die Frau noch mehr. Als Mensch 2. Klasse in der Männergesellschaft liegt auf der Frau die doppelte bis mehrfache Last.

●● *Insgesamt* gilt: Von der *politischen* Herrschaftsmaschine wird der Mann (»Politik ist Männersache«) ein Stück besser behandelt seis auch bloß als besseres Manipulationsobjekt. Von der *ökonomischen* Ausplünderung wird der Mann ein Stück weniger betroffen er verdient mehr kriegt die besseren Jobs steigt leichter auf fliegt weniger leicht hinaus sichert sich durch Ehe lebenslange Sklavenarbeit. In der *Sexualmoral* kommt er ein Stück besser weg und zwar sowohl bei Einhaltung wie bei Verletzung dieser Moral.

Das System unterdrückt Mann wie Frau aber den Mann ein Stück weniger. So spaltet das System (»Teile und herrsche«) die Masse der Beherrschten in zwei Teile. *Auch der Mann wird unterdrückt aber er hat die Frau die er seinerseits unterdrücken kann. So entsteht mit Bezug auf die Frau eine perverse Einheitsfront der unterdrückten Männer mit dem sie unterdrückenden System.* Beide sind für Wahrung der männlichen Privilegien Niederhaltung der Frauen Aufrechterhaltung der Männergesellschaft.

Wenn die Frauen unterdrückt sind die Männer etwas weniger: so herrscht sichs leichter. Daher ist die Männergesellschaft wichtiger Bestandteil des kapitalistischen Herrschaftssystems. *Unsere Privilegien machen uns zu Komplicen des Systems.* Wir Männer sind Schweine.

II.
Mann und Frau als betrogene Betrüger

Statt ihr Eigentliches zu entfalten: ihre Person einschließlich ihrer Sexualität wird die Frau von jung auf *dressiert zu entsagen und zu verkümmern.* Angeleitet oder wohlwollend geduldet entfaltet sie sich statt dessen in der Kunst des *Männerfangs:* möglichst bald ein möglichst stattliches Exemplar in möglichst guter Position.

Im Männerfang entwickelt die Frau Gaben die einer besseren Sache würdig wären: Intuition Genialität sechsten Sinn. Ein Mädchen betritt ein Lokal erspäht einen Mann taxiert ihn sagt zu seiner Freundin: »Siehst Du den dort den heirate ich.« Sechs Wochen darauf war Hochzeit. Die Geschichte ist wahr.

In den sechs Wochen oder wieviel immer es jeweils sind leistet die Frau eine blendende Eskalation von Reiz Nichtgewähren Gewähren stärkerem Reiz Dennoch nicht Gewähren usw. Kein Mann der solcher Offensive nicht zum Opfer fiele wenn er das Pech hat daß die Angreifende ihr Geschäft versteht und er nicht. Aus wildwüchsiger Sexualität: Liebesbedürftigkeit und Liebesfähigkeit wie man sie von Mädchen kennt vor ihrer Umfunktionierung auf Männerfang wurde *funktionaler Sadismus:* die Entfaltung jenes Maßes an Quälerei das ausreicht um den Mann in die Ehe zu zerren.

Die Frau in voller Aktion die Männerjägerin Männermörderin hat unsere mit Ironie schlecht getarnte Bewunderung. Ihr virtuoses Spiel mit vollem Reiz und halbem Gewähren produziert viel eher als unseren Abscheu unser Vergnügen: ihrem funktionalen Sadismus antwortet *unser Masochismus.*

Auch er ist funktional. Liebe denaturiert durch Sadismus verstärkt durch Masochismus: damit sind schon im Männerfang jene Bestandteile versammelt die in der Ehe dann der subjektive *emotionale Kitt* sind um einer Institution Halt und Bestand zu geben die objektiv unterdrückend ist gegenüber Mann und Frau wenngleich noch mehr gegenüber der Frau.

Die Ehe ist ein Unterdrückungsinstitut: *Politisch* weil der Rattenschwanz von Problemen und Problemen die sie täglich gebiert und nicht löst die Menschen davor bewahrt kritisches Bewußtsein und kritische Aktivität zu entwickeln. *Ökonomisch* weil sie die Ehepartner isoliert in ihrer Langeweile zu zweit so werden sie leichte Beute der Werbung rettungslose Konsumidioten. *Sexuell* weil sie die Partner ob sie einander nun in der Tat betrügen oder nur in Gedanken jedenfalls unfrei verklemmt schuldbewußt macht wodurch sie bequemer regierbar werden.

Als öffentliche Institution ein erstklassiges Herrschaftsinstrument ist die Ehe für das private Seelenleben in bestimmtem Maß und für eine bestimmte Zeit ein Erfolg. Die Ehe zusammengehalten durch das Amalgam Liebe-Sadismus-Masochismus (wobei Mann und Frau jeweils eines oder mehrere dieser drei Elemente im Rollentausch verkörpern) gibt scheinhaft und zeitweilig emotionale Geborgenheit und Sicherheit indem sie die *Kindheitssituation* wiederherstellt: in dieser waren jene selben drei Elemente vorherrschend in dieser *entstand* das Amalgam aus jenen Elementen. Ihre Fortdauer in der Ehe macht deren emotionale Beliebtheit aus.

Unsere Kinderzeit ist gekennzeichnet durch die Mischung aus elterlicher Liebe zu den Kindern und elterlicher Grausamkeit Unterdrückung der Kinder: Sadismus funktional getarnt als Bündel notwendiger Erziehungsmaßnahmen. Dementsprechend ist die Liebe der Kinder zu den Eltern verhängnisvoll gemischt aus Liebe und Masochismus als Antwort auf Sadismus: Bereitschaft zu und Bedürftigkeit nach Strafe Schmerz Askese Autorität. Für Erwachsene ist diese verhängnisvolle Mischung gewürzt noch mit der Süße der Kindheitserinnerung daher desto bedürftiger nach Fortsetzung und Wiederholung nun noch gewürzt mit Geschlechtsverkehr. Statt daß Mann und Frau in Freiheit zur Entfaltung ihrer Person gelangen gelangen sie in der Ehe zurück in ihre Kindheit. *Aus Mann und Frau werden Vati und Mutti* nicht nur gegenüber ihren Kindern mit deren Erziehung sie den verhängnisvollen Zirkel fortsetzen sondern wechselseitig: Der Mann wird zum Vati der Frau. Die Frau wird zur Mutti des Mannes.

Mann und Frau entwickeln sich nach rückwärts zu Eltern und Kindern statt nach vorwärts zu Menschen.

Da die Frau in jeder Hinsicht – politisch ökonomisch bildungsmäßig kulturell sexuell – unterdrückter ausgebeuteter ist ist diese Rückwärtsentwicklung durch Ehe für sie besonders verhängnisvoll.

Indem die Frau von der Männergesellschaft dressiert wird auf die Ehe als geeignetes Institut für ihre Unterdrückung und Ausbeutung – betrügen *alle* Männer *alle* Frauen. Aber der *einzelne* Mann ist der betrogene Betrüger: Die wohldressierte Frau wird Meisterin der Kunst in die höchste Stufe ihrer Sklaverei zu gelangen nach *ihrem* Wunsch und *ihrer* Wahl. *Nicht der Mann heiratet die Frau die Frau heiratet den Mann.*

Angelangt in der Ehe ist der Mann oft *nochmals* der betrogene Betrüger: Die Männergesellschaft produziert die Ehe speziell auch als öffentliches politisches Unterdrückungsinstitut der *Frau.* Aber im privaten emotionalen Ehe-Amalgam Liebe-Masochismus-Sadismus hat der *Mann* die Rolle des Unterdrückten die Frau zieht die Hosen an der Mann die Pantoffeln. Sadismus ist nicht nur das Liebesvergnügen der Herrschenden sondern vorzüglich auch die Rache der Unterdrückten. Frauen sind prächtige Sadisten.

An der Männergesellschaft von der sie nach Belieben unterdrückt wird insbesondere durch die Ehe rächt sich die Frau indem sie den einzelnen Mann nach *ihrem* Belieben in die Ehe zerrt und dort weiterquält. Aber sie hat nicht viel davon. Angelangt in der Ehe wird wiederum *sie* zur betrogenen Betrügerin. Aus dem von ihr gewählten Gefängnis kann der von ihr gewählte Mithäftling privilegiert durch die Männergesellschaft viel besser *ausbrechen* als sie. Bricht er aus sitzt sie da in der zweitklassigen Rolle der geschiedenen Frau. Bricht er nicht aus ist nichts gewonnen als ungetrübte Langeweile zu zweit.

Was eine Frau werden sollte wurde eine Gattin. Was ein Mann werden sollte wurde ein Schwein.

III.
Das System betrügt uns alle

Ich kann all das theoretisch einsehen moralisch verwerfen praktisch ändern wollen. Es bleibt ein Rest etwa so groß wie das Ganze. Es bleibt das ganze System. In dieser Männergesellschaft in der wir Männer Menschen 1. Klasse sind die Frauen Menschen 2. Klasse ist es uns nicht freigestellt *keine* Schweine zu sein.

Das System verschwindet nicht indem ich aus ihm ausziehe. Es verschwindet nicht aus mir. Wenn ich außerhalb des Systems lebe lebt das System in mir weiter. Ich bin im System erzogen das System sitzt mir im Hirn. Ich überwinde es. Es überwindet mich. Ich überwinde es. Es überwindet mich. Je größer meine Fortschritte desto fürchterlicher meine Rückschläge. Je fürchterlicher meine Rückschläge desto größer der nachfolgende Fortschritt. Wenn ich ihn zustandebringe.

Auf diese aus Fortschritten und Rückschlägen gemischte Weise entfernen sich immer mehr Menschen aus dem System vor allem immer mehr junge. Das ist gut es macht sie menschlicher stärker macht das System unsicherer schwächer.

Bruch der herrschenden Sexual- und Ehemoral ist eine hervorragend subversive Tätigkeit. Aber sie beseitigt das System nicht. Es ist ein *komplettes:* politisches ökonomisches kulturelles Herrschafts- und Ausplünderungssystem. *Dieses ungeheure öffentliche Ganze kann nicht beseitigt werden durch privates Basteln am eigenen Leben.* Auch nicht durch kollektives Basteln am eigenen Leben. Daneben bestehen Herrschaft und Ausplünderung munter fort.

Wer gegen das kapitalistische System ist aber praktisch in dessen Ehe- und Sexualmoral weiterlebt ist ein linker Spießer. Wer die Ehe- und Sexualmoral des kapitalistischen Systems für sich privat beseitigt hat und meint und verkündet er habe damit das kapitalistische System beseitigt ist ein linker Schwachkopf.

Weil es ein politisches ökonomisches kulturelles Gesamtsystem ist ist die Beseitigung des Systems eine politische ökonomische kulturelle Gesamtaufgabe. Sie lautet: Sozialismus statt Kapitalismus. Sie kann nur gelöst werden durch politischen das heißt: öffentlichen und massenhaften Kampf Beherrschte gegen Herrschende Ausgeplünderte gegen Ausplünderer. Solange dieser Kampf nicht gewonnen ist wird die freie Entwicklung *Einzelner* seis auch deren vieler und immer mehr *nicht* zur freien Entwicklung *Aller* führen nicht einmal zur wirklich freien Entwicklung Einzelner. Denn wir bleiben Beherrschte und Ausgeplünderte. Wir alle sind Opfer des Systems. Es betrügt uns um unsere Menschlichkeit: wir alle sind Schweine.

IV.
Das System muß weg

Hier ist Raum für doppeltes Mißverständnis:

- Wer beginnt mit dem Satz »Wir *Männer* sind Schweine« und ihn solange ins Allgemeine strapaziert bis herauskommt: »Wir *alle* sind Schweine« – der entlastet die Männer.
- Wer beginnt mit dem Satz daß die *Männer* die Frauen betrügen und glücklich dort landet daß Männer wie Frauen vom *System* betrogen werden – der verleitet zum Nichtstun (außer Fortsetzung des Männerbetruges an den Frauen). Denn wenn das allmächtige System schuld ist was kann denn da das einzelne Männlein oder auch Weiblein tun oder auch eine Gruppe von solchen?

Ich will weder die Männer entschuldigen noch das Nichtstun:

●● Die Befreiung der Frauen kann ab einer bestimmten Phase nur das Werk der Frauen selber sein. Aber die Männer als Hauptschuldige und Bessergestellte haben in einer Anfangsphase eine wichtige einleitende Rolle.

●● Das System ist mächtig aber nicht allmächtig. Es ist bekämpfbar und auf längere Frist besiegbar.

Historische Parallelen:

●●● Ab einer bestimmten Phase konnte die Befreiung der Arbeiterklasse nur das Werk der Arbeiterklasse selbst sein. Aber in einer Frühphase gaben intellektuelle Überläufer aus dem bürgerlichen Lager: dem Lager der Unterdrücker wichtige einleitende Anstöße.

●●● In jener Frühphase schien das kapitalistische System allmächtig. Unterdessen hat es sich als bekämpfbar erwiesen. In manchen Weltgegenden wurde es besiegt.

Starthilfe von Männern für die Frauenbefreiung ist kein Anlaß für männlichen Chauvinismus. Frauen haben insbesondere im angelsächsischen Bereich längst schon wichtigste ideologische und organisatorische Vorarbeit geleistet.

Auch sollte nicht stur-doktrinär angenommen werden: Mit Sturz des Kapitalismus stürzt die Männergesellschaft automatisch nach. *Die Männergesellschaft gibt es in gemilderter oder selbst ungemilderter Form in allen »sozialistischen Ländern«.* (Ein Grund unter anderen weshalb dort »sozialistisch« als Staatsbezeichnung eher Programm und Promesse ist und nicht Realität.)

Die Frauen müssen sich selber eine politische Organisation schaffen: Ihr Ziel wäre langfristig die Zertrümmerung der Männergesellschaft mittel- und kurzfristig eine Serie von Reformen innerhalb des Systems aber strategisch hingeordnet auf dessen Beseitigung. Totale Beseitigung der Männergesellschaft heißt Beseitigung des Kapitalismus von dem die Männergesellschaft nur eine Erscheinungsform ist. Daher müßte eine solche politische Frauenorganisation zusammenarbeiten mit anderen Organisationen und Gruppen der Linken. (Daher auch mit Männern. Frauen-Apartheit ist emotional verständlich aber politisch Blödsinn.)

Die Frauen oder doch eine politisch ausreichende Minderheit der vifsten unter ihnen zum Bewußtsein ihrer Lage bringen sodann zum Kampf gegen ihre Unterdrückung und Ausplünderung: das ist eine Aufgabe die nicht geleistet werden kann von einer *bestehenden* Frauenorganisation innerhalb der Parteien und Interessenverbände vermutlich auch nicht von bestehenden Organisationen und Gruppen der Linken. Denn auch in der Linken erst recht in traditionellen Parteien und Verbänden (einschließlich Sozialdemokratie KP Gewerkschaften) sind Ideologie und Verhaltensmuster der Männergesellschaft herrlich tief verwurzelt. Auch auf der Linken sind die Mädchen hauptsächlich zum kostenlosen Haushalten und Vögeln da. Auch auf der Linken sind wir Männer Schweine.

Eine *autonome politische Frauenorganisation* müßte als erstes die schleimige Liberalität etablierter Fortschrittlichkeit abräumen die überallhin ein paar Paradeweiber hinpflanzt so nach dem Muster der fortschrittlichen US-Negerpolitik: Hier haben wir *einen* schwarzen Bürgermeister hier *einen* schwarzen Botschafter hier *einen* schwarzen Richter was wollt Ihr denn wir sind ohnehin für die Emanzipation der Neger.

Die Frauen sind unsere weißen Neger. Ihre Emanzipation besteht nicht darin daß *einige* Frauen dorthin dürfen wohin im allgemeinen nur Männer gelangen. Emanzipation der Frau wäre noch nicht einmal daß *alle* Frauen dorthin dürfen wohin alle Männer gelangen können. *Frauenemanzipation ist nicht Gleichberechtigung mit den Männern sondern Eigenberechtigung der Frauen.*

Im Begriff der Gleichberechtigung der Frau mit dem Mann steckt immer noch die Höherwertigkeit des Mannes: wo er ist ist das Ziel. *Wenn die Frau die Gleichberechtigung mit dem Mann will bleibt der Mann das Maß aller Dinge.* Eigenberechtigung hieße Entwicklung der Frau als Frau nicht gemessen am Mann als Vollmensch sondern gemessen an *ihren* Möglichkeiten vollends Mensch zu sein.

Freie Entfaltung der Frau Aufhebung ihrer Unterdrückung und Ausplünderung auf lange Frist und auf kurze Frist mehr Rechte für die Frauen – das heißt da es doch mächtigen Frauenüberschuß gibt: mehr Rechte für die *Mehrheit der Bevölkerung*. Auf der parlamentarisch-demokratischen Straße wo immer um die nächste Ecke Wahlen sind liegt hier erstklassiger politischer Sprengstoff.

Die Frauen müßten ihn nur zur Explosion bringen.

18. Tag
Frauengewerkschaften
Hausfrauengehalt
Neue Ehe

● *Die Frauen müssen sich selber eine ökonomische Organisation schaffen: »Frauengewerkschaften«*

Ihre Aufgabe wäre zunächst Kampf um gleichen Lohn und Gehalt für gleiche Arbeit Kampf um gleiche Einstufung und gleiche Aufstiegsmöglichkeiten. Diese Aufgaben sind an sich bloß primitiv reformistisch-gewerkschaftlicher Art. Aber wiederum können sie von bestehenden Organisationen: den traditionellen Gewerkschaften und deren Frauenorganisationen derzeit *nicht* wirksam wahrgenommen werden. In den Gewerkschaften herrschen die Männer. Die Emanzipation der Frau im Betrieb und im Wirtschaftsleben überhaupt bedroht die Pivilegien der Männer verstößt gegen deren (kurzfristige kurzsichtige) Interessen. Forderungen zugunsten der Frauen bleiben daher auf dem Papier des Gewerkschaftsprogrammes. In ihrer Praxis kämpfen die Männergewerkschaften für die Gleichstellung der Frau nur mit halber bis garkeiner Kraft.

● *Die Haus- und Ehefrauen müssen sich gewerkschaftlich organisieren.*

Das Ziel wäre Kampf um Beseitigung der Hausfrauenarbeit gegen bloßen Unterhalt Kampf gegen unentlohnte Arbeit der Ehefrau Kampf um *Bezahlung eines Hausfrauengehalts* zahlbar durch die »Wirtschaft«.

Dazu ist erst recht keine der bestehenden Frauenorganisationen bestehender Parteien und Verbände geeignet. Zunächst deshalb nicht weil sie ungeheures Geschrei zu gewärtigen haben über diese neue unerträgliche unrealistische usw. Belastung der »Wirtschaft« usw. Aber sobald die »Hausfrauengewerkschaften« genügend Druck erzeugt hätten würden die traditionellen Parteien und Verbände die Forderung aufgreifen da sie wahlwirksam wäre. Freilich würden sie zugleich die »Wirtschaft« schonen und für die entsprechende Verwässerung sorgen. Der eigentliche Kampf bliebe folglich doch bei den »Hausfrauengewerkschaften«. Sie könnten leicht berechnen wieviel Milliarden sich die Männer sparen durch kostenlose Hausfrauenarbeit.

In Wahrheit erspart sich eben diese Milliardenbeträge die »Wirtschaft« die Lohn und Gehalt *kürzen* kann um den Gegenwert der unentlohnten Hausfrauenarbeit. Die »Wirtschaft« bezahlt nur den

Mann der für sie direkt arbeitet nicht aber dessen Frau die für sie indirekt aber geradesogut arbeitet nur eben umsonst: sie besorgt die tägliche Wiederherstellung von dessen Arbeitskraft (Essen Wohnen Wäsche emotionale Bedürfnisse nach einem »Heim« sexuelle Bedürfnisse zur Entlastung vom Aggressionsdruck am Arbeitsplatz udgl).

Die Hausfrauen werden mitten im modernsten kostenbewußten Kapitalismus im vorkapitalistischen Zustand belassen: Hausfrauen werden wie einst die gräflichen Dienstboten nicht mit Geld entlohnt sondern mit Naturalien Essen Wohnen Kleider und Geschenke sowie sonstige Gunst wenns dem Manne so beliebt.

Die »Wirtschaft« profitiert (neben anderem Profit) von der kostenlosen Hausarbeit der Frauen. Sie die in ihren Kostenrechnungen auf nichts vergißt vergißt mit Selbstverständlichkeit auf die Bewertung der Hausfrauenarbeit für die Reproduktion der Arbeitskraft ihrer Arbeiter und Angestellten.

Die *»Wirtschaft« müßte daher im Umlageverfahren für das Hausfrauengehalt aufkommen.*

Das Hausfrauengehalt dürfte *nicht durch die Hände der Ehemänner* gehen sonst würde es zu einem weiteren Institut der Abhängigkeit der Ehefrau vom Ehemann. Die von der »Wirtschaft« aufzubringenden Beträge müßten auf dem Weg über die öffentliche Hand direkt an die Frauen gelangen. Dann wäre das Hausfrauengehalt umgekehrt ein Mittel zur Beförderung der Unabhängigkeit der Frau vom Mann.

Die Forderung nach einem Hausfrauengehalt ist natürlich für alle linken Doktrinäre ein rotes Tuch vielmehr ein allzu rosarotes. Es soll doch die Ehe abgeschafft die Hausarbeit abgeschafft die Berufsarbeit der Frauen verallgemeinert werden. Und durch ein Hausfrauengehalt würden Ehe und Hausarbeit wieder befestigt die Berufsarbeit der Frauen wieder gebremst. Die jungneulinke Logik ist hier exakt die alte Logik des Anarchismus der einst schlußfolgerte: Lohnarbeit soll abgeschafft werden aber durch Lohnerhöhungen wird sie befestigt. Kapitalismus soll abgeschafft werden aber durch Reformen wird er befestigt.

Die Entwicklung zum Sozialismus geht mitten durch durch die Entwicklung des Kapitalismus. Zuerst muß der Kapitalismus verallgemeinert werden. Die Arbeit der Hausfrau ist noch vorkapitalistisch nämlich keine Lohnarbeit. Diese Lohnarbeit muß durchgesetzt werden.

Die Zweierehe/Kleinfamilie stirbt tendenziell ab und wird ersetzt durch neue Formen von Wohngemeinschaft/Gruppenehe/Großfamilie/Kommune. Und dies nicht bloß als sozialistische Zielvorstellung sondern weil diese heute noch so verketzerten Wohn- und Lebensformen in Wahrheit den Tendenzen von Konsum und

Produktion im Spätkapitalismus besser entsprechen als die Zweierehe/Kleinfamilie. (Davon später mehr.)

In den neuen Wohn- und Lebensformen soll Hausarbeit reduziert werden aufs Minimum teils durch Abbau der Konsum- diesfalls Freß- und Sauberkeitsideologie teils durch Vermehrung und Verbesserung technischer Gerätschaften teils durch Rotation der verbleibenden Hausarbeit unter Männer wie Frauen der Großfamilie.

Aber auch in Großfamilien wird es für eine lange Übergangszeit (da sie mitten in der kapitalistischen Arbeitsteilung zwischen Wohnen und Arbeiten sich entwickeln) bestimmte Personen geben die *vorwiegend* Hausarbeit leisten ob Frauen oder Männer: sie hätten Anspruch auf ein Hausfrauengehalt besser: Hausarbeitsgehalt in der Gruppenehe/Großfamilie so gut wie in der Zweierehe/Kleinfamilie einfach weil sie gesellschafts- und wirtschaftswichtige Arbeit zur Wiederherstellung der Arbeitskraft der übrigen Familienmitglieder leisten. Davon *profitiert* die »Wirtschaft« und dafür soll sie gefälligst zahlen.

Wer die neuen Wohn- und Lebensformen wählt hat dafür ein ganzes Bündel von Gründen: materielle ideologische politische emotionale sexuelle. Er wird diese Gründe nicht preisgeben für ein bißchen Hausarbeitsgehalt. Aber daneben gibt es ungezählte Frauen die aus der Zweierehe/Kleinfamilie nicht herauskönnen oder nicht herauswollen. Ihnen kann durch die Forderung nach dem Hausfrauengehalt (Hausarbeitsgehalt) *klargemacht* werden daß sie ihr Leben in der Rolle der Benachteiligten und Ausgeplünderten zubringen. Darin steckt ein tüchtiges Stück politischer Aufklärungsarbeit. Keine vernünftige sozialistische Strategie wird darauf verzichten wegen irgendwelcher kinderkranklinker Morgen-kommt-ohnehin-die-Revolution-Spielereien.

- Frauengewerkschaften (Hausfrauengewerkschaften) mit dem Ziel des Kampfes gegen die Männergesellschaft für Gleich- und Eigenberechtigung der Frau gegen berufliche Benachteiligung für Auszahlung eines Hausarbeitsgehaltes und zwar nicht über die Männer sondern direkt an sie sollten *auch kleinere Fische nicht verschmähen:*

Massen (von den bürgerlichen Massenmedien sorgfältig idiotisiert) und erst recht Frauenmassen sind für große allgemeine politische Ziele nicht in Bewegung zu bringen es sei denn auf dem Umweg über ganz konkrete Forderungen in ihrem unmittelbaren Lebensbereich.

Zu fordern wäre daher die *direkte Auszahlung auch aller übrigen Beträge die derzeit auf dem Umweg über den Ehemann die Ehefrau erreichen* das heißt: eben nicht erreichen und folglich Abhängigkeit der Frau vom Mann begründen. Insbesondere gilt das von *Renten und Pensionen:* sie sollen nicht erst gegeben werden an die Frau in ihrer Eigenschaft als Frau (Witwe) des Mannes sondern in ihrer Eigenschaft als Frau die ihr Leben (Eheleben) lang Hausfrauenarbeit gleichwertig mit jeder anderen Arbeit leistet. *Der Frau gebührt gleicher Anteil an der Rente (Pension) des Mannes noch zu dessen Lebzeiten.*

- Ein wichtiger Sonderfall wäre der *Unterhalt für uneheliche Kinder:*

Zu allen sonstigen Schwierigkeiten die ihr die bestehende Gesellschaftsordnung macht muß die uneheliche Mutter oft auch noch monatlich den Alimenten nachlaufen. Das ist Unsinn vielmehr Absicht: zusätzliche Strafe für den »Fehltritt«. *Die öffentliche Hand sollte die Unterhaltsbeträge auszahlen und sie sich vom Kindesvater zurückholen.* Sie hat mehr und bessere Möglichkeiten ihn jeweils ausfindig zu machen seine Zahlungspotenz zu beurteilen und ihn zur Zahlung zu zwingen. Derzeit kommt zum billigen Vergnügen das die Männergesellschaft bietet in Gestalt der Zeugung unehelicher Kinder auch noch das billige Vergnügen sich der Zahlungspflicht hiefür zu entziehen.

- Frauengewerkschaften (Hausfrauengewerkschaften) müßten ihre ökonomischen Ziele verfolgen aus einem allgemeineren gesellschaftlichen Grund: *Die Beseitigung aller ökonomischen Abhängigkeit der Ehefrau vom Ehemann ist eine wesentliche Bedingung für die Neubegründung der Ehe als eines Verhältnisses nicht der Abhängigkeit sondern der Freiheit.*

Eine radikale das heißt: an die Wurzel der Unterdrückung greifende Frauenbewegung wird die Ehe nicht nur als ein Netz ökonomischer Abhängigkeit sehen: *Die traditionelle Ehe ist das Spiegelbild kapitalistischer Ökonomie: kapitalistischen Privatbesitzes.* Die Eheleute besitzen einander wie sie auch sonstige Dinge besitzen in dieser Besitzwelt. Sie haben aneinander exklusives Eigentum unter Ausschluß eines jeden Dritten als eines Besitzstörers. Und weil er in der Männergesellschaft höheren Rang hat besitzt insbesondere der Mann die Frau als wäre sie eine Sache.

Desgleichen ist für eine radikale Frauenbewegung *die Ehe Spiegelbild politischer Unterdrückung:* Wer sich der herrschenden Ehemoral fügt fügt sich auch sonst den Herrschenden die diese Moral gemacht haben. Wer gegen diese Moral verstößt soll schlechtes Gewissen kriegen das ihn desto leichter regierbar macht. Eheprobleme verbrauchen jene freie menschliche Energie die sonst ins Politische das heißt: gegen die Herrschaft sich kehren könnte.

Die Befreiung von der alten Ehe ist daher wesentlicher Teil der Frauenbefreiung.

Die *neue Ehe* müßte ein Verhältnis sein frei von ökonomischer Abhängigkeit der Partner frei von unterdrückender Widerspiegelung kapitalistischen Besitzrechtes und kapitalistischer Herrschaft frei von unterdrückender Sexualmoral. Sie wäre auch nicht begrenzbar nach Geschlecht (Mann-Frau Mann-Mann Frau-Frau) auch nicht nach Partnerzahl (zwei bis mehrere) auch nicht nach Zeit (weder durch vorgängige Terminisierung noch durch vorgängige »Ewigkeit«). *Eine solche Ehe wäre christlich gesprochen ein echtes Sakrament:* ein unbegrenztes (folglich auch nicht durch zwangsweise »Ewigkeit« begrenztes) wechselseitiges Versprechen auf Liebe und Treue (d.h. Hilfe) ohne Beimengungen materieller oder moralischer Herrschaftsmacht.

Gemessen an der alten Sexualmoral *wäre die neue Ehe Promiskuität* teils gleichzeitige (im Falle einer Partnerzahl von mehr als 1 Mann 1 Frau) teils aufeinanderfolgende (im Falle des relativ raschen Wechsels von einer in Freiheit eingegangenen Bindung zur nächsten). Solche Promiskuität wäre zB vom christlichen Standpunkt die Einebnung jener Kluft zwischen der Exklusivität mit der die Eheleute einander lieben d. h. besitzen unter Ausschluß Dritter und dem alle Menschen umspannenden Liebesgebot Christi.

Soll dergleichen nicht die blaue Blume romantischer Utopie sein sondern reale wenngleich langfristige Zielsetzung (»reale Utopie«) einer realen gesellschaftlichen Bewegung so ist zu fragen: welche Elemente in der gegenwärtigen Wirklichkeit welche aus ihr empirisch ablesbaren Trends *weisen voraus* auf dieses Ziel?

Eine Frauenbewegung wird *nüchtern analysieren* müssen: die heutigen Bedingungen der künftigen Möglichkeit von Freiheit der Frauen Abschaffung der Männergesellschaft Verwirklichung sexueller Freiheit und »neuer Ehe«.

Die Bedingungen für die Freiheit der Frau sind dieselben wie für die Beseitigung des Kapitalismus Aufrichtung des Sozialismus. Und diese Bedingungen sind heute schon weitgehend vorhanden. Wissenschaft und Technik menschlich gebraucht statt mißbraucht zu Manipulation Konsumidiotie Herrschaft Krieg ermöglichen eine solche Fülle wirtschaftlichen gesellschaftlichen *Reichtums* daß von daher *neue Freiheitsgrade* möglich sind: Politische Bildung und politische Aktivität der Frauen. Ökonomische Unabhängigkeit der Frauen. Und darauf beruhend: Sexuelle Freiheit in neuen Formen der Ehe.

Der Rest ist Sache der Frauen. Allzunahe liegt ja unterdessen schon der Verdacht daß dies hier ein Versuch ist Frauenbefreiung zu betreiben im Zeichen der üblichen männlichen Besserwisserei.

Erinnerung
Betreffend
nachfolgende Briefe

Der geneigte Leser
sowie auch der durch fortschreitende Lektüre nicht mehr geneigte
wird um Erinnerung gebeten
daß ich
hinter meinem leitenden Brief an meinen Verleger
von einer wichtigen Entdeckung Mitteilung machte
von Papieren nämlich
merkwürdigerweise vorgefunden
in meiner Wohn- und Schreibhütte
stammend von einem
der seine Identität zu lüften mich nicht ermächtigte
wohl aber dazu
seine Briefe als solche eines N. N.
einzuverleiben diesem Buch
urheberrechtliche Probleme bestehen also keine.
Hier scheint mir nun der richtige Ort für die Einverleibung
nachdem ich über Leben im Kapitalismus
manches Theoretische vorgebracht
auch manches direkt Persönliche.
Noch direkter persönlich zu werden
verbot mir
das Minimum bürgerlichen Anstands
das ich auf meiner Lebensreise nach links
in meinem leichter gewordenen Gepäck
gerade noch finden konnte
(Wohlmeinende Freundinnen und Freunde halfen mir suchen
Dankeschön.)

19. Tag
N. N. an seinen Sohn und seine Frau über Liebe im Kapitalismus

I.

LIEBER L.

Das Thema interessiert Dich und es interessiert mich aber gesprochen haben wir kaum darüber. Mir fällt es schwer und Du hast zuviel Feingefühl »Herzenstakt« nennen es die Erwachsenen. Also versuche ich für Dich niederzuschreiben wie ich mit D. stehe.

Wir gehören alle drei zusammen weil D. und ich Frau und Mann sind und weil Du unser Kind bist. Aber ich bin relativ wenig daheim.

- *Der erste Grund ist ohnehin klar. Ich arbeite sehr viel. Das ist nicht der tiefste Grund aber der Ausgangspunkt.*

Meine Arbeitszeit ist sehr viel länger als die fast aller anderen Väter die Du kennst. Weil untertags soviel Organisationsarbeiten zu erledigen sind Besprechungen Besuche Telefonate Briefe nehme ich die Nacht zum Denken Lesen Schreiben. Es wird sehr spät und ich stehe relativ früh wieder auf. Es zahlt sich kaum aus nachhause zu fahren. Ihr schläft schon wenn ich komme und seid in der Früh schon fort wenn ich gehe. So kam der Schlafdiwan in mein Büro.

- *Das ist nicht die ganze Wahrheit. Ich habe immer andere Frauen Mädchen das eine oder andere kennst Du magst Du sogar.*

Du und D. und ich wir mögen einander jeder jeden wenn auch zu verschiedenen Zeiten verschieden stark oft streiten wir miteinander Du und D. und noch öfters D. und ich Du und ich wir streiten ganz selten je länger wir uns kennen desto weniger aber auch D. und ich streiten allmählich immer weniger.

Das ist schon ein ganzes Netz von Beziehungen. Man könnte es aufzeichnen für jede Person einen Punkt für jede Beziehung eine Linie desto dicker je besser sie ist desto dünner je schlechter. Man müßte es für verschiedene Zeiten verschieden zeichnen es wechselt ja. Dazu kommen gleichfalls wechselnd Deine D.s und meine Freundinnen und Freunde. Man würde ein ziemlich großes Papier brauchen. Die Soziologen nennen das »Soziogramm«.

- *Das ist immer noch zu allgemein. Jetzt ist die Frage fällig: Warum habe ich Freundinnen wenn ich D. habe und wenn ich sie mag und wenn sie mich mag (viel stärker als ich sie nur an Ausdauer sind wir beide gleich mehr als 25 Jahre schon).*

Mir fallen ziemlich viel Antworten ein die ich alle für möglich halte und ich schreibe sie so hin wie sie mir einfallen denn die Reihenfolge in der einem etwas einfällt ist nicht gleichgültig:

A: Mir ist langweilig mit immer nur ein und derselben Frau

B: Jede Frau ist anders

C: Wenn man mit jemand nicht dauernd zusammen ist wird jedes neue Zusammenkommen viel schöner

D: Ich komme mit den anderen Frauen besser aus

E: Sie sind jünger und schöner

F: Das Vögeln ist schöner mit ihnen.

Wenn ich jetzt die Liste nochmals durchsehe ist keine Antwort völlig falsch aber einige sind wichtiger als andere. A B C die mir zuerst einfielen sind sicher die wichtigsten. D E F sind viel weniger wichtig und zwar jede weniger als die vorausgehende. F stimmt nicht für die ersten zehn Jahre mit D.

Zu A und B fällt mir ein was ich in einem alten Reclamheft fand (sie liegen hier im Haus in der Küchenkredenz und wenn ich beim Buchschreiben steckenbleibe lese ich welche hoffentlich habe ich bald alle gelesen sie halten mich beim Arbeiten auf. Ich schreibe aus dem Gedächtnis es ist nicht wichtig genug um nochmals nachzulesen. Von einer seiner Figuren sagt Bret Harte ein alter amerikanischer Humorist:) Er hatte eine sehr hohe Vorstellung von der Frau und er war Optimist genug um in jeder neuen Frau die Verwirklichung seines Ideals zu suchen.

Ganz so optimistisch bin ich nicht. In keinem Menschen aus Fleisch und Blut ist d e r Mensch *wie man ihn sucht. Aber in jedem ist ein Stück davon. Deswegen sucht man mit vielen Menschen Beziehungen.*

- *Die nächste Frage ist dann: Warum vor allem Beziehungen mit Frauen? Sind Männer weniger interessant? Mach ich da nicht eine schöne Philosophie als Tarnkappe für etwas sehr Einfaches: daß ich nämlich gern herumvögle?*

Aber dieser angeblich unanständige Satz ist in Wahrheit identisch mit dem schön philosophischen Satz: Man muß viele Menschen kennenlernen um d e n Menschen zu finden. Wörter für »kennenlernen« und »vögeln« kommen in manchen Sprachen von derselben Wurzel oder sind überhaupt identisch zB kann man im Hebräischen wie auch in einem altertümlichen Deutsch sagen und so steht es in alten Bibelübersetzungen: »Er erkannte sie« das heißt »Er vögelte sie«.

Sexualität sagt Sigmund Freud Begründer der Psychoanalyse ist Kontakt solcher Körperzonen wo man einander Vergnügen bereitet – das ist die intensivste Art Menschen kennenzulernen.

Sicher gilt das auch von Männern. Ich kenne sehr viele mit denen ich diskutiere streite gemeinsame Meinungen habe gemeinsam etwas unternehme. Aber vor körperlichem Kontakt mit Männern schrecke ich regelmäßig zurück (das hat sicher Gründe aber das ist ein eigenes Kapitel). Gut ist daran immerhin: ich habe derzeit so schlechten Ruf bei wichtigen Meinungsmachern und Zeitungen daß es nichts schadet wenn ich wenigstens in diesem Punkt bürgerlich wohlanständig bin.

- *Dafür daß alle Spießer gegen mich marschieren reicht fürs erste daß ich politisch links bin und abweichende Ansichten über die Beziehungen zwischen Mann und Frau habe dies auch schreibe auch so zu leben versuche und auch dies schreibe.*

Ich will nicht einfach p r i v a t anders als die andern denken und leben und damit basta. Wenn ich für richtig halte was ich denke und tue ist dies für mich wahr und Wahrheit muß unter die Leute. Mit Klugheit allerdings (da bin ich nicht sehr gut aber jedenfalls:) Der Abstand zwischen mir und den Leuten darf nicht so groß werden daß ich ihnen nicht mehr sagen kann was ich denke und tue.

- *Du bist 13. D. ist 50. Wie ich denke und wie ich lebe bringt Dich und sie in Schwierigkeiten bei den Leuten bei den Lehrern ferner auch Dich bei D. und D. bei Dir und Euch beide in Eurem eigenen Denken und Tun. Kann ich diese Schwierigkeiten beseitigen oder mildern?*

Meine Arbeit kann und will ich nicht aufgeben. Sie verringern (um mehr Zeit für Euch zu haben) hieße schon sie aufgeben Du hast ja schon Überblick wie alles zusammenhängt was ich mache: weil die eine Zeitschrift nicht genug Geld bringt gründete ich eine zweite die sich besser verkaufen und dadurch die andere tragen soll; weil die Arbeit an beiden Zeitschriften fast kostenlos sein muß mache ich daneben journalistische Arbeit die Geld für den Haushalt bringt: weil der Zeitschriftenverlag finanziell so schwach ist muß ich außer Redaktion vor allem auch Verwaltung Werbung Anzeigen mitbesorgen: und weil die beiden Zeitschriften ein politisches Zentrum sein sollen bin ich rundum in alle möglichen Aktivitäten und Aktionen verstrickt. Du weißt auch wie mir dieses ineinandergreifende Ganze von Denken Schreiben Tun Freude macht sinnvolles Leben ist.

Wenn Arbeit ist: tun was man ungern tut was von außen und oben angeschafft wird was man tun muß ob man will oder nicht – dann habe ich mein Leben lang bei 16 bis 18 Stunden Arbeit pro Tag nichts gearbeitet.

(Umgekehrt: hätte ich gearbeitet in einer richtigen Zeitung beim Rundfunk oder auch als Politiker von Beruf so würde ich bei gleichviel oder auch weniger Stunden sehr viel mehr Geld verdient haben genug für alles was wir nicht haben Auto Haus Reisen und was weiß ich.)

- *Meine Arbeit die keine ist sondern mein Leben kann und will ich eben deswegen nicht aufgeben. Meine Freundinnen kann und will ich nicht aufgeben:*

Es ist keine darunter die nicht in meiner Arbeits- sprich Lebenssphäre tätig wurde keine also der ich nicht außer für Freude auch dafür zu Dank verpflichtet wäre und folglich zu Solidarität: da sein wenn einem der andere braucht.

- *Wenn ich meine Arbeit nicht aufgeben kann und will ebensowenig meine Freundinnen heißt das: daß ich meinen Sohn meine Frau aufgeben kann und will?*

Manchmal sieht es danach aus für Dich für D. für mich.

Aber es ist falsch.

Wenn Solidarität heißt: da sein wenn einem der andere braucht – bin ich für Dich da und für D. freilich nur in entscheidenden Situationen und manchmal auch da zu spät und zu wenig. Aber das gilt rundum für alle mit denen ich zusammenbin den Löwenanteil hat die Arbeit.

- *War das jetzt eine Entschuldigung? Oder die Beschreibung eines Zustandes wie er ist? Oder wie er sein soll?*

Es war alles drei.

Entschuldigt hat sich der alte Adam in dessen Hirn festsitzt daß man (Mann) Weib und Kind nicht verläßt schon gar nicht wegen idealistischer Betätigung die fast nichts bringt erst recht nicht wenns auch noch Vergnügen macht die vielfältige Arbeit und der vielfältige Geschlechtsverkehr.

Nicht entschuldigt hat sich der neue Adam. Er glaubt an Veränderung. 20mal die Mauer hinaufklettern und wieder auf derselben Seite herunterfallen das 21. Mal hinaufklettern und hinüber auf die andere Seite kommen. D. wird einmal in meine Arbeit- und Lebenssphäre hineinwachsen (aus der sie sich und vor allem: ich sie solange fernhielt aber darüber möchte ich ihr selber schreiben). Was Dich betrifft so wächst Du ohnedies hinein wir werden im Gegenteil aufpassen müssen daß dies nicht zu schnell geschieht Du darfst nicht in Frontstellung geraten gegen D. noch auch gegen Deine Mitschüler und Lehrer. Dafür gibt es menschliche und strategische Gründe.

Menschlich heißt: Kränke nicht heute durch extreme Ansichten und Handlungen wen Du morgen vielleicht schon mit der nötigen Vorsicht überzeugen kannst.

Strategisch heißt: ziehe in keinen Krieg wenn Du noch zu wenig Kanonen hast.

II.

LIEBE D.

Es gab keine Theorie oder ich kannte keine warum ich Dich nicht hätte heiraten sollen

Ich kannte keine Theorie aber ich machte mir eine unter welchen

Bedingungen es erlaubt sei neben der Ehefrau Freundinnen zu haben soviele ich kriegen konnte:

- *Die Frau mit der man verheiratet ist und die man durchaus mag soll keinen Schmerz dabei spüren sie darfs nicht wissen es muß heimlich sein.*
- *Sexualität ohne was herum reicht nicht sondern der Freundin (den Freundinnen) muß Gefühl entgegengebracht werden weshalb erst recht die Ehefrau der ja kein Schmerz bereitet werden soll nichts wissen darf.*

Keine Theorie hatte ich entwickelt hinsichtlich der Frage Wie stehts mit der Frau darf sie gleichfalls?

Damit konfrontiert prinzipiell und auch praktisch hätte ich die Frage sicher bejaht.

Aus einem Sinn für Symmetrie.

Aber die Frage stellte sich nicht. Meine Theoriebildung war eine konkrete:

Das Mädchen vertikal war in die Horizontale zu bringen und zwar auf die Weise des Intellektuellen nämlich insbesondere mit Worten daher war bei Verkündung des erforderlichen Gefühls für sie zur Abrundung die Theorie nötig aber eben nur jene daß der Ehefrau kein Schmerz und dem Mädchen Gefühl zuteil werde

Und zwar Gefühl von anderer Qualität ein Feuer wie es in der Ehe nicht brennt

Aus der Heimlichkeit ließ sich so außer der moralischen Genugtuung über Schmerzfreiheit der Ehefrau noch der bürgerliche Lustgewinn herausschlagen:

Heimlich ist es eben besonders schön.

Mit den Jahren akkumulierten und eskalierten außer Erwerb und Preisgabe der Freundinnen die zugehörigen Lügen für Dich und diese.

Pannen passierten beim Lügen und wurden repariert mit Lügen.

Außer der unheimlichen Erkenntnis wieviel Lügen geglaubt werden wenn der Lügner die Angelogene liebt und insbesondere umgekehrt

war mein Gewinn null.

Was an Gefühl Hilfe Solidarität mir gegeben wurde von Frauen einschließlich und insbesondere meiner Ehefrau war eine Riesensumme aber wurde per saldo aufgefressen von der Riesensumme Lügen.

B. danke ich den Blitzschlag mit dem diese miese Bilanz sich in das gebührende Aschenhäufchen verwandelte. Ihr Bestehen auf Ehrlichkeit war für mich das Anziehen eines neuen Menschen.

Ich weiß seither daß der alte verlogene Adam die alte verlogene Eva weiterleben in der neuen Garderobe. Aber unter dem Stern der Ehrlichkeit wurden auch die ihm widersprechenden hartnäckig ver-

bleibenden Lügen in ein anderes Licht getaucht in ein milderes weil sie ohne Rechtfertigung dastanden. Rückfälle auch häufige sind etwas anderes als die chronische Krankheit eines eingebildeten Gesunden.

Den Schock der Ehrlichkeit haben wir überstanden je nach Stärke oder Schwäche unserer sonstigen Position das heißt Du viel schlechter als ich. Bei Haushalt Kind und spätem Studium waren Deine Chancen viel geringer die uns beiden unterdessen gemeinsame große Theorie umzumünzen in kleine handliche Stücke Praxis. Lang sind bisher die Zeitspannen in denen Du die Erneuerung unserer Zweierbeziehung im Rahmen von Mehrfachbeziehungen nicht noch nicht nicht mehr für möglich hältst. Kurz sind bisher die Zeitspannen in denen wir diese Erneuerung für möglich halten. Am kürzesten war die Zeit in dem uns ein Stück diesbezüglicher Praxis glückte.

Die Wahrheit wird Euch freimachen: eine Frohbotschaft für Männer.

Zu untersuchen ist angesichts so krasser Ungleichheit: Habe ich die sittliche Pflicht meine sexuelle Freiheit falls sie nur meine sein kann und nicht auch die meiner Frau preiszugeben und auszuharren in der theoretisch von uns beiden längst überholten Zweierbindung? Wie süß schmeckt Freiheit des einen gewürzt mit Bitterkeit des andern?

Ich weiß leider keine Antwort als Beschreibung dessen was ich getan habe:

Von den drei Sätzen
A: Wenn nicht beide frei sein können soll keiner frei sein
B: Wenn nicht beide frei sein können soll wenigstens einer frei sein
C: Wenn wenigstens einer frei ist soll er versuchen den anderen mitzuziehen.

Von diesen drei Sätzen habe ich B und C als Richtschnur genommen.

Dich mitzunehmen in meine Arbeits- und Lebenssphäre unterließ ich lange wegen der Heimlichkeit mit den Freundinnen. Jetzt da es sie offen gibt Du die eine oder andere kennst die eine oder andere auch schätzt zumindest zeitweilig jetzt scheint der Weg zur Offenheit versperrt durch ein neues Bündel von Gründen guten und schlechten.

Gute Gründe: Du traust Dir gleichberechtigtes Mitarbeiten und Mitleben nicht zu im Alter von 50 und ohne Erfahrung neben und in Konkurrenz mit Frauen die jünger und erfahrener sind. Die wiederum trauen sich dieses Mitarbeiten und Mitleben nicht zu neben und in Konkurrenz mit der gesetzlich gesellschaftlich vielleicht auch emotional privilegierten Ehefrau. Sie haben auch so schon genug Schwierigkeiten untereinander und mit mir.

Schlechte Gründe: ich selber zögere mit dem Ernstmachen solcher Mehrfachbeziehungen in Arbeit und Leben weil nicht nur meine

Ehefrau sondern auch meine Freundinnen die Zweierbindung alten Stils fester im Kopf haben als je die Mehrfachbindung.

Theorie und Praxis – beides probiert kein Vergleich.

Was kaufen wir uns alle um das Feixen der Spießer die auch gerne wollen mit sabbernden Lefzen davon träumen aber sich nicht trauen und nun die Bestätigung erfahren daß die Tugend siegt nichts ists mit den Mehrfachbeziehungen sie funktionieren nicht sind gegen die menschliche Natur

Die bessere versteht sich die schlechtere träumt ja weiter davon grunz grunz.

Du weißt daß ich zeitweilig aufgebe aber nie wirklich. Die Schlacht gegen den alten Adam gegen die alte Eva geht für mich weiter.

Ich kann noch nicht gewinnen.

Wenn ich aufhöre kann ich nie gewinnen.

20. Tag
N. N. an seine Freundinnen B. und K. über Liebe im Kapitalismus

I.

LIEBE B.

Du bist wie ein Komet in mein Leben eingeschlagen. Katastrophe heißt wörtlich Zusammensturz. Die Zeitrechnung geht: das war vor dem Ereignis das war nach dem Ereignis das war zur Zeit des Lügens das war zur Zeit der Wahrheit.

Na ja

Wir wissen beide daß wir es nicht so ganz durchhalten aber der Anspruch der Wahrheit ist seither für mich da und er wird mit Dir verknüpft sein wieviel Du auch lügst (wieviel ich auch lüge).

Bis zu Deiner Zeit nutzte ich den Großteil meiner intellektuellen Fähigkeiten zur Herstellung von Fassaden. Wahrheit war schon immer mit dabei aber zur Verschönerung der Fassade. Damit ist es vorbei für den Rest des Lebens.

Mir braucht niemand zu beweisen

- *daß ich weiterhin lüge (daß Du weiterhin lügst)*
- *daß Du die Wahrheit in mir nicht erzeugt sondern bloß freigesetzt hast*
- *daß Du die dies auslöste und der ichs nie vergessen werde selber noch nicht in der Zeit der Wahrheit lebst.*

Zum Ereignis wird Wahrheit nur für Lügner.

Wir sind jetzt im 3. Jahr beisammen. Wie weit sind wir?

Du hast immer mehrere Männer gehabt und ich immer mehrere Frauen. Wir wissen das voneinander. Fast immer sind alle Beteiligten einander bekannt. Ich bin mit allen Deinen Männern immer gut ausgekommen. Du bist mit fast allen meinen Frauen meist erst nach schwieriger Anlaufzeit dann auch ganz gut ausgekommen.

Der Unterschied zwischen Dir und mir ist viel größer als er herauskommt in obigem Kommuniqué vom Kriegsschauplatz. Ein Kommuniqué ist immer ein Scherz.

Der Kernpunkt ist: Ich habe es leichter als Du. Der Mann hat es leichter als die Frau.

Warum sollte ich mich nicht mit Deinen anderen Männern verstehen? Wir sitzen beisammen und dann ist es wie ein Klub von Herrenmenschen und Sklavinnenhältern. Es gibt die Umgangsform wenn auch linke den Komment wenn auch linken. Man könnte Erfahrungen austauschen wie das so geht mit dem Halten und

Züchten von Arbeits- und Geschlechtstieren. Man tut es nicht es ist nicht nötig man weiß es ohnehin. Es gehört nicht zum Klubkomment. Distanz. Man findet einander sympathisch auf diese Weise und auf besondere Weise. Fratres in venere. Man weiß nicht recht was man miteinander reden soll. Natürlich hat man seine geheimen Ängste und Eifersüchte. Der eine ist jünger der andere älter der eine hat weniger der andere mehr Statur in der linken literarischen politischen Szene es gleicht sich aus. Meist reicht das männliche Selbstbewußtsein überreichlich. Man (Mann) ist doch der größte. So groß daß damit verglichen nicht viel Rolle spielt ob die Frau den einen mehr mag oder den anderen oder ob Mann sie überhaupt mag oder garnicht. »In der That« fand ich in der Küchenkredenz in einem Reclamheft vom alten Bret Harte »gibt es wenig Männer welche nicht glauben daß sogar eine hoffnungslose Liebe zu ihnen selbst mehr zur Glückseligkeit der Frau beiträgt als deren erwiederte Neigung zu einem andern.«

Ganz anders als der Männerklub ist der Frauenklub. Es gibt ihn garnicht. Wenn Frauen einmal beisammenstecken ist darin soviel Zusammenschluß daß der Mann im Augenblick nicht dazwischen kommt völlig ausgeschlossen ist. Du kannst das mit Frauen vom Reden über tausenderlei und nichts bis zur extremen Zärtlichkeit wie sie garnicht geht von Frauen zu Männern. Da ist allerhand Verdächtiges drin.

- *In der extremen Intimität unter Frauen steckt ein verzweifelter Versuch die Scheißmänner überflüssig zu machen wenn es um Zärtlichkeit geht welche sie letztlich nämlich doch versauen und verraten weil sie außer zärtlich auch überlegen und unterdrückerisch sind*
- *In der extremen Intimität unter Frauen steckt ein verzweifelter Versuch die Konkurrentin durch Zärtlichkeit außer Gefecht zu setzen so daß sie Dirs nicht antun kann Dir den Mann wegzuschnappen.*

Zärtlichkeit unter Frauen ist die Fortsetzung des Krieges um den Mann mit anderen Mitteln. Der Krieg kann jederzeit wieder ausbrechen. Bricht er aus schwingt im Nahkampf Frau gegen Frau Du weißt es die Trauer um verlorene Zärtlichkeit flöten gegangene Solidarität verratene Emanzipation. Sorores in venere.

Im Männerklub überwiegt Solidarität auf Distanz wie sie der herrschenden Klasse leichtfällt. Im Frauenklub überwiegt Konkurrenz Aug in Aug weil einer unterdrückten Klasse aus vereinzelten Individuen nichts anderes übrig bleibt.

Auf Deinem Schreibtisch sind kleine Türme von Büchern über Unterdrückung Ausbeutung Solidarität Emanzipation der Frau. Du bestellst und verschlingst jedes neue.

Was helfen sie Dir?

Gerne schriebe ich für Dich ein Handbuch Zur Politischen Ökonomie der Sexualität:

- *Ein Mann hat eine Frau wenn sie so arm sind daß sie sich nicht mehr leisten können: primitive Jäger und Sammler Proletarier im klassischen Kapitalismus*
- *Mehrere Männer haben eine Frau wenn sie so arm sind daß einer allein sich keine leisten kann: Brüderehe im alten Tibet ganz arme Junglinke im Spätkapitalismus*
- *Ein Mann hat mehrere Frauen wenn er so reich ist daß er sichs leisten kann: primitive Viehzüchter mit großen Herden primitive Wohlstandsbürger im Spätkapitalismus*
- *Mehrere Frauen halten sich mehrere Männer wenn sie die Ernährung in der Hand haben und ihnen die Rationen zuteilen: primitive Ackerbauerinnen im Zustand des Mutterrechtes.*

Grundgesetz: Der Mensch ist polygam. Jeder Mann will soviel Frauen jede Frau soviel Männer wie sie kriegen können. Das Herunternumerieren dieser menschlichen Natur auf die Kümmerform von Zweierbeziehungen besorgen die politökonomischen Verhältnisse und deren Befestigung in unseren armen wohlerzogenen Hirnen.

Was hilft Dir das?

Du hast es besser als die meisten Deiner Geschlechtsgenossinnen:

●● *Du weißt wo Du hinwillst*

●● *Wir haben garnie erst begonnen mit einer geschlossenen Zweierbeziehung wo in der Süße des Anfangs schon die Erfahrung pocht daß und wie das Ende kommt*

●● *Wir kriegens doch ungefähr hin unsere Zweierbeziehung offen zu halten für Mehrfachbeziehungen eines jeden von uns theoretisch kriegen wirs zur Gänze hin praktisch mit stürmischen Rückfällen in die weibliche Eifersucht bisweilen auch in die männliche (Du weißt sie herauszukitzeln aus ihrem Versteck zum Beweis daß man/Mann ein Riesenstück weniger groß ist als man/Mann sich vorkommt)*

●● *Mehrfachbeziehungen als solche: nicht in der Aufteilung und Abkapselung in mehrere Zweierbeziehungen eines jeden von uns sondern offenes Zusammensein mehrer kriegen wir nur ganz selten und ganz kurzfristig hin.*

Ich merke das ist eine Liste die weniger beweist daß Du besser dran bist als andere Frauen vielmehr was wir miteinander erreicht und worin wir miteinander gescheitert sind.

Nicht einmal unsere offene Zweierbeziehung ist stabil. Wann immer wir beisammen sind freundlich oder streitend gibt es den Weg zurück und den Weg nach vorn

●●● *Zurück in die geschlossene Zweierbindung wir können aus der Haut nicht heraus in die sie uns gesteckt haben so ist es eben finden wir uns ab es kann ja schön sein solange es dauert*

●●● *Vorwärts von der offenen Zweierbeziehung zur echten Mehrfachbeziehung (nicht Addition von Zweierbeziehungen sondern Gruppe) ob wir das je schaffen und was erwartet uns wennn wir dort sind die Sicherheit die eins am andern hat verschwindet sie oder multipliziert sie sich zu wievielen geht es oder sind mehrere Zweierbeziehungen eines jeden wobei alle einander kennen helfen solidarisch sind nicht schon das meiste was wir an Befreiung fertigbringen?*

Ich habe keine Ahnung. Ich weiß nur daß ich nicht stehenbleiben will. Ich weiß nur daß ich nie so alt werden will wie die Zwanzigjährigen mit fix und fertiger Ehe Familie Karriere. Ich bleibe im Abenteuer.

Ich weiß schon Männer reden sich leicht.

Darum kann ich doch nicht den Rückweg antreten. Es geht garnicht mehr. Der Rückzug in eine Zweierbindung wäre Verrat an allen anderen Zweierbindungen Deinen und meinen. Aus dem zeitlichen Vorrang der einen Bindung vor der anderen läßt sich kein sittliches Prinzip machen auch nicht aus der größeren Emotion erst recht nicht aus dem größeren Vergnügen. Das Sakrament: das heißt der Fahneneid den wir einander gegeben haben gilt. Er lautet auf Solidarität: da sein für den anderen.

Was daran falsch klingt ist die Resignation das Asketische Verantwortungsbewußte die Entschuldigung lieber wäre mir die eine Zweierbindung aber leider gehts nicht. Ist ja nicht wahr.

Du willst das Suchen Probieren Lernen Vergnügen das aus jeder neuen Beziehung wächst.

Ich auch.

P.S.

Das Buch wird ein Flop. Die Leute die sich für Theorie der Sozialdemokratie sozialistische Strategie interessieren ernsthafte Leute werden durch die seltsamen Passagen über Zweier- und Mehrfachbeziehungen verstört sein. Die Leute die sich für neue Lebensformen zwischen Mann und Frau interessieren denen wird die Sozialismustheorie fad sein. Mir muß es leider egal sein. Leben und Politik gehören zusammen.

II.

LIEBE K.

Als Antwort auf Deinen Brief und Deine Fragen hab ich zunächst nichts geschrieben als Ich liebe Dich Du brauchst viel Liebe ich hab viel Liebe ich lege meine Arme ganz rundum um Dich so daß Du ganz bei mir bist ich ganz bei Dir. Fürchte Dich nicht. Ohne Liebe ists schlimm in dieser Welt mit Liebe ists schlimm in dieser Welt ohne Liebe ists viel schlimmer als mit. Dann stand ich vor der Aufgabe Dir zu sagen Wenn Du kommen willst kommt gerade B. Du hältst nichts von ihr Du hältst nichts von Mehrfachbindungen ich begann also entschuldigend: was B. mir in drei Jahren gegeben und daß ich sie nicht im Stich lassen will wenn es ihr schlecht geht. Unterkühlt also schrieb ich über B. verglichen mit dem was ich über Dich schrieb. Da hörte ich auf und schmiß den Brief fort (in den Ofen Umweltpedant der ich bin). Ich liebe B. Sie braucht viel Liebe ich habe viel Liebe ich lege meine Arme ganz rundum um sie so daß sie ganz bei mir ist ich ganz bei ihr. Sie soll sich nicht fürchten. Ohne Liebe ists schlimm in dieser Welt mit Liebe ists schlimm in dieser Welt ohne Liebe ists viel schlimmer als mit. Jetzt stehe ich vor der Aufgabe Dir zu sagen Alles andere wäre gelogen ich hab in Sachen Liebe soviel gelogen in meinem Leben ich mag nicht mehr lügen.

Es ist Dir nichts Neues daß ich B. mag es ist B. nichts Neues daß ich Dich mag. Ich habs Dir so gesagt ich habs ihr so gesagt. Aber immer jeweils mit jener verräterischen Unterkühltheit immer so theoretisch beiläufig und bedacht auf die Bequemlichkeit nichts Störendes hineinzubringen wenn ich gerade so schön beisammen war mit Dir so schön beisammen war mit ihr.

Also Flucht in den Brief schließlich hast Du mit dem Briefschreiben angefangen.

Was gibts für Lösungen?

1) Ich soll mich entscheiden. Ich denk garnicht dran. Ich will treu sein ich will mich nicht scheiden lassen von Dir nicht von ihr nicht von niemandem den ich liebe ich glaube an das Sakrament das heißt Versprechen auf Solidarität. Ich weiß genau wen und warum ich liebe ich habe keine Ahnung wen ich lieber liebe (Und wenn ichs wüßte dürfte ich doch wen ich plötzlich weniger liebe nicht einfach sitzen lassen weil wer daher kam plötzlich und den liebe ich jetzt mehr.)

2) Du sollst Dich entscheiden. Du sollst sagen: Zwar mag ich den Kerl das weiß ich. Zwar mag er mich das weiß ich auch. Aber er zieht immer hin und her zwischen mir und der andern oder den andern er wird sich nie entscheiden der Kerl. Das führt zu nichts. Also vernünftig sein. Schluß machen.

3) Wenn wir über B. reden hörst Du auf schlecht über sie zu reden ich höre auf sie bloß halbherzig zu verteidigen. Wenn ich mit B. über Dich rede hört sie auf schlecht über Dich zu reden ich höre auf Dich bloß halbherzig zu verteidigen. Wenn Du und B. zusammentreffen hört ihr auf Euch mit Blicken Worten Taten umzubringen. Ich glaube an das Liebesabenteuer ohne Kehrseite: ohne daß zum Liebesschwur der Nichtliebesschwur gehört. Ich liebe Dich: Beweis: Ich liebe keine andere. Diese Seligkeit der Liebe zu zweit ist Armseligkeit. Wir sind Bettler der Liebe: in unserm von der Moral versiegelten Sack ist nur genug für zwei. Ich mach bei diesem Bettel nicht mit. Ich glaube an die Liebe zu mehr Menschen als zu einem.

Liebe K. Du weißt wie ich am Leben hänge und womöglich mehr noch an der Liebe (christlich emotional solidarisch sexuell die Reihenfolge ist keine Rangordnung sondern Identitätsangabe) ich habe das Gottesglück und habs immer noch: viel zu leben viel zu lieben. Aber insofern bin ich abergläubisch: wenn ich losgegangen bin gehe ich nicht mehr zurück: zur Zweierbeziehung mit wem immer. Ich habe eine Ehefrau und ich habe sie nicht gerade glücklich gemacht sie ist unschuldig ich bin schuldig wenn es Schuld ist vorwärtszugehen dorthin wovon man nichts wußte als man zu gehen begann. Das Liebesabenteuer zu mehreren möchte ich in diesem Leben noch bestehen.

Ich bin aufs Scheitern gefaßt. Ich sehe Visagen die grinsen geil ich sehe mehrere Visagen beisammeen die ejakulieren dreckige Witze oder moralische Sprüche je nachdem ich sehe viele Visagen beisammen unter denen ich allein bin und verloren.

Ich kann allein sein.

Wer wenig Liebe gekriegt hat kann schlecht allein sein.

Ich kann gut allein sein.

Ich habs jetzt ausprobiert in dieser Hütte hier.

Du weißt wie sehr ich aus bin auf Haut Berührung Wärme Geruch Aneinanderliegen bis die Haut schmilzt rund ums bürgerliche Individuum. Ich komm aber auch ohne aus vielleicht mit ein paar Unterbrechungen zum Abgewöhnen. Ich komm auch aus mit Nichtstun Denken Nichtstun Lesen Nichtstun Schreiben Nichtstun Tun Nichtstun. Ich komm allein aus.

Das klingt jetzt wie ein Ultimatum: Ich lieb Dich lieb mich aber gefälligst wie ich bin oder sein will sonst schalt ich um auf Selbstversorger.

Vielleicht ist es ein Ultimatum.

Und jetzt wäre zu untersuchen in welchem Zustand sich Leute befinden die Ultimaten stellen.

21. Tag
G. N. an seinen Seelsorger über Monogamie

LIEBER PATER J.

Du machst Dir Sorgen um meine Seele das ist Dein Beruf und ehrt Dich. Du bist einer der ganz wenigen Priester die an meiner Seite geblieben sind. Für die meisten genügten ein paar Artikel in bürgerlichen Zeitungen was ich so alles treibe und weg waren sie so rasch wie sie gekommen waren als ich noch katholischer Paradesozialist sozialistischer Paradekatholik war.

Du machst Dir Sorgen um meine Seele aber in der falschen Richtung:

- Schaden nimmt meine Seele weil ich in meinem Drang farbige eigenwillige diskussionswerte Presse zu machen angewiesen bin (weil im Kapitalismus lebend) auf mehr oder minder milde Gaben Subventionen und Verwandtes und auch noch dankbar sein muß (und es tatsächlich bin) jenen wenigen die hiefür genug Toleranz und demokratische Noblesse aufbringen
- Schaden nimmt meine Seele weil ich in meinem Drang farbige eigenwillige diskussionswerte politische und geistige Aktion zu machen angewiesen bin (weil im Kapitalismus lebend) auf mehr oder minder koschere jedenfalls komplizierte Taktiken Strategien Allianzen mit etablierten politischen und geistigen Mächten und auch noch dankbar sein muß (und es tatsächlich bin) jenen wenigen die hiefür genug Phantasie aufbringen

●● Schaden hingegen nimmt meine Seele nicht von meinem Experimentieren mit neuen Lebensformen lieber guter Pater und Freund

In drei Jahren experimentellen Lebens habe ich mehr erfahren auch mehr Nächstenliebe und intensivere als dies denkbar wäre in drei Jahrzehnten bürgerlicher Ehe. Ich weiß wovon ich da rede denn solange bin ich schon in solcher und bleibe auch drin das ist Teil des Experimentes Du weißt es und Du weißt auch daß ich dort viel Nächstenliebe erfahre.

Ich erfahre nicht nur Nächstenliebe in diesem Experiment sondern die gleiche Quantität und Intensität von Angst Wut Streit Aggression seelische bis körperliche aller Beteiligten und die Erfahrung ist ebenso tief wie aus der Fülle von Liebe:

In unsere Hirne ist mit diabolischer Dauerhaftigkeit eingepflanzt (eingepflanzt worden) (von wem?) (zu welchem Zweck?)

●● Der Liebe zwischen zwei Menschen geschieht Minderung durch Liebe zu dritten vierten usw.

●● Sicherheit liegt in der Liebe zwischen zweien und mindert sich durch Hinzukommen dritter vierter usw.

●● Öffnung der Liebe zu zweien für dritte vierte usw. ist Tod der Liebe aller Beteiligten nämlich Umschlag in Unsicherheit Angst Eifersucht Streit

Und das alles ist so und hält fest dank früh schon eingepflanzter Ideen in den Köpfen unbeschadet seither erworbener Theorie daß solche Einpflanzung von Übel sei vorgenommen im Interesse der herrschenden Klasse zum Zwecke der Erhaltung ihrer Herrschaft

●●● weil Disziplin Einschränkung Verbot in der Liebe emotional wie sexuell eine erstklassige Übung ist für Disziplin Einschränkung Verbot im Obrigkeitsstaat einschließlich der Obrigkeitsdemokratie

●●● weil Übertretung der Liebesverbote der emotionalen wie insbesondere der sexuellen massenhaft schlechtes Gewissen erzeugt und Leute mit schlechtem Gewissen lassen sich leichter regieren (Wer *ein* Gebot übertritt übertritt alle sagte der Heilige Jacobus das Sexualverbot übertritt jeder also haben alle schlechtes Gewissen also lassen sich alle leichter regieren)

●●● weil Liebesverbote emotionale wie insbesondere sexuelle sich umsetzen in Angst Wut Aggression und massenhaft frei herumschwebende Aggression läßt sich einfangen bündeln hinlenken auf Feinde des Obrigkeitsstaates auch der Obrigkeitsdemokratie und diese Feinde sind dann an allem schuld woran dieser Staat selber schuld ist.

Ein Mehr an Liebe durch Hinzukommen dritter vierter usw. ist gleich einem Weniger an Liebe zu zweien. Die Summe Liebe die der Mensch hat bleibt immer gleich groß vielmehr klein. Wird sie auf mehrere verteilt so werden die Portionen zu klein. Der Mensch ist arm liebesarm er hat davon so wenig daß er bestenfalls zu zweit auskommt für mehrere reicht es nicht

Ich bin lieber Pater und Freund nicht gewillt diese Mathematik der Liebesarmut so hinzunehmen mein Lebenlang in der Taferlklasse der Liebe sitzenzubleiben. Es ist Heuchelei oder Gedankenklosigkeit wenn man vergißt daß gar nicht wenige Menschen irgendwann und immer wieder aufsteigen aus dem Einmaleins der Liebe zu zweien zur Höheren Mathematik der Liebe zu mehreren freilich meist heimlich freilich meist mit wechselvollen Resultaten.

Außer in der wildgewordenen (von Illustrierten und Porno wildgemachten) Spießerphantasie gehört zur Liebe zu mehreren genau wie zur Liebe zu zweien:

●●●● Treue: man ist nicht Privateigentum des anderen aber man hat die Pflicht zur Solidarität: da sein wenn Dich der andere braucht

●●●● Scheidungsverbot: nicht Kette mit zwei Halseisen sondern Unauflöslichkeit Unablösbarkeit der Solidarität: da sein wenn Dich der andere braucht

●●●● Sakrament wörtlich: Fahneneid nicht auf wechselseitiges Privateigentum an den Geschlechts- sonstigen Körper- und allen Lebensteilen sondern auf ewige das heißt zeitlich unbegrenzte Solidarität: da sein wenn Dich der andere braucht.

P.S.

Mir macht es nichts daß in diesen Definitionsversuchen Wiederholungen stecken die Wiederholung steckt in der Solidarität. Eleganz soll der Autor den Schneidern und Schustern überlassen sagte Einstein einleitend zur Darstellung seiner Theorie.

Mir macht es nichts daß in diesem Buch Wiederholungen stecken ich lasse sie stehen. Das Ganze hat einen didaktischen Aufbau fad für Feinschmecker aber die interessieren mich nicht sondern die mit herzhaftem Appetit auf meine Themen. Im Fortschreiten des Schreibens werden sie aufgenommen wieder fallengelassen wieder aufgenommen erweitert verändert manchmal etwas kunstlos es kommt unbewußt bis halbbewußt vielleicht ist nicht viel dran. Ich wünschte ich wäre beim Schreiben schon so weit wie beim Schwämmebraten viel Holz in den Herd Öl in die Pfanne Zwiebel klein gehackt an den Schwämmen ruhig ein bißchen Erde dranlassen viel Brot zum Ausschmieren der fetten Pfanne.

22 Tag
G. N. an seinen Seelsorger über Polygamie

LIEBER GUTER PATER J.

Liebe zu zweit ist wunderschön. Mehrmals Liebe zu zweien ist mehrmals wunderschön. Mehrmals suchen mehrmals finden ist schöner als einmal suchen einmal finden. »Es liegt« so fand ichs in der Küchenkredenz beim alten Bret Harte »ein Duft in der Entfaltung der Leidenschaft welcher entweicht wenn die Blume sich vollständig geöffnet hat.«

● Mehrmals Liebe zu zweien im glatten Hintereinander erst die eine dann die andere dann die nächste ist ausgeschlossen durch Treuepflicht und Scheidungsverbot das Sakrament der Fahneneid lautend auf Solidarität gilt auch wenn der erste Duft entwichen ist

●● Mehrmals Liebe zu zweien nicht im glatten Hintereinander sondern im meist weniger glatten Nebeneinander bringt oder kann bringen ein Mehr an Solidarität Du kannst zu dem gehen von dem Du sie gerade am meisten brauchst

Ich verkenne nicht die Komplikation wie könnte ich da ich sie an Leib und Leben verspürt habe die daraus entstehen kann daß Du bei dem bist den *Du* gerade am meisten brauchst und ein Dritter braucht gerade *Dich* am meisten. Die Komplikation ist lösbar durch die nächstgrößere Komplikation:

●●● Mehrmals Liebe zu zweien nebeneinander soll und kann so beschaffen sein daß jede Zweierbindung offen ist für die andere. Dann löst das Hinzukommen eines dritten der Dich gerade braucht keine Katastrophe aus sondern gemeinsame Katastrophenhilfe

●●●● Mehrmals Liebe zu zweien nebeneinander und jede offen für die andere: ein Ruck noch und es wird daraus buchstäblich Liebe zu mehreren: Gruppe Kommune oder um Dein Klerikerherz zum Flattern zu bringen KOINONIA Liebesgemeinschaft Apostelgeschichte 2. Kapitel

Ich übergehe Deinen Einwand daß Liebesgemeinschaft gemäß dem Neuen Testament doch um Gottes Willen nicht *nur* sexuell aufzufassen sei. Der Einwand entlarvt Dich woran denkst Du? Ich meine die KOINONIA als *komplette* Gemeinschaft aus Denken Meinen Tun Leben also *auch* sexuell um Gottes Willen

Auch mag es Dich beruhigen (mich nicht ich glaube ans Experiment: ans Gelingen nach Scheitern):

Ich bin noch nicht dort außer in raren Augenblicken aber zur echten Mehrfachbeziehung würden gehören wie zur Zweierbeziehung Treue Scheidungsverbot Sakrament

Kommune als Utopie

Die echte Mehrfachbeziehung/Kommune/Koinonia ist eine Utopie

● Gemeint ist nicht der Spießertraum ausschließlich sexueller Beziehungen mehrerer Männer mehrerer Frauen untereinander übereinander durcheinander abstrakter Hirnsex kunst- und profitreich gesponnen von Illustrierten- und anderen Pornoproduzenten.

Ausschließlich sexuelle Beziehungen gibt es nicht. Emotion ist immer dabei und immer auch Materielles. Das Sakrament als Versprechen auf Hilfe hat einen sehr materiellen Inhalt (auch einen emotionalen auch einen sexuellen wenn der andere verdorben durch Erziehung nicht zurechtkommt damit).

●● Gemeint sind Mehrfachbeziehungen materieller emotionaler und sexueller Art. In der Gruppe/Kommune/Koinonia als Ganzes sind *alle* diese Beziehungen drin aber zwischen ihren einzelnen Mitgliedern werden bald die materiellen bald die emotionalen bald die sexuellen hervortreten zurücktreten vielleicht auch fehlen (zB sexuelle Beziehungen zwischen Männern).

Du siehst lieber Pater und Freund ich bin kein Extremist.

Vielleicht aber nur weil ich die Koinonia noch nicht bis zu Ende gedacht geschweige denn gelebt habe

Denn drin steckt schon auch das Problem der *Gleichheit* aller Beziehungen der Kinder Gottes.

Noch aber ziehe ich los gegen die verdammte deutsche Gründlichkeit mit der die Berliner Studenten auf dem Höhepunkt der Jugendrevolte die Kommune ausprobierten und mit deutscher Gründlichkeit sie und sich ruinierten. Mit der ausgehängten Klotüre um jede Absonderung aufzuheben. Mit dem großen Bett wo jeder mit jedem mal mußte im Namen der heiligen Theorie. Das war tragikomisch: weil es tragisch ist wenn große Ideen scheitern und komisch wenn deutsche Bürgersöhne mal so richtig linksradikal loslegen.

Theorie und Praxis der Kommune haben das Scheitern ihrer radikalen Anfänge mühelos überlebt Beweis ihrer Lebenskraft Beweis ihrer Verankerung nicht nur im Himmel sozialistischer (urchristlicher) Ideen sondern auch auf Erden der realen Produktionsformen des Spätkapitalismus.

(Der klassische Kapitalismus produzierte die Kleinfamilie der Spätkapitalismus wird die Großfamilie produzieren doch davon später lieber Pater.)

Auch in ihrer zahmen Spielart scheitert die

Kommune/Wohngemeinschaft immer wieder. Auch die Ehe zu zweit scheitert immer wieder. Daß sie wider die menschliche Natur sei behauptet darum doch kein bürgerlicher Kritiker.

Kommunen scheitern wie Ehen scheitern. Die einen werden aufgelöst die nächsten begründet.

Kommunen vermehren sich überdies durch Spaltung. Es ziehen welche aus denen es nicht paßt und gründen eine neue. Zurück zum allein wohnen oder in die geschlossene Zweierehe gehen nur wenige.

Insgesamt ist die Zahl der Kommunen/Wohngemeinschaft im Spätkapitalismus rapide zunehmend Hinweis eben auf ihre Verwurzelung im gegenwärtigen politökonomischen System und nicht bloß im künftigen Sozialismus von dem die meisten ihrer Mitglieder ohnehin nur vages Bewußtsein haben.

Eben das ist konkrete Utopie

●●● Wenn Neues nicht bloß die Blaue Blume der Romantik im Knopfloch hat nicht bloß romanhaft ist: noch nie da war und auch nie da sein wird denn eines ist der Roman und ein ganz anderes ist die Wirklichkeit

●●● Sondern ein Neues das zwar in der Zukunft daheim ist aber in der Gegenwart schon deutlich vorweggenommen wird.

Erstens weil seine reale Möglichkeit erweisbar ist durch Blick auf die hiefür schon bereitstehenden derzeitigen Produktionsformen

Zweitens weil es schon in Gestalt realer Experimente da ist gelebt von einer Vorhut künftiger Gesellschaft wenngleich instabil weil eben Experiment inmitten der alten Verhältnisse. Element der neuen Gesellschaft im Schoß der alten und aus dieser in Freiheit zu setzen gemäß der Marxschen Definition (nachlesen K. M. Der Bürgerkrieg in Frankreich Berlin DDR 1952 S. 77).

Damit vergleiche nun bitte lieber Pater was die Massenmedien daraus machen: das älteste Massenmedium die Kirche und die jüngsten Massenmedien schwarzweiß und vierfarbig.

Kirche und Kommune

Die Kirche verdünnt die konkrete Utopie der Kommune/Koinonia die sie im Neuen Testament vorfindet und auf die sie daher das Erstgeburtsrecht hat – sie verdünnt diese konkrete Utopie solange ins Abstrakte: Koinonia ist keine Besitzgemeinschaft keine sexuelle Gemeinschaft kein Kommunismus keine Kommune

Bis Liebesgemeinschaft so fleischlos und blutleer geworden ist daß die Kirche verkünden kann: *sie* habe diese Liebesgemeinschaft verwirklicht in der ebenso blutleeren fleischlosen abstrakten Gemeinde die sich sonntags in der Kirche versammelt.

Lieber Freund und Pater:

Welch ein Unterschied:

Dort die Gemeinschaft die alles Leben aller ihrer Glieder komplett umfaßte sie waren ein Herz und eine Seele taten alles gemeinsam und hatten alles gemeinsam. Lies nach in der Apostelgeschichte von Ananias und Sapphira die nicht allen ihren Besitz hergeben wollten sie fielen tot um (von selber?) so streng waren dort die Bräuche.

Und hier die zeitweilige zusammengewürfelte zufällige Ansammlung von Menschen die jeder ihren eigenen Weg gehen ehe sie in die Kirche kommen und kaum daß sie wieder draußen sind desgleichen und auch während Gottesdienst und Predigt denken sie an ihre Geschäfte auch ihre Geschäfte mit dem lieben Gott sie wollen jeder einen eigenen heißen Draht direkt privat zu ihm und nicht auf dem Weg über ihre Brüder und Schwestern in einer Liebesgemeinschaft die sie nicht haben und die ihnen verdächtig vorkommt wenn sie daran denken. Denn sie denken daran mit sündiger Lust gemäß Anleitung in den Illustrierten.

Statt Essen und Trinken Fressen und Saufen wie Jesus und seine Kommune laut Neuem Testament kriegen sie eine dünne Oblate

Oder ein Würfelchen richtiges Brot wenns modern und verboten hergeht bei der Kommunion.

Lieber Freund und Pater:

Jetzt sage mir:

Wer ist näher der Kommune Jesu und der Apostel:

● Diese sonntägliche Gemeinde der Geschäftemacher mit dem lieben Gott

● Oder die Jungen in ihren Kommunen wo sie alles gemeinsam haben oder doch vieles wo sie ihr Leben gemeinsam verbringen oder doch wesentliche Teile und Wegstrecken hievon und die (Gott behüte sie dabei) die Gottesgabe der Sexualität vielleicht gleichfalls gemeinsam konsumieren?

Du weißt schon und ich auch daß ich in doppelter Hinsicht übertreibe: die sonntägliche Gemeinde zu schwarz male und die Kommune zu rot

Aber die Frage bleibt

●● Getraust Du Dich als ernsthafter Christ und Priester glatt zu entscheiden wo der Heilige Geist weht wer und wer allein in der Nachfolge Jesu steht: Deine Sonntagsgemeinde oder die Kommune der Jungen?

●● Muß vielleicht weil die Sonntagsgemeinde so mickerig beisammen ist die Lebensgemeinschaft der Jungen so total verteufelt werden?

Klarer noch liegt der Fall bei den bürgerlichen Massenmedien. Die Verteufelung der neuen Lebensformen der Jungen erfüllt dort ganz prächtig mehrere Zwecke auf einmal

Illustrierte und Kommune

1) Die Illustrierte ist ein *optisches Bordell* wo der Bürger um billiges Geld konsumieren kann was er in der Wirklichkeit nicht kriegen kann und darf. Da ist die farbige Schilderung der Schweinereien in den Kommunen erstklassiger Stoff der aber nur vermarktbar ist samt vorgängiger moralischer Entrüstung.

2) Dem Bürger und zahlenden Kunden kann auf diese Weise ein *doppelter Reiz* verpaßt werden und dann zahlt er noch lieber: zum sexuellen Reiz in Bild Wort Phantasie der Reiz der Aggression angenehm sexuell getönt gegen diese jungen Typen denen nichts heilig ist Staat Gesellschaft Moral Sauberkeit nicht einmal das Eigentum.

3) Die lustvoll eingehende Beschäftigung mit Kommunen überwiegend negativ aber nicht ohne neutrale »objektive« Obertöne erlaubt das *Umschalten* wenn es soweit ist. Wenn Baugesellschaften Architekten Haushaltsmaschinenerzeuger Firmen für den Großeinkauf von Lebensmitteln und Haushaltsbedarf einmal entdeckt haben werden wie interessant die immer zahlreicheren Kommunen/Wohngemeinschaften/Großfamilien für sie sind. Illustrierte sind die bunten Spürnasen für neue Formen von Konsum (und Profit). Illustrierte sind »progressiv«.

Kapitalismus und Familie

Die konkrete Utopie ist deswegen konkret weil sie fest begründet ist in den gegenwärtigen Produktionsverhältnissen. Diese sind bereits so beschaffen daß sich zeigen läßt: Was noch nicht da ist ist aber schon möglich. Das Ensemble aus wirtschaftlichen technischen wissenschaftlichen Ressourcen steht bereit für das Neue und ebendrum real Mögliche. Den Beweis der Möglichkeit: die Wirklichkeit liefern oppositionelle Vorhuten die neue Lebensformen ausprobieren unter dem Stern einer künftigen besseren Gesellschaft.

Klassisch kapitalistische Produktionsformen produzierten die Kleinfamilie spätkapitalistische Produktionsformen werden die Großfamilie produzieren und produzieren sie bereits.

Damit kommt nichts Unsittliches in die Weltgeschichte. Deren allergrößten Teil hat die Menschheit in Großfamilien verbracht. Kleinfamilie und Zweierehe sind Kümmerformen.

Wann immer die ökonomischen Verhältnisse dies gestatten leben die Menschen in Großfamilie gemeinsam produzierend und konsumierend solidarisch im Falle von Alter Krankheit Tod Schwangerschaft Geburt.

Innerhalb der menschheitsüblichen Großfamilie war die Zweierehe ein Spezialfall aus Gründen der gesicherten Erbfolge oder der Gütermehrung durch Güterzusammenlegung der Ehegatten.

Die Zweierehe ist die längste Zeit ihrer Geschichte keine Alternative zur Großfamilie sondern eingebettet in diese als spezielle Rechtsform innerhalb der Lebensform Großfamilie mit ihren im übrigen viel reicheren sexuellen Beziehungen. Der Ehemann hat Nebenfrauen (im Mutterrecht: die Ehefrau hat Nebenmänner) es gibt sexuelle Beziehungen unter den Unverheirateten der jüngeren Generation nicht selten auch solche quer durch die Generationen. Jede bessere Völkerkunde Volkskunde Kultur- und Sittengeschichte gibt Aufschluß über die Fülle der Mehrfachbeziehungen in den bäuerlichen und kleinstädtisch-handwerklichen Großfamilien und für feudale und bourgeoise Großfamilien liefert ausreichend Informationen schon eine etwas reichhaltigere klassische Romanbibliothek.

Bloß unter den armseligsten ökonomischen Verhältnissen: unter primitiven Jägern und Sammlern auf altsteinzeitlicher (voragrarischer) Wirtschaftsstufe und unter Proletariern zu Zeiten des klassischen Kapitalismus gibt es strikte Kleinfamilie/Zweierehe. *Indem der Kapitalismus die von ihm vorgefundene Großfamilie zerschlägt und die Kleinfamilie durchsetzt drängt er die menschliche Sexualität zurück in die Steinzeit.*

Für den Kapitalismus war die Kümmerform Kleinfamilie/Zweierehe praktisch weil er zunächst Arbeit bestenfalls nur für den Mann zu bieten hatte mit möglichst billigem Lohn natürlich. Der aber verbietet Erhaltung einer Großfamilie. Rationell ist *ein* kostenlos produzierendes Arbeits- und Geschlechtstier das für den Arbeiter kocht wäscht putzt neue Arbeiter produziert. *Aus Kostengründen* ist der klassische Kapitalismus für die Zweierehe/Kleinfamilie. *Aus Kostengründen* belastet der Kapitalismus den Staat mit der ursprünglich von der Großfamilie besorgten Solidarität bei Alter Krankheit Tod Schwangerschaft Geburt: das ist der unschöne Ursprung des »Sozialstaates« der Steuerzahler zahlt wofür der Unternehmer nicht zahlen will.

Rationell ist für den klassischen Kapitalismus noch aus einem anderen Grund die Beschränkung des Arbeiters auf das *eine* Arbeits- und Geschlechtstier das er daheim unter Verschluß halten darf und das ohnehin bald unattraktiv wird: es geht nicht viel Energie verloren auf Sexualität die meiste Energie bleibt für Produktion

Freilich wird diese Energierechnung des klassischen Kapitalismus in der historischen Praxis gestört a: durch das Ausweichen des Proletariers aus der Sexualität in die Trunksucht b: durch die Betätigung des Proletariers in der Arbeiterbewegung. Die falsche Energierechnung des Kapitalismus erzeugt Alkoholismus und Sozialismus.

Die für den Arbeiter aufgestellte Energierechnung des klassischen Kapitalismus gilt ferner nicht für den Kapitalisten selbst. Die Bourgeoisie übernimmt die sexuellen Gewohnheiten der von ihr besiegten Feudalklasse. Vorher allerdings gibt es ein Heldenzeitalter des Kapitals in welchem die asketische Energierechnung auch für den Kapitalisten selbst gilt: Sklave seiner historischen Aufgabe Kapital zu akkumulieren zu akkumulieren zu akkumulieren und auch: Revolution gegen die Feudalklasse zu machen spart er sexuelle Energie durch Leben in strikter Zweierbeziehung wie sie verklärt und als moralisches Exempel gegen den ausschweifenden Feudalismus gewandt in der klassischen bürgerlichen Literatur uns überliefert ist.

Die Zweierehe/Kleinfamilie ist angemessen für Produktionsformen in denen

- die Kapitalisten selber alle nur verfügbare Energie auf die ursprüngliche Akkumulation wenden
- diese historische Aufgabe zwar schon beendet ist und die Kapitalistenklasse feudale sexuelle Gewohnheiten angenommen hat sexuelle Askese aber weiterhin wünschenswert ist für den Proletarier der produzieren produzieren produzieren soll
- dies unter Bedingungen wo bestenfalls der Mann Arbeit findet
- und dies zu billigstem Lohn
- so daß der Mann Alleinverdiener in der Familie ist und die Erhaltung der überkommenen vorkapitalistisch-bäuerlich-handwerklichen Großfamilie unmöglich wird
- vielmehr die rationellste Lösung das eine daheim eingesperrte Arbeits- und Geschlechtstier ist welches unbezahlt für die Erhaltung der Arbeitskraft des Proletariers sorgt.

Man überblicke die obigen Bedingungen. Keine ist mehr gültig für den Spätkapitalismus. Das heißt: *Die Zweierehe/Kleinfamilie ist den gegenwärtigen Produktionsformen nicht mehr angemessen.*

●● Von ursprünglicher Akkumulation ist nicht mehr die Rede. Der heroisch sparsame Kapitalist ist eine Gestalt aus dem Märchenbuch (Andersen: Der Mann der reich wurde indem er jedes Zündholz vom Boden auflas).

Die Zusammenfügung von Kapital schreitet heute durch Konzentration und Zentralisation fort der individuelle Kapitalist ist dabei weitgehend funktionslos und ersetzt durch den von ihm bestellten (von ihm auch wieder fortjagbaren) Manager

●● Der Manager ist arbeitsam bis zum frühen Herzinfarkt aber sexuelle Askese wird ihm nicht abverlangt. Vorbild hat er nicht zu sein für sexuell asketische Akkumulations- und Produktionswut wie der klassische Kapitalist sondern für Konsumwut hinter und trotz allem Arbeitsfleiß.

Wie das Vorbild des asketisch akkumulierenden Frühkapitalisten

Verbreitung fand durch klassische bürgerliche Literatur so das Vorbild des zugleich arbeits- konsum- und sexualfreudigen Manager-Bourgeois durch die spätkapitalistische Massenliteratur: Film Romanhefteln Illustrierte Fernsehen. Der Manager lebt in Konsumluxus wie er jedem Konsumbürger erreichbar ist wenn auch in billigeren Ausfertigungen und auf Raten. Der Manager lebt in konsekutiver Polygamie wer gerade seine Frauen sind ist News in der Massenpresse. Der Manager hat auch sonst Anrecht auf sexuellen Konsum wie dies jeder der einer werden will erfahren kann aus »Playboy« und der »Philosophie« von dessen Erfinder Hugh Hefner. Wie zur ursprünglichen Akkumulation das Andersenmärchen gehört vom zündholzsammelnden Kapitalisten so gehört zum Konsumkapitalismus das Hefnermärchen vom braven Manager der zur Belohnung für sein Arbeitsethos jeden Abend ein Häschen konsumieren darf optisch-pornographisch jedenfalls vielleicht auch handfest wer weiß der Playboyismus läßt dies sorgfältig offen.

●● Auch der Proletarier ist nicht mehr das bloße Produktionstier wie im klassischen Kapitalismus. Er ist längst entdeckt als *Konsumtier* er soll konsumieren konsumieren konsumieren das verträgt sich schlecht mit sexueller Askese sexuelle Reize schaffen Kaufreize so wissens die Werbepsychologen.

●● Damit sich der Proletarier den ganzen Konsumplunder kaufen kann müssen die *Masseneinkommen* einigermaßen hoch sein. Was freilich der Kapitalismus gespalten in seine tausend Egoismen selber nicht fertigbringt dazu braucht er die Sozialdemokratie und ihre Gewerkschaften.

●● *Frauenarbeit* ist allgemein und vielfältig. Frauen sind geschätzt als relativ billige relativ anspruchslose unaufsässige Arbeitskräfte am Fließband im Büro in Dienstleistungsbetrieben. Es ist längst unrationell die Frau mit Hausarbeit zu beschäftigen statt auf dem allgemeinen Arbeitsmarkt wo sie direkt und mehr Profit bringt.

Das aufgelöste Rätsel des Spätkapitalismus ist die Einbeziehung der proletarischen Massen nicht mehr bloß als Produktions- sondern auch und vor allem als Konsumtiere. Dank moderner Technologie steigen Produktion und Produktivität trotz Freizeit wie sie nötig ist für Konsum und Profit. Der mächtig ausgeweitete Markt wird von einer Produktion gespeist die Männer und Frauen in sich saugt.

●● In fast jeder Proletarierfamilie gibt es mehrere Verdiener. Dies auch deshalb weil die Einkommen zu niedrig sind für Erwerb des Konsumplunders durch einen Verdiener allein.

Am Spätkapitalismus: der von ihm produzierten Frauenarbeit den von ihm produzierten (auf dem Umweg über Sozialdemokratie/Gewerkschaften) *Masseneinkommen zwecks Konsum zerbricht* lieber Pater und Freund *die Zweierehe/Kleinfamilie* und nicht an irgendwelchen Rauch aus der Hölle der durch die Ritzen unserer Gesellschaft aufsteigt wie ihn der angstvolle alte Mann auf dem Stuhl des Vatikans schnuppert. (Eigentlich hat er recht wenn wir uns nämlich einig sind verehrter Kleriker daß Kapitalismus Rauch aus der Hölle ist.)

Wenn die katholischen Familienbünde also aufmarschieren mit Deiner geistlichen Assistenz wehklagend daß Frauenarbeit die Familie zerstört sprich: die historische Kümmerform Kleinfamilie/Zweierehe so haben sie schon recht nur müßten sie den Täter: den Kapitalismus ebenso tapfer angreifen wie sie die bösen Linken angreifen als Zersetzer unserer »bestehenden Gesellschaftsordnung«. Wenn die katholischen Familienbünde zugleich für die bestehende Familie und die bestehende Gesellschaftsordnung sind so hat das den logischen Schönheitsfehler *daß diese bestehende Gesellschaftsordnung (Spätkapitalismus) diese bestehende Familie (Kümmerform Kleinfamilie) allmählich aber unbarmherzig ausrottet.*

Spätkapitalismus und Polygamie

Die höheren Masseneinkommen die dadurch ermöglichte Konsumgesellschaft das ganze Klima das sie braucht um zu gedeihen: kauf kauf kauf leiste Dir was leiste Dir was versage Dir nichts – das nagt und frißt an der Kleinfamilie/Zweierehe wie sie der klassische Kapitalismus brauchte:

Askese der sexuellen Bedürfnisse damit möglichst alle Energie in die Produktion gehen kann; aber jetzt ist der Konsum ebenso wichtig oder wichtiger

Askese der materiellen Bedürfnisse damit der Lohn des Mannes recht niedrig sein kann: aber jetzt ist er ja höher und auch die Frau arbeitet auch unverheiratete Söhne und Töchter arbeiten

So leisten sich der Mann die heimliche Freundin der Sohn die öffentliche die Frau den heimlichen Freund die Tochter den öffentlichen. *Die Zweierehe/Kleinfamilie wie sie der klassische Kapitalismus braucht zwecks sexueller und materieller Askese zwecks Produktion und Profit wird vom modernen Kapitalismus zwecks Konsum und Profit ganz amoralisch umfunktioniert in die sexuell und materiell reizvollere Menage à trois quatre oder noch mehr: in eine teils noch heimliche (bei den Eltern) teils aber schon öffentliche (bei den Kindern) Mehrfachehe/Großfamilie*

Simultane Polygamie der Eltern: Ehemann Ehefrau (heimliche) Freundinnen Freunde: zwecks Erhöhung des Konsums (»Solls was Billigeres sein oder ist es für die Freundin?«)

Konsekutive Polygamie der Eltern: mehrere Ehen hintereinander:

zwecks Erhöhung des Konsums (für die neue Ehe wird alles neu angeschafft die alte wird weiterhin subsidiert).

Voreheliche Beziehungen der Söhne und Töchter: zwecks Erhöhung des Konsums (ganze große Industrie- und Handelskomplexe heizen den Konsum der vorehelichen Sexualpartner an).

Simultane und konsekutive Polygamie der Eltern sowie voreheliche Beziehungen der Kinder waren wesentliche Kennzeichen der bäuerlich-kleinstädtisch-handwerklichen Großfamilie die der klassische Kapitalismus brutal zerschlagen hat. *Die vorkapitalistische Großfamilie wird vom Spätkapitalismus auf industriell-großstädtischer Stufe neu aufgerichtet.*

Nicht zum erstenmal in seiner Geschichte hat der Konservativismus ein scharfes Auge für die Laster des Kapitalismus: auch heute kritisiert er obige Unsittlichkeiten der »industriellen Massengesellschaft« während sich die Sozialdemokratie gern einem flach fortschrittsoptimistischen Loblied dieser »Industriegesellschaft« hingibt

Und nicht zum erstenmal in der Geschichte des Konservativismus bleibt dieser in seinem Antikapitalismus nicht konsequent und kann es auch nicht bleiben: denn er hält den Sozialismus für seinen viel gefährlicheren Gegner Zerstörer seines ideologischen und materiellen Besitzstandes und ist daher immer wieder bereit zum Bündnis mit dem Kapitalismus und von daher zu dessen Schonung beim ewigen Lamento über den Weltuntergang das heißt Untergang der Welt der Konservativen.

Wer hinter den metaphysisch aufgeblähten Monstren »heutige Zeit« »moderne Industriegesellschaft« »Vermassung« »sittlicher Verfall« steht das kann der Konservativismus nicht sagen: denn es ist der mit ihm verbündete Kapitalismus.

Die gegenwärtige simultane und konsekutive Polygamie der Eltern samt vorehelichen Beziehungen der Kinder: die Möglichkeit des Mannes und Sohnes Freundinnen zu suchen und zu finden die Möglichkeit der Frau und Tochter Freunde zu suchen und zu finden die Möglichkeit dieser aller hintereinander mehrere eheliche und voreheliche Beziehungen einzugehen

Dies alles hat als ökonomische Basis nicht nur die höheren Masseneinkommen den höheren Lebensstandard den dadurch erweiterten existenziellen Bewegungsraum

Sondern innerhalb dieses großen ökonomischen Komplexes insbesondere die Verallgemeinerung der Frauenarbeit:

Die Zweierehe/Kleinfamilie zerbricht in jenem historischen Augenblick wo den Frauen das Gefängnis ihrer kostenlosen Hausarbeit aufgeschlossen wird und sie hinausgestoßen werden in die bezahlte (schlecht bezahlte ausbeuterische) *Arbeit im allgemeinen Produktionsprozeß. Das ist der Tod der Zweierehe/Kleinfamilie als sinnvolle (kapitalistisch sinnvolle) ökonomisch-sexuelle Einheit. Indem die Frauen auf dem allgemeinen Arbeitsmarkt erscheinen erscheinen sie auch auf dem allgemeinen sexuellen Markt.* Dort werden jene Freundinnen-Freunde-Verhältnisse der Eltern und Kinder möglich welche indem sie hinterrücks in die alte Zweierehe/Kleinfamilie eingebaut werden daraus *die allgemeine Polygamie die neue Großfamilie* machen die für den Spätkapitalismus typisch und profitabel ist.

Und wieder singen lieber Pater und Freund die katholischen Familienbünde ihre Litanei über moderne Sittenverderbnis ohne den Refrain »Wer ist der Täter?«

Polygamie und Rechtsreform

Mit ihrer nicht gegen den Kapitalismus sondern gegen die Linke aufgebauten Front zur Verteidigung der »bestehenden Gesellschaft« sprich: Kapitalismus geraten Deine Familienbünde in direkten Widerspruch mit den fortschrittlichsten (das heißt: auf die Konsumgesellschaft begierigsten) Fraktionen des Kapitals. Diese wollen

- Abbau der Gesetzgebung gegen Ehestörung und Ehebruch zwecks Erleichterung der simultanen Polygamie der Eltern
- Abbau der Gesetzgebung gegen Ver- und Entführung Minderjähriger zwecks Erleichterung der vorehelichen Beziehungen der Kinder
- Milderung der Scheidungsgesetze zwecks Erleichterung der konsekutiven Polygamie
- Abbau der Gesetzgebung gegen Pornographie zwecks Schaffung eines sexuell reizvolleren Klimas

Und dies alles lieber Pater und Freund nicht weil diese progressiven Kapitalisten unsittliche Menschen sind sondern weil sie verdienen wollen

Oder ist das dasselbe?

23. Tag
G. N. an seinen Seelsorger über Kommunen

LIEBER PATER J.

Die logische Fortsetzung der Zerrüttung und schließlich Zerstörung der Zweierehe/Kleinfamilie durch den Spätkapitalismus wäre dessen konsequente Förderung der Mehrfachehe/Großfamilie/Kommune.

Aber weder ist die Kommune frei von Widersprüchen in ihrer ökonomischen Tendenz Richtung Spätkapitalismus/Konsumkapitalismus noch ist dieser selbst widerspruchsfrei in seiner Vernichtung der Zweierehe/Kleinfamilie noch gar in seiner Förderung der Mehrfachehe/Großfamilie/Kommune.

Die Kommune in ihrem Heldenzeitalter: während der Jugendrevolte und als deren Schöpfung war eindeutig in ihrer Frontstellung gegen kapitalistischen Konsumterror.

Ideologisch gibt die zusammenwohnende zusammenlebende Gruppe gleicher Gesinnung viel mehr Halt gegen Konsum Werbung wildes Kaufen: Ausgleich für Enttäuschung und Aggression in der Zweierehe/Kleinfamilie die in ihrer sozialen Wohnbauzelle isoliert und an den Fernsehapparat zu zweit gekettet und hilflos preisgegeben ist unendlicher Langeweile dieser Gefangenschaft jede neue Satellitenstadt ein riesiges Singsing mit lauter solchen Zellen.

Ökonomisch ist die zusammenwohnende zusammenlebende Gruppe gleicher Gesinnung gleichfalls besser dran. Sie bringt die Miete gemeinsam leichter auf. Der größere Haushalt ermöglicht den billigeren Einkauf in größeren Mengen. Die turnusweise Hausarbeit ist rationeller setzt mehr Gruppenmitglieder frei für Erwerbsarbeit oder wahlweise: stellt mehr Gruppenmitglieder frei von idiotisierender Erwerbsarbeit weil die Gruppe billiger lebt und ums gleiche oder weniger Geld als die Zweierehe/Kleinfamilie mehr Menschen am Leben erhalten kann noch dazu an einem absichtsvoll konsumfernen Leben.

Überlebt hat aus der ideologischen Heldenzeit der Kommune vor allem der ökonomische Vorteil der Wohngemeinschaft. Vor allem deswegen gibt es immer mehr Wohngemeinschaften: sie haben eine handfeste materielle Unterlage für den emotionalen Vorteil den sie bieten und der ihr eigentliches Wesen ausmacht: *Junge Menschen können aus der Tyrannei ihrer Kleinfamilie ausbrechen und leben doch nicht allein was sie meist weder materiell noch emotional aushalten.* Aller Rest ist Illustriertenphantasie Wunschtraum geiler Kleinbürger: eben jener die ihre Kinder aus der Familienhölle austreiben in die Wohngemeinschaften.

Gerade weil aus dem ideologischen Heldenzeitalter der Kommune: pro Sozialismus contra Kapitalismus insbesondere Konsumkapitalismus nicht viel mehr überlebt hat als der ökonomische Vorteil der Wohngemeinschaft (abgesehen von ihrem emotionalen Kern: aus der Kleinfamilie heraus und doch nicht allein sondern unter seinesgleichen) –

Gerade deshalb ist die Tendenz der Kommune/Großfamilie zur Konsumaskese keineswegs unumstößlich.

War die Konsumaskese der Kommune damals *ideologisch* antikapitalistisch so ist sie in den heutigen meist nur noch vage wenn überhaupt ideologischen Wohngemeinschaften vermutlich nur noch *umständehalber* begründet nämlich im geringen Einkommen ihrer meist jungen studierenden schlecht bis garnicht verdienenden Mitglieder.

Mit Ausbreitung der Lebensform Wohngemeinschaft/Kommune auf etwas Ältere oder auch viel Ältere mit gehobenen Einkommen und Sozialprestige kann die Konsumaskese rapide verschwinden. In Skandinavien wo es längst wohlhabende Kommunen mit älteren Mitgliedern gibt hat sich ebendies bereits ereignet.

Auch andere ursprünglich konsumasketische Formen der Jugendkultur sind längst eingemündet in liebliche Profitquellen ganzer Industriezweige für den tausend und einen Krimskrams den diese Jugend gern hört sieht anzieht sich um den Hals hängt oder an die Wand oder sich in die Wohnung stellt. Und das alles nicht mehr bloß die jüngste Jugend sondern längst schon erheblich ältere.

Wohngemeinschaft/Kommunen werden allein schon durch ihre rasch zunehmende Zahl wirtschaftlich interessant sodann durch ihre vermutlich zunehmende Einkommens- und folglich Kaufkraft schließlich und am radikalsten durch die künftigen Möglichkeiten die in ihnen stecken und die jeder bessere Futurologe im Auftrag aufgeklärter Industriekonzerne diesen vorrechnen kann: *Wohngemeinschaften/Kommunen sind die dem spätkapitalistischen Konsum- und auch Produktionsformen vermutlich am besten angepaßte oder anpaßbare Lebens- und Familienform.*

● Kurzsichtig sind jetzt schon Erwägungen daß die Kleinfamilie mehr Einheiten länger haltbarer Konsumgüter braucht nämlich je eine Einheit je Kleinfamilie (Eigenheime Wohnungen Autos Möbel Haushaltsmaschinen) als die Großfamilie. Denn diese könnte statt dessen größere perfektere teurere Einheiten brauchen.

●● Überdies könnten für die Großfamilie gewisse Güter überhaupt erst zu Konsumgütern werden von denen die Kleinfamilie wegen

Größe und Preis nicht einmal träumen kann. Designer von Haushalts- Freizeit- und Wohnmaschinen sind zB in Skandinavien schon auf dieser heißen Spur.

●●● *Für zukunftsorientierte phantasiereiche Erzeuger langfristiger Konsumgüter ist durchaus ein Kommune-Boom drin.*

●●●● Die Wohngemeinschaft/Großfamilie/Kommune entspricht aber nicht nur Konsum- sondern auch *Produktionstendenzen* im Spätkapitalismus

Die Zeit ist vorbei für Riesenfabriken mit Arbeitermassen am Fließband Gründe hiefür liegen bei Technologie Industriepsychologie Umweltschutz und auch darin: allzuviele Proletarier auf einem Fleck könnten immer noch ungut werden. Spätkapitalistisches Zukunftsmodell ist die relativ kleine Produktionsstätte dezentralisiert (aber Teil eines transnationalen Riesenkonzerns) mit relativ kleinen relativ selbständigen Fertigungsgruppen in Teamarbeit. Anders als die total atomisierten Arbeitermassen am Fließband in totaler Isolierung sich abhetzend müssen solche Teams einen gewissen emotionalen Zusammenhalt haben das erhöht Produktion und Produktivität.

Zum Produktionsmodell Teamarbeit ist die familiensoziologische Parallele nicht die Zweierehe/Kleinfamilie sondern die größere Einheit Gruppe mit Mehrfachbindung/Wohngemeinschaft/Kommune.

Es geht aber nicht nur um eine bloße abstrakte Parallele dieser Art sondern

●●●●● Die Dezentralisierung der Produktion ein Prozeß der technologischen psychologischen polizeilichen Rationalisierung wird bis dahin getrieben werden: Verlegung bestimmter durchaus wesentlicher Produktionszweige in die Wohnstätten der abhängig Arbeitenden

ZB Fertigung von Kleinteilen der elektronischen und optischen Industrie Ausführung computerisierter Schreib- und Rechenarbeiten mittels Heimanschluß an zentrale EDV-Anlagen.

Auch für dezentralisierte Produktion in Wohnungen ist die rationellste Einheit nicht die Zweierehe/Kleinfamilie sondern die Wohngruppe/Kommune. Man braucht größere und mehr Räume zur Trennung der Funktionen Produktion/Einkommen und Konsum/Wohnen/Freizeit. Man braucht mehr Menschen pro Wohnstätte zur Trennung von Erwerbsarbeit und Hausarbeit: während die einen diese besorgen besorgen die anderen jene.

Die Kommune ist vermutlich weder linkes Hirngespinst noch sexuelle Ausschweifungsstätte sondern die künftig rationellste Einheit für Konsum und Produktion im Spätkapitalismus.

Ist die Kleinfamilie politisch unentbehrlich?

Aber den ökonomischen Tendenzen des Spätkapitalismus kontra Zweierehe/Kleinfamilie und pro Großfamilie/Kommune widersprechen bestimmte seiner politischen Tendenzen.

Der demokratische Kapitalismus hat es ja schwer sich zu rechtfertigen. Ganz allgemein weil wenige über viele herrschen ökonomisch politisch kulturell. Ganz speziell weil hohem Lebensstandard und bürgerlichen Grundfreiheiten gegenüber- und entgegenstehen: mitten im Wohlstand Armut beträchtlicher Minderheiten (Rentner Bauern Neger). Zerstörung und Vergiftung von Städten Landschaften Gewässer Luftraum. Geistige Verblödung und sexuelle Verkümmerung zwecks Dressur auf Konsum Arbeit Herrschaft. Dazu nach außen hin permanenter Krieg zur Ausrottung oder Ausplünderung der Dritten Welt. Und das alles aufgedeckt und eingehämmert durch eine junge Fünfte Kolonne mitten in unserer westlichen Demokratie.

Kann in diesem *ideologischen Notstand* auf die altbewährte Zweierehe/Kleinfamilie verzichtet werden aus Gründen des ökonomischen Kalküls (Rationalisierung Profit)?

● In der Kleinfamilie lernt die nächste Generation Unterordnung unter die elterliche Autorität

Folgen heißt Gehorsam ohne zu fragen warum. Genau das ist wichtig für den Bürger der kapitalistischen Demokratie: für den Manipulierten in der Politik für den Abhängigen und Ausgeplünderten in Fabrik Büro Freizeit. Die Familie ist Keimzelle des Staates. Stimmt. *Diese* Familie ist Keimzelle *dieses* Staates.

● Sexuelle Beschränkung durch die Zweierehe/Kleinfamilie hat ihren Wert auch wenn sie nicht eingehalten wird

●● soweit sie eingehalten wird wächst aus behinderter Sexualität Angst und Aggression die kann man gut bündeln gegen Feinde der Demokratie (Kommunisten Anarchisten Junglinke)

●● soweit sie nicht eingehalten wird aber als moralische Forderung weiterbesteht wächst daraus schlechtes Gewissen. Ebendrum hat Moral ihren Wert auch wenn sie nicht eingehalten wird: Leute mit schlechtem Gewissen lassen sich leichter regieren

●●● Und auch diese Nützlichkeiten der Zweierehe/Kleinfamilie können durch Erziehung weitergepflanzt werden auf die nächste Generation.

Aber die Linken sind allzusicher wenn sie meinen die Zweierehe/Kleinfamilie sei als Regierungs- und Erziehungsmittel dem Spätkapitalismus zeit seines Lebens unentbehrlich die Kommune sei daher gesichert vor Zugriff und Integration in den Kapitalismus.

Die Neulinken sind nicht ganz auf dem neuesten Stand.

●●●● Nicht nur sprechen gewichtige ökonomische Tendenzen in Konsum wie auch Produktion gegen die Zweierehe/Kleinfamilie für die Großfamilie/Kommune sondern: *Politische Herrschaft läßt sich möglicherweise mittels Gruppe/Kommune gerade so sichern wie mittels Kleinfamilie vielmehr sogar besser weil die Großfamilie und nicht die Kleinfamilie überdies im Einklang ist mit den ökonomischen Tendenzen.*

Gruppendynamik heißt die neue Technologie der Seele. Darin ausgebildete Seeleningenieure können Herrschaft mittels Gruppe statt mittels Kleinfamilie stabilisieren.

Vorläufig ist Gruppendynamik insbesondere dazu da einer seelisch besonders verklemmten und verkorksten Elite: den Managern einzupflanzen daß der Kapitalismus Vater- Mutter- Familienersatz für sie ist.

Gruppendynamik geht auch mit Kommunen.

Herrschaftssicherung geht auch mit Kommunen.

Daß an Stelle der Zweierehe/Kleinfamilie die Gruppe/Kommune das familiensoziologische Gegenstück sein könnte zu den politökonomischen Tendenzen des Spätkapitalismus ist nur für Gefühlslinke ein Schock. Für Marxisten ist im Gegenteil klar daß alle Entwicklung Richtung Sozialismus nur ent- und bestehen kann wenn sie zugleich Entwicklung im und des Kapitalismus ist.

Die Frage lautet nie: Ist dies kapitalistische oder sozialistische Entwicklung?

Sondern immer: Wer wen?

Siegt der Kapitalismus indem er das Neue sich integriert?

Siegt der Sozialismus indem er das Neue freisetzen und weitertreiben kann in seine Richtung?

Ferner auch: Wie lange kann der Kapitalismus robust wie er ist alles und jedes Neue sich einverleiben ohne daß er schließlich daran krepiert das heißt: kein Kapitalismus mehr ist?

Wie schön lieber Freund und Pater wenn man zeigen kann Dir und sich selber daß man kein unsittlicher Mensch ist auf seinem Weg von Zweier- und Mehrfachbeziehungen sondern im Gegenteil die politökonomischen Tendenzen des Spätkapitalismus mit einem mitmarschieren zu geschweigen von der sozialistischen Zukunft und der urchristlichen Vergangenheit.

● Lies die Apostelgeschichte wenn Du Mehrfachbeziehungen suchst als Alternative zur bürgerlich-kapitalistischen Zweierehe und Kleinfamilie.

● Lies die Worte Jesu gegen seine biologische Familie (Wer sind meine Mutter Brüder Schwestern?) und für seine geistige Familie die von ihm selbstgewählte Gruppe (Diese da sind meine Mutter Brüder Schwestern!).

● Lies die Worte Jesu zu den Frauen die aus Zweier- in Mehrfachbeziehungen überwechselten (Weil sie viel geliebt haben wird ihnen viel vergeben werden) Mehrfachbeziehung ist mehr Liebe.

Denke darüber weiter nach. Ich auch. Wir könntens zusammen tun.

P. S.

Dieser Brief ist fingiert zum Unterschied von den übrigen in diesem Buch. Kein einziger Priester ist an meiner Seite geblieben. Auch Du nicht Pater J.

Tod der Neuen Linken
24.–29. Tag
Reform
und Konterreform
in der Kirche

Vorbemerkungen zu den Kapiteln über Kirche

24. Tag

G.N.s Absturz
vom Paradekatholiken zum Linkschristen
P.S.

25. Tag

Der Papst
ist ein guter Sozialist
Kirchenreform als Antwort
auf Kapitalismus und Sozialismus
Kirchenreform
und westliche Demokratie
Kirchenreform
Sozialismus
Sozialdemokratie
Doppelgesicht der Päpste
Werben um die 3. Welt
Der Papst für
Gemeineigentum
Planwirtschaft
Wirtschaftsdemokratie
Der Papst für Revolution
Der Papst für neue Theologie
P.S.

26. Tag

Reformierbar ist alles außer die Obrigkeit

Wann kommt
die nächste Reform?
Reform in der Kirche
Reform in der Sozialdemokratie

27. Tag

Der Dialog ist tot

Getötet von Rom und Moskau
Jugendblüte
Was bleibt?
Er starb an Konzilianz
Handeln statt reden
Neue Linke und alte Tanten
Postdialogischer Dialog
P.S.

28. Tag

Vom Klerus zu Jesus

P.S.

29. Tag

Linkskatholisches Manifest

Gesellschaftstheorie der Linkskatholiken
Kirchenbild der Linkskatholiken
Glaube der Linkskatholiken
P.S.

Vorbemerkung zu den Kapiteln über Kirche

Die ursprünglich gedachte Anordnung des Buches ist jetzt hinter der halben Arbeitszeit durcheinander. Gedacht war:

- *Einführung. Tod der Neuen Linken. Wiedergeburt der Sozialdemokratie. Rosa Revolution.*

Hinter der Einführung und auch schon in der Einführung so vor mich hinschreibend von bösen jungen Linken guter alter Sozialdemokratie guten jungen Linken böser alter Sozialdemokratie merkte ich daß dies zu exklusiv wird bloßes ewiges Hin und Her in einem sozialistischen Familienstreit. Daher baute ich als Querriegel hinter die schon geschriebene Einführung und vor die schon stenographierten Abschnitte über Neue Linke und Sozialdemokratie einen neuen Abschnitt:

- *Einführung. L e b e n i m K a p i t a l i s m u s. Tod der Neuen Linken. Wiedergeburt der Sozialdemokratie. Rosa Revolution.*

Den neuen Abschnitt dachte ich mir als Analyse des A l l t a g s der Arbeiter und Angestellten und dahinter Ausflüge nicht in die linke Realutopie sondern in die noch realistischere sozialdemokratisch-kapitalistische Reformtätigkeit. So hielt ichs auch durch in den Kapiteln über Arbeit Wohnung Verkehr. Erst wieder in den Kapiteln über Schule Ehe Familie Sexualität schlug meine Vorliebe für neulinke Realutopie durch. Das war auch sachgerecht. Arbeitsstätte Wohnbau Verkehr sind typische Reformspielplätze Schule Ehe Familie Sexualität ebenso typische neulinke Turnstätten. Von hier wäre also der Übergang logisch gewesen zum Abschnitt über die neulinke Jugendbewegung.

Statt dessen kommt nun zwar was über Neue Linke aber über einen sekundären Ableger und Ausläufer:

- *Einführung. Leben im Kapitalismus. Tod der Neuen Linken R e f o r m u n d K o n t e r r e f o r m i n d e r K i r c h e. Tod der neuen Linken (Geburt Lebenslauf Absterben Fortleben der Jugendbewegung). Wiedergeburt der Sozialdemokratie. Rosa Revolution.*

Also spanne ich den in der Konterreform steckengebliebenen kirchlichen Reformkarren vor das junglinke Pferd das ihn dort hineingezogen hat.

Der Grund für die verkehrte Reihenfolge ist stark persönlich. Über Ehe Familie Sexualität schrieb ich man merkte es mit vehementem Engagement a) als praktizierender Mann b) als praktizierender Christ. Hinter dem endlos langen dreiteiligen Brief an meinen Seelsorger über Monogamie Polygamie Kommune blieb mir aus konkret persönlicher Logik nichts übrig als erst einmal mein christliches Bauchweh zu stillen.

24. Tag
G. N.s Absturz vom Paradekatholiken zum Linkschristen

Ich war niemals Atheist und niemals besonders fromm. Bis in die Fünfzigerjahre war ich ein lauer Christ aus dem einzigen Grund daß mich ein bürgerlicher Storch durch einen bürgerlichen Schornstein geworfen hatte. Im katholischen Österreich protestantisch war mir die eine wie die andere Konfession gleich fad. Das änderte sich durch die Reformbewegung in der katholischen Kirche Rahnersche Theologie Johannes XXIII Konzil.

- In der geistigen Ödnis der Fünfzigerjahre war ich auf alles scharf wo ich Bewegung witterte
- Der Sozialismus schien mir (Redakteur einer sozialdemokratischen Tageszeitung in Graz) zu Tode parlamentarisiert: ohne Leuchtkraft über der versumpften und versumperten Parteiendemokratie (damals: Koalitions- und Proporzdemokratie) und begann nicht solches Leuchten nun in der Kirche?
- Daraus wurde bald meine seither fixe Idee: mußte sich nicht Sozialismus durch Christentum vertiefen Christentum durch Sozialismus konkretisieren? Gehörten die zwei nicht zusammen?
- Ich schrieb in diese Richtung meine Artikel und Bücher mit einer verschwommenen Begeisterung die vor allem auf Jugend wirkte. Auf etablierte Sozialdemokraten hatte ich fast keine bis gegenteilige Wirkung (Ausnahmen Bruno Kreisky Fritz Klenner noch ein paar). Überhaupt keine auf etablierte Protestanten. Wohl aber auf etablierte Katholiken von der damals blühenden progressiven Spielart.

Die Reformkatholiken Kurt Salnik und Richard Barta öffneten mir die katholische Wochenschrift »Furche«. Ich hielt ungezählte Vorträge vor katholischen Organisationen über Christentum und Sozialismus. Zum Bischof von Wien Kardinal König geriet ich in ein distanziertes Nahverhältnis er schob mich in allerhand Laiengremien bestehende und solche die gerade im Zuge der Reform entstanden. Ich wurde Katholik katholischer Paradesozialist sozialistischer Paradekatholik.

Die etabliert Katholisch-Progressiven waren zu taktvoll gegenüber einem Sozialisten um ihn zum Übertritt zu drängen. Sehr einfache und sehr anständige Menschen in der Bekehrungsbewegung »Cursillo« spanisch: kleiner Kurs nämlich in den Elementen des Christentums begingen das heilsame Mißverständnis aus meinen Schriften vor allem den Wunsch herauszulesen nach Übertritt zur katholischen Kirche. Sie kamen forderten mich auf und eigentlich hatte ich darauf gewartet.

Mein nicht mehr laues Christentum hatte Schönheitsfehler die auf die Dauer nicht überdeckbar waren durch Begeisterung

● *Theologisch* übersah ich vor lauter Freude über die Tiefendimension des Christentums als Ergänzung für die konkrete Diesseitigkeit des Sozialismus: daß es im Christentum um Christus geht und dessen Denken Leben Sterben ist konkreter noch als jeder Sozialismus.

● *Soziologisch* übersah ich vor lauter Freude über Kirchenreform und damit verknüpfte Öffnung zum Sozialismus: daß die innerkirchliche Schlacht der Progressiven gegen die Konservativen wo ich fleißig mitsiegte nicht gewonnen werden konnte weil die Masse der Kirchengläubigen politisch und ökonomisch bürgerlich-kapitalistisch gefärbt überdies die Amtskirche selbst kapitalistisch verflochten und verfilzt war je höher oben desto mehr.

Korrektur meines Christentums wie meines Sozialismus verdankte ich vor allem der Jugendrevolte

●● Christen in der Jugendrevolte nahmen Christen ernst mit seiner Parteinahme für die Armen und Unterdrückten indem sie Partei nahmen für den Sozialismus

●● Sozialisten in der Jugendrevolte nahmen Sozialismus ernst als klassenlose herrschaftsfreie Gesellschaft eine ungeheure Aufgabe Richtung Zukunft Richtung Menschheit ein Sozialismus von genügend eigener Leuchtkraft eigener Tiefendimension um auszukommen ohne Anleihe bei irgendwelcher Theologie von den letzten Dingen.

Verglichen mit den endlosen krampfhaft oder auch elegant gewundenen Ausführungen christlicher oder sozialistischer Reformer was Christentum oder Sozialismus eigentlich und immer noch sei auch für den modernen Menschen

Reichten dieser revolutionierenden Jugend die beiden einfachen Sätze

●●● Christentum ist Parteinahme für die Armen Arbeit am Reich Gottes wo es keine Armut keine Klassen keine Herrschaft geben soll

●●● Sozialismus ist dasselbe: klassenlose herrschaftsfreie Gesellschaft.

Dann ergänzen Christentum und Sozialismus einander nicht so daß die flache schale Diesseitigkeit des Sozialismus die Tiefsinnigkeit des Christentums nötig hätte oder die abstrakte Gottesliebe des Christen den praktischen Reformersinn des Sozialisten sondern

●●●● Christentum ist Antrieb zur Verwirklichung von Sozialismus

●●●● Sozialismus ist Mittel zur Verwirklichung von Christentum. Der Rest ist Metaphysik.

Meine Reformerjahre in Kirche und Partei waren vermutlich nicht sinnlos trotz meiner anfänglichen Fehleinschätzungen. Es hatte Sinn

● Den Christen gefangen im Labyrinth von Amtskirche und Theologie den roten Ariadnefaden zu liefern: Sozialismus ist Verwirklichung von Christentum

● Den Sozialisten zu zeigen: man kann Christen herausholen aus der Verstrickung mit Bürgertum und Kapital man kann Sozialismus (und von daher je nach Land: SP KP) *wählbar* machen für Christen.

Die Aufgabe war nicht zu lösen durch Erklärung einiger geeicht atheistischer Apparatschiki auch nicht mit Hilfe papierener Programmformeln: wir haben ohnehin nichts gegen Christentum und Kirche der Sozialismus tut Euch nichts im Gegenteil wenn Ihr uns wählt ist uns das hochwillkommen

Nötig war ein Diskussionsprozeß jenseits der Tagespolitik (»Dialog«) über alle theoretischen und praktischen Seiten von Christentum und Sozialismus (Kommunismus Marxismus Sozialdemokratie) in allem Detail. Ein Hineingehen von sozialistischen Christen christlichen Sozialisten in alle möglichen Bereiche der Laienorganisationen der Amtskirche

Es war nötig die Personalunion von Christ und Sozialist zu *leben.*

So war es nicht schlecht daß meine Theorie zunächst zahm genug war um die Behauptung zu erlauben: Sozialismus diesseitig flach bedürfe der Vertiefung durch Christentum und Christentum weil zu abstrakt bedürfe des praktischen Sozialismus

Desgleichen war es nicht schlecht daß meine Praxis zunächst zahm genug war um die Mitarbeit in den innerkirchlichen Organisationen zu gestatten

Katholische Arbeiterjugend Katholische Männerbewegung Katholisches Bildungswerk Arbeitsgemeinschaft Katholischer Journalisten Presserat der Bischofskonferenz ungezählte Kommissionen und Subkommissionen der Wiener Diözesansynode

Ungezählte Gespräche vor allem mit jungen Menschen

Tiefgehende und dauerhafte Kontakte wie sie von außen her unmöglich sind.

Seither habe nicht nur ich dazugelernt und meine Theorie wie Praxis entsprechend korrigiert sondern mit mir die meisten dieser jungen Reformkatholiken. Wir lernten am eigenen Leib

●● Es blieb bei der unentrinnbaren Kontrolle amtskirchlicher Obrigkeit über Denken Meinen Schreiben Handeln Leben

●●● der von ihr materiell und emotional abhängigen Priester

●●● der vom Staat besoldeten aber mittels Konkordat beaufsichtigten im übrigen gleichfalls emotional abhängigen Theologen an den Universitäten

●●● auch der Laien mit irgendwelchen innerkirchlichen haupt- oder ehrenamtlichen Funktionen und gleichfalls emotionaler Abhängigkeit vom Kirchenapparat.

Mancher Anschein von Reform wurde beibehalten. Prozesse der demokratischen Wahl solange sichergestellt ist daß keine demokratische Diskussion störend vorausgeht. Dann gilt: Wozu Angst vor Wahlen wenn es überall diskussionslos konservative Mehrheiten gibt? Von Konterreformern in progressivem Kostüm wurden demokratische Formeln und Floskeln peinlich respektiert. Meinungsfreiheit aber selbstverständlich eben um sie zu wahren müssen wir uns leider trennen ohne ihre Funktion können Sie sagen was Sie wollen (uns stört es dann nicht mehr denn Opposition von außen ist fast unwirksam. Meinungsfreiheit ist sinnvoll nur *innerhalb* der Institution an deren Mitglieder die Meinung gelangen soll.)

Wo sind die Blütenträume der Reform unter dem guten Papst Johannes und dem Konzil? Das Konzil ist wie der XIV. Parteitag der KPTsch. Es hat garnie stattgefunden. Einen Einmarsch in die Tschechoslowakei gabs auch auf katholischer Seite nur mit anderen Mitteln mangels Divisionen.

Ungezählte Priester wurden ihres Amtes entkleidet oder gingen selber. Theologen wurden diszipliniert. Fast alle progressiven Laien gingen in die innere Emigration.

Der römische Frühling ist zu Ende.

Das Ende der Kirchenreform begann als junge Extremisten die Reformworte kirchlicher Obrigkeit ernstnahmen viele Millionen schöner Worte aus den Mündern der Konzilsväter Kardinäle Bischöfe betreffend eine neue Kirche in Freiheit wenngleich anderseits. Die Jungen hörten nur das Einerseits.

Welch grandioses Mißverständnis. Alle jene Millionen Reformworte waren dazu bestimmt als Worte konsumiert zu werden. Blieb denn sonst nicht immer schön beim bloßen Wort was in der Kirche gepredigt wurde?

Die Börse wo man den Reformkurs mit Worten in die Höhe trieb wurde genau zu dem Zeipunkt geschlossen da irgendwelche Naivlinge die Umwechslung der Worte in Wirklichkeit verlangten.

P.S.

Die Welt dieses Hauses eigentlich Hütte mit einem einzigen bewohnbaren Raum ist schrumpfende Welt. Nötig ist nur Denken Schreiben Leben aller Rest verflüchtigt sich erstens habe ich in der Stadt auch keine sonstigen Bedürfnisse zweitens ist immer noch

Koketterie dabei jetzt schon mehrwöchige drittens ist es Askese mit Aesthetik. Also keine.

Gestern brachte A. höchst liebenswürdig neues Bettzeug sie meinte es wäre nötig aber ich will das rotgewürfelte behalten dieses modernistische Schottenmuster nehme ich nicht. Ich hänge das alte Bettzeug täglich in die Sonne auf die Heuharpfe und danach riecht es köstlich die ganze Nacht lang.

Seit ich da bin war ich zweimal beim Kaufmann durch den Wald dreiviertel Stunden entlang einer Wiese wo Störche Frösche fangen. Jetzt gehe ich nicht mehr. Milch Eier Brot Most krieg ich beim Bauern Gemüse wächst vor dem Haus.

Beim Badeteich an der Straße sind wenig Leute aber einige Autos betonierte Ränder zum Hineinsteigen Swimmingpoolleitern Papierkörbe einzelne Sommerfrischler. Jetzt weiß ich eine halbe Stunde (Viertelstunde Waldlauf) hinterm Haus hinterm Hügel hinterm Wald einen Teich ringsum nichts als Wiese und Wald und darin nichts als Fische und ab und zu Jugend von den Höfen rundum. Das Wasser ist lauwarm und in der Sonne goldgelb wie J.s Augen und im Mondlicht dampft es und die Fische springen so laut daß sie sich beinah fürchtet. Beim Nachhausegehen ist der Wald wie ein finstres Zimmer in dem man genau weiß wo alles ist. Mischwald mit verschiedenen Arten von Bäumen quasi cedrus exaltata sum in Libanon et quasi cupressus in monte Sion quasi palma exaltata sum in Gades et quasi plantatio rosae in Jericho in der Küchenkredenz des Hauses gibt es ein Buch mit lateinischen Litaneien an Maria in großen Buchstaben für Kerzenlicht.

25. Tag
Der Papst ist ein guter Sozialist

I.
Kirchenreform als Antwort auf Kapitalismus und Sozialismus

Die joanneische Kirchenreform war eine Antwort auf den Übergang der Welt vom Kapitalismus zum Sozialismus verkompliziert durch die Tatsache daß die Amtskirche zum Gutteil noch im Feudalismus lebt.

Die Amtskirche hat sich immer dem Zeitalter konformiert. Jetzt gehts um

- Anpassung an einen Kapitalismus der recht lebendig und doch am Ende seiner Epoche ist
- Anpassung an einen Sozialismus der schon einen Gutteil der Erde bedeckt mit einer autoritären Zerrform im übrigen aber am Anfang seiner Epoche ist
- Anpassung an einen speziellen Sozialismus wie ihn die Befreiungsbewegungen der Dritten Welt produzieren
- Anpassung an Spätkapitalismus und Sozialismus zugleich also und dies nochmals zugleich ohne wesentliche Änderung der autoritären amtskirchlichen Organisation und autoritären amtskirchlichen Lehre.

Verglichen damit war die Konstantinische Wende ein Kinderspiel. Eben einfach eine Wende um 180 Grad von den besitz- und herrschaftsfreien Kommunistengemeinden der Urkirche mitten hinein in Besitz und Herrschaft des römischen Reiches. Aber wo soll jetzt die Amtskirche mitten hinein?

Mitten hinein in den Spätkapitalismus wo bleibt dann die Wende zum Sozialismus lebenswichtig für die Zukunft?

Mitten hinein in den Sozialismus wo bleibt dann die Wende zum Spätkapitalismus lebenswichtig für die Gegenwart?

So bewegte sich die Kirchenreform im stürmischen Tempo mehrerer halber Schritte voraus und sodann sicherheitshalber eines ganzen Schrittes zurück.

Also ist man heute ungefähr wieder dort wo der gute Papst Johannes begann als er auf die Frage was er mit dem Konzil wolle zum Fenster ging und es aufmachte.

Es zog eine Menge Leute kriegten Schnupfen jetzt ist das Fenster wieder zu.

Es ist doch mehr passiert als das.

Der halbe Anpassungsschritt zum Spätkapitalismus und der halbe Anpassungsschritt zum Sozialismus lassen sich nicht addieren noch auch läßt sich davon glatt abziehen der ganze Rückschritt zur Rettung des amtskirchlichen Feudalismus. *Die anscheinend total liquidierte joanneische Kirchenreform hat Widersprüche hinterlassen die früher oder später (eher später) eine neue Phase der Reform heraufführen werden.*

II.
Kirchenreform und westliche Demokratie

Die Kirche lebt in Symbiose mit der »westlichen« Demokratie. Im »Osten« ist sie besonderen Bedingungen unterworfen teils einschränkenden teils schlechthin unterdrückerischen. Das treibt sie noch enger an die Seite des Westens.

Der Westen hat für die Kirche durchaus Bedarf.

Die Kirche ist Lieferantin inmitten westlicher Güterfülle der knappen Ware Rechtfertigung einer Gesellschaft materiellen Reichtums und geistiger Ödnis.

Die westliche Demokratie sprich Spätkapitalismus hat mehr als die normalen Rechtfertigungsschwierigkeiten eines Systems wo wenige über viele herrschen wenige viele ausplündern:

Die westliche Demokratie ist konfrontiert mit einem neuen Sozialismus der ihr schlechthin das Lebensrecht bestreitet und nicht ohne Erfolg.

Zum Glück gibt es das Schreckgespenst des »östlichen« Kommunismus.

Das Bürgertum Erfinderin des modernen Atheismus und Antiklerikalismus ist heute froh über die geistige Assistenz der Kirche. Die moderne Kirche verkündet die westliche Demokratie Freiheit Sicherheit Wohlstand – gewiß nicht ohne darauf zu bestehen daß der Sozialkapitalismus womöglich noch sozialer werden müsse. Sie warnt vor dem Kommunismus Grab von Freiheit Sicherheit Wohlstand.

Dafür gibt das Bürgertum Erfinderin der Trennung von Staat und Kirche der heute verbündeten Kirche erhebliche Vorteile

materielle (Kirchensteuer Subventionen Spenden der »Wirtschaft« Beteiligung am Bank- Anleihe- und sonstigen Wirtschaftswesen)

gesetzliche (betreffend Ehe Ehescheidung Abtreibung erhöhten Ehrenschutz für Priester Kirche Religion und den lieben Gott)

gesellschaftliche (Mitwirkung bei Geburt Heirat Tod Raum in den Massenmedien Mitsprache in öffentlichen Angelegenheiten allgemeines Sozialprestige).

In der westlichen Welt ist die Kirche Staatskirche.

Wenn die Kirche ihre Stellung an der Seite der westlichen Demokratie halten will ihre Rolle als geistige Helferin mit Erfolg spielen soll:

Dann muß die Kirche in ihrem Innern eine gewisse Attraktivität haben für jene die in ihr aktiv werden wollen. Sie darf in ihrer Organisation und in ihrer Lehre nicht *allzu* verschieden sein von dem was der christliche Bürger draußen vorfindet. Ein bißchen Demokratie ein bißchen Wahlen ein bißchen liberale Ansichten über Meinungsfreiheit und sogar über Sexualität.

Durch ihre Absperrung vom atheistisch-antiklerikalen bürgerlichen Staat konnte die Kirche in Organisation und Lehre feudal-vorkapitalistisch-vordemokratisch bleiben bis hoch ins 20. Jahrhundert. Durch ihr Bündnis mit der westlichen Demokratie kommt sie jetzt in Reformzwang. Sie darf nicht zu weit hinterdrein sein hinter ihrem demokratisch-kapitalistischen Partner.

Kirchenreform durch Anpassung an westliche Demokratie wäre ja noch nicht so schlimm. Denn so schrecklich viel Freiheit steckt ja nicht in unserer freiheitlichen Demokratie. Das haben die mit der freiheitlichen Demokratie verbündeten kirchlichen Feudalherren rasch herausgefunden die klügeren zumindest: viele also. Warum jemanden autoritär ernennen wenn man ihn auch auf einen demokratischen Zettel schreiben kann und die Schäfchen wählen ihn dann.

Überdies hat unsere freiheitliche Demokratie neuerdings und mancherorts einen glücklichen Hang zu noch ein bißchen weniger Demokratie weniger Freiheit notstandshalber gegen böse Linksextremisten (natürlich auch Rechtsextremisten aber die gibts nicht).

Die Kirchenreform profitiert davon nicht so recht. Denn wie gering die Dosis Demokratie und Freiheit auch sein oder werden mag in der freiheitlichen Demokratie

Und wie sehr die Kirchenreform nochmals zurückbleiben kann hinter dieser westlichen Minimaldosis unter Berufung auf den lieben Gott der kein Demokrat sei

Die Kirche muß über die westliche Demokratie bereits hinaus und Linksgymnastik treiben auch in Richtung Sozialismus:

III.
Kirchenreform
Sozialismus
Sozialdemokratie

- Die Welt dreht sich nach links und eine kluge Kirche baut vor
- Sozialismus autoritärer Prägung ist bereits an der Herrschaft und fast überall dort gibt es katholische Kirche

● Sozialismus als Befreiungsbewegung gibt es überall in Asien Afrika Lateinamerika und Lateinamerika ist der katholische Kontinent schlechthin.

So kommt es zur Merkwürdigkeit daß die Kirchenreform sich vor allem mit den »radikalen« Spielarten des Sozialismus draußen befaßt viel weniger mit der zahmen Sozialdemokratie daheim obwohl diese doch der westlichen Demokratie viel näher steht. Das ist auch schon der Grund. Die Kirche hält die Sozialdemokratie (allmählich auch die »neue Sozialdemokratie«: die Kommunistischen Parteien des Westens) für Teil der westlichen Demokratie daher für harmlos beides mit gutem Grund.

Sozialdemokratie à la Labour Party wurde schon bald nach dem päpstlichen Verdammungsurteil über den Sozialismus in der Enzyklika Quadragesimo anno 1931 durch einen offiziösen Nachhang hiezu von solcher Verdammung ausdrücklich ausgenommen.

Anpassung an den Spätkapitalismus einerseits Anpassung an den radikalen Sozialismus anderseits gibt den päpstlichen Rundschreiben ein eigentümliches Doppelgesicht:

IV.
Doppelgesicht der Päpste

●● Zur »westlichen« Demokratie gewandt loben sie diese und ihre Errungenschaften insbesondere auch die ökonomischen (»Güterfülle« »Wohlstand«)

●● Zum Sozialismus gewandt geißeln sie kapitalistische Profitgier steigern sich bis in ein totales Verdammungsurteil des Kapitalismus (Johannes XXIII: »Er ist in der Wurzel schlecht«)

●● Wiederum zur »westlichen« Demokratie gewandt unterscheiden sie sorgsam zwischen guten und schlechten Arten von Kapitalismus verdammen den Sozialismus oder vielleicht nur manche Arten von Sozialismus

●● Wiederum zum Sozialismus gewandt nennen sie bei diesem Verdammungsurteil sicherheitshalber keine Namen. Die namentliche Verdammung des Sozialismus in »Quadragesimo anno« liegt der päpstlichen Soziallehre noch heute im Magen denn Sozialismus gibts trotzdem mehr denn je und daher muß man sich mit ihm vertragen. Bei enzyklischen Verdammungen des Kommunismus gibts keine Namensnennung mehr: Johannes XXIII. proklamierte daß jede große Bewegung ihr Gutes hat wo nicht in der Ideologie so in der Praxis und das Gute muß der Christ suchen

●● Wiederum zum Kapitalismus gewandt gibt »Populorum progressio« detaillierte Rezepte wie »Entwicklungshilfe« gerecht durchzuführen sei

●● Wiederum zum Sozialismus gewandt: zu den Befreiungsbewegungen der Dritten Welt verkündet in »Populorum progressio« Paul VI. – gerade Konterreformer große Antireformer – die in der päpstlichen Soziallehre bisher schärfste Verurteilung der kolonialen und neokolonialen Ausbeutung. (»Die Reichen werden immer reicher«. »Die armen Völker bleiben immer arm«.)

So kann jeder zitieren und tut dies auch. Die Kirche ist gesuchter Bundesgenosse in allen drei Welten die Christen sind gesuchte Hilfstruppen in allen drei Heerlagern. *In der Zeit des Übergangs vom Kapitalismus zum Sozialismus tanzt der Vatikan auf allen Kirtagen der Weltgeschichte.*

Kapitalistisch mit Kapitalisten.
Kommunistisch mit Kommunisten.
Antikolonialistisch mit Antikolonialisten.

V.
Werben um die 3. Welt

In der Enzyklika Populorum progressio 1967 stand nichts Neues alles darin ist schon früher gesagt worden zB in der Bergpredigt. Aber diese war die längste Zeit verdächtig als Interpolation von Linkskatholiken in die Bibel eingeschmuggelt worden zu sein[1]). Linksabweichungen von Christus über die Evangelisten Apostel Kirchenväter großen Theologen bis Bolzano Lamennais Teilhard galten als Schätze unter Verschluß.

Der gute Papst Johannes und das Zweite Vatikanum haben das Tor der linken Schatzkammer der Kirche geöffnet den Schatz hinausgetragen und niedergelegt zu Füßen der Armen dieser Welt:

> *Der Papst hat sich »zum Anwalt der a r m e n V ö l k e r gemacht« (4). Denn Christus »verkündigte seine Frohbotschaft an die A r m e n« (12)*[2]).

Nichts ist daran neu. In dieser Enzyklika wurden lediglich fast alle »linken« Wahrheiten des Christentums rücksichtslos zusammengetragen unfein laut ausgesprochen mit konkretem absichtsvollem Blick auf die Völker der Dritten Welt.

Der Papst beschrieb die Lage der armen Völker in den stärksten Ausdrücken. Er spricht vom

> *»S k a n d a l s c h r e i e n d e r U n g e r e c h t i g k e i t« in Besitz und Gebrauch der Güter in manchen Ländern. »Eine kleine Schicht genießt alle Raffinessen der Zivilisation« der Rest der Bevölkerung ist »menschenunwürdig arm« (9). Das ergibt »ganz sicher Situationen, deren U n g e r e c h t i g k e i t z u m H i m m e l s c h r e i t« (30).*

Der Papst analysierte diese Situationen mit guten alten sozialistischen marxistischen kommunistischen Vokabeln er spricht von

»üblen Praktiken eines gewissen K o l o n i a l i s m u s und ihren unleugbaren Folgen« (7); »A u s b e u t u n g der Arbeiter« (21); »Diktatur« des »internationalen K a p i t a l i s m u s der Hochfinanz«, »gewissen Formen des K a p i t a l i s m u s als Quelle von vielen Übeln, Ungerechtigkeit und brudermörderischen Kämpfen« (27); Formen der Arbeit die »e n t m e n s c h l i c h e n, v e r s k l a v e n« (28); »Verewigung der U n t e r d r ü c k u n g der Unterdrückten« (33); »Befreiung aus der V e r s k l a v u n g« unter die Menschen (34) wie aus der »V e r s k l a v u n g unter die Dingwelt« (41); von einem Leben »frei von V e r s k l a v u n g« (47); vom »sogenannten N e o k o l o n i a l i s m u s, der unter dem Schein finanzieller und technischer Hilfe politischen Druck und ökonomisches Übergewicht ins Spiel bringt, um eine Vormachtstellung zu bewahren oder neu zu erobern« (52).

Auch daran war nicht so viel neu wie die Massivität der Zusammenstellung vorspiegelt: den Kapitalismus haben schon die vorangegangenen Sozialenzykliken verurteilt[3]). Neu war vielleicht die fast ungenierte Verwendung des marxistischen Vokabulars aber dieses enthält eben die Termini technici zur Beschreibung einer bestehenden Realität: es ist keine Schande wenn man von anderen lernt seis auch nur die Dinge bei ihren Namen zu nennen.

Der Papst war jedoch bereit mehr zu lernen als nur Terminologie. Er beschreibt das Verhältnis zwischen reichen und armen Völkern auch inhaltlich mit Hilfe der Marxschen politischen Ökonomie. Er sagt:

». . . bei den armen Völkern geht es nur langsam voran« (8). »Die armen Völker bleiben immer arm . . .« (57).

Zwischen diesen Sätzen des Papstes besteht ein Widerspruch nur solchen Scharfsinn der das Marxsche Theorem der Verelendung schon widerlegt glaubte wenn er zu sagen wußte: »Was wollen die Marxisten den armen Leuten geht es heute besser sie müssen es selber zugeben.« Der Satz läßt sich jetzt variieren: »Was will der Papst ist er ein Marxist geworden? Bei den armen Völkern geht es langsam voran er muß es selber zugeben.«

In Wahrheit ist Elend stets relativ.

»Ein Haus mag noch so klein sein, solange die es umgebenden Häuser ebenfalls klein sind, befriedigt es alle gesellschaftlichen Ansprüche an eine Wohnung. Erhebt sich aber neben dem kleinen Haus ein Palast, und das kleine Haus schrumpft zur Hütte zusammen. Das kleine Haus beweist nun, daß sein Inhaber keine oder nur die geringsten Ansprüche an die Zivilisation zu machen hat; und es mag im Lauf der Zivilisation in die Höhe schießen noch

so sehr, wenn der benachbarte Palast in gleichem oder gar in höherem Maße in die Höhe schießt, wird der Bewohner des verhältnismäßig kleinen Hauses sich immer unbehaglicher, unbefriedigter, gedrückter in seinen vier Pfählen fühlen[4]*).«*

Ganz entsprechend diesen Marxschen Sätzen präsentiert der Papst eine quasi komplette Theorie der relativen Verelendung der armen Völker:

Es geht ihm um »soziale Gerechtigkeit zwischen den Völkern« (5). Es gibt ein »Mißverhältnis im Lebensstandard: die reichen Völker erfreuen sich eines raschen Wachstums, bei den armen Völkern geht es nur langsam voran« (8). »Es wächst der Abstand, der den Fortschritt der einen trennt von der Stagnation, besser gesagt: dem Rückschritt der anderen« (29). »Die armen Völker bleiben immer arm, die reichen werden immer reicher« (57).

Der Papst erklärte daß der Kapitalismus unfähig ist mit dieser Lage fertigzuwerden:

»Bleibt die Welt dem freien Spiel der Kräfte überlassen, so führt dessen Mechanismus zur Verschärfung, nicht zur Entspannung« (8). Die Industrialisierung ist nötig (25) aber »zum Unglück hat sich mit dieser neuen Lebensform ein System verbunden, das den Profit als eigentlichen Motor des wirtschaftlichen Fortschritts betrachtet, den Wettbewerb als das oberste Gesetz der Wirtschaft, das Eigentum an den Produktionsmitteln als absolutes Recht, ohne Schranken und soziale Pflichten. Dieser ungehemmte Liberalismus . . .« (26), d. h. »Einzelinitiative und das freie Spiel des Wettbewerbs können den Erfolg des Entwicklungswerkes nicht sichern« (33). »Die Spielregel der freien Marktmechanik kann für sich allein die internationalen Beziehungen nicht regieren . . . Die Preise, die sich frei auf dem Markt bilden, können ganz verderbliche Folgen haben. Man muß es einfach zugeben: damit ist das Grundprinzip des Liberalismus als Regel des Handelns in Frage gestellt« (58).

Der Papst gibt dem Kapitalismus zu daß man

»auch die Tüchtigkeit und das Werk mancher Kolonisatoren rühmend erwähnen« darf (7).

Er warnt auch gebührend vor

»Versuchung, sich Messianismen zu verschreiben . . . in totalitäre Ideologien hineinzuschlittern . . .« (11).

Und er läßt an der »freien Marktmechanik« des Kapitalismus einiges Gute:

»Ihre Vorteile sind klar, wo es sich um Partner von nicht allzu ungleichen wirtschaftlichen Bedingungen handelt; sie stachelt den

Fortschritt an und belohnt die Anstrengung. Deshalb sehen die Industrieländer darin ein Gesetz der Gerechtigkeit« (58).

Das sind Konzessionen an die »Objektivität das heißt: an den Kapitalismus. Aber insgesamt beläßt der Papst den Völkern der Dritten Welt keine Zweifel wo er steht: er bleibt bei seiner schneidenden Verurteilung der unheiligen Dreifaltigkeit Kapitalismus-Liberalismus-Kolonialismus.

Man muß in Betracht ziehen für wen der Papst die Enzyklika schrieb: für die verelendeten Völker der Dritten Welt. Da mußte und durfte die Spitze gegen den Kapitalismus schneidender werden als wenn etwa die Lage der Industrieländer das Thema wäre wie in früheren Enzykliken wo der Kapitalismus nicht verurteilt und doch wieder verurteilt wird in einem Eiertanz der von den Fanfarenstößen dieser Enzyklika klar absticht. Aber auch wenn man den Adressaten gebührend berücksichtigt und auch berücksichtigt daß derselbe Papst gegenüber demselben Adressaten seither wieder manche Rückzieher machte bleibt doch die äußerste Schärfe dieses päpstlichen Antikapitalismus Antiliberalismus Antikolonialismus von epochaler künftiger Bedeutsamkeit.

Was tun? Unter diesem Titel des 3. Abschnitts im I. Teil der Enzyklika – und dieser Titel ist wenn man will ein Lenin-Zitat[5]) – machte die Enzyklika Populorum Progressio im wesentlichen drei Vorschläge:

VI.
Der Papst für Gemeineigentum Planwirtschaft Wirtschaftsdemokratie

MEHR GEMEINEIGENTUM. Der Papst beginnt seine Kritik des Privateigentums mit dem Verweis auf die

> *»erste Seite der Heiligen Schrift, wonach die gesamte Schöpfung für den Menschen da ist ... Alle anderen Rechte, ganz gleich welche, auch das Recht des Eigentums und des freien Handels sind diesem allgemeinen Recht auf die Erdengüter untergeordnet« (22).*

Es folgen Verweise auf den Evangelisten Johannes und den Kirchenvater Ambrosius:

> *»Wer aber die Güter der Welt hat und seinen Bruder Not leiden sieht und sein Herz gegen ihn verschließt, wie kann da die Liebe Gottes in ihm bleiben?« (1. Joh. 3,17).*

»Es ist aber nicht Dein Gut, womit du gegen die Armen großzügig bist. Du gibst ihnen nur zurück, was ihnen gehört. Du hast dir nur genommen, was zu gemeinsamer Nutzung da ist. Die Erde gehört allen, nicht nur den Reichen« (Ambrosius, De Nabuthe, 12, 53) (23).

Dies ist noch nicht das stärkste – sozialistischeste kommunistischeste – Zitat das sich bei Kirchenvätern gegen das Privateigentum finden läßt[6]). Aber schon dies wurde bisher fast nur von der »anderen Seite« zitiert zB von Victor Adler als er vor Gericht stand weil er »die rechtliche Begründung des heutigen Eigentums . . . in Zweifel gezogen und diesem Eigentum die Anerkennung . . . versagt«.[7])

Der Papst tat ebendies mit folgenden Worten:

»Das Privateigentum ist für niemanden ein unbedingtes und unumschränktes Recht . . . Das Eigentumsrecht darf nach Lehre der Kirchenväter und großen Theologen niemals zum Schaden des Gemeinwohls gebraucht werden« (23).

»Das Gemeinwohl verlangt manchmal eine Enteignung, wenn ein Besitz dem Gemeinwohl hemmend im Wege steht, sei es wegen seiner Größe, wegen zu geringer oder keiner Nutzung, wegen des Elends, das er dem Volke bringt, oder wegen beträchtlicher Schädigung der Interessen des Landes« (24).

Auch frühere Sozialenzykliken haben das absolute Privateigentum verurteilt ein relatives Gemeineigentum propagiert. Aber hier fand der Papst fast schon den Ansatz zu einer neuen *Theologie des Eigentums* wonach *alles* Eigentum *prinzipiell* Gemeineigentum wäre ohne Rücksicht auf den bloß *juristischen* Besitztitel eines Privaten oder auch des Staates.

Auch was die *Enteignung* betrifft ließ der Papst die Grenzen des bürgerlichen Eigentumsbegriffs weit hinter sich. Er gab einen Katalog von Spezialfällen zulässiger Enteignung der sich bereits als konkret anwendbares Recht darstellt wie es für den Übergang von einer kapitalistischen zu einer sozialistischen Gesellschaft nötig wäre[8]). Die vom Papst aufgezählten Fälle reichen nämlich aus um alles große und durch (private oder staatliche) Machtkonzentration gefährliche Eigentum an Boden wie an industriellen Produktionsmitteln ohne weiters zu sozialisieren.

2. *MEHR PLANWIRTSCHAFT.* Ebenso klar wie über das Gemeineigentum äußerte sich der Papst über die Planwirtschaft:

»Lokale und vereinzelte Initiativen genügen heute nicht mehr« man braucht »ein klares Konzept auf wirtschaftlichem, sozialem, kulturellem und geistigem Gebiet« (13). »Man braucht Programme« (33). »Die Situation verlangt Programme« weil dies »mehr und besser ist als zufällige Hilfe . . . Ein

Programm übersteigt die Gesichtspunkte rein wirtschaftlichen Wachstums und sozialen Fortschritts, es gibt dem zu leistenden Werk Sinn und Wert« (50).

Der Papst schlägt vor in solche Planung *alle* Bereiche der Wirtschaft einzubeziehen:

»Man muß gemeinsame Programme aufstellen, die die I n v e s t i t i o n e n koordinieren, die P r o d u k t i o n regeln, den A u s t a u s c h organisieren« (64).

3. MEHR WIRTSCHAFTSDEMOKRATIE. Zu seinen Vorschlägen betreffend Gemeineigentum und Planwirtschaft fügte der Papst als drittes die Demokratisierung der Wirtschaft die Umwandlung der Unternehmerautokratie in Betriebsdemokratie. Er zitiert hiebei seinen Vorgänger Johannes XXIII:

»Arbeit ist nur dann menschlich, wenn sie für Vernunft und Freiheit Raum läßt ... Der Arbeiter hat nur dann seine Würde, wenn er w i r k l i c h am gemeinsamen Werk teilhat. ›Man muß danach streben, daß die Betriebe eine G e m e i n s c h a f t von Personen werden, hinsichtlich der wechselseitigen Beziehungen zwischen Arbeitgeber und Arbeitnehmer, hinsichtlich des Arbeitsprozesses und schließlich der B e t e i l i g u n g a l l e r A r b e i t e n d e n‹[9]« (28).

Was die Enzyklika unter dem Leninschen Titel »Was tun?« für die Entwicklungsländer vorschlug sind die klassischen drei Instrumente für die Umwandlung einer kapitalistischen in eine sozialistische Wirtschaftsordnung: Gemeineigentum Planwirtschaft Wirtschaftsdemokratie. Das heißt: der Papst schlug für die Entwicklungsländer den Sozialismus vor als Ausweg aus ihren Nöten.

Insofern ist der Papst zwar Sozialist aber kein klassischer Sozialist da ein solcher den Sozialismus für die Industriegesellschaft vorschreibt nicht für zurückgebliebene Länder.

Der Papst ist Realist: er berücksichtigte die bisherige Entwicklung die tatsächlich den Sozialismus – in bestimmten peinlich unvorhergesehenen Formen – gerade dort produziert hat wo ihn die klassisch sozialistische Theorie *nicht* erlaubte.

Worauf so manche sozialdemokratisch-marxistische Theoretiker bis heute nichts Gescheiteres zu sagen wissen als etwa: »Wenn dies die Tatsachen sind dann desto schlimmer für sie wir nehmen sie nicht zur Kenntnis das hat Marx nicht gewollt.« Der Papst ist ein besserer Revisionist als diese Sozialdemokraten.

VII.
Der Papst für Revolution

Der Papst ist auch insofern Realist als in seinem sozialistischen Konzept für die Entwicklungsländer als Weg zu deren sozialistischer Ordnung die *parlamentarische Demokratie* gar nicht vorkommt. Eine Erwähnung dieses Wortes wird man in der ganzen Enzyklika vergeblich suchen. Der Papst forderte nur die Wirtschaftsdemokratie. Auch hierin ist er klüger als so mancher Sozialdemokrat der sein eigenes Parlament im afrikanischen Busch originalgetreu kopiert finden möchte.

Statt von parlamentarischer Demokratie als Weg zu einer sozialistischen Ordnung sprach der Papst von Revolution:

> *»Jede Revolution – ausgenommen im Fall der eindeutigen und andauernden Gewaltherrschaft, die die Grundrechte der Person schwer verletzt und dem Gemeinwohl des Landes schwer schadet – zeugt neues Unrecht, bringt neue Störungen des Gleichgewichts, produziert neue Zerrüttung; man kann ein Übel nicht mit einem noch größeren Übel vertreiben« (31).*

Der Hauptsatz enthält eine negative Aussage welche nach Verurteilung der Revolution aussieht; sie wird nur in einem Schaltsatz und ausdrücklich nur als Ausnahmsfall erwähnt.

Aber anders als in einem solchen Ausnahmsfall – eindeutige andauernde Gewaltherrschaft schwere Verletzung der Grundrechte schwere Schädigung des Gemeinwohls – ist noch keine Revolution je ausgebrochen. Aus Spaß finden Revolutionen nicht statt. Die negative Einhüllung besagt nicht mehr als etwa der Satz: Jeder chirurgische Eingriff – außer im Falle der schweren Gesundheitsschädigung – ist schwer gesundheitsschädlich.

Das heißt: der vom Papst anerkannte Ausnahmsfall für Revolutionen ist der Regelfall. Das wiederum heißt: der Papst anerkennt die Revolution.

Das ist insofern nicht neu als die Kirche ein Widerstandsrecht gegen Gewaltherrschaft zwar nur selten laut verkündet aber theoretisch stets anerkannt hat. Paul VI. wendete dieses allgemeine naturrechtliche Theorem erstmals konkret auf die moderne Revolution an. Von nun ab können die von der Kirche bisher abgelehnten modernen Revolutionen von der französischen über die russische und chinesische bis zu etwa noch kommenden in Afrika Asien Lateinamerika – *kirchlich gerechtfertigt werden.*

Aus den sozialddemokratischen Programmen ist jede Erwähnung

der Revolution – sei sie negativ oder gar positiv oder gar die konkrete Angabe wann Revolution etwa zulässig sei – längst verschwunden. Man hat Angst vor dem spießerischen Gemütszustand seiner Wähler. Der Papst ist revolutionärer als die Sozialdemokraten.

Auch wenn unterdessen die Worte des Papstes über Revolution – in der steigenden Angst über allzuviel Reform und im raschen Vormarsch der Konterreform – gebührend verwässert wurden (auch von ihm selbst): sie bleiben von *künftiger* Bedeutung: für die nächste Welle der Kirchenreform und die Kirche überhaupt. Ihr linker Zitatenschatz ist nützlich erweitert.

VIII.
Der Papst für neue Theologie

Viel aufregender noch als all das war eine neue Theologie die sich in Populorum progressio ankündigte – deutlicher sogar als in den joanneischen Enzykliken und in den Konzilsdokumenten.

Wenn ein richtiggehender atheistischer Sozialist (Marxist Kommunist) heute erwägen kann: Schön die christlichen Brüder machen also Konzessionen sie akzeptieren Gemeineigentum Planwirtschaft Wirtschaftsdemokratie Revolution die Umstände zwingen sie dazu gut das ermöglicht auch Zusammenarbeit mit ihnen – so ist noch nicht viel *geistig* Interessantes passiert. Denn die Erwägung wird etwa so weitergehen: Aber im Weltanschaulichen hat sich nichts geändert. Hier mein radikaler Humanismus: der Mensch als höchstes Wesen für den Menschen. Dort jene nebulose Entfremdung in Mensch und Gott Diesseits und Jenseits – da gibt es keine Verständigung.

In Populorum progressio präsentierte der Papst mit bisher unerhörter Eindringlichkeit wenngleich bloß ansatzweise eine Theologie welche *alles Jenseits radikal ins Diesseits hereinholt*. Der Papst trieb Theologie als Anthropologie Theologie als Humanismus.

Das ist wiederum nicht neue Theologie sondern gut christlich ja *typisch* christlich. Aber solche Theologie war doch recht tief und lang verschüttet durch Primitivismen die den marxistischen Atheisten recht zu geben schienen wenn sie meinten: Der Gott der Christen ist ein alter Herr mit Bart der im Nachthemd auf einer Wolke sitzt.

Im päpstlichen Text wurde die Spur der modernen Theologie deutlich welche – herausgefordert durch die marxistische Religionskritik also *dank* dieser Kritik – an der Auflösung jener Primitivismen gearbeitet hat geduldig und lange Zeit unbedankt kurze Zeit anerkannt und nun schon wieder verketzert und indiziert. Populorum progressio ist erst ein paar Jahre alt und liegt schon wieder hundert Jahre zurück.

Der Papst unternahm in Populorum progressio eine Auflösung der primitivchristlichen Grenzlinie zwischen Diesseits und Jenseits Unten und Oben Erde und Himmel samt der ebenso primitiven Vorstellung daß der einzelne Christ wenn er brav ist diese Grenzlinie überspringt und »in den Himmel kommt« – »Rette Deine Seele« als ein Ruf wie »Rette sich wer kann« und »Mögen die anderen sehen wo sie bleiben«.

Statt dessen entwarf der Papst eine *Theologie der Entwicklung* in welcher die *ganze* Christenheit als reale Kirche und die *ganze* Menschheit als mögliche Kirche solidarisch unterwegs ist: schon im Diesseits am Jenseits dh an ihrer Zukunft arbeitend und im Jenseits dh in ihrer Zukunft gemeinsam anzulangen hoffend.

> *Die Kirche ist »gegründet, um schon auf dieser Erde das Himmelreich zu errichten«, denn: »sie lebt in der Geschichte« (13).*
>
> *»Nach dem Plan Gottes ist jeder Mensch gerufen, sich zu entwickeln . . . Der Mensch ist für seinen Fortschritt ebenso verantwortlich wie für sein Heil« (15). Aber »nicht nur dieser oder jener, alle Menschen sind zur vollen Entfaltung berufen«. So schreitet »die Menschheit auf dem Weg ihrer Geschichte voran« in »unbestreitbarer Solidarität aller« (17), wobei »die Arbeit der Menschen, für den Christen, den weiteren Sinn hat, Mitarbeit zu sein an der Schaffung der übernatürlichen Welt, die erst vollendet ist, bis wir alle zusammen den vollkommenen Menschen bilden, von dem der heilige Paulus spricht[10]) und der die ›Fülle Christi‹ darstellt« (28).*

Was keineswegs neues sondern altes tiefes Christentum ist gewann doch ein ganz neues Ansehen durch den engen Zusammenhalt ja die Identität die der Papst herstellt zwischen Entwicklung und Fortschritt der *Völker* Entwicklung und Fortschritt der *Christen*. Der irdische Fortschritt ist für die Christen nicht bedeutungslos vielleicht sogar böse sondern *dasselbe* wie ihr übernatürlicher Fortschritt: nicht einzelweise (»Rette *Deine* Seele«) sondern nur zusammen mit den armen Völkern kommen die Christen in ihrer Zukunft an:

> *»Mögen manche solche Hoffnungen (auf eine besser funktionierende Völkergemeinschaft) für utopisch halten. Es könnte sein, daß ihr Realismus irrt, daß sie die Dynamik dieser Welt nicht erkannt haben, die brüderlicher leben will, die trotz ihrer Unwissenheit, Irrtümer, Rückfälle in Barbarei, weiter Abwege vom Heil, langsam, ohne sich darüber klar zu sein, sich ihrem Schöpfer nähert . . . zur Erbauung des Leibes Christi in seiner Fülle: zum einen Volk Gottes« (79).*

Der Papst präsentierte hier dem atheistischen Humanismus eine Transzendenz die keine statische ungeschichtliche Trennung von

Diesseits und Jenseits ist sondern ein dynamisches geschichtlich wachsendes Ineinander von Diesseits und Jenseits entlang der Zeitlinie entlang des Weges der Menschheit in ihre Zukunft an welcher die Menschheit durch ihre eigene brüderliche Arbeit baut.

Diese Art von Transzendenz – das Fortschreiten in die Zukunft das Hinauswachsen des Menschen über sich selbst durch eigene Arbeit – ist dem atheistischen Humanismus wohlvertraut. Der Papst verlangt von ihm nur noch eines: das Fortschreiten in die Zukunft das Hinauswachsen des Menschen über sich selbst nicht willkürlich abbrechen zu lassen an einem bestimmten Punkt sondern diesen Humanismus *offen* zu halten:

> *Die Kirche möchte den Menschen »helfen, sich voll zu entfalten, und deswegen eröffnet sie ihnen ihr Ureigenstes: eine umfassende Sicht des Menschen und der Menschheit« (13). »Der Mensch ist über sich hinausgerufen. Durch seine Eingliederung in Christus, das Leben, gelangt er zu einer neuen Entfaltung, zu einem Humanismus jenseitigen, ganz anderer Art, der ihm eine umgreifende Vollendung schenkt: das ist das letzte Ziel und der letzte Sinn menschlicher Entwicklung« (16).*
>
> *»Diesen v o l l e n H u m a n i s m u s gilt es zu entfalten . . . Ein in sich geschlossener Humanismus, ohne Augen für Gott, könnte nur Scheinerfolg haben. Der Mensch kann die Erde ohne Gott gestalten, aber dann letztlich nur gegen den Menschen. Der in sich geschlossene Humanismus ist inhumaner Humanismus. Wahrer Humanismus ö f f n e t sich zum Absoluten. Der Mensch ist in keiner Weise letztes Maß. Er ist nur soviel Mensch, als er den Menschen unendlich ü b e r s t e i g t« (42).*

Durch solches Christentum als offener Humanismus wird der marxistischen Religionskritik – die zu solcher Vertiefung des heutigen Christentums nicht wenig beigetragen hat – der Boden weggezogen.

Eine solche Religion ist nicht »Seufzer der bedrängten Kreatur«[11]) sondern Aufruf zur Veränderung der Welt:

> *»Wir müssen uns der Lage mutig stellen und ihre Ungerechtigkeit austilgen. Der Fortschritt fordert kühne, bahnbrechende Umgestaltungen. Drängende Reformen müssen unverzüglich in Angriff genommen werden« (32). »Wandlungen sind notwendig, tiefgreifende Reformen unumgänglich.« Es muß »mit aller Entschiedenheit« gehandelt werden – die Christen »in vorderster Linie« und zusammen mit »allen Menschen guten Willens« »J e t z t s c h l ä g t d i e S t u n d e d e r T a t« (80).*

Eine solche Religion liefert keinen »Heiligenschein über dem Jammertal«[12]) sondern Scheinwerfer für den Bauplatz. Sie liefert keine »imaginären Blumen an der Kette«[13]) sondern Schneidbrenner zum Zertrennen dieser Kette Sie ist nicht »Opium des Volkes«[14])

sondern Marschverpflegung auf dem Weg in die Zukunft der Menschheit.

Wenn die Amtskirche seither auch wieder den Krebsgang eingeschaltet hat erschrocken über die eigenen Worte (genauer: darüber daß man nach den Worten auch Taten wollte): die Theologie des Fortschritts der offene Humanismus den der Papst in Populorum progressio vortrug schuf dennoch für die Zukunft eine neue Lage. Das Neben- und Miteinander von Christen und Sozialisten: hat seither eine andere potentielle Basis als bloße fade geistig unfruchtbare wechselseitige Toleranz oder auch als bloße praktische Zusammenarbeit ohne tieferes geistiges Gespräch.

Indem der Papst in Populorum progressio sich zur gesellschaftlichen Praxis des Sozialismus in kaum noch verhüllter Form bekannte und indem er eine Theologie vorschlug die mit dem sozialistischen Humanismus gesprächsfähig ist wurde trotz seitheriger Rückzieher eine Möglichkeit geschaffen daß Christen und Sozialisten die Frage aller Fragen: *Was ist der Mensch?* – in Hinkunft gemeinsam stellen und gemeinsam beantworten können.

Die Sozialisten hatten ein neues Christentum präsentiert bekommen die Christen eine neuartige Anerkennung des Sozialismus. Vorübergehend und doch mit bleibender Nachwirkung *war der Papst ein guter Sozialist geworden* ein besserer als manche die sich so nennen ein besserer Humanist als jene Humanisten die den Menschen abschließen wollen gegen die tiefste Dimension seiner Menschlichkeit gegen seine Öffnung zum Geheimnis.

Daß der Papst ein Sozialist geworden war wurde zum Skandal des Jahrhunderts. Mußten nun »Rechtskatholiken« um seinen Tod beten wie einst die adeligen Fräulein in Paris als Leo XIII. den französischen Katholiken das Überschwenken aus dem feudalen ins demokratisch-republikanische Lager verordnete[15])?

Es wurde nicht so schlimm. Derselbe Papst der Populorum progressio schrieb (schreiben ließ von seither in den Hintergrund gedrängten Theologen Ökonomen Experten der Dritten Welt) wurde zum Papst der Konterreform.

Populorum progressio blieb Stückwerk blieb eine monumentale Ruine: Zeugnis der radikalen Entschlossenheit eines im übrigen konterradikalen im übrigen unentschlossenen angstvollen Papstes wenigstens *einen* nötigen Seitenwechsel diesmal rechtzeitig zu vollziehen:

Die Kirche blieb allzulange im Lager der Feudalen: Hunderttausende von Bürgerlichen wurden Atheisten. Die Kirche blieb allzulange im Lager der Bürgerlichen: Millionen von Proletariern wurden Atheisten. Soll die Kirche nun ebensolange im Lager der reichen

Völker bleiben? Soll den Milliarden der armen Völker das Christentum verschlossen bleiben?

Die Kirche stand im Klassenkampf der Feudalen und Bürgerlichen mehrheitlich auf der falschen Seite. Die Kirche stand im Klassenkampf der Bürgerlichen und Proletarier mehrheitlich auf der falschen Seite. Das sollte ihr im Klassenkampf zwischen den reichen und armen Nationen nicht mehr passieren. Sie hatte sich eindeutig deklariert: gegen den Kapitalismus-Imperialismus-Neokolonialismus; für die armen Völker. *Die Kirche hatte Partei genommen.*

Kirche ist für alle Menschen da aber nicht für jedes beliebige menschliche Gesellschafts- und Denksystem. Sie soll kein Paravent sein für alte von der geschichtlichen Entwicklung abgeurteilte Ordnungen kein Bollwerk gegen neue aufsteigende. Christus ist nicht für den Kapitalismus und nicht gegen den Sozialismus gestorben.

Die Enzyklika vom Fortschritt der Völker war ein Dokument für den Fortschritt der Christen. Es war ein Fortschritt in Richtung Sozialismus.

Die Parteinahme für die Opfer des Kolonialismus der christlich benannten Völker war Frucht langen Nachdenkens und moralischer Besinnung der *Kirche* das heißt: der aktiven Christen. Daß die *Amtskirche* diese Parteinahme aufgriff war Frucht vatikanischer Diplomatie.

Anmerkungen

[1]) Ein Wort von Friedrich Heer beim »Forum katholischer Begegnung« Wien 3. April 1967.

[2]) Die in Klammer gesetzten Ziffern bezeichnen die Absätze der Enzyklika Populorum progressio.

[3]) Z. B. Quadragesimo anno 1931 AAS 23/212.

[4]) K. Marx: Lohnarbeit und Kapital (1849) Berlin 1932 S. 33.

[5]) W. I. Lenin: Was tun? Brennende Fragen unserer Bewegung (1902) Werke 5 S. 354 ff. – Die Titel im Enzyklikatext sind nicht kirchenoffiziell sondern solche der offiziösen Publikation.

[6]) Vgl. Paul Pflüger: Der Sozialismus der israelitischen Propheten – Der Sozialismus der Kirchenväter Berlin o. J. S. 19 ff.

[7]) Victor Adlers Aufsätze, Reden und Briefe 2. Heft Wien 1923 S. 186 ff.

[8]) Zum Unterschied von der österreichischen Rechtsordnung die das Institut der Enteignung kennt aber in so vager Fassung daß daraus kein anwendbares Recht abzuleiten ist. »Art. 5 StGG fordert, daß der Gesetzgeber die Spezialfälle einer Enteignung (›nur in den Fällen‹) und das Verfahren (›in der Art‹) bestimmt. § 365 ABGB reicht zu einer konkreten Enteignung nicht aus.« – VfGH. Slg. 2320.

[9]) »Mater et magistra« AAS (1961) 423.

[10]) Eph. 4, 12 f.

[11]) K. Marx: Einleitung zur Kritik der Hegel'schen Rechtsphilosophie 1843/44 Stuttgart 1953 S. 208.

[12]) Ebendort.

[13]) Ebendort.

[14]) Ebendort.

[15]) Wilfried Daim: Linkskatholizismus Europa Verlag Wien 1965 S. 76.

P. S.

Nein so kann dieses Kapitel nicht beendet werden nämlich mit aktuell eingefügten Abschwächungen eines einst begeistert progressivkirchentreuen Textes: »Der Papst ist ein guter Sozialist« schrieb ich im Frühjahr 1967 als die Kirchenreform noch nicht tot war ich noch Reformer war in allen Gassen und Pauls Populorum progressio die Enzykliken des guten Johannes noch übertrumpfte und Zitatenschatzkästlein war für progressive Christen progressive Sozialisten Marxisten Kommunisten. Wenn ich meinen Text von damals wieder abdrucke (in diesem Kapitel von V bis einschließlich VIII mit ein paar Änderungen die seither Geschehenes einbeziehen) so darf ichs doch nicht aus nachträglicher Verliebtheit in ein gutes Stück Prosa mit sorgfältig provokativer Beweisführung für eine damals überraschende These. Damals holten mich ungezählte katholische Vereinigungen zur Diskussion mit Leuten die den Papst für keinen guten oder überhaupt keinen Sozialisten hielten. Natürlich ist der Papst kein guter Sozialist.

Der Papst ist ein guter feudaler Hierarch der den amtskirchlichen Obrigkeitsstaat unfehlbar für eine Glaubenswahrheit hält.

Der Papst ist ein guter treuer Bündnisgenosse des demokratischen Kapitalismus wo seine Amtskirche Staatskirche ist.

Der Papst ist ein guter treuer Bündnisgenosse des demokratischen Neokolonialismus. Die Revolution der Dritten Welt die er in der Theorie rechtfertigt verurteilt er wo immer sie in der Praxis auszubrechen droht (Lateinamerika).

Der Papst ist ein guter Kapitalist. Zugleich blickt er in die Zukunft wo es den Kapitalismus nicht mehr gibt. Der Papst ist ein guter Sozialist.

Ein gutes Stück Tagesprosa das einst feurig wie Kupfer funkelte erkennt man beim Wiederlesen am Grünspan der Ironie. Wahrheit des Tages wurde überzogen von Wahrheit der Jahre. Was am Text noch wahr ist das ist so wahr daß es zum Lachen ist oder zum Weinen. Der Papst ist ein guter Sozialist.

26. Tag
Reformierbar ist alles außer die Obrigkeit

Mit der kirchlichen Reformbewegung ging solange alles gut als die feudale Obrigkeit ungeschoren blieb.

- *Enzyklische Freundlichkeiten* auch massivste gegenüber Sozialismus Kommunismus Befreiungsbewegungen der Dritten Welt warum denn nicht?

Sie dienen dem wichtigen »außenpolitischen« Zweck der Öffnung und Anpassung der Amtskirche gegenüber vorhandenen oder kommenden weltgeschichtlichen Mächten –

Es sind Lehrschreiben der kirchlichen Obrigkeit sie hat das Tempo in der Hand und die Itensität und die dankbaren Ampfänger dieser Freundlichkeiten denken garnicht daran ihr solche Autorität streitig zu machen.

- *»Dialog«* mit dem Sozialismus Marxismus Kommunismus warum denn nicht?

Er dient jenem selben wichtigen Zweck der Öffnung und Anpassung der Amtskirche.Die Diplomatie der Lehrschreiben wird ergänzt durch die Diplomatie des Dialogs –

Wiederum bleibt die Kontrolle zunächst so ziemlich in Händen der kirchlichen Obrigkeit. Sie konnte die in den Dialog geschickten Theologen ein Stück weiter vorschicken oder ein Stück zurück. Sie konnte Dialogveranstaltungen kirchenoffiziellen Charakter geben oder nehmen. Und wiederum hüteten sich die interessierten Gesprächspartner solche Autorität ihr zu bestreiten.

- *»Neue Theologie«* worin aufgeräumt wurde mit primitivem Jenseitsglauben: aus Jenseits wurde Zukunft: gestaltbar durch gemeinsame Arbeit von Christen und Nichtchristen im Diesseits: private Seelenrettung verworfen zugunsten kollektiven Marsches der Menschheit aufs Neue Jerusalem: Fortschritt der Völker ins Reich Gottes schon im Diesseits – warum denn nicht?

Die Neue Theologie ist eine wichtige Ergänzung des Dialogs. Das Arrangement mit dem Sozialismus als gegenwärtiger erst recht künftiger materieller wie ideologischer Weltmacht braucht einen materiellen (diplomatischen) wie ideologischen Überbau. Mit der alten Theologie konnte die Kirche Leute wirklich nicht in den ideologischen Nahkampf mit Marxisten schicken

(Wie die »Neue Theologie« ihre Entstehung der Begegnung mit dem Marxismus dankt – so dankte die nunmehr alte einst neue

Theologie des Thomismus ihre Entstehung der Begegnung mit dem arabischen Morgenland und seinen materiellen wie ideologischen Errungenschaften: Handel Gewerbe Schiffbau- Kriegs- Agrartechnik Mathematik Astronomie Geographie Medizin Philosophie samt Atheismus aus antik-griechischen Quellen. Und wie dem Dialog mit Sozialismus Marxismus Kommunismus vorausging der Versuch dieses Teufelswerk kriegerisch auszurotten: Bürgerkriege in den Industrieländern Interventionskriege gegen die Sowjetunion von 1917 bis Hitler usw. – und erst die Unmöglichkeit der physischen Vernichtung war solide Grundlage für das geistige Gespräch: so ging auch dem christlichen »Dialog« mit der arabisch-aristotelischen Philosophie voraus der Versuch kriegerischer Ausmordung durch Kreuzzüge.)

Wie beim »Dialog« mit dem Marxismus hatte die Amtskirche auch bei der »Neuen Theologie« zunächst durchaus die Kontrolle. Ihre Theologen gewöhnt an totale Zensur und Selbstzensur mit dem »Antimodernisteneid« auf dem Gewissen schrieben dankbar was sie wollten und auf einmal auch durften ja sollten.

● Und *innerkirchliche Reformen* warum denn nicht?

Veränderung der Gebetsformen und Gottesdienstformen Wahlen bestimmter Teile bestimmter Gremien freiere Diskussion in diesen Gremien mehr Gewicht und mehr Rollen für Laien in der Kirche –

Das war Teil der Anpassung nicht erst an künftige sozialistische Lebensformen sondern schon an gegenwärtig demokratisch-kapitalistische.

Auch da hat die kirchliche Obrigkeit zunächst durchaus die Kontrolle. Die an totale Autorität gewöhnten Schäfchen nahmen dankbar (die progressiven) oder gehorsam (die konservativen) die Gottesgabe der Reform entgegen lauschten verzückt (die progressiven) oder widerstandslos (die konservativen) den demokratischen Tönen aus Bischofsmündern respondierten mit Diskussion respektvoll und Kritik respektvoll.

●● *Bis die Neue Linke kam.*

Bald gab es neulinke Christen mitten in der Reformkirche. Wie überall provozierten sie reizten die verstörte Obrigkeit zu unangemessenen Reaktionen erklärten sie daraufhin für entlarvt bildeten Basisgruppen um die Obrigkeit zu untergraben machten Rätedemokratie sittlich verfaulte Priester gingen händchenhaltend mit ihren Mädchen zu ihrer diabolischen »Gegensynode« Meinungsfreiheit Lebensfreiheit Heiratsfreiheit.

●●● *Da kriegte die Obrigkeit Angst*

Sozialismus Kommunismus Dritte Welt mit dem allen getraute sie sich fertig zu werden. Aber das?

Erst plump dann immer gewandter und immer demokratischer wurde die Neue Linke der Priester und Laien in der Kirche liquidiert.

Die amtskirchliche Obrigkeit hatte dabei das Verständnis ihrer ebenso verschreckten Kollegen von der westlichen Obrigkeit.

Wann kommt die nächste Reform?

● *Wann kommt die nächste kirchliche Reformbewegung?*

Derzeit sind die Progressiven aus der kirchlichen Aktivität ausgezogen. Worum es ging wurde ihnen zu kleinkariert: noch zehn Jahre Diskussion ob man wirklich die Kommunion in die eigene Hand nehmen darf oder weiterhin vom Priester auf die Zunge gelegt kriegt? Gibt es draußen in der Welt nicht Probleme die ein Stück größer und dringender sind?

Mit Auszug der Progressiven ist die Reform fast gänzlich zum Stillstand gekommen:

¹) Lediglich der »außenpolitische« Bestandteil der kirchlichen Reform war nie gefährdet sondern das einzige was Paul VI. Papst der Konterreform Antireform weitergehen ließ ja verstärkte: Öffnungsgymnastik gegenüber Sozialismus Kommunismus Dritter Welt bleibt langfristig Notwendigkeit vatikanischer Diplomatie zwecks Fortlebens der Kirche in diesen Weltgegenden.

²) »Dialog« als Teil der Reform wird auf ganz kleinem Feuer weitergekocht. Er steht an der Schneide zwischen »Außenpolitik« und »Innenpolitik« der Amtskirche: »Außenpolitik« weil zugeordnet der diplomatischen Öffnung gegenüber »Osten« und Dritter Welt »Innenpolitik« denn die nun einmal dazu nötigen kirchlichen Gesprächspartner Computer können das noch nicht geraten in unberechenbare Denkbewegungen ob nicht am Sozialismus Kommunismus Marxismus doch viel mehr dran sei als in 80 Jahren mäandrischer Windungen päpstlicher Soziallehre zum Ausdruck kommt.

³) Auf noch sparsamerer Flamme als der Dialog kocht die Neue Theologie.

⁴) Auf nochmals sparsamerer Flamme die Reform der innerkirchlichen Organisation.

Denn auf diesen beiden Feldern der Kirchenreform zeigte sich die progressive Gefahr: Abbau der Autorität in Theorie und Praxis am fürchterlichsten.

●● *Vorauszusehen ist eine kurz- bis mittelfristige Verstärkung der Konterreform eine mittel- bis langfristige Nötigung zu erneuter Reform.*

Die kurz- bis mittelfristige Verstärkung der Konterreform geht parallel (denn Kirche lebt in der Welt und macht deren Bewegung unvermeidlich mit) zur Polarisierung zwischen rechts und links in der weltlichen Politik. Irrtümlich wäre ja die Annahme daß die zunehmenden Freundlichkeiten in der Kirchen- wie Weltpolitik gegenüber dem »Osten«: Produkt der Notwendigkeit weil man einander nicht beseitigen kann und warum soll sich Autorität mit Autorität nicht vertragen wenn sie dadurch innere und äußere Opposition leichter in den Würgegriff bekommen? – irrtümlich wäre also die Annahme daß diese Außenpolitik nach »links« begleitet wäre von Öffnung nach links in der Innenpolitik.

Im Gegenteil. Die Wendung gegen links im Innern wird durch solche freundschaftliche Koexistenz mit dem »Osten« abgedeckt. Das Eindringen linker Elemente in Diskussion und Lebensformen: eine Folge der neulinken Jugendrevolte produzierte Abwehrbewegung von rechts und diese schafft sich solcherart ungestörte Entfaltung:

Es ist keineswegs unlogisch daß Öffnung zum »Osten« auch und gerade von rechts betrieben wurde: von Nixon wie Paul VI.

Erst mittel- bis langfristig sieht die Sache anders aus.

● Der Widerspruch zwischen einer seis auch bloß diplomatisch gemeinten amtskirchlichen Öffnung zum Sozialismus Kommunismus

●● und dem versuchten Durchhalten von amtskirchlichen Prokapitalismus Antisozialismus Antikommunismus

● Der Widerspruch zwischen Dialog mit dem Marxismus samt den innerhalb der eigenen Ideologie geäußerten Freundlichkeiten in dieselbe Richtung

●● und administrativem Terror gegen prosozialistische prokommunistische Personen oder Gruppen in der Kirche

● Der Widerspruch zwischen dem innerkirchlichen Minimum an Modernisierung Liberalisierung Demokratisierung

●● und dem sogar in der kapitalistischen Demokratie viel größeren Minimum an diesen Gütern

● Der Widerspruch zwischen dem innerkirchlichen Minimum an Demokratie wie auch dem innerkapitalistischen Minimum an Demokratie

●● und der kompletten Demokratie wie sie von Junglinks Neulinks gedacht gefordert teils auch praktiziert wird:

Alle diese Widersprüche werden ausbrechen auf mittlere oder lange (eher lange) Frist in einer neuen kirchlichen Reformbewegung.

Wer werden ihre *Träger* sein?

Die Progressiven wurden mit verblüffender Vollzähligkeit ausgetrieben aus der kirchlichen Aktivität. Derzeit gibt es dort nur Konservative. Dies ist insofern normal weil das Verschwinden progressiver das Vorherrschen konservativer Ideologie dem soziologischen Befund entspricht: im amtskirchentreuen Gottesvolk überwiegen weitaus die politisch Konservativen ökonomisch dem kleinen mittleren großen Kapital oder dessen Dienstbarkeit Zugehörigen

(Selbständige aller Art Freie Berufe Beamte mittlere und höhere Angestellte).

Die Jugendrevolte hat freilich gezeigt daß auch und gerade aus dieser soziologischen Gegend progressive bis radikale Ideologie um sich greifen kann wie Steppenbrand in der jeweils nächsten Generation.

Bleibt die Frage ob es sich für die Jungen dann noch auszahlt in der Kirche Revolte zu machen.

Reform in der Kirche
Reform in der Sozialdemokratie

Wer Reform in der Sozialdemokratie machen will hats auch nicht leicht.

Aber anders als in der Kirche ereignet sich in der Sozialdemokratie alle ideologische Diskussion wenn sie sich überhaupt ereignet genau dort wo der richtige soziologische Ort dafür ist:

In der Kirche überwiegen die ökonomisch und politisch Konservativen was soll da progressive Reformdiskussion?

In der Sozialdemokratie sind die Massen der Arbeiter und Angestellten

Zwar bürgerlich kapitalistisch manipuliert aber eben doch abhängig Arbeitende und folglich die einzig möglichen Träger für wirkliche Umwälzungsbewegung

Da ist es intellektuellen Schweißes wert ideologische Bewegung zu versuchen.

Und nochmals anders als im Fall der Kirche ist rund um die Sozialdemokratie ein breites linkes Umfeld:

Im ideologischen Detail gegen sie

Im großen Ganzen aber zusammen mit ihr eine historische Einheit vielfältiger Zusammensetzung

Sozialismus Kommunismus außerparteiliche Linke Gewerkschaften Genossenschaften

Eine wirkliche und erst recht eine mögliche weltgeschichtliche Kraft ideologisch politisch ökonomisch

Da ist es wiederum intellektuellen Schweißes wert verändernde Bewegung zu versuchen.

Nichts dergleichen in der und rund um die Kirche.

Nicht nur überwiegen in ihr die ideologisch politisch ökonomisch Konservativen überdies gibt es rund um sie kein wirklich oder möglicherweise progressives Umfeld.

Neben dem katholischen Koloß gibt es kleinere protestantische zum Teil sehr ansehnliche und mit höheren Freiheitsgraden in

Organisation und Diskussion aber auch dort ist die Konterreform im Vormarsch auch dort ausgelöst von Todesangst der Hierarchen vor den Neulinken.

Und außerhalb der etablierten Kirchen gibt es keine linken Christen die nach Zahl und Lebendigkeit irgend vergleichbar wären mit der Linken außerhalb der sozialdemokratischen und kommunistischen Parteikirchen.

Die Unmündigkeit des Kirchenvolkes war und ist viel größer als je die des Parteivolkes. Aus ihr führte kein Weg zu einer ungefähr stabilen Außerkirchlichen Opposition.

Einige große Personnagen (Girardi Küng Camara) einige kleine Gruppen (so instabil daß Beispiele wohl schon überholt wären bei Drucklegung)

Das ist alles.

Es hat gelohnt innerkirchliche Opposition progressiv bis sanft links zu machen solange die joanneische Reform dauerte oder nachwirkte. *Ergebnis war Öffnung von Herzen und Hirnen ungezählter wertvoller Mitchristen Richtung Sozialismus. Auf dem Höhepunkt der Konterreform gibt es hiefür keine Möglichkeit.*

Der freie wildwüchsige Dialog innerhalb der Kirche zwischen Christen die links denken und Christen die anders bis garnicht denken ist womöglich noch unerwünschter als die freie wildwüchsige Dialog zwischen Christen und Atheisten.

27. Tag
Der Dialog ist tot

I.
Getötet von Rom und Moskau

Die Liste der Protagonisten des christlich-marxistischen Dialoges zu dessen Blüte in den Sechzigerjahren ist nicht nur auf kommunistischer Seite eine Gefallenenliste.

In Ungnade fielen beiderseits die Stars der großen Dialogkonferenzen der Paulus Gesellschaft (Salzburg 1965 Herrenchiemsee 1966 Marienbad 1967 mit je einigen hundert christlichen und marxistischen Teilnehmern). Auf kommunistischer Seite Roger Garaudy Milan Machovec. Auf katholischer Seite Jules Girardi Hauptberater Kardinal Königs in dessen »Sekretariat für die Nichtglaubenden« sowie halb und halb Johannes Baptist Metz. Karl Rahner nur deshalb nicht weil er rechtzeitig die Kurve der Konterreform nahm zB sich bereitfand zur Stellungnahme gegen den nunmehrigen Erzketzer Hans Küng.

Auf beiden Seiten stürzten die Stardialogisten aus demselben Grund. Beiderseits war der Dialog als ein Stück »Außenpolitik« gedacht. Gespräch zweier Monolithe die dies gefälligst auch zu bleiben hatten. Als es anders kam: als Opposition im eigenen Lager entstand aus dem Gespräch mit dem anderen Lager und aus heftiger Neigung zu diesem:

Garaudy Hymnen singend über die mystische Schönheit der Therese von Avila und des Johannes vom Kreuz

Girardi die Christen hurra in den Klassenkampf führend und in die Revolution

Da war Sperrstunde auf beiden Seiten die Invasion kam auf beiden Seiten der Moskauer Vatikan und der römische Kreml schickten ihre Panzer und/oder Zensoren.

Natürlich ist dies nur ein szenisch überhöhter Ausschnitt aus dem großen konterrevolutionären reformistischen Drama das christlich und kommunistisch ist wies auch der Dialog war. Aber aus der Übertreibung kommt soviel Wahrheit heraus:

Ohne obrigkeitliche Kontrolle darf es keinen Dialog geben.

Nicht zufällig spielen daher im nunmehrigen »Dialog« auf Sparflamme nicht mehr die Freelancer der Paulus Gesellschaft die Hauptrolle. Sie waren wie sich zeigte nach beiden Seiten unzuverlässig und unverantwortlich. Sie bevorzugten die dem römischen Kreml verdächtig gewordene theologische Avantgarde. Sie bevorzugten die dem Moskauer Vatikan verdächtig gewordenen westlichen und vor allem tschechoslowakischen KP-Intellektuellen.

Zentrum für den zahmen Dialog ist nun die gleichnamige Zeitschrift im kirchentreuen (darum keinesfalls verdienstlosen) Verlag Herder mit paritätisch besetztem Redaktionskomitee aus vatikan-kreml-offiziösen katholischen und kommunistischen Theologen. Mit dem erwünschten Resultat daß Dialogisten der ersten Stunde wie der Kommunist Garaudy oder der Katholik Girardi dort nicht mehr schreiben können und zwar in kommunistisch-katholischem Einverständnis.

Der Dialog ist tot.

II.
Jugendblüte

Der *klassische* Dialog zwischen Christen und Marxisten genauer: zwischen europäischen Katholiken und europäischen Marxisten ist tot. Das Sterbedatum läßt sich exakt angeben. Er wurde niedergewalzt als im August 1968 sowjetische Panzer in Prag einmarschierten.

Sein Geburtsdatum läßt sich schwieriger angeben. *Der Dialog begann in den frühen sechziger Jahren mit beidseitigem Tauwetter* dh Tauwetter im Bereich der katholischen Kirche Tauwetter im Bereich des poststalinistischen Imperiums.

In der katholischen Kirche begann es ganz oben zu tauen. Pius XII. (1939 bis 1958) war ein bornierter Antikommunist. Für ihn stand die Kirche in Interessenseinheit mit dem Kapitalismus daher gegen den Kommunismus weshalb ihm auch der Faschismus mehr oder minder akzeptabel war jedenfalls akzeptabler als der Kommunismus. *Johannes XXIII* (1958 bis 1963) war der erste Papst der menschliche gütige gescheite Worte über das Positive am Kommunismus fand. Er spürte den Kommunismus als das Zukünftige wollte die Kirche vom Kapitalismus lösen eine jener Schwenkungen vorbereiten welche die Kirche schon mehrmals von der Seite einer niedergehenden an die Seite einer aufsteigenden historischen Formation gebracht hat.

Konzilstheologen vom Range eines *Karl Rahner* waren die Ideologen dieser neuen Kommunismuspolitik der Kirchenspitze und wurden Partner im Dialog mit Marxisten.

Neben der langfristigen Perspektive des Vatikans gab es unmittelbar wirkende Bedürfnisse in Ländern mit starker katholischer Kirche und starken kommunistischen Parteien: Italien Frankreich auch Spanien soweit sich dort unter dem Faschismus katholisch-kommunistische Kontakte realisieren ließen. In diesen Ländern fand sich in lokaler Konzentration bereits vor was die vatikanische Spitze an weltgeschichtlicher Perspektive voraussah: *Notwendigkeit eines praktischen Arrangements mit dem Kommunismus und folglich eines theoretischen Arrangements mit dem Marxismus.*

Auf der kommunistischen Seite gab es in diesen Ländern verwandte Erwägungen. Wie sich die Kirche durch überständigen Antikommunismus nicht mehr behindern lassen wollte in ihrem möglichen Einfluß auf Menschen und Institutionen so wollten sich die kommunistischen Parteien durch militanten Atheismus und Antiklerikalismus nicht behindern lassen in der Gewinnung von Mitgliedern Wählern Sympathisanten.

Den zugehörigen dialogischen Überbau zu dieser Politik formulierte einer der prominentesten Dialogisten *Roger Garaudy* damals noch Mitglied des Politbüros der KPF und deren Paradeintellektueller auf der 1. großen Dialogkonferenz der Paulus Gesellschaft *Salzburg* 1965:

»Die Zukunft des Menschen kann nicht gegen die Gläubigen aufgebaut werden, nicht einmal ohne sie; und die Zukunft des Menschen wird nicht aufgebaut werden können gegen die Kommunisten, nicht einmal ohne sie« [1]).

Dieser Satz des Marxisten Garaudy konnte auch von Christen mitunterzeichnet werden. Dies geschah in Salzburg 1965 noch mit viel Skepsis – in *Herrenchiemsee*, auf der 2. großen Dialogkonferenz der Paulus Gesellschaft 1966 schon recht herzlich durch keinen geringeren als *Karl Rahner* den theologischen Architekten des II. Vatikanischen Konzils:

»Müssen christlicher und marxistischer Humanist Feinde sein? Mir scheint nicht, wenn beide Seiten begreifen, daß beide der Zukunft mehr verpflichtet sind als der Vergangenheit... *Warum sollten beide also nicht zusammen die Zukunft planen...?* Warum das Geahnte an ihr: Gerechtigkeit, Freiheit, Würde, Einheit und Differenziertheit der Gesellschaft nicht gemeinsam sich deutlicher machen?[2])«

Diese beiden Erklärungen des Marxisten Garaudy und des Christen Karl Rahner sind die Kernsätze des klassischen christlich-marxistischen Dialogs.

Die katholische Theologie war am Anfang des 20. Jahrhunderts bereits bis zu dem humanen Satz vorgestoßen: Gott braucht die Menschen. Jetzt variierte sie: *Gott braucht nicht nur Menschen sondern sogar Kommunisten.* Und in der marxistischen »Theologie« ertönte das Echo: *Der Kommunismus braucht nicht nur Menschen sondern sogar Christen.*

Voraus lagen mannigfache Erfahrungen über die wechselseitige Unausrottbarkeit von Christen und Kommunisten. Bevor stand eine Zukunft kompliziert genug glaubhaft zu machen daß man aufeinander angewiesen sei.

Auf christlich-katholischer Seite ging das Kommunismus-Tauwetter von der Spitze aus und hatte überdies eine breite Basis in stark katholisch wie kommunistisch geprägten Ländern des Westens. Auf kommunistischer Seite war das Christentum-Tauwetter hauptsächlich in diesen Ländern aufgezogen doch nicht an der Kremlspitze. Die Sowjetunion blieb dialogfeindlich die DDR gleichfalls. In den übrigen kommunistisch regierten Staaten gab es Schwankungen am stärksten in der *Tschechoslowakei.*

Hier erreichte im April/Mai 1967 mit der *Marienbader Konferenz* der klassisch christlich-marxistische Dialog seinen Höhepunkt[3]). Und hier in der Tschechoslowakei starb er auch im August 1968 mit dem Einmarsch der sowjetischen Panzer[4]).

Die Tschechoslowakei war in der zweiten Hälfte der sechziger Jahre zum Zentrum des *Reformkommunismus* geworden. Eine erste Welle des Reformkommunismus nach Stalins Tod (1953) zerbrach im ungarischen Aufstand (1956). In Polen hielt sich seit 1956 eine reform-kommunistische Bewegung mühselig. Die Tschechoslowakei wurde von dieser Bewegung verspätet erreicht aber unter desto günstigeren Bedingungen: Die stalinistischen Prozesse waren in der Tschechoslowakei mit besonderer Brutalität abgewickelt worden das schuldige Regime Novotny war immer noch an der Macht aber brüchig geworden. In der Tschechoslowakei gab es als einzigem Land des Ostblocks eine kommunistische Partei mit demokratischer Tradition im westlich-parlamentarischem Sinn. Die KPTsch war in der Ersten tschechoslowakischen Republik aus freien Wahlen als die stärkste Partei (zusammen mit den Sozialisten) hervorgegangen. Überdies war sie Sammelbecken der radikaldemokratischen Intellektuellen und Künstler des Landes. Die stalinistische Säuberung hatte jene Kräfte in der Partei zwar dezimiert aber sie waren fähig zur Renaissance.

Anderseits gab es in der Tschechoslowakei eine christliche Tradition nicht staatsfrommer sondern sozialrevolutionärer Art: die hussitische Bewegung. Sie war zum Bestandteil der gesamtnationalen Tradition geworden. Der große protestantische Theologe *Josef Hromădka* wirkte seit den zwanziger Jahren als unwandelbarer Befürworter christlicher Öffnung zum Kommunismus. Auch auf katholischer Seite gab es lebendige Gruppen dieser Art zentriert um den kommunistischen Philosophen *Milan Machoveç* und den katholischen Mediziner *Jiři Nemec* beide an der Prager Karls-Universität.

Das Ineinanderwirken von tschechoslowakischem Reformkommunismus und christlich-marxistischem Dialog obgleich lokal begrenzt war von ausreichender Sprengkraft um ausdrücklich als eine der Begründungen zu dienen mit denen die Sowjetunion ihren Einmarsch rechtfertigte. Die Marienbader christlich-marxistische Dialogkonferenz vom April/Mai 1967 ist gemäß sowjetischer Presse Vorbereitung gewesen zum Verrat am Sozialismus zugunsten des westdeutschen Imperialismus.

Unter dem Stichwort »westdeutscher Imperialismus« firmierte in eben dieser sowjetischen Presse wiederholt die *Paulus-Gesellschaft* historisches Gefäß des klassisch christlich-marxistischen Dialogs Veranstalterin der Marienbader Konferenz zusammen mit der reformkommunistisch unterwanderten tschechoslowakischen Akademie der Wissenschaften.

Die Paulus-Gesellschaft war 1955 vom bayrischen Pfarrer *Erich Kellner* mit dem Sitz in München gegründet worden als eine Gemeinschaft christlicher Verinnerlichung wandelte sich rasch zu einem Kreis des Gespräches zwischen Theologie und Naturwissenschaften zwecks Modernisierung der Theologie wandelte sich in den frühen sechziger Jahren noch rascher zu einem Kreis christlich-marxistischen Gesprächs zentriert in Westdeutschland aber mit beträchtlicher internationaler Ausstrahlung.

Protagonist war auf christlicher Seite *Karl Rahner* auf marxistischer zunächst *Ernst Bloch* (1961 aus der DDR in die BRD übersiedelt) sodann *Roger Garaudy* die italienischen Kommunisten *Lucio Lombardo-Radice* und *Cesare Luporini* als katholisches Gegenstück *Don Giulio Girardi* Salesianerpater sodann die Gruppe der tschechoslowakischen Dialogisten um *Milan Machovec.*

Erich Kellner trieb die Paulus-Gesellschaft mit bayrischer Dynamik und historischem Spürsinn in die drei großen Dialogkonferenzen Salzburg 1965 Herrenchiemsee 1966 Marienbad 1967 mit jeweils einigen hundert Teilnehmern von jeder Seite von christlich-westdeutscher Seite freilich stets viel mehr als von kommunistisch-internationaler. Die Finanzierung besorgte das westdeutsche Wissenschaftsministerium[5])

Der christlich-marxistische Dialog der Paulus-Gesellschaft war ein fulminanter Prozeß in welchem christliche und marxistische Startheologen einander kennen und lieben lernten. Zunächst in professoraler Bedachtsamkeit sehr rasch dann in echter Freundschaft erläuterte man einander die Schönheiten der jeweils eigenen Religion vermerkte selbstkritisch auch deren Schwächen lobte aufgeschlossen auch die positiven Seiten der jeweils anderen Religion. Geübte Dialogisten von Kongreß zu Kongreß reisend konnten notfalls wenn der Partner von der anderen Seite einmal das Flugzeug versäumte für ihn einspringen.

Im August 1968 war es dann aus weil man im Sturmschritt der Dialog-Avantgarde die Russen zu weit hinter sich gelassen hatte: aus Mißtrauen oder tieferer Absicht waren sie zu den Dialogkonferenzen nicht gekommen (obgleich stets formell eingeladen) und mit Panzern konnte man nicht dialogisieren.

III.
Was bleibt?

Was bleibt im Rückblick von jenem Dialog der christlichen und marxistischen Theologen?

Theologie hat entgegen dem Anschein ihres abstrakten Redeschwalls viel mit konkreter Wirklichkeit zu tun: sie ist für die christlichen Kirchen der jeweilige ideologische Überbau einer historischen sozio-ökonomisch bestimmten Epoche. *Der klassische christlich-marxistische Dialog war eine Art gemeinsame christlich-marxistische Theologie im Zeitalter des Übergangs vom Kapitalismus zum Sozialismus.*

Die wichtigsten Thesen und Probleme dieser christlich-marxistischen Übergangstheologie waren etwa die folgenden:

1. Das Interesse der christlichen Theologen konzentrierte sich zunächst auf den *Atheismus des Marxismus.* Dies scheint nichts weiter als eine Selbstverständlichkeit. Sie war dies insofern nicht als von christlicher Theologie bisher viel apologetische Mühe aufgewandt worden war gegen den Marxismus in Fragen die mit dessen Stellung zur Religion gar nichts zu tun hatten. Dies gilt insbesondere von der Eigentumsfrage. In einem Diskussionsbeitrag auf der Salzburger Dialogkonferenz 1965 rutschte Karl Rahner das folgende Eingeständnis heraus:

»Das Problem des *Privateigentums* ist ein Beispiel dafür, wie wir Christen während der letzten hundert Jahre, in der Replik gegen den Marxismus, mit einem Begriff gearbeitet haben, der auf die Dauer – das ist meine private Meinung – nicht zu halten sein wird... In der Frage des Privateigentums muß zwischen christlicher und marxistischer Doktrin kein absoluter Widerspruch bestehen[6]).«

Insgesamt wurde schon 1965 die Bereitschaft der meisten Dialog-Theologen deutlich jede einzelne These des Marxismus zu prüfen: ob sie atheistisch sei und für den Fall daß sie dies nicht sei: ob sie für Christen akzeptabel sei.

2. Hiebei fanden die christlichen Theologen eine bedeutsam verfeinerte *Methode zur Prüfung der Frage Was ist atheistisch?* Die Methode besteht in der Unterscheidung zwischen dem Selbstverständnis des marxistischen Atheismus und dem objektiven Inhalt einer marxistischen These. Die Frage lautet dann: Hier liegt eine These vor die der Marxismus als atheistisch *bezeichnet.* Ist sie abgesehen von diesem Selbstverständnis ihrem Inhalt nach *wesensnotwendig* atheistisch?

Marcel Reding konnte zum Beispiel überzeugend nachweisen daß der *»historische Materialismus«* des Marxismus zwar von Marx und

Engels sowie von den orthodoxen Marxisten als »materialistisch« und folglich als atheistisch aufgefaßt wurde dies aber keineswegs seinem Wesen nach ist[7]).

3. Im Laufe des Dialogs konnten christliche Theologen feststellen daß Marxisten auf die Frage was sie unter *Atheismus* verstehen im wesentlichen *drei sehr verschiedene Antworten* geben:

a) »Der Marxismus ist Wissenschaft. In der Wissenschaft beschäftigt man sich nicht mit der Frage ob es Gott gibt. Wir sagen nicht: Es gibt Gott nicht wir sagen auch nicht: Es gibt Gott. Wir sagen: In der Wissenschaft wird Gott nicht vorgefunden er ist nicht Gegenstand der Wissenschaft.« Dies ist bloß *methodologischer Atheismus* nicht meritorischer: es wird nicht Unglaube deklariert sondern *Urteilsenthaltung.* Dieser Standpunkt fand Verständnis bei christlichen Naturwissenschaftern denn er ist auch der ihre als Wissenschafter. Als Christen konnten sie sogleich darauf hinweisen, daß der Satz: »Gott ist nicht Gegenstand meiner Wissenschaft« sich durchaus mit dem Satz vertragen kann: »Gott ist Gegenstand meines Glaubens.«

b) »Der Marxismus steht auf dem Standpunkt der Wissenschaft. Die Wissenschaft kann beweisen (mildere Variante: legt nahe) daß der Atheismus richtig der Theismus falsch ist.« Zwischen dieser Antwort des *meritorischen Atheismus* und der Antwort des wissenschaftlich-methodologischen Atheismus besteht ein mehr oder minder beträchtlicher Unterschied. Wird davon gesprochen daß die Wissenschaft den Atheismus *»beweisen«* kann so ist dieser Unterschied unüberbrückbar: der methodologische Atheismus behauptet ja gerade daß ein solcher Beweis von der Wissenschaft nicht geleistet werden kann: *Die Sätze »Es gibt Gott« und »Es gibt Gott nicht« sind gleichermaßen Metaphysik.* Wird bloß davon gesprochen daß die Wissenschaft den Ateismus *»nahelegt«* so heißt dies nicht viel mehr als daß der Atheismus Unterstützung für seine Auffassung in der Wissenschaft sucht wie dies der Theismus gleichfalls tun kann und auch tut.

c) »Der Marxismus will die volle Entfaltung der menschlichen Persönlichkeit. Der Marxismus ist Humanismus. Sein Atheismus ist Humanismus. Er sagt nicht: Gott ist nicht. Er sagt: Der Mensch ist[8]).« Auf diesem *ethischen Atheismus* lag das Hauptgewicht in der Argumentation der Dialog-Kommunisten. Der ethische Atheismus: *das Außerachtlassen Gottes um des Menschen willen ist der innerste Kern des marxistischen Atheismus:* den Menschen den »heiligen Humanus« wie der junge Marx ihn nannte so sehr in den Mittelpunkt stellen daß daneben kein Platz für Gott bleibt. Eine sittliche Idee gemäß welcher der Mensch zum höchsten Wesen geworden ist hat spezielle geistige Verwandtschaft mit einer Religion gemäß welcher das höchste Wesen zum Menschen geworden ist.

4. Solcherart gelangten die Dialog-Theologen dahin die Marxisten

nicht über einen Kamm zu scheren nämlich über den undifferenziert atheistischen.

a) Der *wissenschaftliche Marxismus* welcher sich mit Geschichte Gesellschaft Wirtschaft Ideologiekritik befaßt erklärt sich grundsätzlich für *neutral* in Sachen der Religion. Als Wissenschaft ist er außerstande über Richtigkeit oder Unrichtigkeit der Sätze »Gott existiert« »Gott existiert nicht« zu entscheiden. *Daher kann der wissenschaftliche Marxist obgleich er im Bereich der Wissenschaft der Methode nach atheistisch vorgeht als Person gläubiger Christ sein.*

b) Der *metaphysische Marxist* ist nicht bloß methodologisch sondern meritorisch Atheist im Sinn des dialektischen Materialismus. Er enthält sich nicht des – wissenschaftlich bemäntelten – Urteils in Glaubenssachen und kennt daher prinzipiell auch keine Freiheit der Wahl in Glaubenssachen. Er glaubt wissenschaftlich urteilen zu können daß Gott nicht ist. Zwischen ihm und den Christen kann schlimmstenfalls das Verhältnis wechselseitiger Ausrottung günstigstenfalls das Verhältnis wechselseitiger Toleranz herrschen. Wie alle Toleranz kann dies entweder Duldung eines Irrtums sein als einer bloßen Dummheit ohne Versuch den anderen ernstzunehmen und zu korrigieren oder aber Toleranz als gemeinsames Suchen nach Verwandlung des Irrtums in Wahrheit womöglich unter Anknüpfung an Gemeinsames.

Es gibt Gemeinsamkeiten zwischen Christen und dialektischen Materialisten. Beide anerkennen daß die materielle Welt *wirklich vorhanden* ist. Beide erklären daß diese materielle Welt vom Menschen im wesentlichen *richtig erkannt* werden kann. Beide betonen die Kategorie der *Geschichtlichkeit* der Welt und des Menschen. *Der metaphysische Marxist kann kein gläubiger Christ sein aber er kann sich mit diesem über wesentliche Probleme sinnvoll verständigen.*

c) Der *ethische Marxismus* legt sein Hauptgewicht nicht auf die Erörterung der Existenz oder Nichtexistenz Gottes sondern auf die Erörterung der Existenz des Menschen und auf praktisches Handeln zugunsten der Verbesserung dieser Existenz. Insofern es hier nicht um negativen Atheismus geht sondern um positiven Humanismus ist der Marxismus als sittliche Idee ein »*post-atheistischer Humanismus*« – ein in Herrenchiemsee vom katholischen Theologen J. B. Metz geprägter Ausdruck der von marxistischen Gesprächsteilnehmern (zB Garaudy) durchaus bejaht wurde[9]).

Der ethische Marxismus ist jene Spielart des Atheismus die dem Christen am meisten zu denken geben sollte. *Der Christ muß anerkennen daß ein sehr hohes Ethos auch ohne Gottesglauben möglich ist.* Er muß sich die ungezählten Beispiele des *Märtyrertums in der marxistischen Bewegung* eindringlich und achtungsvoll vor Augen führen.

5. Im klassischen Dialog zeigten sich Ansätze zur völligen *Neufassung der marxistischen Religionstheorie:*

a) Der Marxismus war in manchen seiner Spielarten bereit *der Religion außer einer negativen auch eine positive Rolle zu bescheinigen.* Die Religion sei zwar zeitweise Opium des Volkes könne zu anderen Zeiten aber durchaus Kraft zugunsten gesellschaftlichen Fortschritts sein[10]).

b) Den Christen als Kraft gesellschaftlichen Fortschritts wurden immer wieder *Angebote auf Zusammenarbeit und Bündnis gemacht*[11]).

c) Jene Strömungen im Kommunismus welche die Koexistenz nicht als Nebeneinander von monolithischen Gewalten auffaßten die nach innen mit Unterdrückung und nach außen mit Unterwühlung arbeiten sondern als echte Pluralität nach innen wie außen schienen sich mit *konkreten neuen Programmthesen* durchzusetzen. Die französischen und italienischen Kommunisten deklarierten daß in einem von ihnen regierten Staat der Wettkampf der Gesellschaftssysteme und Ideologien durch ein parlamentarisches Mehrparteiensystem gesichert sein werde. Die italienischen Kommunisten deklarierten daß in einem derartigen Wettkampf *der Staat ideologisch neutral bleiben müsse: Wie alle Religion sei auch der Atheismus nicht Staatssache sondern Privatsache.* Die italienischen Kommunisten deklarierten überdies daß *Religionsfreiheit nicht nur Freiheit des religiösen Kultes sondern auch der religiösen Propaganda bedeute*[12]).

Die schwungvolle Allgemeinformel für die hier skizzierte christlich-marxistische Dialogtheologie fand Roger Garaudy in Marienbad 1967. An die christlichen Partner gewendet sagte er:

»Was wäre Ihr Glaube, wenn er in sich nicht diesen latenten Atheismus hätte, der ihn hindert, einem falschen Gott zu dienen? Was wäre unser Atheismus, wenn er von ihrem Glauben nicht lernen könnte – nicht die Transzendenz eines Gottes, von dem wir keine Erfahrung haben, wohl aber die Transzendenz des Menschen, dessen volle Entfaltung keine Beschränkung duldet durch das, was die Vergangenheit aus ihm gemacht hat? *Vielleicht sind unser Atheismus und Ihr Glaube nur zwei Annäherungen an die gelebte und permanente Erfahrung der Schöpfung*[13]*).«*

Der italienische Maxist Cesare Luponi hatte schon in Salzburg einen Satz mit solcher Gemeinsamkeit gewagt: *»Christentum und Marxismus sind zwei Lehren von der Freiheit*[14]).«

IV.
Er starb an Konzilianz

Der klassische christlich-marxistische Dialog als eine Art *gemeinsame Theologie* fand ein rasches Ende weil *Widersprüche in der Wirklichkeit* aufbrachen. Seiner idealen Forderung nach Miteinander und Ineinander von Christentum und Marxismus antworteten sehr viele reale Bremskräfte.

Der klassische Dialog endete aber auch deshalb so rasch weil er an *inneren Widersprüchen* litt. Er war kühn – aber nicht kühn genug um *konsequent* ins Auge zu fassen was *hinter* dem gedanklichen Mit- und Ineinander von Christentum und Marxismus an materiell-gesellschaftlicher Wirklichkeit steckt nämlich der Übergang vom Kapitalismus zum Sozialismus.

Daran ist der klassische Dialog eigentlich verendet: die widersprüchliche Entwicklung in der Wirklichkeit hätte ihn als Idee nicht umbringen können wenn er nicht in sich widersprüchlich gewesen wäre. Hätte er die Wirklichkeit der Epoche des Übergangs konsequent widergespiegelt so hätte er die doppelte Tschechoslowakei überlebt: die Tschechoslowakei der einmarschierenden sowjetischen Panzer wie auch die Tschechoslowakei die der neue Papst Paul VI. den progressiven konziliaren Kräften in der Kirche bereitete.

Was der klassische Dialog ins Auge faßte, war die *reale Koexistenz von Kapitalismus und Sozialismus in der ideologischen Verhüllung der geistigen Koexistenz von Christentum und Marxismus.* Was der klassische Dialog nicht oder nicht konsequent genug ins Auge faßte war das *Provisorische* dieser Koexistenz und die *Radikalität* des nachfolgenden Überganges zum Sozialismus. Koexistenz enthält in sich lauwarmen Neutralismus verglichen mit der entschlossenen Parteinahme.

Der klassische christlich-marxistische Dialog *starb letztlich an seiner Konzilianz.* Der weltpolitisch-gesellschaftlichen Koexistenz entspricht eben ein Dialog in welchem man sagt: Meine Anschauung ist gut aber deine hat auch manches Gute. Die klassischen christlichen Dialogpartner scheuten zurück vor offener Parteinahme für den Sozialismus die klassischen marxistischen Dialogpartner waren gleichfalls zu fein oder zu taktisch um den Christen diese Parteinahme abzufordern.

Es hätte nahegelegen schlußzufolgern: Christus nahm radikal Partei für die Armen gegen die Reichen. Wenn Du Christ bist mußt Du Partei nehmen wie Christus. Und die moderne Form solcher Parteinahme ist der Sozialismus. Wer Christ ist muß Sozialist sein.

Nur die geistige Klarheit einer solchen Parteinahme hätte den

Dialog überleben lassen als die reale Reaktion losmarschierte bei den Katholiken wie bei den Kommunisten.

Nur vom Standpunkt des Sozialismus und der zugehörigen Theorie dh des Marxismus hätte sich klar analysieren lassen daß und warum da auf beiden Seiten die Reaktion marschierte: die Bürokratie der Herrschaftsapparat.

Ein bloß dialogisch aufgeschlossenes nicht konsequent sozialistisch-marxistisch orientiertes Christentum konnte eine Analyse des Herrschaftsapparates auf eigener Seite nicht oder nicht genügend konsequent leisten.

Der Reformkommunismus als Dialogpartner auf der anderen Seite konnte dies ebenfalls nicht. Denn gleichzeitig mit der berechtigten Denunziation der neostalinistischen Tyrannei gab der Reformkommunismus immer rascher immer mehr von der Substanz des Sozialismus preis wurde immer rosaroter hielt manches am Kapitalismus für immer akzeptabler. An Stelle des als utopistisch abgewerteten sozialistischen Ziels der klassenlosen herrschaftsfreien Gesellschaft traten für den Reformkommunismus angeblich realistische Mischformen von Sozialismus und Kapitalismus.

In dialogischer Konzilianz unternahmen weder die christlichen Dialogisten ausreichend scharfe Kritik am neostalinistischen angeblich kommunistischen Herrschaftssystem noch unternahmen marxistische Dialogisten ausreichend scharfe Kritik am katholisch-kurialen angeblich christlichen Herrschaftssystem.

V.
Handeln statt Reden

An seiner *Halbherzigkeit* ist der klassische christlich-marxistische Dialog eingegangen. In der nun bereits heraufgezogenen postklassischen vielleicht schon als *postdialogisch* einzustufenden Phase des Dialogs wird die Kritik am quasikommunistischen wie am quasichristlichen Herrschaftssystem in voller Schärfe vollzogen wird vor allem die allein taugliche Grundlage solcher Kritik gelegt: *die Parteinahme für den vollen dunkelroten dh auf das Ziel der klassenlosen Gesellschaft orientierten Sozialsmus.*

Nicht dialogisch aufgeschlossene sondern konsequent sozialistische Christen. Nicht dialogisch aufgeschlossene Reformkommunisten sondern konsequente dh die klassenlose Gesellschaft anstrebende Sozialisten Marxisten Kommunisten. Nicht bloßes Reden über die Schönheiten des eigenen und teils auch des anderen Bekenntnisses sondern konkrete gemeinsame politische Aktion gemeinsame Praxis auf Grundlage gemeinsamer Theorie – das ist die Signatur des postdialogischen Verhältnisses zwischen Christentum und Sozialismus.

Als ich mich auf den Konferenzen des klassischen Dialogs als Christ *und* Sozialist Christ *und* Marxist benannte und dies inhaltlich definierte wurde mir von christlichen wie marxistischen Dialogpartnern höfliches Mitleid zuteil. Meine inhaltliche Definition christlich-marxistischer Personalunion und meine dementsprechende Stellung innerhalb der Paulus-Gesellschaft und ihrer Kongresse beruhte auf einer möglichst *konkreten* Fassung von Christentum: als Handlungsanleitung die der Christus der Evangelien uns gibt und nicht als komplizierte Metaphysik wie in den ausformulierten dogmatischen Glaubenssätzen der Theologie. Desgleichen wollte ich eine möglichst konkrete Fassung von Marxismus: Anleitung zur Analyse und Beseitigung der kapitalistischen Gesellschaft als einer unchristlichen Gesellschaft – und nicht irgendwelche komplizierte atheistische materialistische Metaphysik wie in den ausformulierten dogmatischen Glaubenssätzen des Stalinismus.

In der postdialogischen Phase ist diese Art von christlich-marxistischer Personalunion nun regelhaft geworden. Tausende vollziehen sie mit Selbstverständlichkeit insbesondere junge Menschen insbesondere auch in den Ländern mit starkem katholischen starkem kommunistischen historischen Hintergrund wie Frankreich Italien Spanien sowie Lateinamerika.

Erst recht geschieht dies in den Ländern mit vorwiegend protestantischem Hintergrund insbesondere im angelsächsischen Bereich. Protestantische Theologen wie Paul Tillich vollzogen lang vor der katholischen Entdeckung des Marxismus die christliche Öffnung zum Sozialismus.

Die neue dunkelrote Welle des Sozialismus Neue Linke oder sonstwie benannt ist voll von postdialogischen Christen-Marxisten *die nicht mehr nur gemeinsam reden sondern auch gemeinsam handeln.*

VI.
Neue Linke und alte Tanten

In einem ganz bestimmten Sinn wurde der klassische christlich-marxistische Dialog nicht nur abgetötet durch den Einmarsch der kirchlichen Reaktion in den vom Konzil ansatzweise abgesteckten Freiheitsraum nicht nur abgetötet durch den Einmarsch der sowjetischen Panzer in die Tschechoslowakei 1968 sondern im selben Jahr auch durch die *Pariser Mairevolte Gipfelpunkt jener dunkelroten Welle der Neuen Linken.*

Vormarsch der Reaktion im katholischen wie kommunistischen Bereich war negativer Beendigungsgrund für den klassischen Dialog reale Bremskraft mit der dieser aus mangelnder geistiger Dynamik nicht fertig wurde. Die Pariser Mairevolte der Neuen Linken war *positiver* Beendigungsgrund für den klassischen Dialog: Die dunkelrote Neue Linke *hatte* jene geistige Dynamik die dem klassischen Dialog fehlte: jene Konsequenz und Radikalität: jene Hinwendung zur *Wurzel* des Sozialismus.

Den vollen ganzen Sozialismus hatte der reformkommunistische Dialogpartner nicht in den Dialog eingebracht erst recht natürlich brachte ihn der christliche Dialogpartner nicht ein. Der volle ganze Sozialismus war nicht Thema des klassischen christlich-marxistischen Dialogs. Erst die Neue Linke brachte ihn dh den Kampf für die klassenlose Gesellschaft wieder auf die Tagesordnung.

In der mangelnden Radikalität wohltemperierten Konzilianz des klassischen Dialogs steckte ein Element der *Resignation.* Unser Christentum ist etwas sehr Schönes – sagten die einen – aber es ist nicht so ungeheuer viel daraus geworden. Unser Sozialismus ist etwas sehr Schönes – sagten die anderen – aber es ist nicht das daraus geworden was man sich erwartet hat.

Selbstkritik des dialogischen Marxisten *Milan Machovec* damals Philosophieprofessor in Prag:

»Tatsächlich hat es im Marxismus Mißbrauch der Macht gegeben, falsche Eschatologie, Bagatellisierung der Gegenwart zugunsten der Zukunft. Es gab das *Erlebnis der sozialistischen Kerker...* Wir erlebten neue Entfremdungen durch neue Institutionen; wir erlebten die praktischen Auswirkungen des Machtmonopols. Wir müssen uns der Frage stellen: Wo ist Dein BruderAbel?[15])«

Selbstkritik des dialogischen Christen *Johannes Baptist Metz* Theologieprofessor in Münster:

»*Wir Christen können kein Stück unserer Geschichte vorzeigen, in dem Humanität wirklich praktiziert worden ist.* Es gibt keine große humane Idee, Freiheit, Gerechtigkeit, Friede oder was immer Sie nennen mögen, was da die Inhalte der Verheißungsbotschaft des Christentums sind – es gibt keine solche humane Idee, die nicht irgendwann einmal in der Geschichte des Christentums eben durch dieses Christentum selbst in Frage gestellt worden wäre[16]).«

Und vielleicht – so lautete die dialogische Schlußfolgerung aus christlicher Selbstkritik marxistischer Selbstkritik – wenn wir unser Christentum und unseren Sozialismus im Dialog mischen und gut umrühren vielleicht wird dann noch etwas daraus.

So *Karl Rahner:*

»*Ich würde als Christ auch sagen, um das jetzt theologisch zu formulieren: in dieser marxistischen Bewegung* einer echten authentischen Liebe zum konkreten, elenden Menschen *war auch der Geist Gottes am Werk,* der bei uns Christen durch unser Versagen vielleicht nicht das bewirken konnte, was er in der Welt sicher bewirken will. wenn auch immer nur asymptotisch und ohne die letzte Selbstentfremdung des Menschen... aufzuheben[17]).«

Resignation ist im ideologischen Überbau das typische Kennzeichen von Spät- und Endzeiten. Wenn der klassische christlich-marxistische Dialog Überbau war über das Zeitalter des Übergangs vom Kapitalismus zum Sozialismus so markierte er – bei aller inhaltlichen Kühnheit verglichen mit vorangegangener christlicher und marxistischer Doktrin – eher das *Ende des Alten* in dieser Übergangsepoche *als* den *Anfang des Neuen.*

Sehr feinfühlig bemerkte der katholische Theologe Johannes Baptist Metz zu seinen Mitdialogisten in Herrenchiemsee: »Vielleicht führen wir einen *Dialog der alten Tanten* am Kaffeetisch, während draußen etwas ganz Neues schon herauf- und an uns vorüberzieht[18]).«

Dieses ganz Neue war der dunkelrote Sozialismus der Neuen Linken die sprengkräftige Wiederbelebung der ursprünglichen sozialistischen Radikalität: die Neue Linke zeichnete sich Mitte der sechziger Jahre schon ab (etwa 1964 begann die Bewegung an den US-amerikanischen Universitäten) erreichte 1968 im Pariser Mai ihren Höhepunkt und fiel von da ab sehr zurück.

Wenn Christen wie Sozialisten wesensgemäß *Radikale* sind: Leute die den Dingen an die Wurzel wollen oder doch sollen – wenn Dialog zwischen ihnen daher quasi Radikalität zum Quadrat ist oder doch sein soll: dann war der klassische christlich-marxistische Dialog ein *unvollkommener* Dialog: *Gespräch zwischen müd- und mildgewordenen Spätformen von Christentum und Sozialismus.* Und dann mußte dieser Dialog an zu geringer Lebenskraft eingehen sobald in der Neuen Linken die sozialistische Radikalität erneuert wurde und in bestimmtem Umfang auf dem Weg über diese neue sozialistische Radikalität auch christliche Radikalität erneuert wurde. Sobald es *radikalere* Sozialisten und *radikalere* Christen gab als es die Partner im klassischen Dialog gewesen waren fiel dieser Dialog zurück aus der Vorhut ins Austragstüberl wo er an Entkräftung verstarb.

Übrigens auch an *Angst:* die neulinken radikalen Sozialisten die neulinken radikalen Christen machten den wohltemperierten christlich-marxistischen Dialogpartnern durch ihre Radikalität Angst trieben sie in konservative Positionen der Verteidigung von bestehenden christlichen und kommunistischen Ideologien und Institutionen. Dies wiederum sorgte für desto gewisseres Absterben des einst vergleichsweise so kühnen klassischen Dialogs.

VII.
Postdialogischer Dialog

Der nachklassische quasi postdialogische Dialog überschreitet in doppelter Weise die Beschränkung des klassischen Dialoges:

1. Er führt die christliche wie die marxistische Anschauung *zur vollen Radikalität des eigenen Standpunktes* ermöglicht daher eine viel gründlichere unkonziliantere Analyse und Kritik sowohl der eigenen wie der anderen Ideologien und Institutionen.

2. Er führt den Dialog konsequent bis zum Abgrund der das Reden vom Tun trennt und fordert unerbittlich von den christlichen wie marxistischen Rednern *den Sprung in den Abgrund christlichen Tuns sozialistischen Tuns* als letzten und eigentlich einzigen Beweis für die Ernsthaftigkeit ihrer Redeübungen.

Die *Paulus-Gesellschaft* Vehikel des klassischen christlich-marxistischen Dialogs geriet durch den Ausbruch der Neuen Linken draußen in der Welt in eine schwere *Krise* noch ihrer Krise aus anderem Anlaß nämlich dem sowjetischen Einmarsch in die CSSR.

Im Mai 1968 nahm die *österreichische* Sektion der Paulus-Gesellschaft deren Vorsitzender ich seit ihrer Gründung (1965/66) bin deutliches Interesse an der studentischen Bewegung Theorie und Praxis der Neuen Linken. Die *westdeutsche* Paulus-Gesellschaft repräsentiert durch Erich Kellner nahm daran heftig Anstoß. Eine Kontroverse folgte die heute längst beigelegt ist aber kennzeichnende Bedeutung hatte für die Entwicklung des Dialogs:

Auch die westdeutsche Paulus-Gesellschaft beschäftigte sich späterhin mit den von der Neuen Linken auf die Tagesordnung gesetzten Problemen. Während aber in der klassischen Dialogphase die Paulus-Gesellschaft Themen behandelte die sie als *erste* aufgriff und die *nur* sie aufgriff von daher ihre geistesgeschichtliche Bedeutung in den sechziger Jahren – war das Aufgreifen neulinker Thematik nichts mehr was nur *ihr* eigentümlich war. Was allerorten diskutiert wurde das wurde dann auch – zum Teil nach gewissem Zögern siehe oben – von der Paulus-Gesellschaft diskutiert: weil sie eben eine Dialog-Gesellschaft ist. *War die Paulus-Gesellschaft früher voran marschiert hinkte sie jetzt hinterher.*

In Führung war die Neue Linke. Sie verursachte die *Aufhebung des Dialogs:* die Aufhebung dh Beendigung des bloßen Redens und die Aufhebung dh Emporhebung des Miteinanderredens auf die höhere Ebene des Miteinanderhandelns.

Dialog heißt folglich heute in der postdalogischen Phase:

1. Ausarbeitung einer *gemeinsamen konkreten Theorie:* nicht abstraktes ideologisches Schwärmen sondern rationale *Analyse und*

Kritik von Ideologien Institutionen Gesellschaftssystemen: das ist *konkrete* Theorie weil daraus Schlußfolgerungen für gemeinsames *Handeln* gezogen werden.

2. Durchführung einer *gemeinsamen Praxis:* gemäß gemeinsamer Analyse und Kritik gesellschaftlicher Zustände *Veränderung dieser Zustände.*

Es ist ziemlich fraglich ob man *Wort und Begriff »Dialog«* die den überlebenden klassischen Dialogisten begreiflicherweise ans Herz gewachsen sind *überhaupt heute noch retten kann.* »Dialog« heißt heute auch eine US-amerikanische Zeitschrift die von der CIA herausgegeben wird. »Dialog« heißt heute wenn der südafrikanische Premierminister mit schwarzen Staatsoberhäuptern über die Verewigung des Neokolonialismus reden will. »Dialog« heißt heute jedes beliebige Gespräch beliebiger Politiker über beliebige Themen.

Solches *Herabkommen von Wort und Begriff »Dialog«* ist nicht schlechthinzufällig. Im klassischen christlich-marxistischen Dialog der nur ein Reden kein Handeln war steckte bereits die Möglichkeit daß daraus *Reden statt Handeln* wird: *Dialog als üble Ausrede.*

Und Konzilianz des klassischen Dialogs hinsichtlich Themen wie Teilnehmer: Konzilianz die relativ leicht ist solange Garantie besteht daß aus Reden kein Handeln wird – solche Konzilianz enthält bereits die Möglichkeit *jegliches* Reden mit *jeglichen* Leuten gleich zu welch üblem Zweck als Dialog zu benennen: *Dialog als Augenauswischerei.*

Ohne jede Augenauswischerei muß man die Ausarbeitung einer gemeinsamen konkreten Theorie von Christen und Sozialisten und die darauffolgende gemeinsame Praxis der Veränderung der gesellschaftlichen Wirklichkeit: Veränderung vom Kapitalismus zum Sozialismus – bezeichnen als das was es ist oder sein soll: *gemeinsame revolutionäre Theorie und Praxis.*

Bei den ahnungsvollsten unter den klassischen Dialogisten war das Vorauswittern der Wendung zur Revolution schon verbreitet so bei den katholischen Theologen Johannes B. Metz und Pater Giulio Girardi.

Metz schrieb schon 1967:

»Wenn christliche Liebe sich gesellschaftlich mobilisiert als unbedingter Wille zur Gerechtigkeit und zur Freiheit für die anderen, *dann kann unter Umständen gerade diese Liebe selbst revolutionäre Gewalt gebieten.* Wo ein gesellschaftlicher Status quo ebenso viel Ungerechtigkeit enthält, wie eventuell entsteht, wenn er revolutionär abgeschafft wird, *dann kann eine Revolution* – für die Gerechtigkeit und Freiheit der Geringsten unter den Brüdern – *auch im Namen der christlichen Liebe nicht unerlaubt sein*[19]).«

Pater Giulio Girardi schrieb gleichfalls schon 1967:

»...Eine wirklich christliche Haltung schließt den *Aufstand* gegen unhaltbare, ungerechte Zustände ein und *bejaht auch die radikalen Veränderungen...* Der christliche Appell an die Liebe bleibt unwirksam, wenn er nicht die *Umwandlung der Welt fordert...* Die Revolution, die durch die Liebe hervorgerufen ist, wird zur *Befreiungsbewegung.* Das Hauptgebot der Liebe wird den Christen von heute zum Gebot der Befreiung des Menschen, zum Kampfaufruf gegen jede Entfremdung[20]).«

Mit voller Klarheit kam die Auffassung von *Dialog als revolutionäre Theorie und Praxis* bereits zum Ausdruck als zu Ostern 1968 der Weltkirchenrat zu einer Dialogkonferenz in Genf insbesondere Partner aus der Dritten Welt holte. Die säuberliche Differenzierung hie Christen hie Marxisten die den klassischen Dialog der europäischen Professoren auszeichnete gab es bei den Teilnehmern aus der Dritten Welt überhaupt nicht.

Der christliche Inder A. K. Thampy erklärte damals einfach: »*Es ist möglich, christlicher Marxist zu sein*[21]).«

Der Jesuit Julio De Santa Ana aus Uruguay sagte: »Der Dialog ist ein Monolog des Westens. Er geht aus von der traditionellen Ideologie der kapitalistischen Welt. *Humanismus muß aber vor allem erörtert werden in Hinblick auf Verhältnisse, die einen Humanismus gar nicht zulassen*[22]).«

Der Inder Thampy definierte wiederum in einem Satz: »*Hunger sollte Hauptthema des Dialoges sein*[23]).«

Der Theologe Dr. Arceo Martinez aus Kuba: »*Der Dialog ist nicht wichtig, wichtig ist das gemeinsame Handeln. Helfen ist besser als Schwätzen*[24]).«

Der Marxist Anouar Abd El Malek Ägypten: »Der Dialog ist viel zu westlich. Das heißt: *es geht nicht um Dialog, sondern um Aktion, um revolutionären Kampf*[25]).«

Es ist dies *konkreter Dialog* wie er von ungezählten Christen und Marxisten im realen Kampf gegen Kapitalismus Imperialismus Faschismus und für Sozialismus geführt wird.

Das also ist Ergebnis und Ende der Phase des klassischen christlich-marxistischen Dialogs: *Der Dialog ist tot es lebe der Dialog. Der klassische Dialog ist tot es lebe die Revolution gemeinsam getragen durch Christen und Marxisten.*

P. S.

Es lebe es lebe es lebe der Schwulst der dialogische Schwulst der revolutionäre Schwulst na ja es war eine Rede zum 100. Geburtstag von Karl Marx in dessen Geburtshaus zu Trier eigentlich im Stall den die sozialdemokratische Friedrich-Ebert-Stiftung sinnigerweise für Bildungszwecke adaptiert hat. Was hilft die Entschuldigung. Denn es ist eine. Die Sonne scheint auf die Schreibmaschine die Kühe mampfen die Hühner scharren ich möchte eine Sprache worin ich den Bauern hier sagen kann was ich überflüssig und luxuriös statt dessen meinen Mitintellektuellen oder Mithalbintellektuellen sage die wissens aber ohnehin schon. Mit J. kann ich überhaupt nicht reden wir verstehen uns wenn sie mich anschaut wenn wir uns berühren wenn wir schweigen. Sprachdiebstahl. Den Täter ausfindig machen kann jeder jungneulinke Erstsemestrige es ist das herrschende System das durch Sprachtrennung zwischen Volk und Intellektuellen desto sicherer herrscht blablabla. Aber die gestohlene Sprache den Leuten wieder zurückbringen darum ginge es. Jesus wurde von den Leuten verstanden aber die waren an Gleichnisreden gewöhnt von ihrer religiösen Erziehung her. Heute müßte ers mit der Romanheftel- und Fernsehsprache versuchen aber die wurden zu gegenteiligen Zwecken erfunden. So so sie schreiben ein Buch worüber schreiben sie denn ein Buch wenn man fragen darf. Natürlich darf man fragen. Natürlich kann ich nicht antworten. Ich schreibe kein Buch für die Leute die fast nichts haben nicht einmal eine Sprache herauszufinden warum sie fast nichts haben. Also schreibe ich ein Buch für mich weil ich schon lange keins geschrieben habe ein Buch für meinen Verleger weil er sagte Du hast schon lange keins geschrieben. Das verstehen die Leute. Es ist ein Beruf wie jeder andere.

Anmerkungen

[1]) Erich Kellner (Hg.): Christentum und Marxismus heute. Gespräch der Paulus-Gesellschaft. Europa-Verlag, Wien 1966, S. 16.

[2]) Rede Rahners auf der Konferenz der Paulus-Gesellschaft, Herrenchiemsee 1966, publiziert im »Neuen Forum«, Oktober 1966 (»Christlicher und marxistischer Humanismus«) und November/Dezember 1966 (»Christliche und marxistische Zukunft«), Belegstelle: November/Dezember 1966, S. 697.

[3]) Kommentare, Referat und Gesprächsprotokoll der Marienbader Konferenz: Artikelblock »Gott ist nicht ganz tot« im »Neuen Forum«, Juni/Juli 1967 (Günther Nenning, Wolf-Dieter Narr, Johann B. Metz, Jürgen Moltmann). Buchpublikation: Erich Kellner (Hg.): Freiheit in einer humanen Gesellschaft. Marienbader Protokolle, Europa-Verlag, Wien 1969.

[4]) Stellungnahmen von Dialogisten hiezu: siehe den Artikelblock »Dialog zusperren?« im »Neuen Forum«, August/September 1968 (Günther Nenning, Ernst Bloch, Josef Hromádka, Roger Garaudy, Milan Machovec, Ernst Fischer, Barbara Coudenhove-Kalergi).

[5]) Die Dokumente der Paulus-Gesellschaft liegen im Selbstverlag der Gesellschaft in bisher 12 Bänden vor (Dr. Erich Kellner, Paulus-Gesellschaft, D-8228 Freilassing/Obb., Münchner Straße 50, Postfach 66). – Zur Geschichte des Dialogs innerhalb der Paulus-Gesellschaft: Günther Nenning: Christlicher Humanismus – Friede mit der Welt, »Wiener Kirchenzeitung«, 27. Februar 1966; ders.: Christen und Marxisten, »Wort und Wahrheit«, Juni/Juli 1966; ders.: Christen sind Berufsrevolutionäre, »Die Zukunft«, Wien, Mitte Juni 1966; ders.: Atheisten unter Christen und Marxisten. Der Atheismus und die Paulus-Gesellschaft, »Der Seelsorger«, Wien, November 1966; ders.: In Marienbad trafen sich die Dialogisten, »Die Presse«, Wien 6./7. Mai 1967; ders.: Chancen der Zukunft, »Die Furche«, Wien, 25. November 1967.

[6]) Erich Kellner (Hg.): Christentum und Marxismus heute. Gespräche der Paulus-Gesellschaft. Europa-Verlag, Wien 1966, S. 237 f.

[7]) A. a. O., S. 39 ff., 66 f.

[8]) Roger Garaudy, a. a. O., S. 62.

[9]) Wortlaut der Diskussionsbeiträge von Metz und Garaudy: »Marxistische und christliche Theologen.« Protokoll vom Gespräch der Paulus-Gesellschaft am Herrenchiemsee, Ende April/Anfang Mai 1966, »Neues Forum«, Juni/Juli 1966, S. 329

[10]) Roger Garaudy, a. a. O., S. 77 f., insb. S. 93ff.

[11]) A. a. O.

[12]) Cesare Luporini und Luciono Gruppi, a. a. O., S. 251 ff.

[13]) Roger Garaudy: Über die Einheit von Freiheit und Schöpfung. Referat auf der Marienbader Konferenz April/Mai 1967. »Neues Forum«, Januar/Februar 1968, S. 29.

[14]) »Neues Forum«, Juni/Juli 1967, S. 473.

[15]) »Neues Forum«, Juni/Juli 1968, S. 435.

[16]) »Neues Forum«, Mai 1968, S. 297.

[17]) A. a. O., S. 299.

[18]) »Neues Forum«, Juni/Juli 1966, S. 329.

[19]) »Neues Forum«, Juni/Juli 1967, S. 464.

[20]) »Neues Forum«, Oktober 1967, S. 690.

[21]) Gemäß Niederschrift »Nicht Dialog, sondern Aktion. Konferenz, Strömungen im christlichen und marxistischen Denken über die Humanisierung der technischen und ökonomischen Entwicklung.« Genf, am Sitz des Weltkirchenrates, 8. bis 11. April 1968, »Neues Forum«, Juni/Juli 1968, S. 442.

[22]) A. a. O., S. 436.

[23]) A. a. O., S. 437.

[24]) A. a. O.

[25]) A. a. O., S. 436.

28. Tag
Vom Klerus zu Jesus

Was unternimmt der linke Christ unter den bis auf weiteres andauernden Umständen der Konterreform.

Er ist angewiesen auf Zusammenhalt in kleinen seis auch instabilen Gruppen (denn einzelweise gibt es den Christen garnicht sondern erst wo immer zwei oder drei beisammen sind im Namen Christi ist Christentum ist Kirche).

In solchen kleinen Gruppen können linke Christen sich erproben und Sicherheit erwerben

In Formen des Gebets als Gespräch unter mehreren oder auch Denken für sich aber unter seinesgleichen

In Formen des Gottesdienstes als gemeinsame Erinnerung an die Nachfolge Christi: aktive Parteinahme für die Armen aktive Arbeit am Reich Gottes wo es weder Armut noch Herrschaft geben soll.

Der Weg des linken Christen läßt sich beschreiben als Weg vom Klerus zu Jesus

Er hat meist begonnen unter Obhut von Klerikern (wörtlich: Abgetrennten nämlich vom einfachen Volk der Gläubigen)

Er ist vorwärts gekommen im Gespräch mit progressiven Klerikern

Er hat erlebt wie diese hoffnungsvoll kämpften dann resignierten aufgaben oder aufgeben mußten.

Jetzt sind die linken Christen fast immer ohne Kleriker allein auf sich gestellt.

Mit Ausscheiden des Klerus aus der Reformbewegung

Mit wasserdichtem Verschluß der Amtskirche gegen Eindringen von Progressiven oder gar Linken

wurde für die Linkschristen der Namensgeber ihrer selbst immer wichtiger.

Sie redeten ihn bald mit Vornamen an statt mit dem offiziellen Titel den Klerus und Amtskirche bevorzugen um ihn in die Hierarchie einzubauen als obersten Hierarchen. (Erst Christus dann Klerus dann das einfache Volk. Ihnen geht es immer noch um die protokollarische Rangordnung bei Tisch welche Jesus für unwichtig erklärte und für umkehrbar.)

Die Public Relations Christen die die »Jesusbewegung« organisierten aus abgestorbenen Restbeständen der Jugendrevolte hatten ein feines Gespür. »Christusbewegung« geht nicht. Christus ist Obrigkeitsperson Jesus Dein Freund. Noch in der Verhöhnung Jesu durch die »Jesusbewegung« schlimmere Gotteslästerung als sie der ernsthafte Atheist je begehen kann zeigten sich Statur Kraft Attraktion dieses Jesus.

Der linke Christ will aus dem Pferch der Kleriker aus dem Fangnetz ihrer Wörter und Begriffe die alle entweder zu abstrakt sind oder zu pompös oder am schlimmsten: gemütsschwüler Liebestau. (Ein Wort von Marx womit er eine zeitgenössische Spielart von »wahrem Sozialismus« treffen wollte.)

Beim Übergang vom Feudalismus zur Demokratie wird Christus mit dem Vornamen angeredet und je ferner von titelsüchtiger Hierarchie Du Jesus anredest (an Hand des Neuen Testamentes) desto konkreter werden seine Antworten.

Jesus zu Deiner politischen Praxis:

In Ordnung wenn die richtige Parteinahme drin ist *(partijnost* nennt es Lenin)

Jesus zu Deiner politischen Theorie:

In Ordnung wenn Zielpunkt das Reich Gottes ist. Eine ganz konkrete *urbanistische Planung* gemäß Apokalypse des Johannes. Eine Stadt mit Straßen und Häusern wo Gott unter den Menschen wohnt als ihresgleichen und sie als seinesgleichen Gott ist menschlich die Menschen sind göttlich (Christus ist nur Bruder unter Brüdern, Röm 8, 29) eine Stadt ohne Klassen von Göttern und Menschen ohne Herrschaft und dementsprechend von uns zu entwerfen.

Jesus zu Deinem »privaten« Leben:

In Ordnung wenn Du genug Liebe hast.

Die Bibel ist kein Buch für Zwangszölibatäre heimliche Herumvögler denen der Bischof dann sagt Menschen sind wir alle aber im Zölibat müssen Sie bleiben. (Die Kirche zahlt pünktlich Alimente für die Kinder ihrer Priester.)

Jedem der in der Pubertät die Bibel las ist schon aufgefallen wieviel Sexuelles sich darin findet sie ist auch darin Buch der Bücher daß sie zu Deiner ersten Wichsvorlage werden kann das Alte Testament ist besser.

Wieviel muß aus dem Neuen herausgesäubert worden sein wenn immer noch drin geblieben ist:

Jesus war ständig von Frauen umgeben

Jesus gab sich gern mit Frauen ab

An wichtigen Punkten seines Lebens und Sterbens gab es Frauen

Entscheidende Gleichnisse handeln von Frauen

Und zwar von Frauen die aus Zweierbeziehungen übergingen zu Mehrfachbeziehungen:

Jesus hat eine Brücke gebaut zwischen Mehrfachbeziehungen und mehr Nächstenliebe: Wer viel liebt dem wird viel vergeben.

Schon wer nach einer anderen sich umsieht begeht Ehebruch sagt Jesus in der Bergpredigt. Die Kleriker machen daraus ein Verbot. Jesus meinte bloß: Es ist unmöglich nicht hinzuschauen.

Alle brechen Ehe.

Und weil es Jesus ihnen sagt traut sich keiner den ersten Stein zu werfen auf die *Ehebrecherin.* Was schrieb Jesus schweigend in den Sand? Verurteilt hat er sie nicht oder (wenn das nicht hinterdrein hineinredigiert wurde) sehr milde verglichen mit seinen Wutanfällen gegen Bankiers Händler Priester.

Sein Scheidungsverbot sollte die Frau schützen vom Mann einfach allein gelassen zu werden. Das heißt Treue für Jesus.

Hingegen heißt Treue im Sinn des bürgerlichen Privateigentums (gemäß der Kantschen Definition der Ehe:) ausschließliches Nutzungsrecht der Geschlechtsteile des andern.

P. S.

Hier höre ich aber auf. Es wird kein Zufall sein daß mir das Thema Jesus und politische Praxis am kürzesten und klarsten geriet Jesus und politische Theorie schon länger und komplizierter am längsten und kompliziertesten Jesus und Sexualität. Ich könnte antworten darüber wurde bisher am wenigsten gedacht und geschrieben von anderen und von mir. Ich überlasse das Urteil gewissenhaften Rezensenten.

Verblüfft bin ich wie umfangreich das Kapitel schon geraten ist. In die Beschreibung meiner reform- bis linkschristlichen Karriere verflocht sich die Analyse der Kirchenreform mit der diese Karriere begann und endete. Ich dachte daß mich die Kirche (Amtskirche) garnicht mehr interessiert. Dieses überdimensionale Kapitel ist eine Antwort an mich.

Gestern abend fing ich einen Frosch unabsichtlich als ich den Wassereimer in die Quelle tauchte. Was mich an Jesus fasziniert je länger und genauer ich ihn kenne ist seine Verbindung von Kleinem und Großem Privatem und Öffentlichem. Jesus der mit seiner Kommune herumzog fröhlich war sich mit Mädchen unterhielt gern und lange ganz allein war. Jesus der große öffentliche Redner Organisator großer öffentlicher Ausspeisungen für die Armen und Mann der Aktion auf die Tempelbank (jeder Black Panther würde da einen ursächlichen Zusammenhang vermuten) Jesus der Mann der öffentlich starb für eine öffentliche Sache.

Trennung von Privatem und Öffentlichem ist eine Erfindung der Hierarchen die öffentlich verstecken was sie privat tun eine Erfindung der Bürger die öffentlich anders handeln (Profit machen) als privat (wohltätig sein anständig sein.)

Verbindung von Privatem und Öffentlichem ist wie Einatmen — Zusammensein mit Freunden Alleinsein Frösche fangen und wieder auslassen — Ausatmen — Arbeit am Sozialismus gleich Parteinahme für die Armen gleich Nachfolge Christi gleich Arbeit am Reich Gottes gleich klassenlose Gesellschaft.

Kann man das nicht weniger geschwollen sagen? Die Kleriker lassen uns nicht aus dem Gefängnis ihrer Sprache die christlichen nicht und die marxistischen nicht.

29. Tag
Linkskatholisches Manifest

Links saßen die Bürgerlichen rechts Adel und Klerus und zwar vom Präsidenten aus gerechnet denn rechts von sich hat man die besseren Leute links die weniger feinen eher verdächtigen. Seit dieser Sitzordnung in der französischen Nationalversammlung im Revolutionsjahr 1789 ist es etwa so geblieben.

Linkskatholiken sind weniger fein eher verdächtig.

Links heißt bis zum Aufkommen des Sozialismus: radikale bürgerliche Demokratie kontra absolute Monarchie.

Links heißt seit Aufkommen des Sozialismus: radikaler Sozialismus kontra Kapitalismus und bürgerliche Privilegiendemokratie.

Linkskatholiken sind Katholiken die mit diesen politischen Linkstendenzen sympathisieren.

Dies hat Auswirkungen hinsichtlich ihrer Auffassungen über

1. katholische Soziallehre
2. organisatorische Struktur der Kirche
3. Akzentuierung der Glaubenswahrheiten in der Welt von heute.

Dementsprechend nun einige Bemerkungen (1.) zur Gesellschaftstheorie (2.) zum Kirchenbild (3.) zum Glauben der Linkskatholiken.

1. Gesellschaftstheorie der Linkskatholiken

Die Gesellschaftstheorie der Linkskatholiken ist nicht schlechthin originell. Unsere Sympathie mit politischen Linkstendenzen führt: (1.1.) zur Ideologiekritik an der katholischen Soziallehre von da weiter: (1.2.) zum Rückgriff auf das Evangelium und: (1.3.) zur Vereinbarkeit und Vereinigung von Christentum und bestimmten Sozialismusformen.

1.1. Ideologiekritik an der katholischen Soziallehre

Die Gesellschaftstheorie der Linkskatholiken entzündet sich ihrem historischen Ursprung gemäß an der Kritik der amtskirchlichen katholischen Soziallehre. Gemessen an der sozialistischen insbesondere marxistischen Gesellschaftskritik halten wir die päpstlichen Sozialenzykliken für verdächtig »sanftrosa«.

Zwar finden sich in diesen offiziellen Dokumenten Positionen eines christlichen Sozialismus und dies desto stärker je jüngeren Datums die Sozialenzykliken sind am bisher stärksten in »Populorum progressio«. Aber dieser christliche Sozialismus wird nicht konsequent durchgehalten sondern immer wieder durchkreuzt von einer gegenläufigen Tendenz nämlich *Rechtfertigung des Kapitalismus.*

Die Linkskatholiken kritisieren ferner daß die offizielle kirchliche Soziallehre zwar eine Theorie ist die sich seis auch inkonsequent so doch in zunehmendem Maße gegen den Kapitalismus wendet daß aber dieser Theorie *keine antikapitalistische Praxis* der Kirche entspricht. Die Amtskirche lebt teils selbst »more capitalistico« teils unterstützt sie die Ruhe und Ordnung des herrschenden kapitalistischen Systems wendet sich fast immer gegen Unruhe Unordnung »Anarchie« »Revolution« scheut sich in der Praxis fast immer vor jeder Allianz mit sozialistischen marxistischen kommunistischen neulinken Bewegungen.

Die kirchliche Soziallehre leitet sich nicht nur aus dem Evangelium ab sondern auch aus jeweils zeitgenössischen Gesellschaftstheorien. Sie muß sich daher gefallen lassen daß an sie die Sonde der Ideologiekritik angelegt wird: Wir fragen *warum* in den früheren Sozialenzykliken die Apologie des Kapitalismus überwiegt christlich-sozialistische Akzente nur vorsichtig gesetzt aber Sozialismus als solcher verurteilt wird. Wir fragen *warum* in den späteren Sozialenzykliken der Kapitalismus schärfer hergenommen die sozialistischen Akzente stärker gesetzt und eine Verurteilung des Sozialismus oder auch Kommunismus vermieden wird.

Die ideologiekritische Antwort der Linkskatholiken lautet: In den Sozialenzykliken wird zunächst die Symbiose zwischen Amtskirche und Kapitalismus gerechtfertigt. Später wird sie dann die Koexistenz und vielleicht noch später die Symbiose mit der offenkundig dauerhaften und sich ausdehnenden Realität des Sozialismus Kommunismus ideologisch untermauert. Drittens wird in den Sozialenzykliken die pastoral-strategische Sorge widergespiegelt zu Millionen Menschen den Weg offenzuhalten oder neu zu öffnen welcher verschüttet werden kann oder bereits verschüttet wurde durch amtskirchliche Sympathie für Kapitalismus Antipathie gegen Sozialismus Kommunismus.

1.2. Rückgang auf das Evangelium

Die Linkskatholiken kritisieren die amtskirchliche Tendenz dem jeweiligen Stand der katholischen Soziallehre den Rang der *Verbindlichkeit* für alle Katholiken zuzusprechen als handle es sich hiebei um Glaubenswahrheiten.

Das Evangelium liefert den *Maßstab* an welchem der Christ alle Gesellschaftstheorien zu messen hat. Es liefert aber keine Rezepte es läßt sich aus ihm keine Gesellschaftstheorie ableiten gültig für alle

Zeiten und alle Orte und zwar alleingültig unter Ausschluß von Alternativen.

Für verschiedene Zeiten und verschiedene Orte wird sich aus dem Evangelium ein *Pluralismus von Gesellschaftstheorien* legitimieren lassen. Die offizielle kirchliche Soziallehre ist dann nur eine unter anderen. Freilich muß sie der Katholik konfrontiert mit päpstlichen Enzykliken besonders sorgsam prüfen und wägen.

Der Inhalt der päpstlichen Sozialenzykliken ist offenkundig nicht gleichbleibend sondern wandelt sich seit 1891 relativ rasch: Dadurch wird unsere Prüfungspflicht verschärft in Richtung Ideologieverdacht. Der Inhalt der Sozialenzykliken zeigt offenkundig immer stärkere Annäherung an sozialistische marxistische kommunistische Gesellschaftstheorie: Dadurch wird unsere Prüfungspflicht erleichert in Richtung auf weitestmögliche Akzeptierung päpstlicher Äußerungen durch Linkskatholiken.

1.3. Vereinbarkeit und Vereinigung von Christentum und bestimmten Sozialismusformen

Die Gesellschaftstheorie der Linkskatholiken geht aus von der *Unmenschlichkeit des Kapitalismus* sei es die offensichtliche Brutalität des klassischen Kapitalismus sei es die subtilere Entmenschlichung durch den spätzeitlichen »Sozialkapitalismus« welcher mittels Scheindemokratie den Bürger um sein Selbstbestimmungsrecht betrügt mittels Wohlstands- und Leistungsgesellschaft seine schöpferische Potenz kastriert mittels Vergnügungsindustrie ihn systematisch verdummt.

Unsere antikapitalistische Kritik wird ergänzt durch ein *positives Gegenbild:* eine Gesellschaft mit radikaler Demokratie mit genossenschaftlicher Produktion und mit schöpferischem Bewußtsein.

Die Linkskatholiken akzeptieren damit die wesentlichen Teile des Zielbildes von Sozialismus Marxismus Kommunismus sowie auch der Neuen Linken in ihrer idealtypischen Gestalt das heißt nicht ohne weiteres und unkritisch deren geschichtliche und gegenwärtige Erscheinungsformen.

Wir behaupten die *Vereinbarkeit* des Christentums mit diesen idealtypischen Zielbildern und zwar nicht bloß theoretisch: in zunehmender Zahl *praktizieren* Linkskatholiken die Personalunion: sie sind Christen *und* Sozialisten Christen *und* Marxisten Christen *und* Kommunisten Christen *und* Neue Linke.

Vereinbarkeit und Vereinigung ist logischerweise nur mit *bestimmten* Sozialismusformen möglich: nämlich mit solchen die wissenschaftlich und humanistisch fundierte *kritische* Gesellschaftstheorie sind hingegen nicht mit mystifizierten Sozialismen die eine obligatorische Verknüpfung der Gesellschaftstheorie mit metaphysischer *Spekulation* wie Leugnung Gottes und Vorrang der »Materie« behaupten.

2. Kirchenbild der Linkskatholiken

Ihre Sympathie für politische Linkstendenzen führt die Linkskatholiken: (2.1.) zur Ideologiekritik an der organisatorischen Struktur der Kirche und von da weiter: (2.2.) zum Rückgriff auf das Evangelium von da weiter: (2.3.) zur Theorie und Praxis radikaler Demokratisierung der Kirche.

2.1. Ideologiekritik an der organisatorischen Struktur der Kirche

Die Linkskatholiken sind *Antiklerikale:* in dem Sinn nämlich daß sie die gegenwärtige organisatorische Struktur der Kirche kritisch analysieren als eine historisch gewachsene und überalterte. Sie entspricht nicht den gegenwärtigen gesellschaftlichen Tendenzen. Sie ist mit den Zügen eines repressiven autoritären Herrschaftsapparates behaftet und hiedurch verunstaltet. In jeder dieser drei Hinsichten widerspricht die Amtskirche dem Kirchenbild des Evangeliums.

Die Kirche ist unter anderem Kirche aus Menschen. Daher ist ihre organisatorische Struktur unter anderem eine *Widerspiegelung der weltlichgesellschaftlichen Struktur.* Derzeit präsentiert sich diese Widerspiegelung mit einer Zeitdifferenz von zumindest 200 Jahren: in einer Gesellschaft mit (wirklich oder angeblich) demokratischer Struktur ist die Kirche *feudal-absolutistisch.* Dies gilt in bestimmten wesentlichen Punkten heute noch obwohl Demokratisierungstendenzen eine Zeitlang sich abzeichneten.

Die Linkskatholiken wenden sich gegen die Neigung der Amtskirche die historisch entstandene und auch wiederum historisch beseitigbare feudale Struktur mit einem *ideologischen Heiligenschein* zu versehen. Die Amtskirche tut als ob diese Struktur weil historisch überkommen die einzig denkbare wäre welche man daher nicht ändern dürfe zumindest in keinem wesentlichen Punkt. Gegen die Anbringung demokratischer Verzierungen am feudalen Gebäude aus Klugheitsgründen wird hingegen meist nichts eingewendet.

Wir wenden uns gegen die bewußte oder unbewußte gut- oder böswillige Begriffsverwirrung durch welche die menschlich-geschichtliche änderbare Organisationsstruktur der Kirche gleichgesetzt wird mit den unveränderlichen Glaubenswahrheiten. So daß dann wer die Änderung dieser Kirchenstruktur fordert oder praktiziert mit bequemer Automatik diskreditiert wird als Leugner von Glaubenswahrheiten.

2.2. *Rückgriff auf das Evangelium*

Gegenüber der Verketzerung von Strukturreformen kehren die Linkskatholiken den Spieß um: sie machen geltend daß die gegenwärtigen kirchlichen Strukturen dem Evangelium *widersprechen.* Ihre Reform ist also Wiederherstellung des im Evangelium dargebotenen Zustandes.

Die jahrhundertelange Verfilzung von staatlicher und kirchlicher Struktur hat die Organisationsformen des staatlichen Machtapparates in die Kirche hineinverpflanzt. Demgegenüber betonen wir die prinzipielle Rückkehr zur Gemeindestruktur gemäß Evangelium:

2.2.1. statt Hierarchie (wörtlich Priesterherrschaft) Brüderlichkeit aller Gemeindemitglieder daher:

2.2.2. Abbau der juristisch kodifizierten Zweiklassengesellschaft Kleriker–Laien zugunsten einer funktionalen Arbeitsteilung unter den Gemeindemitgliedern somit:

2.2.3. prinzipiell gleichberechtigte Mitwirkung aller Gemeindemitglieder daher:

2.2.4. Aufbau der kollegialen Abbau der monokratischen Leitung der Gemeinde daher:

2.2.5. Legitimierung und Kontrolle prinzipiell aller leitenden Funktionäre von unten nach oben das heißt letztlich mittels Wahl durch alle Gemeindeglieder.

Auch die linksten Linkskatholiken behaupten wohl nicht schlankweg daß die kirchliche Struktur in dem langen Zeitraum zwischen der Urkirche und ihren eigenen Reformideen einfach Irrtum Bosheit Teufelswerk war. Sie sehen an dieser Struktur außer der Fehlerhaftigkeit aus der man heute lernen muß auch das Unverschuldete weil Zwangsläufige das ein Element alles historisch Gewachsenen ist. Und wir maßen uns nicht an exakt herausfinden zu können: wieviel an dieser Struktur entspringt der historischen Notwendigkeit wieviel der menschlichen Fehlerhaftigkeit wieviel dem mysteriösen Willen Gottes.

Wir meinen jedoch: wieviel immer an der jahrhundertelangen Verflechtung Staat–Kirche und der daraus entspringenden Verzerrung der kirchlichen Struktur historisch notwendig oder erklär- und entschuldbar oder vom Glauben her mysteriös sein mag: *Heute* ist die Rückkehr zur demokratischen das heißt: brüderlichen Struktur der Urkirche schon deshalb notwendig, weil sonst die *Botschaft* dieser Kirche unglaubwürdig wird.

In einer Gesellschaft die (wirklich oder angeblich) demokratisch ist stößt die undemokratische Feudalstruktur der Kirche gerade die Fernstehenden gerade die zu Gewinnenden zurück. Die für Demokraten wenig einladende äußere Form der Kirche erschwert die

Einladung an sie die innere Wahrheit dieser Kirche zu hören und anzunehmen.

Den Einsichtigen unter d‹n Linkskatholiken ist mehr oder minder deutlich daß radikale Strukturreform der Kirche zwar real möglich aber psychologisch wie theologisch verzweifelt schwierig ist.

Sie kennen das der Strukturreform entgegenstehende *sozialpsychologische* Gesetz: alles was eine bestehende Struktur für Menschen *außerhalb* dieser Struktur attraktiver macht nämlich ihre Angleichung an die Außenwelt eben das verärgert die Menschen *innerhalb* dieser Struktur.

Es ist nun einmal eine massive sozialpsychologische Realität daß für viele im katholischen Intensivsegment der unveränderte Fortbestand der äußeren Form ebenso oder noch mehr zum Glauben gehört wie die innersten Wahrheiten dieses Glaubens. So daß Strukturreform obgleich sie den Glauben nicht antastet Erschütterung Unsicherheit im Glauben nach sich ziehen kann.

Die Antwort auf dieses sehr reale Problem:

Die Linkskatholiken müssen klar machen daß sie nicht aus bloßer Lust am Kritisieren nicht aus Zerstörungstrieb tätig werden sondern aus *dynamischem Glauben.* Die Kirche ist nicht einfach dazu da die Gläubigen nicht zu stören. Sie muß die *Anderen* gewinnen. Allen alles zu sein heißt sich wandeln.

Zu solcher Wandlung der äußeren Form ist aber auch eine theoretische Fundierung nötig: eine *Theologie der Strukturreform.* Diese gibt es erst in vorsichtigen Ansätzen. Sie wäre zugleich eine radikale Theologie von *Autorität und Gehorsam* müßte daher unter anderem folgende Probleme mit untheologischer Klarheit zur Sprache bringen (Aufzählung gemäß Punktation zu Beginn dieses Unterabschnitts):

(2.2.1.) Was folgt aus dem allgemeinen Priestertum der Christen (zum Unterschied vom speziellen Priestertum bei Juden und Heiden) für die Strukturreform der Kirche?

(2.2.2.) Was ist gemäß Evangelium das unverzichtbare Minimum an Sonderfunktion der Kleriker? Was ist gemäß Evangelium das mögliche Maximum an gleichberechtigter Funktion der Laien? Daher:

(2.2.3.) Ist die Scheidung Kleriker–Laien bloß kirchenhistorisch oder vom Evangelium gefordert?

(2.2.4.) Was ist gemäß Evangelium das mögliche Minimum an monokratischer das mögliche Maximum an kollegialer Leitung? Damit zusammenhängend:

(2.2.5.) Was ist das mögliche Maximum demokratischer Legitimation und Kontrolle nicht bloß der kollegialen Leitungsorgane sondern auch der monokratischen insoweit solche überhaupt anzunehmen sind? Welches ist das glaubensfundamental mögliche Maximum demokratischer Legitimierung (Wahl) und demokratischer Kontrolle (Öffentlichkeit der Leitungsarbeit öffentliche Meinung in der Kirche öffentliche Verantwortung der Leitungsorgane Abwahl).

2.3. Theorie und Praxis radikaler Demokratisierung der Kirche

Die linkskatholische Forderung nach radikaler Demokratisierung der Kirche wie vorstehend skizziert stößt an die Schranken sozialpsychologischer Realität sowie mangelnder theologischer Ausarbeitung und natürlich auch institutioneller Beharrlichkeit. Eine Institution historisch gewachsen groß und mächtig die sich dennoch quasi freiwillig radikaler Reform ihrer selber unterzieht – eine solche Institution gibt es natürlich nicht.

Der (Amts-)Kirche ist zu bescheinigen daß Ansätze zur Strukturreform konziliar und postkonziliar eine Zeitlang auf der Tagesordnung waren. Einsichtige Linkskatholiken sind zu solcher Bescheinigung bereit mit dem empirisch unterdessen erhärteten Zusatz: Reformansätze haben die Tendenz institutionell zu versickern und zu versanden ebendies ist bereits passiert. Reformkräfte erzeugen unter anderem Bremskräfte gegenläufige (reaktionäre) Kräfte ebendieselben haben derzeit die Oberhand.

Die spezifisch linkskatholische Fragestellung lautet: Wie bringt man die Reformkräfte wieder voran. Wie drängt man die Brems- und Gegenkräfte wieder zurück. Wie treibt man die Strukturreform über das derzeit sehr bescheidene Maß hinaus welches für das System schon Maximum zu sein scheint für uns unzumutbares Minimum ist. Und wie macht man dies bei fortdauernder größtmöglicher Loyalität gegenüber prinzipiell reformwilligen Amtsträgern und bedingungsloser Loyalität gegenüber der Kirche als Gemeinschaft der aktiven Christen.

Die Strategie der Konterreformer aber in gewissem Maß auch der Reformer innerhalb der Amtskirche sieht etwa so aus:

a) Das Klugheitsgebot fordert daß man nicht einfach *gegen* alles ist.

b) Daher: Maximum an verbaler theoretischer allgemeiner Reformbetriebsamkeit Minimum an praktischer konkreter Reform

c) Demokratisierung durch Wahlen nach dem Muster der Scheindemokratie draußen in der Gesellschaft ist harmlos ja sogar nützlich und liefert eine gute Optik: äußere demokratische Legitimation für die im Innern unverändert fortbestehende autoritäre Struktur.

Diese Formulierung der konterreformerischen und teils auch reformerischen Strategie innerhalb der Amtskirche klingt häßlich ist aber keine Anklage gegen Personen sondern Beschreibung einer begreiflichen quasi naturgemäßen Tendenz der Selbstbehauptung einer Struktur. Die Linkskatholiken zumindest die einsichtigen unter ihnen wenden sich nicht gegen Personen sondern gegen eine Struktur.

Der wichtigste Punkt in der eben skizzierten amtskirchlichen Strategie ist der dritte: *Scheindemokratisierung zwecks Fortdauer der autoritären Struktur.* Wenn die Kirche weil unter anderem Kirche aus Menschen jeweils in ihrer äußeren Struktur die Struktur der weltlichen Gesellschaft widerspiegelt – so ist es nur *logisch* daß die ein paar Jahrhunderte lang festgefrorene Widerspiegelung der Feudalstruktur nun ersetzt wird durch Widerspiegelung jener demokratischen Struktur in den spätkapitalistischen Industrieländern welche in wesentlichen Punkten Scheindemokratie ist: Verschleierung autoritärer Herrschaft einer Oligarchie.

Demokratie in diesem Gesellschaftssystem bedeutet nicht aktive direkte permanente Mitwirkung der Bürger sondern hilflose Legitimation von Stellvertretern die nicht von unten aus der Mitte der Bürger kommen sondern von seitwärts aus der Kulisse der Machtapparate den Bürgern vor die Nase gesetzt werden: die Bürger wählen ohne die Wahl zu haben.

Die Amtskirche ist auf dem Wege die Vorzüge der Scheindemokratie zu erkennen und zu übernehmen.

Wahlen in der Kirche Kirchenparlamente – das braucht nur die unverständig Konservativen zu schrecken. Man setzt dann eben auch in der Kirche nicht mehr die Obrigkeit direkt von oben ein sondern auf dem demokratischen Umweg: man schreibt die zuvor oben Ausgewählten auf einen Zettel und läßt sie von unten wählen.

Das klingt wiederum häßlich und ist auch übertrieben: denn damit gibt es immerhin *einige* Möglichkeiten für Korrektur von unten für demokratischen Widerstand und Aufstand: Die Struktur wird *potentiell* demokratischer. Aber im wesentlichen – zumindest gemäß Erfahrung draußen in der Gesellschaft – ist für *echte* Demokratisierung damit nicht viel gewonnen sehr viel hingegen für Fortdauer scheindemokratisch legitimierter dadurch sogar gefestigter autoritärer Struktur. Man muß nur ein bißchen lernen wies gemacht wird.

Erst eine funktionierende Gemeindestruktur an der Basis: Information Meinungsbildung Meinungsstreit kritisches Bewußtsein – und *daraus dann von unten her Wahl der Funktionäre: erst das ist Demokratisierung. Wahlen ohne kritisches Bewußtsein an der Basis können zum Gegenteil von Demokratisierung führen:* zur Schilderhebung konservativer ja reaktionärer Funktionäre zur Ausmerzung progressiver.

Und eben das ist im Zeichen der Konterreform längst passiert.

Die Kernfrage der Demokratisierung in der Kirche ist daher für

Linkskatholiken: *die Erzeugung kritischen Bewußtseins in der Kirche.* Das geht nicht durch intellektuelle Raunzerei sondern durch intensive Arbeit aus dynamischem Glauben an diese Kirche.

Und solche Arbeit wiederum geht nicht auf dem Höhepunkt der Konterreform deren Geruchsorgane Progressive oder gar Linke unerbittlich erschnuppern und an die Obrigkeit apportieren zwecks Ausmerzung aus allen Positionen wo Arbeit am kritischen Bewußtsein irgend möglich ist.

Wie erzeugt man kritisches Bewußtsein zwecks Demokratisierung wenn die Strukturreform das heißt die Schaffung demokratischer oder doch potentiell demokratischer Institutionen noch aussteht ja garnicht mehr vorgesehen ist im Gegenteil etwaige Ansätze wieder zurückgenommen werden?

Muß man geduldig warten die Hände im Schoß?

Soll man sich die Zeit vertreiben mit der unentwegten *theoretischen Forderung* nach solchen Institutionen? oder soll man solange sie ausbleiben *selber* von unten her *demokratische Praxis* aufbauen?

Die Linkskatholiken beantworten diese Frage mit ja. Wir wollen nicht warten bis demokratische Institutionen von oben her auf das Volk Gottes herabregnen denn da könnten wir lange warten.

Sollen *Kleriker* auf juristisch fixierte Demokratisierung ihrer Existenz warten? Insbesondere junge Priester wollen heraus aus der unbrüderlichen feudalen Gehorsamsstruktur sie wollen Mitsprache Berufungsinstanzen Rechtssicherheit auch arbeitsrechtliche Hebung ihres Standards wie sie dies draußen in der Welt vorfinden.

Sollen *Laien* auf juristisch fixierte Demokratisierung ihrer Existenz warten? Insbesondere junge Katholiken wollen gleichberechtigte Mitwirkung in der Kirche wollen alles das wovon im Vorstehenden schon die Rede war.

Also fanden sich immer mehr Priester insbesondere junge immer mehr Laien insbesondere junge zu informellen Aktionsgruppen innerhalb der Kirche prinzipiell loyal zu ihr aber mit radikaler Strategie und Taktik. Die Amtskirche hat diese Gruppen zerschlagen oder isoliert. Die basisdemokratische Aktion innerhalb der Kirche ist derzeit gering bis null. Die Gleichung Kirche ist gleich Volk Gottes blieb Theorie die Gleichung Kirche ist gleich Amtskirche überwältigende Praxis.

3. Glaube der Linkskatholiken

Der Glaube der Linkskatholiken ist der katholische.

Entgegen der metaphysischen Annahme mancher sogenannter Konservativer fällt der Glaube nicht fix und fertig formuliert vom Himmel auch nicht fix und halbfertig mit Rom als einziger Zwischenstation wo die exklusive Endfertigung vorgenommen wird. Aller Glaube muß durch die Köpfe der Menschen hindurch – konkreter Menschen aus Fleisch und Blut in bestimmten historischen und gesellschaftlichen Umständen. Das macht: in der Welt von heute sind die gleichbleibenden Glaubenswahrheiten anders akzentuiert als in der Welt von gestern.

Heute liegen meinen die Linkskatholiken die Akzente christlichen Glaubens insbesondere bei: (3.1.) Mensch (3.2.) Gesellschaft (3.3.) Zukunft (3.4.) Praxis.

3.1. Mensch

In der Theologie des 19. Jahrhunderts[1]) gab es eine Überproduktion an Transzendenz eine Unterproduktion an Humanität[2]). Die Linkskatholiken akzeptieren in diesem Sinn die *Marxsche Religionskritik* die mit jener Theologie und nur mit ihr konfrontiert war: mit einem Gottesbegriff in den eine dienstbare Theologie alle menschlichen allzu menschlichen weil gesellschaftlich bedingten autoritären Attribute hineingestopft hatte: hie Gott als Herr und Herrscher und *nur* als Herr und Herrscher – hie der Mensch als ein dementsprechend (wie Marx formuliert) »erniedrigtes ein geknechtetes ein verlassenes ein verächtliches Wesen«.

Die Linkskatholiken meinen: bei einem solchen Gottesbegriff wurde auf die *Inkarnation* vergessen: auf Christus als Menschenbruder (Röm. 8). Sie akzeptieren den Marxschen Satz: daß der Mensch das höchste Wesen für den Menschen ist – im Sinne der Inkarnation: daß das höchste Wesen für den Menschen Mensch geworden ist.

Die Linkskatholiken unterstreichen jene *quasi atheistischen Stellen im Evangelium* wo von Gottesliebe als Menschenliebe und *nur* so die Rede ist: insbesondere jene quasi atheistische Frage beim letzten Gericht nach unserem Verhalten zum Menschenbruder und *nur* nach diesem. Und nicht in allgemeinen Ausdrücken wird hier gefragt sondern gänzlich konkret: es geht um Hunger Durst Obdachlosigkeit Nacktheit (Matth. 25) Das heißt: es geht um das was Engels am Grabe von Marx als dessen große Entdeckung feierte: die »einfache Tatsache, daß die Menschen vor allen Dingen zuerst essen, trinken, wohnen und sich kleiden müssen«.

Die Linkskatholiken stellen die einfache Frage: Ist dies »jenseits«? Ist das Christentum eine »Jenseitsreligion«? Oder ist die »Jenseitigkeit« des Christentums ein Werk von Theologen bewußte oder unbewußte Ablenkung vom Menschenbruder nach dem uns Christus fragt Ablenkung auch von einem unbrüderlichen unmenschlichen Gesellschaftssystem (Feudalismus Kapitalismus)?

Die Linkskatholiken anerkennen zumindest die Einsichtigen unter ihnen daß eine Reduzierung des Christentums auf bloße Humanität eine Reduzierung des Geheimnisses der Inkarnation wäre – eine falsche wenngleich begreifliche Reaktion auf eine Theologie die den Menschen vergessen hat.

Als Gegenleistung im innerkirchlichen Gespräch (das es freilich nicht mehr gibt) sollten die sogenannten Konservativen anerkennen zumindest die Einsichtigen unter ihnen: die Akzentuierung des Christentums als Gottesglaube in dessen Mittelpunkt der Mensch steht öffnet den Weg zu unseren atheistischen Brüdern öffnet den Weg überhaupt zum Menschen in der Welt von heute.

Dies ist kein Weg zu Fremdem: der moderne Humanismus ist ein Geschöpf des Christentums – geistesgeschichtlich gesehen. Aus diesem historischen Faktum muß meinen die Linkskatholiken wieder lebendige Wirklichkeit im Glauben wachsen.

3.2. Gesellschaft

In der Theologie des 19. Jahrhunderts wurde das Christentum extrem *privatisiert*[4]). Das Kreuz Christi das *draußen* in der Welt stand wurde im Sanctissimum quasi eingesargt. Alle gesellschaftlichen Bezüge wurden aus dem Christentum sorgfältig herausoperiert. Ergebnis war eine Reduktion des Glaubens auf den direkten heißen Draht zwischen Gott und dem Einzelnen der den Satz »Rette Deine Seele« fortsetzt: »Mögen die Anderer selber sehen wo sie bleiben«.

Demgegenüber akzentuieren die Linkskatholiken das *Gesellschaftliche* des Glaubens: den einzelnen Christen gibt es nur als Kümmerform verglichen mit der *Menge* der Christen die ein Herz und eine Seele ist Gemeinschaft des Brotbrechens des Gebetes ja (schrecklich schrecklich) der Güter wie die Apostelgeschichte erzählt.

Der einzelne Christ geht heute wie er draußen in der Welt seinem ökonomischen Egoismus nachgeht in der Kirche seinem Heilsegoismus nach: Mit seinem Steuergeld unterhält er uniformierte Magier die ihn in den Himmel zaubern können wenn er im übrigen bestimmte Gebote und Verbote befolgt die mit seinen *wirklichen* nämlich ökonomischen und politischen Sünden wider den Nächsten kaum etwas zu tun haben. Caritas heißt: soviel Geld geben wie einem garantiert nicht wehtut.

Demgegenüber akzentuieren die Linkskatholiken die Caritas socialis: nicht nur soll aufgelesen und gepflegt werden wer auf der Straße von Jerusalem nach Jericho unter die Räuber fiel sondern die ganze Straße soll so umgebaut werden daß Räuberbanden keine Chance mehr haben.

3.3. Zukunft

Die Theologie des 19. Jahrhunderts war weitgehend *statisch.* Im Grunde galt die Kirche so wie sie war als vollkommen oder doch nur geringer Verschönerung bedürftig. Im Grunde war Entwicklung der Christen auf dieser Welt gleichgültig. Schön brav sein galt als ausreichend. Ein Umbau dieser Welt galt als heimtückischer Aufstand wider gottgegebene Ruhe und Ordnung. Die Welt war ein Wartezimmer in dem der Mensch untätig sitzt bis die Türe zur Ordination aufgeht und der große Professor der liebe Gott alle unsere Wehwehchen heilt.

Demgegenüber gehen die Linkskatholiken wiederum zurück auf den Neuen Bund in welchem die Christen als jene erscheinen die eine Zukunft haben: eine Zukunft die nicht einfach »jenseitig« ist sondern ein neuer Himmel *und* eine neue Erde eine *konkrete Stadt* in der Gott unter den Menschen wohnen wird.

In der sicheren Annahme daß Gott als Schöpfer sich nicht konkurrenziert fühlt durch die Menschen als Schöpfer (hat er ihnen doch die Welt zur Füllung und Mehrung übergeben) meinen die Linkskatholiken daß die Menschen zum Bau an der Zukunft: an der neuen Erde und an der konkreten Stadt mitberufen und mitverantwortlich sind – so daß es *nicht* gleichgültig ist was wir auf dieser Erde machen wenn wir nur brav sind. Vielmehr kann Bauen an einer brüderlichen Zukunft Verdienst Nichtbauen Sünde sein[5]) – und die theologische Aufforderung zum bloßen Bravsein schmeckt verräterisch nach Ideologie im Interesse von Ruhe und Ordnung der Besitzenden.

Transzendenz wenn man diesem metaphysisch-philosophischen Terminus überhaupt christliches Heimatrecht geben will war in der Theologie des 19. Jahrhunderts nicht vorne in der Zukunft dort war die böse Revolution sondern oben im Himmel – mit kompletter Kitschausstattung: Gott als alter Mann mit Wattebart und Nachthemd auf einer Wolke dazu flügelschlagende zitherspielende Englein mit nacktem Popo. Solche Devotionalienmalerei hatte und hat Verdummungseffekt – heute ist der Himmel für jedermann mit gesunden Sinnen Ort der Meteorologie des Flugverkehrs und der Raumfahrt.

Verglichen mit jenem pseudo-frommen Augenaufschlag nach oben bedeutet der linkskatholische Pfeil Richtung Zukunft eine Wendung um 90 Grad.

Denn nach vorne in die Zukunft können die Christen unterwegs sein gemeinsam mit ihren atheistischen Brüdern und überhaupt den Menschen von heute.

Wegsehen vom konkreten Menschen in seiner konkreten Not. Verdrängung des Glaubens ins Private. Verweis statt auf konkrete Zukunft auf verkitschtem Himmel. Alle diese Tendenzen der Theologie des 19. Jahrhunderts haben eine gemeinsame Wurzel: das verborgen schlagende schlechte Gewissen von Christen im Bündnis mit dem Kapitalismus und die daraus entspringende Alternative der *Flucht* aus der Praxis in eine religiöse Ersatzwelt der abstrakten Formeln Gebote Verbote.

Die andere Alternative das schlechte Gewissen loszuwerden ist die linkskatholische: die Wendung gegen diese unbrüderliche Welt des Kapitalismus der Umbau dieser Welt gemäß Nächstenliebe.

Jenes praxisferne praxislose Christentum des 19. Jahrhunderts ist ein übertünchtes Grab. Nur die Wendung zur Praxis nur das Vorweisen von Früchten an denen man uns Christen erkennen kann – nur das kann in der Welt von heute lebendiges Christentum sein. Die unlösbare Verbindung von Theorie und Praxis ist nicht bloß eine marxistische Maxime. Christentum als bloße Theorie ist keines.

Anmerkungen

1) »Theologie des 19. Jahrhunderts« steht hier und im folgenden als vergröbernde Kurzformel für bestimmte theologische Tendenzen die jedoch im 19. Jahrhundert keineswegs *ausschließlich* herrschten und auch in *anderen* Jahrhunderten vorzufinden sind z. B. im 20.

2) Erich Kellner, Herausgefordertes Christentum: Humanität statt Humanismus, »Neues Forum«, Februar 1967.

3) J. B. Metz, Politische Theologie, »Neues Forum«, Jan. 1967. Ders., Religion und Revolution, ebd., Juni/Juli 1967.

4) Karl Rahner, Mitarbeit an der Neuen Erde, »Neues Forum«, Oktober 1967.

P. S.

Ist dieser Text nicht zahm verglichen mit Vorherigem? Er sollte 1969 in der »Wiener Kirchenzeitung« erscheinen (ich änderte nichts fügte nichts hinzu außer ein paar Bezüge auf seither Geschehenes). Der damalige Chefredakteur des Kirchenblattes hatte alle Jauche die sich so ansammelt in einem entsagungsvollen katholischen Journalistenleben verspritzt in hohem hydraulischen Strahl und mehreren Fortsetzungen auf alles Linke alles Linkskatholische insbesondere auf mich. Meine Entgegnung in etwa gleicher Länge aber absichtsvoll unpolemisch um ihm die Ablehnung zu erschweren wurde nicht gedruckt. Protestleserbriefe erschienen ein paar aber die Progressiven hatten nur noch dünne Stimmchen der Bischof von Wien sagte ihnen er sei unzuständig sein Chefredakteur habe Pressefreiheit. Immerhin übersiedelte der Mann vom Kirchenblatt das er wie ein Organ der konservativen Partei geführt hatte direkt zu einem solchen.

Jetzt bin ich über die Hälfte der Schreibzeit und bei Dreiviertel meiner festgelegten Seitenzahl. Es ist schon richtig daß ich gute Texte die irgendwo in Zeitschriften erschienen oder auch nicht erschienen heraushole aus diesen Winkeln ins Buch. Sie sparen mir auch Zeit bei der Herstellung des Manuskriptes aber sie nehmen mir Raum für Dinge die ich noch auf dem Herzen habe. Es wird wieder ein Torso ungleichmäßig bearbeitet.

Ich sollte genaugenommen schon in Wien sein für die Herbstnummer der beiden Zeitschriften. Dabei möchte ich hier im Haus bleiben auf unbegrenzte Zeit. Besuch ist selten Sehnsucht nur noch Aroma auf manchen Gegenständen manchen Kleidungsstücken es sticht in der Brust an der klassischen Stelle aber von zu ausgiebigen Waldläufen.

Tod der Neuen Linken
30.–34. Tag
Geburt
Lebenslauf
Absterben
Fortleben
der Jugendbewegung

30. Tag
Geburtsanzeige
durch Opa G. N.
P. S.

31. Tag
Lebenslauf
von Subkultur bis Kulturrevolution

Motto von Mao
Politik aus Kultur
Weltpolitischer Hintergrund
Entwicklungskette
15 gemeinsame Merkmale

Aufstand der Jungen
Aufstand der Bürgersöhne gegen das Bürgertum
Internationaler Aufstand
Aufstand für die 3. Welt
Radikal antikapitalistischer Aufstand
Aufstand gegen die Wohlstands- und Konsumgesellschaft
Radikal »antimaterialistischer« Aufstand
Aufstand gegen die Leistungsgesellschaft
Aufstand des Lebens
Aufstand der Freiheit
Aufstand der Liebe
(Über Ehe (5))
Aufstand der Phantasie seis durch Drogen
Aufstand der Kunst
Aufstand der Religion

Anarchistischer Aufstand
P. S.
Politökonomie und Poesie
Sozialismus ist Poesie
32. Tag
Lebenslauf
von Junglinks bis Juso
Neue Linke ist Sozialismus
Neue Linke mit konservativer Wurzel
Neuc Linke kontra Alte Linke
Neue Linke kontra Kapitalismus
Politische Revolution
Ökonomische Revolution
Geistige Revolution
Sexuelle Revolution
(Über Ehe (6))
Neue Linke plus 3. Welt
Neue Linke
Reale Utopie
Neuer Faschismus
P. S.
33. Tag
Todesanzeige
Nachruf
Kulturelle Vorbereitung
England
USA
(Über Ehe (7))
Westdeutschland
Japan
»Ostblock« inkl. Jugoslawien
»3. Welt« inkl. China
Frankreich und Italien
34. Tag
Leben nach dem Tode
P. S.
Kommune ist der 6. Akt
Realismus zwecks Romantik

30. Tag
Geburtsanzeige durch Opa G. N.

AN ALLE GUTEN OPAS

● *Wie sind wir zu dieser neuen Jugend gekommen?*

Wie die Jungfrau zum Kind: aus Mangel an Phantasie.

Wir glaubten diese Jugend sei skeptisch. Sie ist nur skeptisch gegen *uns.*

Wir glaubten diese Jugend glaube an keine Ideale. Sie glaubt nur nicht an *unsere* mehrfach gewechselten und gewendeten Ideale.

Jahrelang zeterten und flennten wir: Die Jugend soll sich für Politik interessieren. Jetzt interessiert sie sich. Jetzt zetern und flennen wir noch mehr.

Weil sich diese Jugend für Politik interessiert statt für das was wir statt Politik machen.

Was für eine großartige Jugend.

Wir glaubten sie sei nicht idealistisch. Sie ist so idealistisch daß sie meint sie könne Politik machen indem sie erwachsenen Menschen mit Sozialismus kommt.

Wir glaubten diese Jugend sei vergnügungssüchtig. Sie ist so gegen Vergnügungen daß sie den Erwachsenen nicht gönnt was sie soviel lieber haben als Politik oder Sozialismus: das tägliche bißchen Massage ihrer armen Seelen durch Boulevardpresse und Fernsehen.

Wir glaubten diese Jugend sei zu keinen Opfern bereit. Sie ist so opferbereit daß sie sich für ihre Ideale mit Vergnügen von der Polizei prügeln läßt.

Wir sagten: Diese Jugend ist garnicht jung viel zu ruhig da waren wir als wir jung waren anders. Jetzt ist diese Jugend jung. Jetzt sind wir bös.

● *Wie haben wir Erwachsenen uns gegen diese Jugend benommen?*

Unerwachsen kindisch beleidigt und beleidigend herz- und hirnlos.

Was wir wollten war eine fähnchenschwingende Blumen überreichende herzerweichend alte Kampflieder singende saubergewaschene kurzhaarige und gutrasierte Jugend zu unserer höheren Ehre werbewirksamer Jugendflor für unsere jeweilige und angebliche Politik.

Diese Jugend kriegten wir nicht und mit Recht.

Weil sie ungewaschen ungekämmt unrasiert und überhaupt fremdartig ist sind wir von dieser Jugend enttäuscht. Sie ist so weil sie von *uns* enttäuscht ist.

● *Wir sind über diese Jugend schockiert.*

Wir sind schockiert weil sie uns die Wahrheit sagt.

Sie verachtet unsere verlogene Sexualmoral. Was wir alle öffentlich verdammen und heimlich fast alle tun tut sie öffentlich oder will zumindest unter reichlicher Anwendung garstiger Wörter öffentlich darüber theoretisieren – komplexgeplagt wie sie wurde in unsrer üblen Gesellschaft.

Sie verachtet worauf wir moralische Maßstäbe schon garnicht mehr anwenden: unser politisches und ökonomisches Leben. Wir Sozialdemokraten sagen dieser Jugend auf ihre Frage aller Fragen: nach Sozialismus – nichts weiter als:

Euer wildes Anrennen gegen diese üble Gesellschaft beeinträchtigt unsere Wahlaussichten. Ein paar protestierende Haar- und Bartträger ändern die Welt nicht die zu ändern erwachsene Sozialdemokraten schon aufgegeben haben heimlich oder sogar öffentlich.

Dafür kriegt ihr Prügel: nicht nur für Euer wildes Anrennen sondern für *unser* Schuldgefühl daß wir selber dieses Anrennen längst aufgegeben haben.

Prügel von unseren braven Polizisten braven Bürgern braven Exproletariern wer halt grad glücklich drankommt zur Abreaktion seiner in übler Gesellschaft trüb gestauten Aggressionen.

Die Ruhe und Ordnung die wir gegen unsere Jugend ausrücken lassen wirklich oder in Gedanken prügelnd knüppelnd Wasser spritzend Gas sprühend vielleicht KZ für arbeitsscheue Jugendliche –

Das ist unsere Rache für Mißlingen dessen was wir unseren Kindern als Erziehung angetan haben. Jeder Polizist Vollstrecker unserer frustrierten elterlichen Gefühle.

●● Armseliger Rat unserer ratlosen Klugheit: Seid lieber schön brav und auch recht fleißig.

Das heißt: Werdet genau solche Nieten wie wir geworden sind frustrierte Bürger frustrierte Sozialisten nichtfrustrierte Dummköpfe nichtfrustrierte intellektuelle Analphabeten.

Denn seid Ihr nicht schön brav sondern »radikal« dann werden die andern auch wieder radikal: die Rechtsextremisten die bösen Ex Alt und Neu Nazis –

Zu denen wir ein so ununtersucht ambivalentes Verhältnis haben:

Sie sind uns peinlich wegen der »jüngsten Vergangenheit« was sagt das Ausland dazu womöglich leidet der österreichische Fremdenverkehr

Sie sind uns doppelt peinlich weil viele von uns selber dabei waren

Sie sind uns dreifach peinlich weil wir auch bei ihnen uns weigern nach den tiefen und insofern berechtigten Wurzeln *ihrer* Radikalität zu forschen: das heißt nach den Wurzeln in *unserer* üblen Gesellschaft.

Sie sind uns vierfach peinlich weil manche von uns sie schon mit anderen Augen oder doch mit *einem* anderen blinzelnden Auge beschielen: *die* sind nämlich für Ruhe und Ordnung gegen die linken Lausbuben und wenn einmal die Polizei nicht ausreichen sollte weil zu humanitär und an die Gesetze gebunden und so: vielleicht braucht dann unsere Ruhe und Ordnung freiwillige Hilfspolizei Bürgerwehr.

●● Obiges ist man merkt es längst verzerrt und ungerecht gegen uns Erwachsene mit unseren Verdiensten Sorgen Mühen übertrieben gerecht gegen eine kleine radikale Minderheit von Jugend.

Und doch beweist unsere überdimensionale Wut gegen diese machtlose Minderheit: Wir stehen vor einer Kernfrage: vor der Kainsfrage: *Sind wir die Hüter unserer Jugend?*

Sind unsere Söhne und Töchter Subjekte unserer Menschlichkeit oder Objekte unserer Autorität: dieser armseligen nutzlosen gegenteilige Effekte produzierenden Autorität?

●●● *Was soll aus dieser Jugend werden?*

Isoliert wie sie ist – nicht von anderer Jugend im Gegenteil die denkende Jugend steckt unter einer Decke einer internationalen verdächtig linken Decke –

Aber isoliert von der Welt der Erwachsenen –

Gerät sie in eine rechtschaffen schiefe Position zu unserer Demokratie:

Diese Jugend ist angeekelt von der fettbäuchigen Parteienoligarchie die sich jeden Tag als Musterdemokratie anpreist

Fast jeder Wahlakt eine fast komplette Lüge

Endloses Geschwätz über gegenwärtige Erfolge und vergangene Heldenzeit (als ob es Verdienst wäre und nicht bloß persönliche Tragik sowie politisches Versagen Opfer des Faschismus oder Stalinismus gewesen zu sein):

So sehen es die Jungen und wir haben gegen sie nicht schon deshalb recht weil sie jung sind und wir »erwachsen«.

Diese Jugend will bessere Demokratie: dauernde möglichst komplette Kontrolle möglichst vieler Bürger über möglichst viele politische ökonomische kulturelle Strukturen der Gesellschaft. Das heißt auch: außerparlamentarische (darum nicht schon außerdemokratische) Politik: direkte Demokratie. Die Jungen sehen das Krisenhafte Hilflose Verlogene am parlamentarischen Parteienstaat dieser ächzenden bürgerlichen Maschine die unsere heilige Kuh ist.

Die Gefahr dieser Jugend liegt in der *Geringschätzung bürgerlicher Demokratie:* das heißt ihrer historisch progressiven Elemente: allgemeines Wahlrecht Freiheitsrechte der Person der Minderheit der Mehrheit. Richtig davon steht vieles nur auf dem geduldigen Papier der Verfassung. Aber es gehört eben auch zum Sozialismus (insbesondere zur Agentur für Vorbereitung von Sozialismus: zur Sozialdemokratie) diese bürgerlichen Papierrechte in handfeste Wirklichkeit umzusetzen. Es ist eine empirisch bestens begründete Arbeitshypothese für Sozialisten: *Ohne die progressiven Institutionen der bürgerlichen Demokratie wird aus Sozialismus Stalinismus.*

Die Gefahr dieser Jugend liegt auch in ihrem Verhältnis zur Gewalt. *Sie will die Gewaltlosigkeit.* Was aber wenn sie damit nicht durchkommt (und sie kommt damit nicht durch)?

Diese Jugend hat uns gezeigt dankenswert und mit persönlichem Opfermut daß Gewalt zu allererst das ist was die bestehende Unordnung zu ihrer Erhaltung anzuwenden bereit ist mit aller Brutalität und auch Dummheit – und Gewalt ist erst zweitens die minimale Gegengewalt derer die gegen die bestehende Unordnung anrennen.

Zwischen dieser wichtigen Erkenntnis und ihrer leichtfertig provokatorischen Anwendung ist aber ein Unterschied.

● *Provokation ist nützlich und notwendig in einer herz- und hirnverfetteten Gesellschaft.*

Aber Provokation muß in Relation zur Realität stehen. Realität ist die Stärke der bestehenden Ordnung/Unordnung. Realität ist die Schwäche der provozierenden jugendlichen Minderheit. Realität ist vor allem der Bewußtseinszustand von Bevölkerungsschichten um deren Verständnis Sympathie Unterstützung diese Jugend werben muß will sie ihren Sozialismus durchsetzen. Provokation ohne solche bewußtseinsbildende Wirkung ist Studentenulk kollektive Selbstbefriedigung der Provokateure – mit dem gegenteiligen Effekt der Faschisierung des Exproletariats.

Gewalt Nr. 1: Gewalt zur Erhaltung des Systems – provoziert und verunsichert durch Gewalt Nr. 2: minimale Gegengewalt gegen dieses System – führt dann zu Gewalt Nr. 3: die massive Gewalt des Faschismus zur Rettung der Welt vor dem Sozialismus. (Nach Dom Helder Camara.)

●●● *Was soll aus uns Erwachsenen werden?*

Es würde uns recht geschehen wenn wir diese Jugend gänzlich verlören. Sicherlich gibt es unter uns Ausnahmen die das nicht verdienen würden. Es gibt schon noch Leute die begreifen was es heißt *wenn unser Kontakt zu dieser Jugend gänzlich abreißt* und die daher diesen Kontakt aufrichtig suchen.

Die Jugendfrage wird insbesondere zum Prüfstein der Sozialdemokratie: Will sie wirklich eine neue bessere Gesellschaft? Oder ist sie in die bestehende Ruhe und Ordnung bereits rettungslos eingebaut? Ist Ruhe die erste Genossenpflicht insbesondere für junge Genossen?

● Je bewegter die Jugendbewegung wurde desto totaler wurde die *Verständnislosigkeit der »Erwachsenen«.*

Hauptursachen dieser Verständnislosigkeit sind Angst und Wut.

Angst um unser bißchen seis auch bloß scheinbare Ordnung und Behaglichkeit in einer rundum aus den Fugen gehenden Welt.

Wut über die Störung dieser Ordnung und Behaglichkeit seis auch bloß durch eine kleine radikale Minderheit – was wir nicht müde werden uns vorzusagen und was verräterischerweise unsere Angst um nichts verringert.

Wut über einen seis auch anscheinend ohnmächtigen Angriff auf unsere Prinzipien oder was wir so unsere Prinzipien nennen: Überzeugungen von denen wir längst nicht mehr überzeugt sind – was uns verräterischerweise desto wütender macht.

● Je bewegter die Studentenbewegung wurde je höher daraufhin etwa in geometrischer Progression unsere Angst und Wut anstiegen desto verräterischer zeigte sich unsere *Unfähigkeit zum Gespräch mit der Jugend.*

Wir können in dieser Zeit des alle Ufer überschwemmenden »Dialogs« über fast alles mit fast allen reden nur mit unseren eigenen Kindern über fast gar nichts.

Jeder darf unser Dialogpartner sein wenn er eine Krawatte trägt ein reines Hemd und ordentlichen Haarschnitt hat überhaupt ein netter Mensch ist. Unsere Kinder dagegen diskutieren respektlos aggressiv provokativ verschmähen kein noch so persönliches Argument – sehen wir denn nicht daß dies eben die typischen Merkmale eines *Familienstreites* sind?

Argumentieren wir »Erwachsene« irgendwie besser? Hören wir überhaupt hin wenn die Jungen uns *Inhalte* präsentieren (die richtig oder falsch sein mögen) flüchten wir nicht sogleich in Äußerlichkeiten die uns an dieser Jugend irritieren (aber lange Haare hatten schließlich auch Albert Einstein Albrecht Dürer und allen frommen Schlafzimmerbildern zufolge Jesus Christus). Schreien wir nicht schon »Undemokratisch! Undemokratisch!« wenn die Jungen etwas sagen was uns einfach nicht paßt? Glauben wir nicht schon daß wir recht haben nur weil wir die überwiegende Mehrheit sind sie die lächerliche Minderheit – als ob dies auf immer so sein müßte. Haben wir keine bessere Demokratiedefinition als daß im wesentlichen alles so bleiben muß wie es ist?

Die »Erwachsenen« in ihrer Angst Wut Gesprächsunfähigkeit überließen die Auseinandersetzung mit der Jugendbewegung immer mehr der Polizei. Diese tat ihre Pflicht. Dementsprechend wuchs bei der Jugend die Überzeugungskraft jenes Fundamentalsatzes der Welt der »Erwachsenen«: Demokratie ist Diskussion.

● *Der Polizeiknüppel wurde zum Bindeglied zwischen den Generationen.*

Die »Erwachsenen« akzeptierten das mit einer Selbstverständlichkeit die für die Zukunft Böses voraussehen ließ. Sie unterschätzten die aufklärende Wirkung des Polizeiknüppels auf junge Hirne: wer einmal von der Polizei geprügelt wurde wird nie mehr so brav wie er vorher war. Wir alle sind Eltern die sich kränken daß die Jugend nicht das will was wir wollen daß sie wollen soll: aber daß angesichts unserer Hilflosigkeit *die Polizei an dieser Jugend Elternstelle vertritt* schaffte uns nicht mehr Gewinn als den klassischen elterlichen Lustgewinn aus Vollzug der Prügelstrafe.

● *Wieviele sind es wirklich die da Jugendrevolte machen?*

Wir wurden da schon recht feinhörig. Auch jene unter uns die der ziffernmäßig belegbaren und daher tiefen Überzeugung sind es handle sich nur um die berühmte kleine radikale Minderheit: auch ihnen rutscht bisweilen die noch tiefere gegenteilige Überzeugung heraus es handle sich dennoch um *die* Jugend schlechthin.

Wenn wir aufgeregt sind Angst und Wut haben verraten wir uns eben.

Wir wissen daß hier eine Minderheit stellvertretend und prototypisch denkt und handelt für die Jugend schlechthin.

Wir wissen daß es immer so war: Geschichte wird von Minderheiten gemacht – gerade gemäß bürgerlich-idealistisch-heroisierender Auffassung.

Wir wissen: Eigentlich sind die Jungen alle so. Die Welt wird nie mehr so wie wir es wollen.

Und deswegen beruhigen uns Ziffern nicht.

Wir wissen wie unsere Kinder sind.

●●●● Wir sollten uns viel mehr als über die verruchte Strategie der Junglinken den Kopf zerbrechen über die *Strategie der »Erwachsenen«.*

Denn was wird wenn der dünn gewordene Faden von uns zur Jugend gänzlich abreißt? Zu einer Jugend die was immer sie falsch machen mag (und sie macht vieles falsch) im Grunde so ist wie wir die längste Zeit behaupteten sie zu wollen: politisch engagiert ohne jeden Untertanengeist alle Obrigkeit in Frage ziehend radikal für Demokratisierung kritisch idealistisch antimaterialistisch.

Ich bin daher mit vermutlich selbstmörderischer Deutlichkeit *für* diese Jugend. Wie aber solche prinzipielle Sympathie die ich mit einem Häuflein sonstiger »Erwachsener« teile fruchtbar machen durch eine *Strategie?*

1. *Rollenverteilung:* Das Jammern über die Schlechtigkeit der Jugend einschließlich wahrheitsgetreuer Berichte über deren Untaten den andern »Erwachsenen« überlassen. Sie sind ohnehin die überwältigende Mehrheit und besorgen das mit blinder Gründlichkeit.

2. *Dialog:* Es muß uns dem kleinen Häuflein gelingen ein möglichst breites Gespräch zwischen »Erwachsenen« und Jugend zustande zu bringen.

3. *Widerstand gegen Polizeidemokratie:* Es muß gelingen den Kontakt zur Jugend von der Polizei wieder in die Demokratie

zurückzuholen. Wir müssen uns zu diesem Zweck viel ernsthafter als bisher mit dem radikalen Demokratiedenken der Jugend befassen. Wir können übrigens viel davon lernen.

4. *Bereitschaft zur Aktion:* Wir müssen bereit sein unsere theoretische Sympathie mit der Jugend auch in praktische Aktion umzusetzen sobald es um wesentliche Forderungen dieser Jugend geht. Sie kann von uns nicht verlangen in der prekären Position in der wir als ihre Sympathisanten ohnehin sind jedesmal herbeizueilen wenn *sie* eine ihrer Forderungen für wichtig hält. Wir können unsere Sympathie soll sie wirksam werden nur in großen Scheinen ausgeben nicht in täglichem Kleingeld. Aber wenn es nach unserem besten Wissen und Gewissen um Wesentliches geht müssen wir bereit sein einen – seis auch schütteren – Schutzwall zwischen der Polizeidemokratie und der Demokratie der Jugend zu ziehen zB mit ihr in der ersten Reihe auf die Straße zu gehen.

5. *Keine Illusionen. Um das Häufchen »erwachsener« Sympathisanten wird der gemütliche Mief der guten Gesellschaft sich bald lichten.* Wir müssen lernen in dünner Luft genug Atem zu kriegen. Es wird uns nichts geschenkt werden. Aber es geht um die Jugend. Es geht um die kommende Welt.

P. S.

Wie begeistert ich damals war. Der Text stand Juni/Juli 1968 und Mitte Februar 1969 (hier unverändert außer Weglassung von Tagesbezügen und ganz weniger Stilfeile) im Neuen Forum erbrachte dieses und mich in heftigsten Konflikt mit der sozialdemokratischen Partei brachte dieses und mich blitzschnell um alle bürgerliche Reputation brachte dieses auf eine neue Blatt- mich auf eine neue Lebenslinie. Wer sich mit der Neuen Linken einläßt hat die Pest am Hals. 47jährig begann ich eine neue Existenz. Mein Eigentum am Verlag ging an ein Kollektiv Verlagsräume und -mittel soweit vorhanden standen der Jungen Linken offen Telefone und Haustor wurden (und werden) staatspolizeilich überwacht meine Bedürfnisse nach Konsum und beruflicher Sicherheit immer schon unterentwickelt sanken auf Null komma Josef meine Ehe wurde offen und ehrlich was sie im verborgenen immer schon war: Sakrament nicht sexueller Treue wohl aber materieller und emotionaler Solidarität. Wer immer da sagte und wer sagte es nicht: Der alte Trottel hats nötig hatte recht. Ich hatte es nötig.

31. Tag
Lebenslauf
von Subkultur bis Kulturrevolution

ES MAG TAUSENDE PRINZIPIEN
DES MARXISMUS GEBEN, ABER
LETZTEN ENDES KÖNNEN SIE
IN EINEM SATZ
ZUSAMMENGEFASST WERDEN:
REBELLION IST BERECHTIGT.
MAO-TSE-TUNG

I.
Politik aus Kultur

Der Lebenslauf der Neuen Linken begann unterirdisch und unpolitisch: Was letztlich zehntausende junge Menschen auf die Straßen brachte und zehn Millionen französischer Arbeiter aus den Fabriken holte zum Generalstreik im Mai 1968 begann in den fünziger Jahren mit Musik und Gedichten in irgendwelchen Kellerlokalen (von daher: Underground) erst in England dann in den USA.

Der Zweite Weltkrieg entließ die überlebende Jugend auch auf Seiten der angelsächsischen Siegermächte mit dem Gefühl geschlagen zu sein in England mehr noch als in den USA (denn England *war* geschlagen: weltpolitisch und ökonomisch überrundet von den USA: so begann die Untergrundkultur bei der geschlagenen Jugend einer geschlagenen Nation) der Krieg hatte den Jungen die schönsten Jahre ihres Leben gestohlen sie fühlten sich verkauft und verraten von unsauberen ungreifbaren verächtlichen Mächten im Hintergrund. Fern und entgegen jenen politökonomischen Mächten suchte und fand die geschlagene Generation ihr Lebensgefühl im unerbittlichen Taktschlag einer neuen Musik und der zugehörigen Lyrik: die Beat Generation (geschlagene Generation) wurde die Beat Generation (Generation des Beat das heißt des Taktschlags. Dazu auch: Beatles die Heroen dieser Musik.)

Beat/Underground/Subkultur – Gegenkultur – Kulturrevolution sind Stationen auf einem Weg *aus der Kultur in die Politik*. Jugendkultur selber schon aufsäßig wird aufständische Jugendpolitik Jugendrevolte Jugendrevolution immer noch bloß in den Köpfen statt schon in der Wirklichkeit. Immerhin: aus Poesie wurde Politökonomie.

Subkultur – Gegenkultur – Kulturrevolution insgesamt: Jugendkultur wandelte sich keinesfalls *restlos* in Jugendpolitik Jugendrevolution. Jugendkultur lebt seit den fünfziger Jahren zwar gewandelt aber ungebrochen weiter: ungebrochener als die politisierende Jugendrevolte deren erste Welle abstarb nach der Niederlage des Mai 1968 in Frankreich.

Immer neue Massen von Jugend geraten in den Malstrom der Jugendkultur und diese liefert ihrerseits immer neue Rekruten für die politische Jugendbewegung und diese liefert ihrerseits immer wieder enttäuschte junge Menschen zurück in die unpolitische Jugendkultur.

Für den finsterbrauigen Sektengeist mancher junglinker Gruppen nach Niederlage der Studentenbewegung ist Jugendkultur *nichts als* unpolitische Ablenkung Verrat an der Revolution. Die linken Puritaner verachten Kunst die auf Schönheit Lust Universum aus ist statt nur auf Revolution. Sie verteufeln sexuelle Befreiung weil freie Liebe nicht zusammengeht mit revolutionärer Disziplin oder was sie darunter verstehen (Sektendisziplin). Linkes Spießertum ist Marxismus mit dem Holzhammer: Die Dialektik der Geschichte ist viel feiner gesponnen.

Drogenkultur z. B. geht in den USA der politischen Jugendbewegung voraus: aus den Marihuana rauchenden Hippies der frühen sechziger Jahre werden die politisch engagierten Yippies der späten sechziger Jahre. In Europa geht es zT gerade umgekehrt: aus hochpolitischen Neuen Linken werden nach dem Zusammenbruch der Studentenbewegung resignierte entpolitisierte Hascher und Fixer.

Drogenkultur *kann* »Disziplin der Extase« (Timothy Leary) sein: Anregung Angstlösung Enthemmung der Phantasie Richtung politische Aktion und in Pausen zwischen politischen Aktionen: Ausruhen Entspannung Kontrast Vorwegnahme künftiger befriedeter Welt (so etwa Tom Hayden Theoretiker der New Left in den USA).

Für Verbindung von Drogendisziplin und Politik sind Dynamik und Optimismus einer Erfolgsphase nötig. Nach Zusammenbruch der Studentenbewegung wird die Droge zum ungehemmten Fluchthelfer. Der Spießer der alltäglich ins Rauschgift Nikotin flüchtet und allabendlich ins Rauschgift Alkohol sagt dann: Rauschgift und Bolschewismus sind dasselbe.

Wie Linkssektierer mit dem Spießer sich treffen in pauschaler Verdammung der Drogen treffen sie sich auch im Urteil gegen die *Musikkultur der Jugend.* Abhaltung von revolutionärer Arbeit sagen die Sektierer Abhaltung von anständiger Arbeit sagen die Spießer. Die pseudorevolutionäre Sekte ist Miniaturausgabe der bürgerlichen Leistungsgesellschaft.

Beat Rock Folk Pop konnten und können Aufforderung sein zur politischen Aktion so gut wie Flucht daraus. Bei der Musik- wie bei der Drogenkultur steht die Aufforderung zur Aktion am Anfang der

Neuen Linken die Flucht aus der Aktion am Ende. Aus Musik wurde Politik aus der Politik fanden die Geschlagenen zurück in die Musik und soweit dort unterdessen der Kommerz vorherrscht zurück in die Konsumgesellschaft.

II.
Weltpolitischer Hintergrund

Subkultur – Gegenkultur – Kulturrevolution sind aufeinander folgende Bestandteile eines Ganzen das man als *Jugendkultur* zusammenfassen kann. Diese kulturelle Bewegung begann in den fünfziger Jahren und ist immer noch unterwegs vor etwa dem folgenden weltpolitischen Hintergrund:

1) Draußen in der übrigen Welt geht es zu. Befreiungsbewegungen in Asien Afrika Lateinamerika sind ebensovile Stöße ins Herz des westlichen Selbstgefühls.

2) Trost bringt daß die beiden großen Liebhaber des Status quo USA und UdSSR immer öfter gemeinsam Weltgendarm spielen um in der Welt Ruhe Ordnung Sicherheit aufrechtzuerhalten. Bald wird China bisher der große Krampus des Westens mitspielen. Aber die Wirkung ist begrenzt. Die revolutionäre Gärung geht weiter.

3) In die goldene Wertetafel der modernen Industriegesellschaft: Fortschritt Leistung Wohlstand Demokratie Freiheit – hat eine böse Jugend unheilbare Risse eingesprengt. Die Jungen sind aufs Haupt geschlagen die Alten dennoch verunsichert.

4) Von den Jungen angezündet kommt es zu immer mehr Rebellionen der Unterprivilegierten in der Wohlstands- Demokratie- und Freiheitsgesellschaft. Im offenen oder versteckten Bürgerkrieg sind nicht nur die Neger der USA sondern weiße Neger wie die Franco-Kanadier oder die Iren. Was vorbei und vergessen war seit Jahrzehnten ereignete sich wieder: riesige Streiks Demonstrationen Fabriksbesetzungen. Der Maistreik 1968 von 10 Millionen französischen Lohn- und Gehaltsabhängigen war der größte in der bisherigen Streikgeschichte überhaupt. In Frankreich und Italien gibt es seit damals immer wieder einen kleineren Mai 1968. Auch die bisher frömmsten aller Wohlstandslämmer rühmen sich: Benützer öffentlicher Verkehrsmittel demonstrieren gegen Fahrpreise Mieter und Wohnungssuchende besetzen Wohnhäuser udgl. Solche minimale gerechte Gegengewalt gegen die rechtmäßige Unrechtsgewalt des bürgerlichen Staates empfindet der Bürger als »Welle der Gewalt« schlechthin. Er ist zugleich empört und verängstigt.

5) Das alles ginge ja noch an insbesondere weil es nicht siegt sondern immer niedergeschlagen wird. Aber eines macht den Revolu-

tionsgeruch permanent: die Jungen oder doch eine wachsende Minderheit der Jungen *denkt und lebt komplett anders als die vorige Generation.* Der Bürger sagt: Ich war auch einmal jung das ist der Generationskonflikt. Aber er glaubt es selber nicht. Heimlich weiß er: Das sind nicht zwei Generationen das sind zwei Welten die alte und die neue. *Und wenn die alte Welt in den Köpfen der Jungen einstürzt ist wird sie in der Wirklichkeit früher oder später nachstürzen.*

Das ist kein automatischer Prozeß. Zur Kopfrevolution muß die Revolution in der Wirklichkeit kommen. Es gibt die Chance für einen aufgeklärten elastischen Kapitalismus die Jugendrevolution einzufangen zu integrieren und umzufunktionieren in eine Riesenherde von Konsumenten die mit Popmusik Schallplatten und linksbedrucktenm Papier friedlich gehalten werden. Aber solche bürgerliche Hoffnung hält nicht (noch nicht) die Waage der bürgerlichen Angst.

III.
Entwicklungskette

Subkultur – Gegenkultur – Kulturrevolution sind Stichworte für eine *Entwicklungskette* etwa wie folgt:

- Fünfzigerjahre: *Subkultur* underground zentriert im musikalischen literarischen überhaupt Lebensstil der Beat Generation in England und den USA.
- Sechzigerjahre: *Gegenkultur* Auszug der Hippies aus der Gesellschaft. Im Höhepunkt der Bewegung lebten etwa 50.000 Hippies in Haight Ashbury San Francisco – etwa 20.000 im East Village New York – etwa 500.000 verstreut in den USA. Zentriert ist die Bewegung in der Multimediakunst des Pop und der Psychodelics musikalisch im Rock in besonderen Formen der Literatur Lyrik Liedertexte Malerei bildende Kunst Architektur Mode Comics Pornographie Drogenkultur bestimmte religiöse und pseudoreligiöse Formen wie Zen sonstiger Buddhismus Hinduismus Astrologie.
- Ab Mitte der Sechziger Jahre: *Kultrurrevolution* an Stelle des apolitischen Quietismus der Hippies der politische Aktivismus der Studentenbewegung zunächst in den USA dann der Schülerbewegung der holländischen Provos udgl. Diese Kulturrevolution ist keine bloße Kopfrevolution sie setzt Akte in der Wirklichkeit aber diese sind nicht schon wirkliche Revolution sondern dienen der Revolutionierung von immer mehr Köpfen. Höhepunkt dieser Phase ist der Mai 68 in Frankreich. Seither Abflauen aber keine Ruhe.

Das skizzierte Kalendarium gilt insbesondere in den Frühphasen vor allem für die USA aber fast gleichzeitig oder mit einiger Verspätung auch für die übrige westliche Welt.

●● Wer zur *Subkultur* gehört lebt noch *in* der bürgerlichen Gesellschaft wenngleich in deren Souterrain im »Underground«: Name und Begriff wurden vermutlich von Andy Warhol wo nicht erstmals so doch konsequent benützt[1]) eigentlich stammen sie aus dem Zweiten Weltkrieg: wer im Untergrund gegen die Hitlerarmee kämpfte hatte *daneben* meist eine bürgerliche Existenz. Desgleichen die Nachkriegs-Subkulturellen. Sie liebten das Unterirdische aber oft nur als eine Art Kaffeehaus zB »The Cellar« in San Francisco[2]).

●● Wer zur Gegenkultur gehört hat nicht mehr eine Doppelexistenz als Bürger und Undergroundler sondern vollzog den endgültigen kompletten oder doch den endgültig und komplett *gemeinten* Exodus aus der bürgerlichen Kultur in die Gegenkultur. »Drop out. Leave society, as you have known it« – lautet der Kernsatz in klassischen Hippie-Code von Robert Jones[3]).

Gemeint ist nicht bloß ein theoretisches sondern ein praktisches räumliches Übersiedeln: der Einzug in bestimmte Stadtteile oder Gegenden quasi *»befreite Territorien«* wo man unter sich ist.

Als nach dem Mord an Kennedy und dessen absichtsvoller Nichtaufklärung kein besserer als Johnson Präsident wurde (1964) ziehen Massen junger Amerikaner in eigene Quartiere in San Francisco Los Angeles New York. Es entsteht eine Gegengesellschaft mit eigenen Läden Zeitungen Theatern Schulen Kindergärten Kommunen. »Möglichkeiten müssen untersucht werden, Freiheit in einer Art Enklave inmitten der kapitalistischen Gesellschaft zu antizipieren[4]).«

●● Kulturrevolution ist demgegenüber die Erkenntnis daß es einen Auszug aus der Gesellschaft nicht gibt es ist ein Scheinauszug die Gesellschaft kommt nach – mit Händlern Touristen Polizisten. Die Ausgezogenen bleiben parasitär angewiesen auf das väterliche Scheckbuch oder auf Gelegenheitsarbeit *in* dieser Gesellschaft. Man muß von dieser Gesellschaft weiterhin kaufen was man braucht und sie macht damit weiterhin Profit. Man ist auch weiterhin auf ihre sogenannten Wohlfahrts- und Sozialdienste angewiesen.

Beim Hippie-Festival in Woodstock 1969 wo angeblich eine neue Nation geboren wurde zahlten Papa oder Mama die 500.000 Eintrittskarten und Armee-Helikopter leisteten erste Hilfe wenn die Kinderlein krank wurden.

Man kann aus der bürgerlichen Gesellschaft nicht ausziehen man muß sie vernichten macht kaputt was Euch kaputtmacht: putt putt sagten letztlich einige Kinder der Kulturrevolution. Aber mit ein paar Maschinenpistolen Kapitalismus stürzen wollen ist eben kindisch.

1964 gab es die ersten großen Studentenunruhen an der University of California in Berkeley. Der Hauptsprecher der Studenten Mario Savio sagte damals: »Es ist nicht wichtig, einen Platz in der Gesellschaft zu finden, aber es ist wichtig, sie so zu ändern, daß man in ihr auch einen Platz finden *möchte*[5]).«

Am 6. Oktober 1967 taten die Hippies von Haight Ashbury in einen Sarg Hippieketten Hippieblumen Hippiekleider Hippiedrogen Hippieschriften und verbrannten das alles[6]). Als am 18. Februar 1968 wieder einmal Sondereinheiten der Polizei in Haight Ashbury einfielen leisteten die Hippies die sich jahrelang widerstandslos hatten prügeln lassen erstmals Widerstand. Es war die erste Straßenschlacht der Hippie-Geschichte.

Als die Hippies umgetauft in Yippies (YIP Youth international Party) Ende August 1968 von der Polizei in Chicago mit Gasgranaten und Schrotgewehren gejagt wurden war das Ende der Hippie-Bewegung da. Die Hippie-Städte verödeten. Die Polizei hatte ihre Schuldigkeit getan. Die *Alternative:* Eine friedliche Gemeinschaft ohne Wohlstand und Leistung voll Farben Blumen Liebe – war kaputt. Sie durfte nicht bestehen. Sie war eine tödliche Gefahr für die Gesellschaft. Nach wiederholten Polizeieinsätzen mit denen die Alternative der Hippies kaputtgemacht wurde konnte jeder Bürger mit gutem Gewissen sagen: Was wollen denn diese Jungen sie haben ja keine Alternative.

»Wir müssen die Gesellschaft infiltrieren, nicht sie verlassen« war das neue Motto[7]). Timothy Leary Prophet der inneren Revolution durch Drogen erklärte sich nun als Partisan der äußeren Revolution. »Tim Learys Entwicklung stellt einen Mikrokosmos für die Entwicklung der ganzen Bewegung dar. Es ist wie eine Antwort auf das Lied, zu welcher Seite man gehört. Leary verließ die Gesellschaft und war durchaus nicht politisch, bis er endlich merkte, daß man die Gesellschaft nicht verlassen kann, ohne nicht auch politisch zu sein[9]).«

Wenn man die Gesellschaft ändern will kann man nicht unter sich bleiben man muß die anderen für sich gewinnen. Kulturrevolution will nicht primär politische ökonomische Strukturen ändern sondern *vorerst* Bewußtseinszustände: Anschauungen Werte Verhaltensmuster Emotionen Reaktionen Aggressionen: das ganze Ensemble im menschlichen Kopf das man Kultur nennt. Kulturrevolution ist Revolution der Köpfe.

Die Mittel der Kulturrevolution sind gewaltlos. Aber es sind nicht bloß verbale Mittel Reden Diskussionen Druckschriften. Menschen werden nicht durch bloße Worte bewegt sondern durch *Situationen* in denen bestimmte Dinge sinnfällig werden Dinge begriffen werden die man bisher gar nicht oder ganz anders verstanden hat. Die Studentenbewegung hatte mit viel Phantasie und oft auch Humor sich ein ganzes Arsenal diesbezüglicher Kampfformen einfallen lassen die heute allbekannt sind.

Was aber wenn man mit der gewaltlosen Revolution der Phantasie des Humors der Liebe eben nicht durchdringt? Wenn man dem Verleumdungsfeldzug aller Zeitungen aller Rundfunkstationen aller Fernsehstationen aller sonstigen Meinungsmacher erliegt?

Wenn die Antwort auf die gewaltlos dargebotene Alternative der Polizeiknüppel die Gasgranate die Gewehrkugel ist?

Solche Fragen stellten sich unterdessen. In der Entwicklungsreihe Subkultur – Gegenkultur – Kulturrevolution ist die letztere nicht mehr das letzte Glied. Es gab schon den falschen Übergang zur bewaffneten Stadtguerilla und es gibt schon den richtigen Übergang zu einer gesamtsozialistischen Strategie mit verteilten Rollen für alle Linken außerhalb aber auch innerhalb der etablierten Parteien Gewerkschaften Kulturorganisationen – eine Strategie der »Pause« zwischen Niedergang der 1. Welle und Ankunft der 2. ungewiß wann.

Wo immer die Spitze der Bewegung unterdessen sein mag: *immer weitere Massen von bisher braver Jugend stürzen in den Strudel der Jugendkultur.* Sie ist ein Territorium das nicht leer bleibt weil eine konsequente Minderheit daraus schon wieder aus- und weitergezogen ist. Der Raum der Jugendkultur füllt sich dauernd mit Neuankömmlingen weitet sich ständig aus.

Das ist ein riesiger Markt: Die massenhafte Jugendkultur wird kommerzialisiert integriert in die bestehende Gesellschaft. *Die böse junge Revolution liefert guten alten Profit.*
Aber keine Inegration von Neuem ins Alte ist eindeutig alle Integration ist dialektisch: Sie *kann* Neutralisation des Neuen sein kann ihm die gefährliche Spitze abbrechen. Integration *kann* aber zugleich auch subversiv sein: Einverleibung von soviel Neuem daß es obgleich einverleibt nicht mehr schadlos verdaut werden kann. Die Jugendkultur ist so anders als die alte Kultur daß der Verdacht auf Subversion naheliegt. Die Frage »Wer wen?« ist offen: Die Profitgesellschaft frißt die Jugendkultur. Kriegt sie davon den Krebs an dem sie irgendwann krepiert?
Integrierte Jugendkultur und dies erst recht wenn solche Integration Subversion ist kann *Mutterboden* sein: gelockerter und für die bestehende Ordnung trügerischer Grund aus dem Revolution sprießt zunächst solche der Köpfe später wirkliche freilich nicht automatisch sondern durch bewußte Anstrengung theoretisch-ana-

lytische praktisch-organisatorische und zuletzt realistisch-revolutionäre.
Kopfrevolution Ist Vorläuferin wirklicher Revolution.

IV.
15 gemeinsame Merkmale

Hier nun einige gemeinsame Merkmale der westlichen Subkultur – Gegenkultur – Kulturrevolution in loser ungenügender Aufzählung. Insbesondere sollen Träger dieser Bewegung hiebei selbst zu Wort kommen.

1. Aufstand der Jungen

»Trau keinem über 30« stand auf den Mauern des Quartier Latin im Mai 1968. Wer älter ist gehört zu den »Bastards, mit denen wir allen Kontakt vermeiden sollen[9]).« »Die junge Generation hat sich von den Normen der älteren befreit und ist der fortschrittliche Teil der Menschheit... Der Hauptunterschied zwischen neuer und alter Generation ist unser Wissen, daß wir dort nicht bleiben wollen, wo wir jetzt sind. Wir wollen aus dem allen heraus[10]).«

»Amerika ist die Hölle« lautet eine berühmte Zeile bei Allen Ginsberg[11]).

Entlang der 30-Jahre-Trennlinie zwischen Jung und Alt lösten sich die USA in »zwei feindliche Lager« auf[12]). Der Krieg zwischen Alt und Jung werde »die große soziale Revolution« bringen[13]). Die ältere Generation nahm den Handschuh auf. Eine amerikanische Karikatur zeigt eine Versammlung der rechtsextremen John Birch Society Unterschrift: »Vergeßt die Kommunisten, die Jugend ist jetzt der Feind Nr. 1.[14])«

2. Aufstand der Bürgersöhne gegen das Bürgertum

Walter Hollstein kompilierte Untersuchungen in Paris Kopenhagen Frankfurt Genf Zürich über die soziale Herkunft der sogenannten »Gammler« und gelangte zu folgenden Zahlen: 11% aus der Oberschicht 82% aus den Mittelschichten 7% aus den Unterschichten[15]).

3. Internationaler Aufstand

»Langsam und unbekümmert entwickelt sich in den alten Nationen eine neue internationale Gemeinschaft[16]).« Die jungen Rebellen sind was die rosarotsozialdemokratischen Arbeiter längst nicht mehr sind: vaterlandslose Gesellen. Sie haben »untereinander mehr gemeinsam als mit irgendeinem ihrer Regimes... Sie sind die neue Internationale[17]).«

4. Aufstand für die 3. Welt

Die Befreiungsbewegungen in der 3. Welt haben für die aufständische junge Generation der USA und der 1. Welt überhaupt doppelte Bedeutung:

1) Im Kampf gegen diese Befreiungsbewegungen zeigte sich das wahre mörderische Gesicht des eigenen Systems das daheim zum freundlichen Grinsen der Wohlstandsgesellschaft verfremdet ist.

2) Befreiungsbewegungen der 3. Welt ist es gelungen was der jungen Generation daheim nicht gelang: dieses mörderische System zu besiegen.

Der wichtigste derartige Sieg war die chinesische Revolution. Das basse Erstaunen wieso denn Maos Vollmondgesicht über dem Bettchen ihrer Kinder hängt beweist nichts als Vatis und Mamis Dummheit das heißt Phantasielosigkeit und Ignoranz.

Die *chinesische Kulturrevolution* wurde zum Vorbild der jungen Generation des Westens aus etwa den folgenden Gründen:

a) Hier wurde versucht ein erstarrtes hierarchisch-bürokratisches insofern unmenschliches System aufzubrechen durch anarchische Aktion von unten (gesteuert von ganz oben).

b) Es gab dabei keine massenhaft mörderisch-physische Gewalt sondern hauptsächlich geistige Gewalt durch bestimmte Formen der Diskussion Demonstration und das Durchbrechen der Spielregeln hierarchischer Ordnung.

c) Ideelle Fragen: die unverzerrte Verwirklichung der kommunistischen Idee wurden für wichtiger erachtet als Disziplin Organisation Ruhe und Ordnung.

d) Diese ideellen Fragen wurden für wichtiger erachtet auch als materielle zB wirtschaftliche Verluste durch Kulturrevolution Konsumgüterfülle »Wohlstand«.

Die Kulturrevolution in China ist zu Ende. Die chinesische Annäherung an die USA deutet in eine neue nichtrevolutionäre Richtung.

Wohin immer China als Großmacht gehen mag: für die aufständische Jugend in der 1. Welt bleibt Allianz mit den Revolutionären der

3. Welt entscheidend: Nur durch solche Allianz könne die 1. Welt revolutioniert werden. Nur durch Revolution in der 1. Welt könne die Ausbeutung der 3. beendet werden. Revolution in der 1. Welt sei die einzige nicht schwindelhafte »Entwicklungshilfe«.

5. *Radikal antikapitalistischer Aufstand*

Wer ist denn noch gegen den Kapitalismus? Die Sozialdemokraten spielen mit die Kommunisten des Westens wollen gerne mitspielen wenn man sie nur ließe. In Italien wird man sie vielleicht bald lassen. In Frankreich haben sie im Mai 1968 das Bürgertum sprich: die Demokratie vor der jungen Revolution gerettet. So fühlte sich die aufständische junge Generation als einzige radikal antikapitalistische Gegenmacht. »Nur die Masse der jungen Gammler und Provokateure kann sich noch in Bewegung setzen. Sie sind noch fähig sich zu erheben; aber nicht die sogenannte Arbeiterklasse, die mit Händen und Füßen ans gegenwärtige Gesellschaftssystem gebunden ist[18]).« Seither gab es die Maistreiks in Frankreich 1968 die Sommerstreiks 1969 in Italien »L'avant-garde étudiante a re-ouvriérisé la classe ouvrière[19]).« Wahr bleibt daß es diese Jugend war die die Arbeiter wieder in Bewegung setzte. Wahr bleibt auch daß die Arbeiter bisher immer wieder in ihre Bindung an Händen und Füßen zurücksanken.

Die revoltierende junge Generation denunziert als kapitalistische Ausbeutung speziell auch ihre eigene Ausbeutung. »Die Jugend ist die zugunsten des bestehenden Systems *am meisten ausgebeutete Klasse*[20]).« In den Schulen arbeitet sie in kompletter Rechtlosigkeit und ohne Arbeitszeitbegrenzung um zu dem dressiert zu werden was die Studenten von Nanterre so formulierten: »Wir sollen hier nichts anderes werden dürfen als das Kaderpersonal dieses Systems, die künftigen Ausbeuter, die künftigen Wachhunde der Bourgeoisie oder ihre Parasiten[21]).« Hinter ihrer Ausbeutung in den Schulen wird sie in der *Militärmaschine* ausgebeutet darf in Kolonialkriegen sterben soll stets den Mund halten in Respekt vor Erwachsenen die aus Profitgier und um die Jugend ruhig zu halten deren eigene Kultur verkitschen und kommerzialisieren und sie ihr um gutes Geld nochmals andrehen.

6. *Aufstand gegen die Wohlstands- und Konsumgesellschaft*

Die aufständische junge Generation pfeift auf den Wohlstandplunder ihrer Eltern. Das wofür die Eltern sich zu Tode rackern ist für sie Gegenstand der Verachtung statt der Dankbarkeit. Die Heiligtümer des Systms beruhen darauf »daß man Produziertes konsumieren soll und daher erst einmal arbeiten muß, um Produziertes konsumieren zu *dürfen*, das ganze Zeug, das man eigentlich gar nicht haben wollte,

Kühlschränke, Fernsehapparate, Autos, neue Autos zum Protzen, bestimmte Haarcremes und Parfums, lauter Kram, den man innerhalb einer Woche auf dem Mist wiederfindet, alle gefangen in einer Maschine von Arbeit Produktion Konsum Arbeit Produktion Konsum[22].«

Diese Entdeckung und Entlarvung der Grundheiligtümer des Systems durch die Jungen war so gefährlich daß verständlicherweise bald die Polizei ausrücken mußte um die demokratisch-freiheitliche Ordnung gegen die Umstürzler zu schützen. *Wer nicht konsumieren will muß fühlen.*

»Das ganze System von Angebot und Nachfrage wird von Grund auf verändert, wenn sich eine große Zahl von Menschen freiwillig entschlossen hat, weniger zu konsumieren. Und die Menschen werden sich entschließen, weniger zu konsumieren, wenn ihre Interessen in andere Richtungen geführt werden. Wenn das, wofür sie sich begeistern, keine Dinge mehr sind, sondern Geisteszustände).«

7. Radikal »antimaterialistischer« Aufstand

Wofür sich die Menschen begeistern sollen keine Dinge sein sondern Geisteszustände: Was die ältere Generation stets im Munde hat: Idealismus statt Materialismus – das wollen diese Jungen. Aber so schrecklich radikal daß die ganze schöne Welt des Profits mitpurzeln soll. *So* ernst war es aber nicht gemeint von den Eltern.

8. Aufstand gegen die Leistungsgesellschaft

»Leistung« ist eines der heiligsten Worte auf der bürgerlichen Wertetafel. Die revoltierenden Jungen strichen es aus. Sie halten es mit den Lilien auf dem Felde: »Wenn wir hier faulenzen, dann hat das Gründe. Was wir hier machen, läßt sich einfach erklären: wir wehren uns dagegen, daß wir von unserer Gesellschaft total verplant werden[24]).«

9. Aufstand des Lebens

»Ein Spaziergang durch Haight-Ashbury« – Hippie-Zentrum von San Francisco – »mit seinen bemalten Häusern und bunten Bewohnern produziert einen visuellen Schock. Alle diese Menschen mit ihren langen Haaren, farbigen Kleidern, sogar mit bemalter Haut, das ist für mich ein Zeichen von etwas, was ich seit langem erhoffte: daß die Menschen aufhören, sich wie Priester und Leichenbestatter zu benehmen[25]).«

Die revoltierende junge Generation wollte leben, »wo die Älteren bloß lebendig sterben, wo Millionen einander auf der Jagd nach Dollars drängen und stoßen: raffend, grabschend, gebend, seufzend, sterbend, in einem verrückten Traum, nur damit sie in jenen furchtbaren Friedhofstädten hinter Long Island begraben werden[26]).«

Statt dessen hatte der Beat-Poet Jack Kerouac »eine Vision von einer großen Rucksackrevolution, Tausende oder sogar Millionen junger Amerikaner, die mit Rucksäcken herumwandern, auf Berge gehen, um zu beten, Kinder zum Lachen zu bringen, und alte Männer froh zu machen, junge Mädchen glücklich zu machen und alte Mädchen noch glücklicher...[27])«

10. Aufstand der Freiheit

Die ältere Generation hält von Freiheit weniger als von Ruhe Ordnung Sicherheit Leistung Wohlstand usw. Das ist nicht anders möglich in einer Gesellschaft in der wenige fast alles haben und tun dürfen und viele fast nichts. Daher kann in dieser Gesellschaft von Freiheit nicht anders geredet werden als unter blitzschneller Hinzufügung der diversesten Wenn und Aber. Eben um diese scheren sich die Jungen nicht. »Was jetzt geschieht, ist, daß Energie in Tausenden von Richtungen explodiert und Menschen sich frei erklären: frei von den Fesseln des Eigentums, frei von den Fixpunkten des Erfolgs, frei von Stellung, Titel, Ruf, Hierarchie, Verpflichtungen, Vorschriften, Regeln, Routine und Gewohnheiten[28]).«

»Das äußerste Ziel ist die Freiheit des Individuums, ein Seraph, ein Führer, ein Held, ein Wolf oder ein Lamm zu werden, das Gleichmaß, die Logik, die Gesellschaft zu zerstören. Und an ihre Stelle zu setzen: Chaos, Wahrheit, Wandlung[29]).«

Kerouac der Beat-Poet nennt das: »Ständig jedermann und jeder lebendigen Kreatur die Vision ewiger Freiheit zu vermitteln[30]).«

11. Aufstand der Liebe
(Über Ehe (5))

»Bitte suchen Sie die sonnigste und einfachste Haltung zur Sexualität nicht mehr in Samoa, sondern bei den Hippies« lautet der Ratschlag eines Hippie-Prominenten an die Adresse der berühmten Ethnologin Margaret Mead. »Was die Blumenkinder betrifft, ist die sexuelle Revolution vorbei, und zwar siegreich. Sie haben eine neue Moral mit neuen Wahlmöglichkeiten. Neue Wahlmöglichkeiten, weil es keine Imperative, keinen Kode gibt. Man findet sich seinen eigenen Kode, während man unterwegs ist und Gleichgesinnte findet. Man erprobt miteinander neue Wege der Sexualität, man behält sie bei, solange man wechselseitigen Gewinn daraus zieht. Ist das nicht mehr der Fall, trennt man sich und versucht nochmals neue Wege. Das Spiel heißt lose Leine (hang lose)[31].«

Liebe ist für die jungen Aufständischen keineswegs auf Sexualität beschränkt: alle Menschen alle Kreatur alle Natur ist einbezogen. Aber Liebe ist für sie kein Gegenstand des Theoretisierens oder Theologisierens. Sie ist nicht angstvoll und künstlich von Sexualität abgetrennt. Sexualität ist für sie ganz unbekümmert eine Weise der Kommunikation und Kommunion mit anderen Menschen. Sexuelle Experimente sollen neue Freiheitsgrade eröffnen.

Nirgendwo vielleicht ist die Kluft zwischen Alt und Jung deutlicher als hier. Diese Jungen verachten die doppelte bis dreifache Sexualmoral der Alten sie verachten die Reduktion *aller* Moral auf *Sexual*moral: wer im Krieg tötet ist moralisch – wer außerhalb des Sittenkodex liebt kriminell.

Diese Jugend hat herausgefunden *warum* diese Alten die so fühllos bleiben wenn es gegen Krieg Hungertod Ausbeutung geht so ungeheures Geschrei machen wenn ihre Sexualmoral öffentlich verletzt wird (heimliche Verletzung macht nichts): dies ist deshalb weil Sexualmoral Herrschaft unterstützt. Wer sexuell brav ist ist auch sonst brav. Und wer heimlich *nicht* brav ist (*alle* also) der hat wenn er Sexualmoral hat zumindest schlechtes Gewissen Angst: und ist folglich desto leichter regierbar.

Ein sehr gefährliches Geheimnis das die aufständische Jugend da herausgefunden hat. Bei solcher Gefahr mußte wiederum die Polizei ausrücken: sie ließ die in den Krieg ziehen ungeschoren und prügelte die das schrien: Make love not war. *Wer nach Liebe schreit verdient Prügel.*

12. Aufstand der Phantasie seis durch Drogen

»Alle Macht der Phantasie« stand auf den Mauern des Quartier Latin im Mai 1968.

62% der Bewohner von East Village dem New Yorker Hippie-Zentrum rauchten Marihuana 41% nahmen LSD. 78% der Bewohner von Haight Ashbury dem Hippie-Zentrum von San Francisco rauchten Marihuana 56% nahmen LSD. In London lauteten die Befragungsergebnisse: 77% Marihuana 27% LSD. Im Sommer 1967 mußten von den rund 50.000 Einwohnern der Hippie-Stadt Haight Ashbury 13.000 in ärztliche Behandlung wegen übermäßigen Drogengebrauchs[32].

Damals war die Hippie-Stadt schon überrannt von unerfahrenen Neuankömmligen. Der Kode der Gegenkultur befürwortete strikte Selbstkontrolle und detaillierte Strategie des Drogengebrauchs: »Disziplin der Ekstase[33].«

In diesen Grenzen galten Drogen als Wege zu neuen Sinneserfahrungen neuen Freiheitsgraden. Niemals begriff die Gegenkultur »die Droge als absoluten Wert, den Drogengenuß als unbeschränkt. LSD und Marihuana sind für sie nur *Schlüssel* zu Selbstbefriedigung, Selbsterkenntnis, Wahrheitsfindung. Ist der schädliche Einfluß materialistischer Umwelt dank der bewußtseinserweiternden Droge überwunden, hat das Experiment seinen Zweck erreicht[34]).« »Die Droge wäscht uns von den hinderlichen Einflüssen der Außenwelt rein[35]).«

13. Aufstand der Kunst

Die erste große Revolutionswelle gegen Bürgertum und Kapitalismus: die Arbeiterbewegung des 19. Jahrhunderts ist möglicherweise schon daran gescheitert daß sie vor allem aufs Politische und Ökonomische abzielte nicht auch und ebensosehr auf das übrige Leben zB Kunst und Sexualität. Zwar lief die Welle der modernen Kunst mit der Arbeiterbewegung eine Zeitlang sympathisierend Parallel aber eine echte Vereinigung gab es nicht. Ähnliche Parallelbewegung gab es zwischen neuen Sexualtheorien und Arbeiterbewegung zB bei Gestalten wie dem Psychoanalytiker und Sozialisten Willi Reich aber die von ihm geforderte Vereinigung politisch-ökonomischer und sexueller Befreiung fand nicht statt wurde von der parteioffiziellen sozialistischen und kommunistischen Bewegung vielmehr abgelehnt. In Kunst- und Sexualfragen blieben der rosarote parteioffizielle Sozialismus und Kommunismus letztlich kleinbürgerlicher als das liberale Bürgertum.

Erst eine zweite Welle sozialistischer Bewegung: die wiederum dunkelrote Revolte der Jugend in den kapitalistischen Industriestaaten bezieht sich radikal auch auf Kunst und Sexualität sie ist hier sogar wesentlicher und wirksamer als in politisch-ökonomischer Theorie und Praxis.

»Lacht nicht, die nächste Welle könnte Pop als politische Macht sein.« Das war 1966 eine Schlagzeile im Londoner Jazz- und Pop-Magazins »Melody Maker« einer führenden Fachzeitschrift die aber politisch kreuzbrav ist[36]). Gerade die politisch Kreuzbraven fühlten die Herausforderung die in der Welle der Pop-Musik steckte: sie war nicht mehr »künstlerisch« im bürgerlichen Sinn-das heißt: nicht bloß Zuckerguß über der bestehenden Ordnung. Über seine Pop- und Rockband »The Fugs« sagte der amerikanische Untergrundkünstler Tuli Kupferberg: »Wir wollen natürlich, daß jedermann unsere Show sieht. Die Leute, die weggehen, brauchen unsere Botschaft am dringendsten. Aber ihretwegen können wir sie nicht verstümmeln. Hübsch und angenehm hätte sie keinen Sinn mehr. Was wir schaffen, ist, eine Anzahl Menschen über die Trennlinie auf

unsere Seite zu bringen. Das geschieht jeden Abend... So ereignet sich hier *eine Art Erziehungsprozeß...* was wir jetzt tun, ist *eine Art Propaganda,* im besten Sinn des Wortes; denn wir sind keine sozialistischen Realisten. *Meine Ziele sind revolutionäre Ziele, Anarchismus, Pazifismus, Kommunismus. Ich will eine klassenlose Gesellschaft*[37]).«

Die zweite große Polit-Pop-Band in den USA »The Mothers of Invention« war ebenso subversiv. Ihr Leiter Frank Zappa meinte:

»In den USA ist der schnellste und sicherste Weg, etwas zu ändern, *eine Art Guerilla-Vorgehen,* so etwas wie Infiltration... Irgendwann muß doch endlich einmal grundsätzlich das System verändert werden... Wir wollen dazu beitragen, daß die Leute politisch bewußt werden... Ich finde, wenn man heute von Demokratie redet, ist das ein Witz... Das Volk ist dabei, der Regierung auf die Schliche zu kommen... *Darf man da noch unterhalten?* Ich glaube, was wir derzeit machen müssen, ist eine Art Gebrauchsmusik, sehr funktionell[38])!«

Die Polit-Pop-Bands waren dementsprechend bei Aktionen der Jungen Linken mit dabei: die dritte große derartige Band »Country Joe and the Fish« wurde zB bei der Demonstration anläßlich des Parteikonvents der Demokraten Chicago August 1968 in corpore von der Polizei verprügelt die sie bis in ihr Hotel verfolgte[39]).

Die Polit-Pop-Bands brachen auch mit mehr oder weniger Erfolg aus dem kommerziellen Manager- und Plattengeschäft und versuchten es mit eigenen Firmengründungen also mit Autonomie der Produzenten[40]).

Das Revolutionäre an der Kunst der Jungen wie sie Kupferberg und Zappa schrieben war der antikapitalistische prosozialistische *Inhalt:* es ging aber verknüpft mit diesem Inhalt um eine Revolution der *Form* ein Aufbrechen Zerbrechen Schockieren Provozieren *um alles Alte umzubringen.*

Zappa definierte die Musik seiner Band als »eine Art Gebrauchsmusik, sehr funktionell«. *Gebrauchskunst: Kunst als Taktik der Revolution* ist das Stichwort. Erläutern läßt sich dies auch an der Definition des *Happenings* wie sie Wolf Vostell gab[41]):

»Die Kriterien für Happenings sind:

1) Einmaligkeit des Geschehens;

2) Das Ereignis findet draußen an verschiedenen Stellen statt;

3) Das Publikum beteiligt sich am Geschehen;

4) Der Happening-Fall-Out kommt nicht als Fetisch für immer ins Museum.«

Kunst heißt dies soll aller bürgerlich-kapitalistischen Kriterien beraubt werden:

1) Sie soll nicht *Ware* sein sondern unwiederholbar einmalig.

2) Sie soll nicht feierlich verhemmt und verklemmt in Theater

Konzertsäle verbannt sein als feiertägliches Ritual sondern »draußen« in der Welt des Alltags der Arbeit des Verkehrs sich ereignen.

3) Das Publikum soll nicht eingeschüchtert still dasitzen oder auch genußvoll passiv bleiben sondern mittun aktiv werden.

4) Das Ergebnis soll nicht aufbewahrbar aufbahrbar sein zB im Museum oder auf der Schallplatte sondern eingehen ins Leben der Menschen als Teil menschlicher Entfaltung.

Insgesamt bedeutet das natürlich und so benennt es auch der Happening-Spezialist Jean Jaques Lebel[42]) den *Tod der Kunst* — den gewollten Tod der Kunst im bürgerlichen Sinn zugunsten des totalen Einbezugs der Kunst ins Leben neuer Menschen.

14. Aufstand der Religion

Wenn Religion heißt daß der Mensch sich selbst übersteigt: *Transzendenz* erlebt sie anderen mitteilt und solche Praxis des Erlebens und Mitteilens auch theoretisch ausformuliert — dann ist die Jugendkultur Religion (nicht nur aber auch und ganz wesentlich). Aspekte dieser Religion sind:

a) Generell: die ganz andere Lebens- und Denkweise der revoltierenden Jugend: sie zieht einen anderen einen neuen Menschen an (Eph. 4, 24) — nicht nur äußerlich in Kleidung Haar- und Barttracht.
b) Speziell: das Interesse ja die intensive Hinwendung zu *anderen nichtchristlichen Religionen:* Hinduismus Buddhismus Zen (teils zur Substanz dieser Religionen teils zu daraus destilliertem Aberglauben).

Gemessen an einem durch und durch dogmatisierten und hierarchisierten Christentum sind dies alles *freiere* Religionen: für eine Jugend die aus dem starren Establishment will ist es nur logisch daß sie auch aus dem etablierten Christentum herauswill.

Ferner sind dies Religionen die *friedlicher* sind als das Christentum in seiner Praxis. Nirgendwo verlief die Geschichte grausamer und blutiger als im Bereich der »christlichen Kultur« bis hin zum Vietnamkrieg. Krieg und Christentum gehören für die Jugendkultur auf perverse Weise zusammen.

Dementsprechend sind dies alles *liebevollere* Religionen als das offizielle Christentum: Religionen ohne Sexualneurose ohne schizophrene Teilung in »irdische« und »himmlische« Liebe. Die Hinwendung zu ihnen korrespondiert mit der sexuellen Revolution der Jungen.

Insgesamt sind dies alles Religionen der *3. Welt.* Es entspricht die Hinwendung zu ihnen dem Bündnis dieser Jugend mit der 3. und ihrer Kampfansage an die heimische 1. Welt mit ihrer unheiligen Dreifaltigkeit Kapital Krieg Christentum.

c) Noch spezieller: das wichtigste religiöse Element der Jugendkultur findet sich innerhalb der *Drogenkultur.*

Timothy Leary vormals Dozent an der Universität Harvard dann von dort entlassen als Befürworter von bewußtseinserweiternden bewußtseinsbefreienden Drogen fordert: »Tritt aus Deinem Ich. Hör auf mit Deiner mechanischen Betriebsamkeit. Beende das Spiel. Schau nach innen[43]).«

Heraustreten aus sich selbst: *Ekstase* im Wortsinn. Aufruf zur Besinnung und Wendung nach innen als Mittel hierzu. Das alles ist Religion unverkennbar unleugbar.

So nennt der Berliner Drogenexperte und Leary-Interpret Ronald Steckel die Forderungen Learys eine »Neuformulierung der ältesten Gedanken der Menschheit. Allen religiösen Bewegungen der Geschichte liegt die Idee zugrunde, daß der Mensch schläft, daß er sich absondert von dem universalen Bewußtsein (als sinnvolle Definition für Gott), sein Leben auf die engen Grenzen des Ich beschränkt, in trivialen, egoistischen Träumen, Wünschen, Illusionen. Alle Religionen enthalten die Aufforderung an den Menschen, zu erwachen, sich seines göttlichen Ursprungs bewußt zu werden«. Dazu seien die »Drogenerfahrungen Hinweise und Brücken[44]).«

Leary erläutert die einzelnen Bestandteile seiner Drogentheorie als »Die sieben Sprachen Gottes[45])« und die Drogenerfahrung als »Karfreitagswunder[46])« als »religiöse Erfahrung[47]).«

Leary behauptet: »LSD kann ein religiöses High erzeugen[48])«. Gemäß Untersuchungen von Ditman und Savage erklärten Versuchspersonen nach LSD-Genuß sie hätten dabei »eine religiöse Erfahrung, eine größere Bewußtheit Gottes erlebt«; bei religiösen Versuchspersonen betrug der Prozentsatz derer die das erklärten 90% bei nichtreligiösen Versuchspersonen immer noch 40%[49]).

Zu Learys Foerderungen an den Drogenbenützer gehören: »Sei Gott und das Universum[50])«. »Gründe Deine eigene Religion«. »Schreib Deine eigenen Zehn Gebote[51])«. Er erläutert dies an Hand des Alten Testaments: dieses sei »das entstellte Trip-Tagebuch einer albernen Clique ausgeflippter Visionäre. Wißt ihr nicht, daß Gottes Offenbarung heute klarer und direkter zu uns kommt als damals zu Elias, Abraham, Jesaja, Jeremia[52])?«

Das friedliche religiöse Erlebnis ist allerdings nicht der jüngste Entwicklungsstand Learys. Seit er von der Polizei überfallen eingesperrt und von den Weathermen der radikalsten Gruppe der amerikanischen Neuen Linken aus dem Gefängnis befreit wurde ist er zugleich Advokat anarchistischer Gegengewalt. Nach seiner Flucht glücklich in Algerien angelangt formulierte Leary seine:

»Erklärung des Heiligen Krieges gegen das Establishment ... 1. Leiste liebevoll Widerstand ... 2. Leiste leidensfähig Widerstand ... 3. Leiste aktiv Widerstand ... 4. Leiste öffentlich Widerstand ... 5. Leiste heimlich Widerstand ... 6. Leiste schön Widerstand ...; schaffe organische Kunst, Musik ... 7. Leiste biologisch Widerstand, sei erotisch ... 8. Leiste geistig Widerstand ...; bleibe high ... preise Gott ... liebe das Leben ... 9. Leiste physisch Widerstand ... Bewaffne dich und schieße, um zu leben ... Höre, Nixon ... wir flehten Dich an zu leben und leben zu lassen, zu lieben und lieben zu lassen, aber Du hast Dich entschieden, zu töten und getötet zu werden. Möge Gott Deiner verlorenen Seele gnädig sein[53]).«

15. Anarchistischer Aufstand

In den Läden des Hippie-Zentrums Haight-Ashbury San Francisco gab es die Aufschrift:

»If somebody asks for the boss, tell him that he is the boss[54].«

Von solchem naturwüchsigen Anarchismus der Beatgeneration und der Hippies vollzogen die jungen Aufständischen den Schritt zum bewußten konkret politisch gemeinten Anarchismus.

»Wir wollen das innerhalb der zeitgenössischen Jugend brachliegende Potential voll angestauter Aggressivität und anarchischen Instinkten *zu bewußtem Anarchismus* sublimieren[56].«

»In der Anarchie ist der Mensch zumindest gesellschaftlich frei, er hat die optimalen Bedingungen für Freiheit und Kreativität. Die Polizei, das Heer, der gesamte Staatsapparat muß weg. Die Arbeiter beschlagnahmen ihre eigenen Fabriken. Alle Macht wird dezentralisiert[57].«

Hier tauchen in der Entwicklungsreihe Subkultur-Gegenkultur-Kulturrevolution handfeste ökonomische gesellschaftliche Kategorien auf. Sie sind von den Kategorien der von vornherein politischen auf den Umsturz der bürgerlichen Ordnung abzielenden Bewegungen: Sozialismus Kommunismus Anarchismus Neue Linke nicht mehr zu unterscheiden es sei denn durch den Grad ihrer Reinheit und Nacktheit.

Die kulturelle Bewegung mündet wie auch sonst in der Geschichte in politische Bewegung. Aber sie hat unterwegs viel geleistet. Sie hat die Köpfe revolutioniert damit die Wirklichkeit revolutioniert werden kann.

P. S.

Na ja das war ursprünglich (außer dem jetzt geschriebenen Abschnitt I) für fromme Gemüter bestimmt: Katholische Akademie in Bayern Paulus-Akademie Zürich Nymphenburger Adam-Gymnasium alles 1970/71 alles Sympathiewerbung für die Neue Linke die sich damals schon zum Sterben hingelegt hatte als meine wohlmeinenden christlichen Mitbrüder gerade erst entdeckten daß man sich eigentlich um sie kümmern müßte. Da der Neuen Linken politisch' Lied ein gar zu garstig' Lied war für keusch katholische Ohren befaßte ich mich vor allem mit der Jugendkultur aus der die Neue Linke hervorgegangen war.

Sicher sind mir im Verlauf der Beschreibung kulturelle und politische Jugendbewegung immer wieder durcheinandergekommen. Das macht nichts es entspricht genau der Wirklichkeit.

Politökonomie und Poesie

Viel weniger wirklichkeitsgetreu geriet mein Versuch in Einleitung und Abschluß die beiden auseinander zu halten: Erst war die Jugendkultur dann kam daraus die politische Bewegung seither laufen sie nebeneinander Jugendkultur regt politische Bewegung an politisch Bewegte fallen wieder zurück in Jugendkultur. Aber vor allem gibt es ein ständiges Hin und Her ein und derselben linken Leute zwischen kultureller und politischer Jugendbewegung die meisten Junglinken verkörpern beide Bewegungen in Personalunion:

Das gilt vom gesunden mittleren Marschblock der Bewegung also abgerechnet den »linken« Flügel der Sektierer abgerechnet den »rechten« Flügel der Ausgeflippten die nur noch Konsumenten von Musik und/oder Drogen sind. Ein und dieselben Linken frequentieren bei marxistisch-leninistisch trotzkistisch lambertistisch frankistisch posadistisch maoistisch ernsten Bibelforschern Kurse in politischer Ökonomie die weit mehr Wissen bringen als Wald und Wiesen Vorlesungen ahnungslos oder böswillig antimarxistischer Universitätsprofessoren – und ein und dieselben Linken sitzen vor nach und während der wochen- und monatelangen Kursdauer wiederum inmitten der Musik- und Drogenkultur in unpolitischen Kommunen.

Da haben die Spießer recht und die linken Sektierer unrecht: diese Musik diese Drogen und jener »Linksextremismus« gehören wirklich zusammen.

Die Linkssektierer irren nicht deshalb weil sie politische Ökonomie für so ungeheuer wichtig halten sie irren weil sie nur politische Ökonomie für ungeheuer wichtig halten.

Die unpolitisch naiven Untergrund-Gegenkultur-Linken irren nicht deshalb weil sie Musik Drogen Schönheit Liebe Universum für so ungeheuer wichtig halten sondern weil sie nur ihre Lustwelt für wichtig halten.

Politökonomie entlarvt den demokratischen Kapitalismus und kann Waffen liefern ihn aufzuheben in Theorie wie Praxis. Musik Drogen Poesie des Untergrunds nehmen die Welt vorweg die kommen soll erst hinter Entlarvung und Aufhebung des Kapitalismus und auch erst hinter hartem Aufbau des Sozialismus.

Sozialismus ist Poesie

Poesie sagte Novalis ist die ursprüngliche Sprache des Menschengeschlechts. Poesie ist die künftige Sprache des Menschengeschlechts. Sozialismus ist Poesie der Frosch der in meinem Wasserkü-

bel sitzt und das Reh das um die Ecke der Hütte kommt ja lacht nur und die Glühwürmchen im Wald beim Heimweg vom Baden im Teich daran ist nichts Lächerliches nichts Verbotenes: Gartenzwergismus des Spießers (mein Gartenzwergismus in der Hütte) ist unrein und hinkend Poesie als ursprüngliche und künftige Sprache des Menschengeschlechts. Zwischen Ursprung und Zukunft liegt das dunkle Mittelalter der Gegenwart wo 1/3 der Menschheit Gartenzwerge sind 2/3 unpoetische Hungerleider.

Poesie ist nicht verboten wenn sie revolutionäre Disziplin hält: Wenn sie Vorwegnahme ist des Künftigen in Pausen gegenwärtiger Arbeit für dieses Künftige. Brecht war als Lyriker groß sagen die höher gebildeten Gartenzwerge wissen Sie diese Sachen mit den Kranichen und den Bäumen und so aber sonst war er leider links. Nein Brecht war ein großer Lyriker weil er ein großer Linker war. Unsicher und komplexgeplagt neurotisch und kerngesund oszillieren die jungen Linken zwischen Untergrund und linker Politik. Sozialismus ist beides: Poesie und Politökonomie.

Anmerkungen

1) Walter Hallstein, Der Untergrund, Neuwied 1969, S. 26.
2) Vgl. Jack Kerouac, Unterwegs, Hamburg 1959; Ders., The Origin of the Beat Generation, in: Playboy, Juni 1959; K. O. Paetel, Beat – Eine Anthologie, Hamburg 1962; Lawrence Lipton, Die heiligen Barbaren, Düsseldorf 1960.
3) Zit. b. Walter Hallstein, Der Untergrund, Neuwied 1969, S. 63.
4) Bahman Nirumand, in: Kursbuch, Frankfurt am Main, Nr. 13/1968.
5) Zit. b. Hollstein, a. a. O., S. 12.
6) Hollstein, a. a. O., S. 85, 87.
7) »Kazuna«, Hippie-Zeitung in Kopenhagen, Sommer 1968.
8) »Other Scenes«, New York, März 1968.
9) Jack Henry Moore, Choreograph und Protagonist des Londoner Untergrunds, in: International Times (IT), London, 2.–15. 6. 1967.
10) Jonas Mekas, Underground-Filmer, zit. b. Hollstein, a. a. O., S. 22.
11) Zit. b. Hollstein, a. a. O., S. 65.
12) Tuli Kupferberg, prominenter Underground-Poet, in: The East Village Other, 15. 2. 1967.
13) Peter Townshend, englischer Underground-Gitarrist, in: »The Melody Maker«, London, 3. 7. 1965.
14) »New Left Notes«, Chicago, 15. 4. 1968.
15) Hollstein, a. a. O., S. 42.
16) Tom McGrath, in: »International Times« (IT), London, 13.–26. 3. 1967.
17) Paul Goodman in: »The East Village Other«, Vol. 3, No. 7.
18) »Le Monde libertaire«, Zeitschrift junger Anarchisten, Brüssel, Nr. 130/1967.
19) Edgar Morin, La Commune étudiante, in: Le Monde, Paris 19./20. 5. 1968.
20) John und Margret Rowntree, Les jeunes en tant que classe, in: Revue Internationale du Socialisme, Paris, Nr. 25/1968.

[21]) Manifest des Mouvement du 22 mars, zit. b. Hollstein, a. a. O., S. 21.
[22]) Jack Kercuac, Gammler, Zen und hohe Berge, Hamburg 1969, S. 75.
[23]) San Francisco Oracle, größte amerikanische Hippie-Zeitung, Vol. 1, Nr. 7.
[24]) Antwort eines Gammlers in einer Umfrage, zit. b. Margret Kosel, Gammler, Beatniks, Provos, Frankfurt 1967, S. 10.
[25]) Allen W. Watts, zit. b. Hollstein, a. a. O., S. 71 f.
[26]) Jack Kerouac, Unterwegs, Hamburg 1968, S. 98.
[27]) Jack Kerouac, Gammler, Zen und hohe Berge, Hamburg 1963, S. 75.
[28]) »The East Village Other«, Zeitung der New Yorker Hippie-Gemeinde, 2. 2. 1968.
[29]) Michael McClure, in: K. D. Paetel, Beat – eine Anthologie, Hamburg 1962.
[30]) Jack Kercuac, Gammler, Zen und hohe Berge, Hamburg 1963, S. 75.
[31]) Lawrence Liptin, Sexways of the Flower Children, in: Cavalier, New York, Januar 1968.
[32]) Hollstein, a. a. O., S. 75.
[33]) Metzler and Leary, On Programming Psychedelic Experiences, in: Psychedelic Review No. 9/1967. Leary, Mortimer, Alpert, The Psychedelic Experiment, New York 1965. John Cashman, The LSD Story, Greenwich (Comm.) 1966. National Council for Civil Liberties (Hg.), Drugs and Civil Liberties, London 1967.
[34]) Hollstein, a. a. O., S. 76.
[35]) Allen Cohen in: San Francisco Oracle, zit. b. Hollstein, a. a. O., S. 74.
[36]) »Melody Maker«, London, 26. 10. 1968, S. 13.
[37]) Tuli Kupferberg, zit. b. Rolf-Ulrich Kaiser, Pop, das Buch der neuen Musik, Düsseldorf 1969, S. 106 f.
[38]) Frank Zappa, Interview mit R. U. Kaiser, a. a. O., S. 123 f., 134 f.
[39]) A. a. O., S. 108.
[40]) A. a. O., S. 103, 139.
[41]) Wolf Vostell, Aktionen, Rowohlt 1970, ohne Seitennumerierung, etwa S. 10.
[42]) A. a. O., etwa in der Mitte des Bandes.
[43]) Timothy Leary, Politik der Ekstase, Hamburg 1968, S. 13.
[44]) A. a. O., S. 13 f.
[45]) A. a. O., S. 54.
[46]) A. a. O., S. 56.
[47]) A. a. O., S. 59.
[48]) A. a. O., S. 57.
[49]) A. a. O., S. 58 f.
[50]) A. a. O., S. 118.
[51]) A. a. O., S. 221.
[52]) A. a. O.
[53]) »pot«, Linz, Nr. 3/Februar 1971.
[54]) Zit. b. Hollstein, a. a. O., S. 70 f.
[55]) Duco van Weerle, Wat de Provos willen, Amsterdam 1966, S. 13.
[56]) A. a. O., S. 20.
[57]) Roel van Duyn, Provo – Einleitung ins provozierende Denken, Berlin 1966, S. 20.

32. Tag
Lebenslauf
von Junglinks bis Juso

I.
Neue Linke ist Sozialismus

- Ob es sich um die *kulturelle Jugendbewegung* handelt: sie ist kleinlich genommen unpolitisch aber höchst politisch wegen ihrer großen Weigerung gegenüber aller etablierten Gesellschaft und sie ist überdies die eigentliche Poesie unserer Zeit die *eigentliche Romantik unserer Zeit:* echte Romantik entspringt immer der Weigerung gegenüber bestehenden Zuständen echte Romantik ist immer Vorwegnahme künftiger Zustände und insofern höchst politisch
- Oder ob es sich um die im engern Sinn *politische Jugendbewegung* handelt: sie ist der *eigentliche Idealismus unserer Zeit:* der heldenhafte Versuch einer kleinen Minderheit eine ungeheure Masse von Mitmenschen materialistisch dumm und aggressiv gemacht vom Kapitalismus in Bewegung zu setzen zum Sozialismus: durch Gewalt der Gedanken durch Kühnheit der Aktion erst die Köpfe zu revolutionieren und dann die Wirklichkeit
- Oder ob es sich innerhalb dieser politischen Jugendbewegung um deren *tausend und eine Schattierung* handelt in der reichen freien Palette der Meinungen von klassisch Neulinks/Junglinks: reinrassige außerparlamentarische Opposition mit Verweigerung jeder Mitgliedschaft in herz- und hirnverfetteten Parteien Gewerkschaften Institutionen – bis zu den nachklassischen Jusos: heroischer Versuch des strategischen Übergangs hinein und quer durch die etablierte Sozialdemokratie

Wer immer von Jugendbewegung Jugendrevolte Jugendrevolution spricht der spricht in Wahrheit von *Sozialismus.*
dem neuesten und offenkundig recht lebenskräftigen Zweig jenes Sozialismus der von konservativen Ideologen und Praktikern unermüdlich totgesagt und auch von nicht wenigen Sozialisten kaum noch als weltumspannende zum Sieg bestimmte Bewegung begriffen wurde. *In der sogenannten Jugendrevolte leuchtet der Sozialismus wieder im alten Glanz nämlich als radikale Erneuerungsbewegung von weltweitem Ausmaß.*

II.
Neue Linke mit konservativer Wurzel

Die Gegner des Sozialismus müssen dies zur Kenntnis nehmen zumindest dann wenn sie als intelligente Gegner gelten wollen.

Für konservative Gegner des Sozialismus ist vielleicht nicht uninteressant daß die sogenannte Jugendrevolte sich mit einem Sozialismus nicht zufriedengibt der bloß den *liberalen Parteienstaat* bewahren und ausbauen will wie dies die bisherige Praxis der sozialdemokratischen Parteien ist. Die Jugendrevolte gibt sich auch nicht zufrieden mit einem Sozialismus der bloß den *liberal-bürgerlichen Kapitalismus* einholen und überholen will wie dies die bisherige Praxis der kommunistischen Parteien ist. Die sogenannte Jugendrevolte rekurriert vielmehr auf den ursprünglichen Marxismus insbesondere auf den jungen Marx: damit rekurriert sie auch und hier wird die Sache für konservative Gegner des Sozialismus interessant auf jene historische Wurzel die Karl Mannheim die *konservative Wurzel des Marxismus* genannt hat:

Die Jugendrevolte ist wie der ursprüngliche Marxismus *antiliberal* im Sinne einer radikalen Kritik an der liberal-kapitalistischen Demokratie sie hält die parlamentarische Demokratie für bloße Scheindemokratie. In dieser Hinsicht *teilt* sie die klassische konservative Kritik am liberalen Parlamentarismus.

Die Jugendrevolte ist ferner antiliberal im Sinne einer radikalen Kritik an der liberal-kapitalistischen Wohlstandsgesellschaft. Auch in diesem Punkt teilt sie die konservative Kritik am liberalen Kapitalismus als einer Ordnung vielmehr Unordnung in der die materiellen Werte zuoberst stehen die ideellen zuunterst.

Darüber muß man mit konservativen Gegnern des Sozialismus sprechen: einfach deshalb weil es mir witzlos erscheint wenn immer nur Schwarze mit Schwarzen reden Rote mit Roten Christen mit Christen usw. Als Christ kann und muß ich mit allen Menschen sprechen die guten Willens sind sogar mit solchen die bösen Willens sind.

Gern zahle ich dafür den Preis bei meinen sozialdemokratischen Parteigenossen und bei meinen Freunden von der Neuen Linken ein bißchen unpopulär zu sein.

III.
Neue Linke kontra Alte Linke

Wenn man nach den allgemeinen ideologischen Gründen der Jugendrevolte fragt so läßt sich darauf zunächst mit einem einzigen

Satz antworten: *Der allgemeine ideologische Grund der Jugendrevolte ist der Sozialismus.*

Seit mehr als hundert Jahren rennt der Sozialismus gegen den Kapitalismus an. Welle auf Welle ist versandet die Jugendrevolte ist die jüngste derartige Welle und auch ihr erster Ansturm ist schon versandet. Ihre Sache ist aber noch lang nicht aus.

Natürlich ist es grobe Vereinfachung zu sagen: Aller bisherige Sozialismus ist versandet ist gescheitert.

● Der *christliche Sozialismus* – von seinen frühen Formen in England und Frankreich über die mächtigen christlichsozialen Bewegungen in Deutschland und Österreich bis zu den päpstlichen Sozialenzykliken – hat sehr respektable historische Leistungen vollbracht

● Desgleichen und noch mehr die *Sozialdemokratie*

● Unübersehbar sind auch die Erfolge der *sowjetkommunistischen* Variante des Sozialismus

● Desgleichen die Erfolge des *Sozialismus der Dritten Welt* etwa in China Vietnam Kuba.

Während aber der Kapitalismus die ihm historisch vorangegangene Formation des Feudalismus überall *zum Erliegen* brachte ist dies dem Sozialismus mit dem Kapitalismus bisher *nicht* gelungen.

Alle Erfolge der diversen bisherigen Formen des Sozialismus haben den Kapitalismus nicht vernichtet sondern weiterleben lassen. Indem der Kapitalismus auf die christlichsoziale die sozialdemokratische die kommunistische Herausforderung jeweils die Antwort fand nämlich das lebensrettende Minimum an Reformen durchführte hat er – entgegen allerlei sozialistischen Theorien über sein Absterben – beneidenswerte Elastizität und Lebenszähigkeit bewiesen.

Damit verglichen waren alle bisherigen Erfolge des Sozialismus nur *Teilerfolge.* Selbst diese wurden erkauft um den Preis einer erschrekkenden Verzerrung des Sozialismus. Das ist unübersehbar mißt man die Praxis der diversen Sozialismusformen am idealen Zielbild des Sozialismus.

●● Der *christliche Sozialismus* hat sich relativ bald in demoralisierende Bündnisse mit dem Kapitalismus eingelassen. Er blieb eine Theorie ohne ausreichendes Maß entsprechender Praxis.

●● Die *Sozialdemokratie* hat den Kapitalismus gründlich verändert ihn aber nirgendwo besiegt sie lebt mit ihm in Symbiose und trägt zu dessen wenngleich nicht klaglosem Funktionieren bei.

●● Der Kommunismus bei all seinen unbestreitbaren Aufbau- und Ausdehnungserfolgen hat einen schauderhaften Tribut an die Hinfälligkeit idealen Strebens entrichtet: Blut Terror Lüge diktatorische militärische imperialistische Entartung.

Dementsprechend macht die Jugendrevolte als Neue Linke Front gegen die gesamte Alte Linke: Christlicher Sozialismus Sozialdemokratie Kommunismus in seinen bisherigen Formen. Die Neue Linke verwirft die Alte Linke mit jener jugendlichen Gründlichkeit der kein Urteil scharf genug ist. Das Urteil der Neuen Linken über die Alte Linke lautet pauschal: Ihr habt nicht gesiegt Ihr habt versagt Ihr wart nicht konsequent Ihr habt Kompromisse mit dem Kapitalismus geschlossen Ihr habt alte Herrschaftsformen besiegt aber neue Herrschaft aufgerichtet neue Ausbeutung neue Entfremdung neue Entmenschlichung produziert Ihr habt den Sozialismus verraten.

Die Jugendrevolte ist Sozialismus daher Antikapitalismus. Aber charakteristisch ist für sie der *Zweifrontenkrieg*. Sie kämpft nicht nur gegen den Kapitalismus in allen seinen Formen sondern gegen die Alte Linke in allen ihren Formen und zwar mit insgesamt nicht geringerer Unerbittlicheit als gegen den Kapitalismus. Nicht selten sogar mit noch größerer Unerbittlichkeit denn es handelt sich ja um einen Familienstreit und da passiert das eben.

Die speziellen Anklagepunkte der Neuen Linken gegen die Alte Linke lauten:

●●● *Gegen den christlichen Sozialismus* (linker Flügel in den christlich-demokratischen Parteien christliche Gewerkschaftsbewegungen Linkstendenzen in den päpstlichen Sozialenzykliken zum Beispiel »Populorum progressio«) wendet sich die Neue Linke wegen der bloß sanftrosa Färbung dieses Sozialismus.

Sie kritisiert den konstanten Versuch wenigstens gewisse Spielarten des Kapitalismus zu retten indem man diesen »sozial« aufmöbelt. Sie verweist auf die Diskrepanz zwischen verbal halbwegs »linker« Theorie und unveränderter Praxis der Allianz mit kapitalistischen Partnern.

Die katholische Amtskirche gemäß neulinker Analyse lebt teils selbst *more capitalistico* teils unterstützt sie in ihrer Praxis Ruhe und Ordnung des kapitalistischen Systems wendet sich mit unfehlbarem obrigkeitlichem Instinkt in der Praxis gegen alle und jede revolutionäre Bewegung.

●●● *Gegen die Sozialdemokratie* wendet sich die Neue Linke mit der Anklage sie sei in das kapitalistische bürgerlich-parlamentarische System als Partei unter Parteien längst total integriert fühle sich darin auch noch wohl.

Die Sozialdemokratie *wolle* gar nicht mehr heraus aus ihrer wohlgepolsterten pfründenreichen Position als Juniorpartner des spätkapitalistischen Systems. Ihr Reformismus sei systemimmanent am jeweils nächsten Wahlerfolg orientiert nicht mehr systemtranszendent am Sturz des Kapitalismus Aufbau des Sozialismus. Sie operiere gänzlich innerhalb des bürgerlichen Parlamentarismus transzendiere das kapitalistische System nicht einmal mehr theoretisch. In der Praxis optimiere sie es sogar: ohne reformistische Sozialdemokratie

die um die Gegenleistung von ein paar Reformen und vielen fetten Posten die Arbeiter ruhig halte würde der Spätkapitalismus schlechter funktionieren als mit ihr.
Der von den Sozialdemokraten fetischisierte Lebensstandard der Arbeiter in der Konsumgesellschaft sei Teilnahme am Profit insbesondere am Profit aus Auspowerung der Dritten Welt Komplizenschaft mit dem Kapitalismus Verrat an der sozialistischen Revolution um das Linsengericht eines gemessen am kapitalistischen Reichtum lächerlichen Wohlstandes.

Die Sozialdemokratie habe an der bestehenden Ordnung prinzipiell nichts mehr auszusetzen schlage nur noch gewisse Verschönerungen vor feiere die parlamentarische Parteiendemokratie als *die* Demokratie schlechthin und denunziere dementsprechend die Neue Linke die eine andere demokratischere Demokratie wolle – als faschistisch.

●●● *Gegen den Kommunismus* wie ihn die so benannten Parteien vertreten erhebt die Neue Linke Anklage in folgenden Varianten:

● *gegen die westlichen kommunistischen Parteien:*
Anpassung an das kapitalistisch-parlamentarische System Sehnsucht nach Teilnahme an der Regierung innerhalb dieses Systems somit: »Sozialdemokratisierung« des Kommunismus. Wann immer eine Revolution ausbricht oder sich auch nur nähert (Frankreich Lateinamerika) finde man die lokale kommunistische Partei auf seiten von Ruhe und Ordnung des etablierten Systems.

● *Gegen die sowjetische Partei samt Satelliten:*
Repression nach innen gleich oder schlimmer als im kapitalistischen System Wettbewerb mit diesem System hinsichtlich Erreichung oder Perfektionierung der Wohlstands- Konsum- und Leistungsgesellschaft. Wie die Sozialdemokratie und die westlichen kommunistischen Parteien innenpolitisch mit dem kapitalistischen System friedlich koexistieren so die Sowjetunion samt Satelliten außenpolitisch mit der kapitalistischen Hauptmacht den USA samt Satelliten.

»Friedliche Koexistenz« der beiden Supermächte heiße: Zulassen daß die USA in ihrer Machtsphäre revolutionäre Bewegungen unterdrücken isolieren oder mit Krieg überziehen (Lateinamerika China Kuba Vietnam). Keine oder unzureichende sowjetische Unterstützung für revolutionäre Bewegungen (Vietnam). Als Gegenleistung darf die Sowjetunion in ihrer Machtsphäre oppositionelle Regungen ersticken (Ungarn Tschechoslowakei) ohne daß die USA diesen ihre Unterstützung leihen.

Das verbale Ritual wechselseitiger Beschimpfungen bleibt hievon unberührt. Es ist aber gleichlaufend mit der realen Verbrüderung US–SU stark im Abflauen.

»Friedliche Koexistenz« ist Koexistenz zweier Monolithe die nach außen Frieden halten weil sie müssen (sie können aus waffentechni-

schen Gründen einander nicht an die Gurgel) *nach innen aber führen sie Krieg nach Belieben: sie masakrieren alles was ihnen nicht paßt innerhalb ihres Imperiums.* Die Pax Russo-Americana geht auf Kosten der Kleinen der Oppositionellen der Revolutionäre insbesondere in der Dritten Welt. Die Sowjetunion verrät die Weltrevoultion durch ihr Bündnis mit dem Kapitalismus genannt »friedliche Koexistenz«. Begleitmusik ist die Heuchelei daß dies aus Friedensliebe geschehe – wogegen es Weltfrieden erst geben kann nach revolutionärem Sturz des Kapitalismus überall in der Welt.

Seit *China* »russisch« wurde: mit den US noch freundlicher sein will als die SU – kehrt sich die Neue Linke auch gegen Mao. Verstimmt war sie schon als er die »Kulturrevolution« abblies. Neulinke die sich noch maoistisch nennen sind *»Maos ohne Mao«*.

● *Gegen den Reformkommunismus in »West« und »Ost«:*
Die westlichen kommunistischen Parteien verwässern den Sozialismus indem sie sich in das vorhandene kapitalistische System einfügen die östlichen Reformkommunisten verwässern den Sozialismus indem sie kapitalistische Elemente wieder einführen wie Leistungskriterien Wettbewerb Marktwirtschaft (Paradebeispiel Jugoslawien und die Tschechoslowakei 1968 aber auch die neue Ökonomische Politik in der DDR und Ungarn die Ideen der sowjetischen Manager und Technokraten à la Liberman).

Angesichts dieses so reichhaltigen Repertoires an Gegensätzen zwischen der Alten und der Neuen Linken einschließlich der bisherigen Formen des Kommunismus bedarf es einer gehörigen Portion bösen Willens oder Ignoranz die Jugendrevolte mit dem Kommunismus einfach in einen Topf zu werfen. Das geht nur mittels der Definition: Kommunist ist wer mir nicht zu Gesicht steht.

IV.
Neue Linke kontra Kapitalismus

Die Jugendrevolte legitimiert sich als Sozialismus insbesondere durch ihre Frontstellung gegen den Kapitalismus und dies mit einer Radikalität wie sie der Sozialdemokratie längst abhanden kam und auch beim Kommunismus nicht mehr so recht im Schwange ist.

Der radikale Antikapitalismus der Jugendrevolte hat seine Pikanterie darin daß er hauptsächlich von Söhnen und Töchtern des Bürgertums vorgetragen wird.

Politisch kommen die Studenten der Neuen Linken teils aus der Sozialdemokratie (insbesondere in Westdeutschland und Österreich) teils aus dem Kommunismus teils aus dem christlichen Sozialismus (starke Kontigente der amerikanischen britischen westdeutschen

Neuen Linken werden von aktiven Protestanten und Katholiken gestellt einschließlich junger Theologen und junger Priester).

Daß die meisten neulinken Studenten wo immer sie politisch stehen aus bürgerlichen Familien kommen macht ihren Kampf in doppelter Hinsicht zu einem Familienstreit und daher doppelt erbittert: sie kämpfen gegen den Kapitalismus der bürgerlichen Generation von der sie sozial abstammen und sie kämpfen gegen die Alte Linke von der sie politisch abstammen.

Übrigens stammt ein beachtlicher Teil neulinker Jugend auch sozial aus Familien arrivierter verbürgerlichter Vertreter der Alten Linken. *Junge Bürgersöhne machen fast zweihundert Jahre hinter der ersten eine zweite bürgerliche Revolution diesmal gegen das Bürgertum.*

Die Jugendrevolte ist tendenziell eine echte Revolution wenn man unter Revolution nicht das Thema einer von Angst und Schrecken geprägten Diskussion versteht ob soziale Veränderungen langsam oder auch plötzlich gewaltlos oder auch gewaltsam stattfinden sollen oder dürfen sondern einen nüchternen von historischer Empirie inhaltlich geprägten Begriff: Revolution hieß einst Sturz der feudalen Aufrichtung der bürgerlichen Gesellschaft Revolution heißt heute Sturz der kapitalistischen Aufrichtung der sozialistischen Gesellschaft. Ob langsam oder plötzlich ohne oder mit Gewalt ist kein definitorisches Problem sondern ein praktisches strategisches humanistisches.

Die Jugendrevolte ist nicht Revolution im Stadium der gesellschaftlichen Verwirklichung sondern vorerst geistige Revolution *Bewußtseinsrevolution:* Abschaffung des Kapitalismus Errichtung des Sozialismus in den jungen Köpfen. Es ist Revolution in ihrer ersten aus der Geschichte wohlbekannten Phase der ätzenden zersetzenden »Aufklärung«: radikale Systemkritik das heißt Kritik die bis an die Wurzeln des Systems geht das bestehende System mitsamt seinen Wurzeln ausreißen will im Hinblick auf das große Zielbild einer neuen besseren menschlicheren Gesellschaft.

Es bleibt kein Stein auf dem anderen. Das ganze Gebäude ist in den Köpfen dieser Jugend bereits eingestürzt. Wie lange kann es draußen in der Realität noch bestehen wenn es drinnen in den Köpfen der kommenden Generation schon kaputt ist?

Was diese Jugend an radikaler Kritik vorzubringen hat sei allen »Erwachsenen« empfohlen. Was an Schuppen von jungen Augen fiel kann auch uns in mancherlei Beziehung helfen. Wir blicken in einen Spiegel sieh da unsere rufenden Kinder haben recht: *wir sind Kaiser die keine Kleider anhaben.*

V.
Politische Revolution

Immer mehr junge Menschen denken und handeln *politisch* das heißt nicht als Privatmenschen sondern mit Blick auf die Gesellschaft *(politeia)*. Die Jugend wird politisiert.

Gewiß ist nicht *die* Jugend in Bewegung nur eine Vorhut eine kleine Minderheit. Die große Mehrheit ist so dumpf und stumpf wie zuvor. Aber es handelt sich um eine wachsende Minderheit.

Der Satz »Die Jugend wird politisiert« enthält nur grammatisch ein Passivum. Niemand politisiert die Jugend im Sinne der auf konservativer aber auch sozialdemokratischer Seite beliebten Agententheorie mit der insbesondere den Kommunisten unverdiente Ehre angetan wird: keine denkbaren radikalen Drahtzieher sind so radikal wie diese Jugend selbst. Sie politisierte sich selbst: angesichts des Versagens der Alten Linken angesichts der fortdauernden Unmenschlichkeit des Kapitalismus insbesondere in seiner Erscheinungsform als Imperialismus.

Gerade daß diese Jugend aus eigener Kraft eine politische ist gerade das erzeugt Heulen und Zähneklappern bei den etablierten Politikern ob konservativ sozialdemokratisch faschistisch. Der Satz »Junger Mensch interessier dich für Politik!« bedeutet für einen Poltiker primär: Junger Mensch, interessier dich für *meine* Politik wähle mich unterstütze mich kämpfe für mich stirb für mich!« Nichts dergleichen will diese politisierte Jugend.

Die Politiker der »Demokratie westlichen Stils« haben sich jahrelang die Kehle wund geredet um an das politische Interesse der Jugend zu appellieren. Jetzt interessiert sie sich aber andersherum: nicht in den parlamentarisch-demokratischen Kram passend.

Die Ehrlichen also die Minderzahl der Politiker sagen das rundheraus.

Die Unehrlichen tun so als hätten sie alles Verständnis für das »Anliegen« der Jugend. Aber das ist richtig ausgesprochen ein Anlügen der Jugend. Diese politisierte Jugend will ein ganz anderes neues besseres politisches System und welcher Politiker wünscht den Untergang des Systems in dem und durch das er lebt?

Natürlich steckt in diesem Urteil über die Politiker der »Demokratie westlichen Stils« ein großes Stück Ungerechtigkeit wie in allen Pauschalurteilen. Ich kenne eine ganze Anzahl solcher Politiker die in dieser Hinsicht rühmenswerte Ausnahmen sind.

Die Jugendrevolte hat mir ihrer radikalen Kritik den Nerv des Systems getroffen. Wir »Erwachsene« haben seit Jahrzehnten ganze Bibliotheken mit Büchern gefüllt des Inhalts: *Demokratie ist eine*

Fehlübersetzung. Sie ist gar nicht Volksherrschaft – gar nicht Herrschaft aller. Jeder ansonst unbedarfte Politologe kann uns hierfür die Beweise vorbeten – was auf Grund der gegenwärtigen undemokratischen Wirklichkeit nicht schwerfällt.

Mit jugendlichem Leichtsinn nimmt die kommende Generation nichts dergleichen zur Kenntnis. Sie sagt: Demokratie ist die Mitwirkung aller Bürger an allen gesellschaftlichen Entscheidungsprozessen – oder es handelt sich um Scheindemokratie.

Für diese Jugend ist Demokratie die ausschließlich oder überwiegend darin besteht daß man alle paar Jahre zu einer Wahl geht bei der man keine Wahl hat außer zwischen Parteien die sich unterscheiden wie Omo und Persil alle haben die gleiche biologische Waschkraft oder zwischen Abgeordneten die nicht von unten delegierte Volksvertreter sind sondern von oben vorgeschobene Parteivertreter – nichts als Augenauswischerei ein plumper Trick mit dem die Herrschaft der Oberen Wenigen scheinlegitimiert wird durch die Unteren Vielen welche zu diesem Zweck in millionenschweren Wahlkämpfen systematisch verblödet werden.

Die Neue Linke kritisiert am gegenwärtigen System der Demokratie das Fehlen von *Basisdemokratie:* es gibt keine funktionierenden Institutionen in denen der Bürger selbst ohne Zwischenschaltung berufsmäßiger Stellvertreter direkt aktiv und permanent gesellschaftliche Entscheidungsprozesse vollzieht. Dieser basale Prozeß politischer Willensbildung ist prinzipiell verschieden vom Abwurf eines Stimmzettels nach Konditionierung durch Wahlkampfpropaganda. Dementsprechend fordert die revolutionäre Jugend ein Maximum oder doch Optimum an direkter Demokratie: möglichst viele Entscheidungen nicht durch Stimmzettel und Stellvertretung sondern in Gremien an denen alle Beteiligten *in corpore* teilnehmen oder teilnehmen können und in denen die Entscheidungen fallen nicht nach verblödendem Wahlkampf sondern nach Information und Diskussion im Plenum.Da mittels direkter Basisdemokratie nicht alle gesellschaftlichen Entscheidungsprozesse vollzogen werden können bedarf es auch nach neulinker Theorie der Delegierung von Vertretern und zwar in mehreren Stufen bis in die obersten Entscheidungsgremien *(Rätedemokratie).*

Hierbei muß es sich um echte Delegation von unten nach oben handeln: Voraussetzung sind funktionierende basisdemokratische Institutionen (zum Beispiel Gemeindeversammlungen Betriebsversammlungen und dergleichen) wo den Wählern der zu Wählende wirklich bekannt ist wo sich ein permanenter und transparenter Prozeß der Information Diskussion Meinungsbildung vollzieht Manipulation durch Wahlpropaganda daher entbehrlich ist.

Bei den Wahlen gemäß derzeitiger Demokratie werden hingegen

Kandidaten nicht von unten nach oben gewählt sondern von oben seitwärts aus der Kulisse undurchschaubarer Machtapparate dem Wähler vor die Nase geschoben und in einer Art Schönheitskonkurrenz schmackhaft gemacht. Ein solcher Kandidat fühlt sich realistischerweise nicht nach unten seinen Wählern verantwortlich sondern dem halben Dutzend parteipolitischer Mitbrüder die ihn oben ausgewählt und auf einen Wahlzettel geschrieben haben. Demgegenüber sollen gemäß neulinker Theorie die Vertreter in Gremien der direkten Demokratie gewählt mit Aufträgen versehen zur Rechenschaft verpflichtet und gegebenenfalls jederzeit abwählbar sein. »*Klubzwang*« soll es nicht zwischen Abgeordneten und Parteizentrale geben sondern zwischen dem Abgeordneten und seinen Wählern.

Dieses System der Rätedemokratie soll komplettiert werden durch *Rotation:* Kein Delegierter darf mehr als eine bestimmte Zahl von Jahren in seinem Amt bleiben. *Kumulierungsverbot:* ein Mann ein Amt. Rigorose *Einkommenskontrolle* des Gewählten durch seine Wähler.

Statt der von ihr denunzierten politischen Scheindemokratie will die aufrührerische Jugend die totale Beseitigung des Oben und Unten in der Gesellschaft: die rätedemokratisch strukturierte Mitwirkung aller an der Herrschaft *(Panarchie)* ist die Freiheit von Herrschaft *(Anarchie)*.

Der vielberufene Anarchismus der revoltierenden Jugend ist eine logische Folgerung aus ihrer radikalen Kritik an der westlichen Scheindemokratie wie auch der Scheindemokratie in den sogenannten »sozialistischen« Staaten. Erst später entdeckte die Neue Linke die Klassiker des Anarchismus insbesondere *Bakunin;* dessen Kritik am Marxismus soweit dieser auf zentralistische bürokratische autoritäre Strukturen hinausläuft liest sich heute als unheimliche Voraussicht des Stalinismus.

Die Neue Linke akzeptiert in diesem Punkt die anarchistische Marxismuskritik. Zu den drei »M« womit vereinfachend die ideologischen Ahnherren der Jugendrevolte gekennzeichnet werden: Marx Mao Marcuse gehört als vierter Bakunin.

VI.
Ökonomische Revolution

Was die *politische* Scheindemokratie sprich: Herrschaft der Wenigen über die Vielen aufrechterhält ist nach Meinung der aufrührerischen Jugend die *ökonomische* Herrschaft der Wenigen über die Vielen. Ohne *Wirtschaftsdemokratie* sprich: gleiche Verfügungsgewalt aller Bürger über alle ökonomischen Produktionsmittel kann es keine Demokratie geben.

Die wirtschaftlich Mächtigen bilden eine APO die viel bedeutungsvoller ist als es jemals die APO der revoltierenden Jugend war. *Die Kapitalisten bilden eine außerparlamentarische Opposition welche die Demokratie zur Farce macht.*

Grundlage der Demokratisierung der Politik muß daher die Demokratisierung der Wirtschaft sein: die Umwandlung privater und staatlicher Wirtschaftsmacht in genossenschaftliche Produktion bei der die Wirtschaftsbürger demokratisch das heißt gleichberechtigt über den Einsatz der Mittel entscheiden und alle Entscheidungsprozesse in voller Transparenz das heißt begleitet von paralellen Informationsprozessen vor sich gehen.

Die Neue Linke hält die Beseitigung des Privat- und Staatskapitalismus für den Schlüssel zur Herstellung der politischen Demokratie und beides: Demokratisierung der Wirtschaft wie Demokratisierung der Politik für eine primär *humanistische* Forderung: Beseitigung der Fremdbestimmung über den Menschen zugunsten der Selbstbestimmung.

In diesem Punkte ist die Jugendrevolte klassisch marxistisch im Sinne des jungen Marx und seiner Forderung nach Aufhebung menschlicher Selbstentfremdung durch gesellschaftliche insbesondere auch ökonomische Revolution.

Im Zeichen des Kampfes gegen die Selbstentfremdung des Menschen macht die rebellierende Jugend *Front gegen die Wohlstands-Konsum- und Leistungsgesellschaft.*

Sie hält die reichliche Versorgung mit Konsumgütern für eine notwendige aber primitive Sache verglichen mit dem humanistischen Ideal der vollen Entfaltung des Menschen – wozu eine Fülle anderer nämlich kultureller und geistiger Güter gehört die in der Wohlstandsgesellschaft zu kurz kommen.

Sie hält eine Ordnung für barbarisch in der ein Mensch ununterbrochen arbeiten muß um solche Güter anzuschaffen immer neue immer unnützere.

Sie hält eine Wirtschaft für betrügerisch die solche Güter so herstellt daß sie möglichst rasch wieder kaputt sind.

Sie hält jene Werbemilliarden für verschleudertes Geld mit denen dem Menschen immer wieder eingeredet wird daß er braucht was er nicht braucht.

Sie hält eine Ordnung für kriminell die bescheidenen privaten Wohlstand erzeugt um den Preis öffentlicher Armut an Verkehrsmitteln Kindergärten Schulen Spitälern Kultureinrichtungen jeder Art.

Diese aufrührerische Jugend ist radikal antimaterialistisch. Gegner des Sozialismus die diesen ständig unter Anklage stellen weil er angeblich materialistisch sei – und das heißt für sie meist: auf schnöde materielle Ziele gerichtet statt auf hehre Ideale – solche Gegner sollten zur Kenntnis nehmen daß es zumindest bei dieser Form des Sozialismus wie sie sich in der Jugendrevolte darbietet genau umgekehrt ist: der Idealismus ist bei der aufrührerischen Jugend der Materialismus bei der kapitalistischen Konsum- Wohlstands- Überflußgesellschaft.

Natürlich lassen sich geübte Sozialismusgegner dadurch nicht aus dem Konzept bringen: insoweit der Sozialismus materielle Güter für Menschen will die keine solchen Güter haben ist er eben materialistisch – insoweit er gegen die materialistische Überflußgesellschaft ist ist er eben utopisch.

VII.
Geistige Revolution

Um zum Sozialismus als herrschaftsfreier Gesellschaft zu gelangen will die Neue Linke die Kulturrevolution: Beseitigung der Widerspiegelung des Oben und Unten draußen in der Gesellschaft drinnen in den Köpfen. Wer vom Kindergarten bis zur Hochschule und in jeder sonstigen gesellschaftlichen Struktur insbesondere auch am Arbeitsplatz stets ein Oben und Unten vorgesetzt bekommt *kann* kein Demokrat das heißt selbsttätiger selbstverantwortlicher Bürger sein.

Die schönsten rätedemokratischen Institutionen und die schönste genossenschaftlich organisierte Wirtschaft nützen nichts wenn die in ihnen involvierten Menschen ohne kritisches Bewußtsein tätig sind. Jegliche Institution für Abstimmung kann zur Ausmerzung der progressiven zur Schilderhebung der reaktionären Kandidaten führen. Jegliche Institution der Selbstverwaltung kann das Gegenteil von Demokratie produzieren wenn die Köpfe manipuliert sind: *Erziehung ist daher die neulinke Schlüsselfrage der politischen wie wirtschaftlichen Demokratie.*

Die Neue Linke will daher den radikalen Umbau des Bildungswesens im weitesten Sinn dieses Wortes: von der Familie aufwärts über Kindergarten Pflichtschule höhere Schulen Hochschulen bis zur großen Schule der Erwachsenen: Zeitungen Illustrierte Rundfunk Fernsehen aber auch »wirkliche« Kultur Kunst jeglicher Art aber auch Moral jeglicher Art. Überall dort werden – progressive Ausnahmen ausgenommen – die autoritären Oben-Unten-Strukturen die draußen in der Gesellschaft herrschen in den Köpfen reproduziert *so daß sie draußen sozusagen von selber halten im Normalfall ohne viel Nachhilfe durch äußerlich sichtbare Polizeigewalt.*

Wer solche »Kulturrevolution« will rollt die Grundfrage auf:

Wozu soll Kultur soll Bildung gut sein – zur Erhaltung Festigung Verewigung bestehender Strukturen oder zur permanenten Analyse Kritik Wandlung dieser Strukturen?

Die demokratische Antwort ist die zweite. Demokratie heißt permanente Wandlung, *Demokratie heißt permanente Revolution.*

Demokratie kann draußen in der Gesellschaft nicht vorhanden sein wenn im Bildungswesen zum Beispiel in den Schulen autoritäre Strukturen unbefragt weitergepflanzt werden. Die Folge ist draußen in der Gesellschaft eine demokratisch verlarvte autoritäre Oligarchie mit Untertanen die so folgsam sind wie sies in der Schule gelernt haben. Demgegenüber hält die Neue Linke *die radikale Infragestellung für einen Wert an sich:* Nichts darf sich dem Tribunal kritischer Vernunft entziehen das ist eine humanistische Konsequenz eine Konsequenz menschlicher Würde.

Wenn das autoritäre Oben-Unten in den Köpfen zum Einsturz gebracht wird ist es auch draußen in der Realität eigentlich schon dahin; selbst wenn es noch da ist ist es bloßer lächerlich gewordener Popanz.

Bewußtseinsrevolution ist daher die eigentlich neulinke Revolutionsform.

Die Gegner der Neuen Linken – dieselben die fragen: »Was wollen die eigentlich? Wir verstehens nicht« – verstehen das in der Regel gut nämlich instinktiv. Sie wehren sich dementsprechend gegen die Realisierung kritischen Bewußtseins auch schon gegen die Forderung nach solchem Bewußtsein als »Autoritätsverlust Zersetzung aller Werte alles niederreißen«.

Womit sie von ihrem Standpunkt aus völlig recht haben.

VIII.
Sexuelle Revolution

(Über Ehe (6)

Für die aufrührerische Jugend ist insbesondere die sexuelle Revolution ein Mittel zum Zerbrechen von Herrschaft.

Die geltende Sexualmoral erzeugt da sie dauernd verletzt wird dauernd *schlechtes Gewissen* und ungeheuerliche *Heuchelei:* wer dauernd schlechtes Gewissen hat Heuchelei hinnimmt selber heuchelt – der läßt sich leichter beherrschen als wer frei und ehrlich sein kann.

Diese Jugend hat es satt sich von Moralpredigern gängeln zu lassen die vor der Predigt unmoralisch waren nach der Predigt unmoralisch sein werden ja während der Predigt unmoralisch sind da sie oft nichts weiter fordern als Wahrung des Scheins geziemende Heimlichkeit bei Verletzung dieses Scheins.

In der Psychoanalyse hat die »Jugendrevolte« eine Waffe gefunden mit der sich auf die Unterdrückung der Sexualität schießen läßt aus dem Kriegsgrund daß die sexuelle Unterdrückung ein direktes Mittel zur gesellschaftlichen Herrschaft sei.

Unterdrückte Sexualität erzeugt *Angst:* wer Angst hat, läßt sich leichter regieren. Unterdrückte Sexualität erzeugt *Aggression:* Aggressivität braucht man in der Leistungsgesellschaft wo jeder möglichst viel arbeiten und seine Mitmenschen möglichst niederkonkurrenzieren soll. Aggressivität braucht man in der Wohlstandsgesellschaft wo einer den anderen durch möglichst viele möglichst neue möglichst teure Konsumgüter übertrumpfen soll. Aggressivität braucht man um die eigene Gesellschaftsordnung abzusichern durch Haß und Abneigung gegen andere Gesellschaftsordnungen zum Beispiel sozialistische oder kommunistische.

Die aufrührerische Jugend läßt sich nicht abspeisen durch den ihr dargebotenen Happen der offenkundigen *Enttabuierung der Sexualität* in Literatur Kunst Film Illustrierten vor allem aber in der kommerziellen Werbung. Sie denunziert diese Enttabuierung als scheinhafte Freiheit mit hintergründigem Zweck: sexuelle Reize werden statt in sexuelle Praxis welche nach wie vor verpönt bleibt umgesetzt in Kaufreize Befriedigung durch Konsumgüter. Sexualität wird hier enttabuiert in jener Form die in der kapitalistischen Gesellschaft die allein zulässige ist nämlich als *Ware* nicht aber als menschliche Beziehung als *Liebe.*

Ideologischer Ahnherr der sexuellen Revolution der Jugend ist nicht Sigmund Freud in direkter Linie sondern einer seiner Schüler ein bis vor kurzem außer für Kenner längst verschollener Mann: der Wiener Psychoanalytiker *Wilhelm Reich.* Er ging in den zwanziger Jahren zunächst von dem durchaus gemäßigten sozialdemokratischen Postulat aus daß die teure psychoanalytische Behandlung auch für Minderbemittelte zugänglich sein müsse und gründete mit Unterstützung des Roten Wien die Psychoanalytische Poliklinik. Er bekam dort ein ganz anderes Patientenmaterial als Freud der es fast ausschließlich mit gehobenem Bürgertum zu tun hatte. Durch seine Patienten »einfache« Arbeiter und Angestellte gelangte Reich zu seiner Theorie über die gesellschaftlichen Ursachen der Neurosen: *eine Gesellschaftsordnung die auf Unterdrückung beruhe könne nicht auskommen ohne Unterdrückung auch der Sexualität* mehr noch: diese Unterdrückung sei wegen der dadurch erzeugten Angst und Aggression ein wesentliches Mittel der Herrschaft.

Therapie sei nicht eigentlich die individuelle wie bei Freud der aus der Existenz der gesellschaftlichen Sexualtabus keine revolutionären praktischen Konsequenzen zog sondern es gehe um eine gesellschaftliche Therapie um *revolutionäre Beseitigung der Sexualtabus im Gleichschritt mit der der sonstigen gesellschaftlichen Revolution.*

In der Sowjetunion der zwanziger Jahre glaubte Reich eine Bestätigung seiner Theorie und Therapie zu finden. Er ging zum Kommunismus über und verließ diesen wieder als die bald einsetzende extrem kleinbürgerlich-spießerische stalinistische Reaktion ihm eine gewaltige Enttäuschung bereitete.

Die sexuelle Revolution der heutigen Jugend befindet sich noch in ihrer optimistischen Phase. Sie hat von den Theorien und Therapievorschlägen Reichs so viel in die Praxis jugendlichen Zusammenlebens umgesetzt daß es vermutlich in diesem Punkt kein Zurück zum Gestern mehr gibt. Die Kluft zwischen den »Erwachsenen« und der jungen Generation ist heute in vieler Hinsicht sehr groß: in Hinsicht der »Sexualmoral« ist sie möglicherweise am größten.

IX.
Neue Linke plus 3. Welt

Für diese revoltierende Jugend enthüllt sich die ganze Kriminalität der heimischen Wohlstandsgesellschaft erst im Blick über diese Gesellschaft hinaus. Diese Gesellschaft die schon in sich eine grotesk verkehrte materialistische Wertskala hat präsentiert sich nach außen als eine noch viel verkehrtere Welt. *Sie stopft die Bäuche ihrer Bürger bis zur Herzverfettung und beläßt die übrigen zwei Drittel der Menschheit im Elend.*

Der Blick auf die Dritte Welt steht am Anfang der Neuen Linken: die früheste *Studentenbewegung* die um 1964 einsetzende Bewegung an den amerikanischen Hochschulen entzündete sich teils an den antiamerikanischen Massendemonstrationen der radikalen Studenten in *Japan* (von wo auch mancherlei Formen übernommen werden zum Beispiel der Schlangentanz als spezieller »Marschschritt« bei Demonstrationen) teils und noch viel mehr an der Bewegung gegen den Krieg in *Vietnam* die sich im studentischen Milieu radikalisierte vom schlichten liberalpazifistischen Protest gegen den Krieg zur revolutionär-militanten Sympathie für den Freiheitskampf in Vietnam. Daher der Leitmotivruf »Ho-Ho-Ho-Tschi-Minh!«. Der Name des Führers jenes Staates gegen den der eigene Staat im faktischen Krieg stand wurde zum Schibboleth der militanten Opposition gegen den eigenen Staat.

Eine dritte Wurzel der amerikanischen Studentenbewegung ist eine einheimische die aber charakteristischerweise gleichfalls auf die Dritte Welt bezogen ist: die Bewegung zur Befreiung der amerikanischen *Neger.* Sie begann als von Weißen initiierte liberale Bürgerrechtsbewegung (von daher entliehen sind studentische Demonstrationsformen wie Sit-in Go-in) und landete bei radikalen schwarzen Selbsthilfeorganisationen wie den »Black Panthers« welche die Geschichte des amerikanischen Negers ideologisch-absichtsvoll nach Afrika zurückverfolgen und die Gesamtheit der Neger als unterdrückte Kolonie im imperialistischen Mutterland USA betrachten deren Befreiung folglich Teil der revolutionären Bewegung in der Dritten Welt ist.

Die studentische Bewegung in den USA geriet auf ihre radikale Kritik am einheimischen kapitalistisch-demokratischen System durch eben jenen Blick auf die Schandtaten dieses Systems gegenüber der Dritten Welt einschließlich der Dritten Welt daheim: Vietnamkrieg und Negerproblem.

Dem amerikanischen Muster sind die späteren studentischen Bewegungen in Europa im wesentlichen gefolgt. Auch für sie erhält der im eigenen Land scheinbar zahm und zivilisiert gewordene Kapitalismus sein fortdauernd fratzenhaftes Gesicht im Blick auf die Dritte Welt die er mit Krieg überzieht politisch und ökonomisch in Abhängigkeit hält oder halten will *(Neokolonialismus)*.

»Entwicklungshilfe« gilt der Neuen Linken als ein Mittel zu solcher Abhängigkeit ein gigantischer Schwindel weil die Kapitalisten aus den »Entwicklungsländern« viel mehr herausholen als sie hineinstecken. Sie »helfen« durch Kredite deren Folge ein mörderischer Zinsendienst und folglich die totale Schuldknechtschaft ist. Sie investieren in Industrien aber führen ihre hohe Kapitalrendite (niedere Löhne billige Rohstoffe wenig Steuern) aus den »Entwicklungsländern« wieder aus. Sie zahlen immer schlechtere Rohstoffpreise. Sie zwingen den »Entwicklungsländern« für diese ungünstige für sie selbst aber gewinnbringende ökonomische Strukturen auf. Sie erklären daß die Investition von Privatkapital Ruhe und Ordnung voraussetzt unterstützen daher einheimische Diktaturen unterdrücken einheimische Revolutionen.

Mit dem Gesamterfolg daß – um es mit den klassischen Worten des Papstes zu sagen – die Reichen immer reicher werden und die Armen arm bleiben. *Zwei Drittel der Welt hungern ein Drittel ist christlich.*

Die revoltierende Jugend hält für wirkliche Entwicklungshilfe nur: Sturz der dem Kapitalismus dienstbaren Regimes in der Dritten Welt im wesentlichen aus eigener Kraft der Völker dieser Welt. Beispiele: China Kuba Vietnam. Und Sturz des Kapitalismus in den Industrieländern selbst so daß diese an Stelle von Ausbeutung unter dem Tarnnamen »Entwicklungshilfe« echte Hilfe leisten können.

Umgekehrt erwartet die Neue Linke für diesen Sturz des einheimischen Kapitalismus die Hilfe der Völker der Dritten Welt. Die Allianz mit deren Revolution sollte der minoritären und auch sonst real ohnmächtigen »Jugendrevolte« die fehlende Massenbasis bringen.

Prinzipiell scheint Allianz mit dem heimischen Proletariat der Industrieländer näherliegend als mit dem »äußeren Proletariat« der Dritten Welt. Aber das heimische Proletariat ist keines mehr oder wünscht keines mehr zu sein: erfolgreich manipuliert vom Spätkapitalismus fühlt es sich nicht mehr als Proletariat.

Das »äußere Proletariat« hingegen lebt unter den klassischen Marxschen Bedingungen: zum Druck des Elends tritt immer mehr die Verstärkung durch das Bewußtsein dieses Drucks. Nichts dergleichen daheim. Die Revolution wurde meint die Neue Linke vom heimischen Proletariat um ein Linsengericht verkauft an den Kapitalismus und seinen Juniorpartner die Sozialdemokratie.

Von daher: minoritäre Ohnmacht daheim Zorn und Scham über die gänzlich unrevolutionäre Haltung der heimischen Arbeiterklasse – erklärt sich der schwärmerische Blick der revoltierenden Jugend auf die Dritte Welt. Dort sind die revolutionären Massen die erfolgreichen Revolutionen die großen Revolutionäre dort daher die großen Vorbilder: Mao Castro Che Ho. Die revoltierende Jugend Europas und Amerikas fühlt sich in gewissem Sinn als Avantgarde der künftigen globalen Revolution die in der Dritten Welt ausgebrütet wird. *Zum erstanmal in der Geschichte des sogenannten »Abendlandes« liegen die geistigen und gesellschaftlichen Bewegungszentren außerhalb.*

Wenn die Gegner des Sozialismus einschließlich blaßrosa gewordener Sozialdemokraten von diesem weltgeschichtlichen Prozeß der sich da abzeichnet nichts weiter mitkriegen als daß ihre eigenen Kinder rätselhafterweise »Ho-Ho-Ho-Tschi-Minh« schreien und über ihrem Bettchen Mao hängen haben – so beweist dies jene Begriffsstutzigkeit und Phantasielosigkeit welche seit je das Kennzeichen zum Untergang bestimmter Systeme war.

X.
Neue Linke
Reale Utopie
Neuer Faschismus

Nach all dem jahrelangen Gezeter daß die Jugend keinen Idealismus habe hat man nun eine Jugend die für hohe Ideale leidenschaftlich kämpft: eine neue und menschlichere Gesellschaft will über die eigenen Grenzen hinausblickt auf die ganze Welt bereit ist für ihre Ideale allerhand auf sich zu nehmen: zum Beispiel Relegierung von den Hochschulen Brutalisierung durch die Polizei. Und nun erfüllt gerade diese idealistische Jugend die erwachsene Generation mit

Angst und Schrecken. Diese Jugend ist dementsprechend Verleumdung ausgesetzt die ihresgleichen sucht. Und ihresgleichen findet man erst im Blick auf den Faschismus: hieß es damals »Die Juden sind an allem schuld«, so heute »Die Jugend ist an allem schuld«.

Was die »Erwachsenen« an dieser Jugend insbesondere ängstigt und wütend macht ist das Bekenntnis zu einem Ideal das in der Zukunft liegt das heißt zur *Utopie* – nicht zu einer romantischen romanhaften illusionären Utopie sondern zu einer *realen:* die gegenwärtige Ordnung der Gesellschaft kann besiegt werden eine zukünftige bessere Ordnung ist möglich – die wissenschaftlichen technischen ökonomischen Voraussetzungen sind dafür heute schon vorhanden.

Erstmals in der Geschichte der Menschheit könnte eine Utopie in menschenmöglicher Annäherung Wirklichkeit werden.

Daß die klassische Neue Linke unterdessen schon gestorben ist – ungefähr hinter der Niederwerfung des Pariser Mai 1968 – macht nichts. Sie hat ein Leben nach dem Tode. Auf höchst gefährliche Weise verdünnt sie sich in alle möglichen Institutionen Parteien Gewerkschaften Betriebe Schulen. Dort wühlt sie brav weiter. Von den romantisch-revolutionären Ultralinken an den Universitäten bis zu den realistisch-roten Jusos in der Sozialdemokratie: ich wünsche ihnen allen Erfolg.

Unterwegs gegen soviel Neue Linke ist freilich schon längst in den Industrieländern ein Neuer Faschismus: nicht »rechtsextremistisch« die Straße frei den braunen Bataillonen sondern *»Faschismus der Mitte«* mit sanfter scheinbar gewaltloser aber totaler Vergiftung der Seelen einschließlich totaler Verblödung der Gehirne. Dieser Neue Faschismus ist viel wirksamer als der klassische: offene Verweigerung von Presse- und Meinungsfreiheit Folter Gefängnis Lager wie etwa in Spanien.

Verglichen mit dem Erfolg jener schleichenden Faschisierung ganzer Bevölkerungen in den westlichen Demokratien ist diese spanische Variante von Faschismus: Niederhaltung einer mehrheitlich gegen ihn eingestellten Bevölkerung mit polizeilichen und militärischen Mitteln antiquiert und zukunftslos.

P. S.

Als ich an dieser Stelle des Textes zu reden aufhörte hatte sich der christliche Kongreß in höllische Konfusion verwandelt. Empörte sich damals die Wiener »Wochenpresse« 2. 7. 1969: »Don Günther in Spanien . . . beim 18. Jahreskongreß von Otto von Habsburgs ›Europäischem Dokumentations- und Informationszentrum‹ (CEDI) stahl er konservativen Rednern die Show . . . In den politischen Salons von Madrid gab es tagelang nur einen Gesprächsstoff: den Wirbel, den das Auftreten des österreichischen Sozialisten ausgelöst hatte . . .«. Um den Wirbel zu beenden kletterte schließlich ein Regierungsvertreter auf die Kongreßtribüne und erklärte: wie frei Spanien sei möge ich daraus ersehen daß die anwesenden Pressevertreter a l l e s berichten könnten was ich sagte. Einige verschmitzte regierungsfernere junge Journalisten nahmen den Mann beim Wort und brachten Spalten um Spalten. Der Zweck der Redeübung bis dahin zweifelhaft war erreicht. 1970 erschien der Text bei Artemis Zürich seither längst vergriffen. Soviel zu Geburt und Blüte der Neuen Linken. Morgen gehts um ihren Tod.

33. Tag
Todesanzeige
Nachruf

Der Lebenslauf der Neuen Linken deren Tod wir beklagen umfaßt eine verblüffend kurze Zeitspanne: jene Bewegung an die sich soviel Furcht und Hoffnung genüpft hat lebte kaum zehn Jahre:

Von 1959/60: Gründung der Oxforder »New Left Review«. Gründung der US-amerikanischen und westdeutschen Studentenverbände SDS.

Bis 1968/69: Attentat auf Rudi Dutschke. Auflösung des SDS. Niederlage des Pariser Mai. Niederlage der New Left gegen die Polizei in Chicago. Niederlage der chinesischen Kulturrevolution.

I.
Kulturelle Vorbereitung

Der eigentlich politischen Neuen Linken geht voraus – nach dem Ende des Zweiten Weltkriegs und insbesondere in den Fünzigerjahren – eine *Kulturelle Vorbereitungsphase* unpolitisch und aufsässig gegen die bestehende Gesellschaft: Beat Underground Subkultur sind Stichworte dafür. Wiege und Zentrum ist England: siegreich gegen Hitlerdeutschland aber von seinem Verbündeten den USA ökonomisch und weltpolitisch geschlagen. Besiegte Länder sind anfällig für Revolution: zunächst der Köpfe.

Mit Beat Musik Beat Literatur Beatles als Heroen der neuen Kultur fand die Jugend in ihren vifsten Teilen bald kein Auslangen. Die Bewegung wurde *politisch.*

II.
England

Der *Name* Neue Linke stammt angeblich vom US-Soziologen C. Wright Mills. Wahrscheinlicher ist die Herkunft von der Oxforder Intellektuellenzeitschrift »New Left Review« 1959 von dortigen Mitgliedern und Sympathisanten der KP gegründet aber nicht moskautreu geführt. Der Name hatte zunächst keine besondere politische Bedeutung sondern war einfach zusammengekürzt aus den Titeln der beiden Zeitschriften »The *New* Reasoner« und »Universities and *Left* Review« gleichfalls Oxforder Intellektuellenorgane 1957 gegründet und nach zweijähriger Lebenszeit vereinigt zur *»New Left Review«.*

Die »New Left Review« 1959 ff. hatte schon wesentliche Merkmale der späteren internationalen Neuen Linken:

1) Verbindung mit der Untergrund- und Gegenkultur. Sie publizierte reichlich über oder aus deren Musik Lyrik Prosa sonstigen Künsten.

2) 150prozentiger Sozialismus. Sie propagierte einen Sozialismus ohne Verwässerung reale Utopie einer künftigen besseren: klassenlosen herrschaftsfreien Menschheitsgesellschaft.

3) Marxismus aber nicht in sowjetischer Spielart sondern mit Rückgriff auf den jungen Marx: konkreter Humanismus der a) die Entfremdung des Menschen von seinem eigentlichen Wesen feststellt b) hievon die Ursache angibt (Kapitalismus) c) hiefür die Abhilfe zeigt (Sozialismus).

4) Antisowjetismus. Die Leute von der »New Left Review« obwohl in oder nahe der KP attackierten Verkümmerung und Versimpelung des Marxismus in der sowjetischen Theorie Unmenschlichkeit in der sowjetischen Praxis (Säuberungen udgl) und gerieten prompt in Konflikt mit Moskau und den moskautreuen Teilen der englischen KP.

Ein gewisser Antisowjetismus genauer: Attacken auf Theorie und Praxis des Sowjetsystems bei prinzipieller Loyalität zu den historischen Errungenschaften der SU ist für die Neue Linke zeit ihres Lebens typisch geblieben. Dies beschert ihr die theoretische wie praktische Gegnerschaft der Sowjetunion bewahrte sie natürlich nicht vor der bequemen Denunziation sie sei »von Moskau gelenkt«: nicht einmal oder erst recht nicht in Westdeutschland/Westberlin wo nicht wenige führende Köpfe der Neuen Linken inkl. Dutschke Flüchtlinge aus der DDR waren.

III.
USA

(Punkt 8 und 9: Über Ehe (7))

Die englische Linke bestand aus Schreiben Reden *Diskussion.* So beschaffen gelangte sie nach den USA als politisches Handgepäck im Troß der kulturellen Jugendbewegung Beat/Beatles. Der britische Spleen für Diskussion wurde in den USA zum dortigen Spleen für praktische *Aktion.* Gab es als Einlage zu Beat in England neulinke Diskussion so nun in den USA neulinke Aktion. Dies und sonstige Merkmale der US-amerikanischen New Left wurden zum typischen Inventar der internationalen Linken:

5) Aktion mit konkreten Inhalten: Issue Policy. Nicht ein allgemeines politisches Programm wird in Wirklichkeit umgesetzt (das ist nicht vorhanden und zur Verwirklichung würde auch die Kraft nicht reichen) sondern konkrete Probleme (Issues) werden aktionistisch angepackt. Konkreter Kampf gegen das *Universitätsestablishment.* Für *benachteiligte Bevölkerungsgruppen* (Slumbewohner Mieter von Altwohnungen Benützer öffentlicher Verkehrsmittel). Für *Minderheiten* (Neger Portorikaner). Gegen die *Atombombe.* Gegen den *Vietnamkrieg.* Gegen *Neokolonialismus.* Für *Umweltschutz.*

6) Aktion mit typischen Formen: Teach-in Go-in Sit-in Love-in. Entstanden teils im Universitätskampf teils im Bürgerrechtskampf für Neger zusammen mit aktiven Christen teils (und nicht ganz im Sinn der braven Bürgerrechtschristen) im Kampf für sexuelle Freiheit.

7) Marcusianismus. Aus dem Oxforder Diskussionsdunstkreis in den USA angekommen gewann dort die Neue Linke ihre praktische Konkretheit verlor aber zunächst an Abstraktionskraft und theoretischem Niveau: Mit Marx wußten die amerikanischen Studenten nicht viel anzufangen. Das wurde anders zumindest für den intellektuellen Kern der amerikanischen New Left durch Herbert Marcuse:

Als Jude aus Deutschland emigriert wo Horkheimer Adorno und er die Häupter der Frankfurter Schule waren: Soziologen und Kulturphilosophen die Marx und Freud mischten und gut umrührten zu einer neuartigen schmackhaften Kritik von Leben Denken Autorität Familie Sexualität im Kapitalismus.

Marcusianismus heißt:

- *Kritik* an der Unmenschlichkeit und Unvernunft der spätkapitalistischen Konsum- Wohlstands- Leistungsgesellschaft
- *Vision* einer befriedeten künftigen Welt des Sozialismus regiert von allgemeiner Schönheit Freiheit Lust Liebe speziell auch sexueller Schönheit Freiheit Lust Liebe
- *Strategie* der Großen Weigerung gegenüber der bestehenden Konsum- Wohlstands- Leistungsgesellschaft
- *Prognose* daß zum Träger von Revolution in den Industriestaaten zunächst nicht das klassische Proletariat geeignet sei weil korrumpiert durch Teilnahme am kapitalistischen Profit sondern Randgruppen wie Studenten Neger Kriminelle

Marcuse wurde zum geistigen Vater der US-amerikanischen und internationalen Neuen Linken eigentlich Großvater (geboren 1898).

8) Kommunen. Einer spezifischen Mischung aus Beat/Underground/Subkultur/Gegenkultur mit Marcusianismus und US-Vorliebe für Konkretheit entsprangen die neulinken Formen des Wohnens Lebens Liebens die dann als Kommunen berühmt und berüchtigt wurden. Sie addierten sich in US-Universitätsstädten zu ganzen

Stadtvierteln »befreiten Territorien« mit eigenen Versorgungseinrichtungen kulturellen publizistischen schulischen medizinischen und natürlich auch kommerziellen.

Entgegen bürgerlich-geiler Phantasie dient das neulinke Wohnen und Leben in Kommunen und Stadtvierteln später mit Ausbreitung der neulinken Bewegung für Umweltschutz immer mehr auch das Leben in Kommunen auf dem Lande – das alles dient nicht so sehr unmittelbar sexuellen als vielmehr *emotionalen Bedürfnissen:*

Puritanisches Elternhaus puritanische »Dormitories« (Universitätsschlafkasernen für Studenten Universitätsschlafkasernen für Studentinnen) puritanisch verklemmtes »Petting« (jegliches Vorspiel nie aber Geschlechtsverkehr) puritanisch frigides Eheleben Karriere Scheidung zweite Ehe Karriere Scheidung dritte Ehe Karriere Scheidung –

Dieser US-Normalrhytmus wurde von Millionen junger Amerikaner auf den Misthaufen der US-Kulturgeschichte befördert und ersetzt durch den Versuch des neuen Zusammenlebens von Jugend unter sich die keinerlei Wert legt auf Elternhaus Heirat Scheidung Karriere und dies verkündet sie lauthals (Allzu lauthals. Da stimmt doch etwas nicht?)

9) Sexuelle Befreiung. Seit Generationen puritanisch verklemmt bleibt bei dieser Jugend praktische sexuelle Befreiung weit zurück hinter der neulinken Theorie. Nicht zufällig gehört daher zu den neulinken Kampfformen der Studenten Teach-in Go-in Sit-in auch das *Love-in.* Es ist der rührende Versuch kollektiv auf dem Rasen des Universitäts-Campus und angesichts der Universitäts-Autoritäten öffentlichen Beischlaf zu vollziehen symbolisch eher als praktisch denn so einfach ist das nicht.

Sexuelle Befreiung hat bei den puritanischen Angelsachsen einen Stellenwert der schwer begreiflich ist für uns katholische Kolonialvölker im angelsächsischen Weltreich. Bei uns wird Sexualität öffentlich tabuiert heimlich praktiziert öffentlich toleriert solange sie heimlich bleibt also wo ist bitte das große Problem? Drüben aber gibt es das puritanische Bestehen auf Wahrheit auf Übereinstimmung von Theorie und Praxis und da dies unmöglich ist die desto größere puritanische Heuchelei.

Das zwingt am angelsächsischen Abschnitt der sexuellen Befreiungsfront schon seit mehr als einem halben Jahrhundert zu absonderlichen Offensivoperationen: von der literarischen Proklamation daß Vögeln etwas sehr Schönes ist was man immer wieder und ewig tun möchte (D. H. Lawrence Henry Miller) über das neulinke Love-in als öffentlichem Tabubruch angesichts der Ahnengötter (Professoren) bis zur neulinken Frauenbefreiung wo Germaine Greer vorschlägt zwecks Überwindung des von den Männern angezüchteten Ekels der Frau vor sich selbst möge diese ihr Menstruationsblut kosten.

Hinter alledem steckt Ökonomie. Die puritanische beinah totale Sexualaskese wie sie der Produktionsmoral des klassischen Kapitalismus entspricht (alle Energie in die Arbeit keine ins Bett) wurde *unbrauchbar* mit Anbruch des Konsumkapitalismus. Dieser braucht um seinen Plunder zu verkaufen nicht Enthaltsamkeit sondern Vergnügen Glück Sich nichts Versagen. *Die neue Kaufreizmoral produzierte eine neue Sexualreizmoral:* Alles wurde den jungen US-Konsumbürgern freigegeben außer Beischlaf gemäß Natur. Genüge getan ist damit der Konsummoral: Du darfst alles ja Du *sollst* alles das gehört sich so (wer beim »Petting« nicht mitmacht den schicken Mammi und Pappi zum Psychiater). Genüge getan ist damit auch der Puritanermoral: Der Beischlaf ist weiter verboten er ist nichts für Kinder nur für Mammi und Pappi.

»Petting« politökonomisches Kreuzungsprodukt aus Konsummoral und Puritanermoral erhielt den Todesstoß durch das neulinke Love-in. Tausende Universitätsmädchen mit langen Lehrjahren im »Petting« hinter sich (und noch längeren Ehejahren dementsprechender Frigidität vor sich) gelangten durch die Neue Linke zu ihrem ersten normalen Geschlechtsverkehr. (Noch viel mehr gelangten auch durch die Neue Linke nicht dahin.)

IV.
Westdeutschland

So rasch wie die Neue Linke von England nach den USA übersprang: 1959 Gründung der »New Left Review« 1960 Gründung der US-neulinken Kernorganisation SDS (Students for a Democratic Society) –

So rasch übersprang die Neue Linke den Atlantik wieder zurück nach Westdeutschland: noch im selben Jahr 1960 brach die sozialdemokratische Studentenorganisation aus der Mutterpartei aus vielmehr diese brach mit ihr wegen Linksabweichung. Die ausgeschlossene Organisation nannte sich SDS (Sozialistischer Deutscher Studentenbund) und importierte fast alles von ihrer US-Bruderorganisation mit den selben Initialen.

Was der westdeutschen Linken bald das eigene unverwechselbare Gesicht gab und sie ihrerseits zum Exportartikel machte in die umliegenden Industrieländer und zwar Ost wie West das war ihre deutsche Gründlichkeit.

Was die Engländer mit Oxforder Diskussionsnasalen angerissen hatten was die Amerikaner mit praktischer Aktion angereichert und

Opa Marcuse seinerseits ein typisch deutscher Professor zu einem kritisch-utopischen Lehrgebäude aber sehr spezieller Art hochgeführt hatte:

Das geriet den jungen westdeutschen/Westberliner Neulinken zu einer allgemeinen

10) Umwälzung aller Werte: Das ist der eine und einzige originale Beitrag der Deutschen zur internationalen Neuen Linken. Sie wandten die neulinke Theorie als einen neuen Zweig des Sozialismus/Marxismus/Kommunismus mit eiserner Konsequenz auf alles was von diesen Ismen bisher abgehandelt worden waren und auf einiges weitere wo dies bisher nicht oder kaum geschehen war. Mit der Universalität ihrer Anwendung auf alle Bereiche kapitalistischen Lebens und sozialistischer Utopie lieferten die Deutschen eigentlich erst *die* neulinke Theorie. Mit ihrem späteren (es gab eine jahrelange theoretische Vorbereitungszeit in relativer Stille) ebenso gründlichen Ausbruch in die Aktion lieferten sie eigentlich erst *die* neulinke Praxis. Hörsäle Klassenräume Straßen Plätze füllten sich mit neulinker Jugend die Massenmedien mit Berichten darüber (meist voll Angst Wut Ignoranz Fälschung Sensationsgier) ganze Buchhandlungen füllten sich mit neulinker Theorie samt neulinken Raubdrucken so ziemlich der gesamten einschlägigen alten Literatur marxistisch leninistisch trotzkistisch anarchistisch psychanalytisch à la Freud und mehr noch à la Reich.

Als nach seinen langen theoretischen Lehrjahren der SDS in Praxis explodierte war es dann relativ rasch mit ihm wieder aus: 1960 gegründet gelangte er erst 1967/68 zu den großen Westberliner Demonstrationen (gegen Vietnamkrieg gegen Besucher wie den US-Vizepräsidenten Humphrey und den Schah gegen den Zeitungs-Schah Axel Springer) und starb nach dem Attentat auf seinen Führer Rudi Dutschke und einer letzten großen Demonstration gegen die Springersche Hetzpresse Rudis eigentlichen Attentäter: 1968 (April) wurde Rudi angeschossen 1969 löste sich der SDS auf.

Im Dezember des selben Jahres 1969 *kehrte die junglinke Bewegung dorthin zurück von wo sie ausgegangen war:* 1960 war der SDS aus der SPD ausgeschlossen worden 1969 bekannten sich die bis dahin strikt parteitreuen Jungsozialisten auf ihrem Münchner Kongreß im wesentlichen zur Neuen Linken samt Schlußfolgerungen aus deren Scheitern das heißt zu einer »Doppelstrategie« die im außerparlamentarischen wie im innerparteilichen Raum gleichermaßen zuhause sein will.

V.
Japan

Nicht zufällig befinden sich jene Länder welche Zentren der neulinken Internationale sind unter Dominanz der USA dem Mutterland der Neuen Linken. England Wiege der Neuen Linken ist als eigentlicher Verlierer des Zweiten Weltkriegs ökonomisch und weltpolitisch Satellit der USA. Westdeutschland war dies desgleichen bis es aufrückte zum tüchtigen mächtigen Juniorpartner ökonomisch militärisch weltpolitisch Festlandsdegen der USA in Europa. Von Frankreich und Italien den hinter Westdeutschland wichtigsten NATO-Partnern der USA auf dem europäischen Festland wird noch zu reden sein als wichtige Spätlinge in der neulinken Bewegung. *Japan* hingegen hat eine frühe anregende Rolle:

Nach dem Ende des Zweiten Weltkriegs wurde kein besiegtes Land enger und exklusiver an die USA angeschlossen als Japan. Der heimische Kapitalismus schwenkte blitzschnell und ebenso überzeugend wie scheinbar von seinem bisherigen Bündnispartner dem feudal militaristischen Kaiserstaat hinüber zur Demokratie made in USA.

Einerseits kapitalistisches Industrieland: an zweiter Stelle der Welt hinsichtlich Industrieproduktion und Bündnispartner des ersten Industrielandes.

Anderseits Opfer eben dieses Kapitalismus und eben dieser Industrialisierung: geographisch und historisch ist Japan Teil der Dritten Welt und übles Vorbild was die Weißen aus einem farbigen Land machen: eine echt kapitalistische Hölle Filiale der Mutterländer wo alles ist wie dort nur schlimmer.

Masseneinkommen und Sozialleistungen sind tief unter dem Standard der in den Mutterländern erkämpft wurde von den Parteien und Gewerkschaften der Arbeiterbewegung. Profite dementsprechend hoch über dem Durchschnitt der Mutterländer. Und dank glänzend erlernter Profitlogik der japanischen Kapitalisten hat Japan den welthöchsten Rang in Verschmutzung Vergasung Vergiftung Vernichtung von Stadt Landschaft Luft Meer.

Als spezielle Vergiftungs- und Vernichtungsform schwebte in den Sechzigerjahren über Japan der radioaktive Staub von US-Atombombenversuchen nahebei. Fische Fischer Menschen überhaupt gerieten in sorgfältig verschleierte Todesgefahr. Und durch den Abwurf der beiden US-Atombomben gegen Ende und zwecks Beendigung des Zweiten Weltkriegs war man hier in diesem Punkt besonders empfindlich:

11) **Wilder Antiamerikanismus** gerade dort wo die Regierung

Bündnispartner der USA ist: das ist der spezifisch japanische Beitrag zur internationalen Neuen Linken. Den Namen Neue Linke adoptiert schon 1962 für den japanischen sozialistisch/kommunistischen Studentenbund Zengakuren dessen Führer Bin Kitakoji damals Student der Staatsuniversität Kyoto (Ingeborg Y. Wendt, Geht Japan nach links? rororo 1964 S. 43). 1964 gleichzeitig mit den ersten großen Studentendemonstrationen an US-Universitäten (Berkeley) kommt es in Japan zu solchen gegen die Atombombenversuche der USA wie der SU in beiden Richtungen angeführt von der Neuen Linken. Antiamerikanismus und Antisowjetismus halten einander in Japan nicht so ganz die Waage die US-Präsenz und dementsprechende Bedrohung ist stärker. Umso gültiger ist das frühe Beispiel der japanischen Neuen Linken für den typischen Antisowjetismus (genauer: Kritik am Stalinismus and Neostalinismus) der neulinken Internationale.

VI.
»Ostblock« inkl. Jugoslawien

Beweis für die Kraft einer so kurzlebigen Bewegung wie die Neue Linke es war: obgleich kritisches Produkt der »westlichen Demokratie« fand sie auch unter den Bedingungen des »Ostblocks« lebhaftes Echo bei Studenten und sonstigen Intellektuellen.

Fast alles was die Neue Linke sagte gegen das obrigkeitliche unterdrückerische ausbeuterische System des Staatsmonopolkapitalismus läßt sich auch sagen gegen das obrigkeitliche unterdrückerische ausbeuterische System des Staatsmonopolsozialismus. Mit einiger Abwandlung gleichen einander in Ost und West politische Scheindemokratie ökonomische Leistungsmoral ideologische Massenmanipulation und auch herrschaftswichtige Sexualmoral.

Bei *grundsätzlicher* Gleichartigkeit neulinker Kritik am Herrschaftssystem neulinker Realutopie von wahrem Sozialismus in Ost und West sitzen im »Ostblock« die *Akzente* doch anders:

Die Neue Linke im Westen weiß genau und sagt es genau (bei aller Anerkennung der historischen Errungenschaften der Sowjetunion usw.): *Zum westlichen Staatsmonopolkapitalismus ist der östliche Staatsmonopolsozialismus keine Alternative.*

Die Neue Linke im Osten die ihre Ideologie aus der »westlichen Demokratie« importiert hat weiß viel weniger genau ob diese nicht doch – trotz berechtigter neulinker Kritik an ihr – eine Alternative sei: mehr materielle Güter mehr Freiheit mehr Menschlichkeit biete als das eigene System.

Einfach antworten: Stimmt nicht. Es ist umgekehrt. Euer »Sozialismus« mit all seinen Verzerrungen ist immer noch besser als unser Kapitalismus mit all seiner äußerlichen Attraktivität. Bei Euch ist nämlich schon eine prinzipielle Voraussetzung für künftigen Sozialismus gegeben: Das Privateigentum an den Produktionsmitteln ist abgeschafft –

Eine solche Antwort ist schwierig. Nur doktrinär vernagelte Neulinke leugnen die historisch progressiven Züge an der bürgerlichen Demokratie und am Kapitalismus auch dies sind Voraussetzungen für künftigen Sozialismus. Nur ebenso Vernagelte leugnen daß im »Ostblock« an die Stelle des glücklich abgeschafften Privateigentums an den Produktionsmitteln staatliche bürokratisch autoritär zentralisierte Verfügungsmacht trat:

Ob das »Privateigentum« des ZK über die Produktionsmittel leichter oder schwerer abzuschaffen sei als das Privateigentum der Kapitalisten ist eine weit offene Frage auch und gerade für Neue Linke in »sozialistischen Staaten«.

Die *»rechtesten«* Neulinken im »Ostblock« sind dort zu finden wo die »westliche Demokratie« am fernsten und darum verlockendsten ist: in der Sowjetunion. Oder dort wo eine heimische demokratisch-kapitalistische Vergangenheit hinterdrein vergoldet wurde im Kontrast zum nachfolgenden dort besonders häßlichen Stalinismus: in der Tschechoslowakei.

Die *»linkesten«* Neulinken in »sozialistischen Staaten« sind folgerichtig dort zu finden wo Wirtschaftsblüte durch Freiheit für hohe Profite Weniger und dauernde Ausplünderung Vieler beinahe schon wieder daheim ist: in Jugoslawien. Als 1969 die Zagreber und Beograder Studenten massenhaft gegen solche Wiederkehr des Kapitalismus revoltierten bekamen sie es mit einem System zu tun das offenherziger brutal ist als das westliche.

Die linkesten Neulinken in »sozialistischen Staaten« halten darum zur Überwindung des Neokapitalismus/Neostalinismus bei sich daheim eine *Revolution* für nötig so gut wie im Westen: dies proklamierten mit aller Offenheit die polnischen Universitätsassistenten *Kuron und Modczelewski* in ihrem Manifest über *»Arbeiterdemokratie«* 1964.

Dies wurde zum klassischen Dokument bodenständig neulinker Theorie im »Ostblock«. Praxis wurde freilich nie daraus: Kuron und Modczelewski sind längst entlassen verhaftet verschollen. Ihr Manifest ist längst heimlich verbreitet unter allen Linken im »Ostblock«: Praxis kann irgendwann daraus werden. Kopfrevolution geht der wirklichen voraus in Ost und West.

Daß die Kopfrevolution im »Ostblock« heimlich sein muß macht wenig Unterschied außer vielleicht den der desto größeren Wirksamkeit aller heimlichen Lektüre. Sicher ist die Neue Linke im »Ostblock« weniger zahlreich und schärfer verfolgt als im Westen. Dennoch ist es nichts mit der Spießerdialektik: einerseits (Angst) ist die Neue Linke im Westen »von Moskau gelenkt« anderseits (Sympathie) gibts drüben sowas nicht die greifen scharf durch. In Wahrheit wühlt die Neue Linke der Studenten und Intellektuellen im Osten so gut und brav wie im Westen.

Sehr mächtig ist der Neostalinismus sehr mächtig der Neokapitalismus noch mächtiger beide zusammen und ineinander: außen die Achse Moskau-Washington innen der neostalinistische Polizeistaat im US-Westen der neokapitalistische Wirtschaftsmechanismus im SU-Osten (»Liberalisierung« Markt materielle Anreize Konsumgüterköder). Neostalinismus und Neokapitalismus sind beisammen auf Gedeih und Verderb.

Wann aus Gedeih Verderb wird oder wie weit aus Gedeih schon Verderb geworden ist weiß man immer erst nachher. Jeder Revolution geht ein mehr oder minder langes Zeitalter offener oder versteckter Aufklärung voraus.

VII.
»3. Welt« inkl. China

Sozialismus ist (definierte Engels im Anti-Dühring) Reflex des Kapitalismus. Die Neue Linke ist jener neueste Zweig des Sozialismus welcher der Reflex ist auf den neuesten Zweig des Kapitalismus: Spätkapitalismus Staatsmonopolkapitalismus oder wie immer mans nennt je nach konfessionellen Unterschieden im marxistischen Glauben.

Die Neue Linke ist Reflex auf den Neuen Kapitalismus *innerhalb* dieses Neuen Kapitalismus. Reflex auf den Neuen Kapitalismus als Neoimperialismus/Neokolonialismus *draußen* in der »Dritten Welt« sind die dortigen Befreiungsbewegungen Befreiungskriege.

Unsinn wären neulinke Kampfformen gegen Napalm neulinke Kampfformen gegen Maschinengewehre neulinke Kampfformen gegen faschistische Diktaturen mit massenhaft Folter Gefängnis KZ. *Die Neue Linke entfaltet sich auf dem Feld der Grundfreiheiten bürgerlicher Demokratie Meinungsfreiheit Pressefreiheit Versammlungsfreiheit Rechtsstaat. Sie zeigt erfolgreich daß diese Rechte ungleich angewendet manipuliert und insofern scheinhaft sind aber sie zeigt dies unter Anwendung dieser Rechte. Wo es bürgerliche Demokratie nicht gibt: demokratischen Kapitalismus nicht gibt kann es keine neulinken Kampfformen geben.*

Neue Linke in der Dritten Welt gibt es folglich bloß in zweierlei allerdings wichtiger Hinsicht:

● Die Dritte Welt besteht nicht nur aus Urwald. In den Großstädten der Dritten Welt vor allem in *Lateinamerika* Nahost und im Sonderfall Südafrika gibt es große Universitäten massenhafte Konzentration von Studenten und sonstigen Intellektuellen wohlversehen mit neulinker Literatur Theorie und auch vorgängiger Praxis.

Wann immer in der rasch wechselnden politischen Geschichte solcher Regionen ein Minimum an bürgerlicher Demokratie demokratischen Grundfreiheiten sich ereignet immer vorübergehend weil die bürgerlichen Mittelschichten zu schmal und zu schwach sind um mittels demokratischem Kapitalismus dauerhaft herrschen zu können immer in solchen Perioden gibt es Studentenunruhen Straßendemonstrationen Massenversammlungen Flugblattliteratur und zwar in den späteren Sechzigerjahren mit neulinkem Gepräge zB in Ägypten Uruguay Mexiko. Heute ist dort die Neue Linke *buchstäblich* tot: totgeschossen auf offener Straße mit Maschinengewehren als Antwort auf demonstrierende Massen (vgl. zB G. N. Mexikos schlaue Bürger Neues Forum April/Mai 1971). Darauf war die Antwort der Übergang zur Stadtguerilla (Tupamaros). Sobald und soweit auch diese liquidiert wurde (durch US-trainierte Spezialeinheiten) herrscht revolutionäre Pause.

●● Die Dritte Welt besteht nicht nur aus Ländern neokolonialer Herrschaft (einheimisches plus Kapital aus der 1. Welt). In einem der Länder wo der Kapitalismus niedergekämpft und ersetzt wurde durch spezifische Formen von Sozialismus/Kommunismus gab es eine Zeitlang neulinke Kampfformen verblüffend ähnlich denen im Westen:

Die *chinesische Kulturrevolution* mit dem wahrscheinlich von oben geförderten Beginn 1966/67 und dem sicher von oben erzwungenen Ende 1968/69 ist ein Beweis vieldeutig schillernd aber insgesamt deutlich genug *daß radikale Kritik des bestehenden Systems radikale Utopie eines besseren Systems und radikaler Kampf für dieses Ziel auch in einer sozialistisch/kommunistisch firmierenden Gesellschaft ihren Platz haben* wenngleich als ein vorübergehender und von oben gesteuerter Sonderfall wie es scheint.

Die Zusammenhänge zwischen der chinesischen Kulturrevolution und der westlichen Neuen Linken sind im Detail überaus unklar insgesamt aber ganz deutlich:

12) **Maoismus** ist ein Spätling auf der neulinken Szene Marxismus und Marcusianismus waren früher da. Aber die unübersichtlich zahllosen maoistischen Sekten wurden ein typisches Kennzeichen der neulinken Internationale. Ihr *inhaltlicher* Zusammenhang mit dem Maoismus in China ist meist dürftig. Insbesondere seit Liquidierung der Kulturrevolution und seit dem Mao-Nixon-Frieden sind die neulinken Maoisten im Westen »Maos ohne Mao«.

VIII.
Frankreich und Italien

Die Neue Linke ist die erste Form von Sozialismus die der ursprünglichen Marxschen Regel folgt: Revolution zuerst in den *fortgeschrittensten* kapitalistischen Staaten: Wiege der Neuen Linken war England Hauptzentrum USA sodann Westdeutschland Japan. Freilich wars bloß Kopfrevolution freilich bloß kurzfristig massenhafte Bewegung einer Randgruppe (Jugend Studenten Intellektuelle) freilich blieb das klassische Proletariat fast überall unbewegt.

Frankreich und Italien gehören *nicht* zu den fortgeschrittensten Industrieländern abgesehen von Regionen wie Paris oder Oberitalien. Entsprechend der Marxschen Revolutionsregel sind Frankreich und Italien Spätlinge in der neulinken Bewegung und wiederum dieser Regel entsprechend gab es neulinke Bewegung vor allem in den fortgeschrittensten Regionen Paris und Oberitalien: mit ihren Massen von Studenten und sonstigen Intellektuellen.

Wenn die Neue Linke die erste Sozialismusform ist die tatsächlich in den kapitalistisch fortgeschrittensten Ländern zuerst und am heftigsten auftritt so offenbar deswegen weil die neulinke Theorie und Praxis der *genaueste Reflex* des fortgeschrittensten Kapitalismus ist: Kritik nicht als altmarxistischer Gespensterkampf mit einem Kapitalismus den es garnicht mehr gibt sondern präzise Kritik des Wohlstandskapitalismus *jetzt und hier.* Utopie nicht als idyllisches Paradies aus dem vergangenen Jahrhundert sondern als eine durch *heutige* Wissenschaft Technik Wirtschaft überquellend befreite Welt. Kampf nicht in altväterlich antiquierten Parteiorganisationen sondern mit brandneuer *Dynamik der kleinen Gruppen.* Und als Träger des Kampfes nicht satt und bequem gewordenes Proletariat im klassischen Sinn sondern eine *»neue Arbeiterklasse«* aus Studenten Intellektuellen akademisch ausgebildeten und graduierten jungen Angestellten. Ist die Modernität der Neuen Linken Reflex auf die Modernität des Neuen Kapitalismus so entspricht dem daß in zurückgebliebenen Ländern wie Frankreich und Italien zur modernen neulinken Theorie und Praxis *ältere* Bestandteile wieder hinzukamen die ihrerseits typisch sind für Sozialismus und Arbeiterbewegung in zurückgebliebenen Ländern. Von Frankreich und Italien gelangten diese älteren Beimengungen zur Theorie und Praxis der Neuen Linken dann in deren internationales Repertoire:

13) **Anarchismus** als theoretische Vorliebe bei neulinken Intellektuellen

14) **Anarcho-syndikalistische Praxis** in den Betrieben: Kampf nicht mittels fester gewerkschaftlicher Organisation sondern mittels spontaner direkter Aktion

Am Anarchismus leistete der bürgerliche Leitartikel sein nun schon über hundertjähriges Meisterstück der Verteufelung. Was dort dargestellt wird als Mord Totschlag sonstige Kriminalität und nichts weiter als das: ist in Wahrheit identisch mit dem edelsten Menschheitsziel: Gesellschaft in der keiner beherrscht (Anarchie) weil alle herrschen (Panarchie): Volksherrschaft radikale Demokratie herrschaftsfreie klassenlose Gesellschaft:

In seinem Ziel ist der Anarchismus identisch mit dem Sozialismus. Auf dem Weg und über den Weg dorthin gerieten in den Siebzigerjahren des vorigen Jahrhunderts Anarchismus und Marxismus: Bakunin und Marx einander greulich in die Haare. Immer seither finden sich Sozialisten/Kommunisten/Marxisten eher auf Seiten der Verleumder des Anarchismus auf Seiten des bürgerlichen Leitartikels.

Heute ist es freilich leicht zu sagen: In seiner Kritik an Marx der eine straff zentralistische Organisation des sozialistischen Kampfes wollte hat Bakunin den ganzen Stalinismus vorausgesehen.

Hingegen hatte Marx überwältigend recht mit seiner Kritik des naiven Anarchistenglaubens an unorganisierte direkte spontane Aktion der Massen und an direkte terroristische Aktion heroischer Einzelner. Davon fällt ein Riesengebäude wie der Kapitalismus nicht zusammen und den Gegnern des Sozialismus werden für dessen Verteufelung und Unterdrückung Waffen geliefert von ganz anderer Wirksamkeit als irgendwelche selbstgebastelten Anarchistenbomben: das gilt von den Anarchistenattentaten die Vorwand waren für die Bismarckschen Sozialistengesetze bis zu den Unternehmungen der Baader-Meinhof-Gruppe die Vorwand waren für allgemeine Jagd auf Linke in allen Staatsstellungen.

Freilich bleibt in der ganzen Geschichte des Anarchismus fast immer offen ob nicht die Polizei selber Attentäter spielte. Dilettantische Verschwörertaktik bringt es dahin daß Anarchisten Polizisten Spitzel Agents provocateurs einen undurchdringlichen Knäuel bilden von dem die bürgerliche Sensationspresse beliebiges Garn abspinnen kann.

Von Baader-Meinhof bleibt nichts als die Tragik daß intelligente sensible junge Idealisten der sozialistischen Bewegung schweren Schaden zufügten. Hingegen bleiben von den französischen Betriebskämpfen im Mai 1968 und vom »schleichenden Mai« während des Sommers 1969 in Italien handfeste wenngleich diskutable Einwirkungen auf die internationale Neue Linke:

Als die Westberliner Studenten noch unter Rudi Dutschke zu den Betrieben marschierten war das Ergebnis im günstigen Fall null meist aber gegenteilig: das Exproletariat hielt sich an Springer und nicht an die Studenten. Hingegen gelang der französischen Neuen Linken der Anstoß zum Generalstreik der 10 Millionen im Mai 1968 (beendet durch konzentrierte Aktion von Gewerkschaften KP und Gaullisten: Lohnerhöhungen zur Ruhigstellung dann Inflation um sich wieder schadlos zu halten). Gruppen wie »Potere Operaio« und »Lotta continua« in Italien und einige französische Maoistengruppen sind die einzigen Neulinken denen es überhaupt glückte gemeinsamen Kampf zu organisieren mit Arbeitern in Betrieben.

Aber ist die vorübergehend geglückte Mobilisierung von *klassischem* Proletariat nicht gerade Kennzeichen einer zurückgebliebenen Neuen Linken in zurückgebliebenen kapitalistischen Ländern? Liegt die linke Zukunft nicht bei der dauerhaften und totalen Revolutionierung von Millionen künftiger Angehöriger der intellektuell-akademischen *»neuen Arbeiterklasse«?*

34. Tag
Leben nach dem Tode

Die Neue Linke ist tot.

● Gestorben nach dem Attentat auf ihren westdeutschen Führer Rudi Dutschke 1968 (April)

● Gestorben nach Selbstauflösung des SDS 1969 (Die westdeutsche antiautoritäre Bewegung starb nach Ausschaltung ihres Führers: nicht sehr antiautoritär aber sehr deutsch)

● Gestorben nach Niederwerfung des Mai 1968 in Paris

● Gestorben nach Niederwerfung der US-Neulinken während des Kongresses der Demokratischen Partei in Chicago 1968 (In Chicago wie in Paris waren es militärische Siege hochtechnisierter Polizei gegen vorerst unbewaffnete dann zur Selbstverteidigung und aus Wut improvisiert primitivst bewaffnete Massen von tausenden Jugendlichen)

● Gestorben nach Niederwerfung der chinesischen Kulturrevolution 1968/69 durch Armee und Partei

Die Neue Linke starb in den Jahren 1968/69 an weltweiten vielfachen Niederlagen. Es war ein folgenreicher erfolgreicher Tod komplett mit Fortleben nach dem Tode. Die Neue Linke ist tot es lebe die Neue Linke:

●● Die Neue Linke ist *tot* die kurzfristig und in kurzen Abständen zehntausende von Jugendlichen auf die Straßen brachte (Auch mit dieser Todesanzeige sollte man vorsichtig sein: aus gegebenem Anlaß bringt sie derlei immer wieder zustande)

●●● Die Neue Linke *lebt* die an den Universitäten ständig neue meist kurzlebige aber wirksame Gruppen hervorbringt in diesen Gruppen gründliche theoretische Arbeit leistet mit diesen Gruppen auch immer wieder zu begrenzen praktischen Aktionen im Universitätsbereich fähig ist und vor allem auch fähig ist zu massiven Erfolgen bei Studentenwahlen: ein Gutteil der westdeutschen Universitäten hat linke Mehrheiten oder starke linke Minderheiten (beides bei ziemlich geringer Wahlbeteiligung) und dementsprechend starke linke Vertretung in den Universitätsgremien

●●● Die Neue Linke *lebt* die aus einer universitären Massenbewegung verdünnt in tausend und eine kleine Gruppen *Basisarbeit* außerhalb der Universitäten leistet in Wohnvierteln Betrieben Gewerkschaften Parteien indem sie tausend und ein konkretes Problem aufgreift bewußt macht mit theoretischem Hintergrund anreichert in praktische Aktion umsetzt (Mieter Wohnbau Bodenspekulation Verkehrprobleme Umweltschutz Fremdarbeiter usw usf)

●● Die Neue Linke ist *tot* die meinte sie könne allein aus eigener Kraft Revolution machen Kopfrevolution und womöglich wirkliche

(sieht man *zehntausende* junge Linke randvoll die Straßen füllen glaubt man weißgottwas aber dagegen gibt es Polizei und notfalls Militär und jedenfalls Gedankenpolizei: Eltern Kindergartentanten Lehrer Professoren Pfarrer Journalisten die insgesamt *Millionen* brav halten)

●●● Die Neue Linke *lebt* die meint sie könne zwar nicht aus eigener Kraft Revolution machen wohl aber revolutionäre *Doppelstrategie* treiben nämlich Mischung aus neulinker Kopfrevolution und sozialdemokratischen am System nagenden Reformen: herbeizuführen durch Bündnis mit und Infiltration in Partei und Gewerkschaften »langen Marsch durch die Institutionen« (den schon Rudi Dutschke forderte auf dem Höhepunkt der außerparlamentarischen außerinstitutionellen Neuen Linken).

1969 löst sich der SDS auf 1969 (Dezember) tagt der erste stark neulinks bestimmte Kongreß der SPD-treuen Jungsozialisten wählt einen gemäßigt neulinken neuen Vorstand (Vorsitzender Karsten Voigt Student der Politologie und Pädagogik) und verabschiedet Beschlüsse mit denen die Juso-Doppelstrategie ins Leben tritt: Neue Linke bereichert um Erfahrung aus deren Scheitern:

»1. Der Kapitalismus ist das entscheidende Hindernis für die Entwicklung einer humanen Gesellschaft

2. Der Kapitalismus ist jedoch so lebenskräftig daß er nicht in einem revolutionären Kraftakt überwunden werden kann.«

Die Neue Linke ist tot es lebe die Neue Linke. Wohin gingen all die Neuen Linken nach dem Tode?

● *Eine Minderheit ging zu den Kleingruppen an den Universitäten.* Vorzug: harte theoretische Arbeit harte Arbeit an der Basis in Universität Betrieben Wohnvierteln. Nachteil:

Einengung der einst undogmatisch breiten pluralistischen antiautoritären Bewegung auf humorlose Rechthaberei alleinseligmachende Lehre Disziplinwut so daß tausend und eine Sekte fast so wild gegeneinander kämpfen wie gegen Kapitalismus und Sozialdemokratie. Hingegen schmolz neulinke Gegnerschaft gegen die KP: nicht wenige heimatlose Neue Linke fanden zu ihr. DKP-nahe ist die größte und bestorganisierte westdeutsche Studentenorganisation »Spartakus«

● *Eine Mehrheit ging zu den Jusos.* Vorzug: realistische Doppelstrategie innerhalb wie außerhalb von Partei Gewerkschaften sonstigen Institutionen unter Übernahme neulinker Kritik Analyse Realutopie. Nachteil:

Verwässerung des revolutionären Schwungs starke Einschränkung der praktischen Aktion durch hunderterlei Rücksichten auf das strategische Verbleiben in Partei Gewerkschaften Institutionen hunderterlei Rücksichten auf mögliche Bündnisse nötige Kompromisse. Weichheit in Analyse und Kritik der Sozialdemokratie und ihrer Rolle im Kapitalismus: Juso-Strategie erzwingt Kompromisse auch in der Theorie.

- *Eine winzige Minderheit weniger als ein paar Dutzend ging zur Stadtguerilla* als wären wir in Lateinamerika. Ihr Beginn ist ziemlich genau verzahnt mit dem Ende der klassischen Neuen Linken:

1968 Attentat auf Rudi Dutschke 1969 Auflösung des SDS 1968 Kaufhausbrände in Frankfurt 1970 gewaltsame Befreiung Andreas Baaders 1972 polizeiliche Liquidierung der Baader-Meinhof-Gruppe.

Der hat kein linkes Herz der nicht fühlt wie hier Opfermut und Starrsinn junger Menschen zermahlen wurden in den Knochenmühlen bürgerlicher Gerechtigkeit zur Freude Beruhigung sadistischen Lust aller Polizeidemokraten.

Der hat kein linkes Hirn der nicht erkennt wie hier eine Handvoll Leute ungeheuren Schaden anrichtete. Bürgerliche Presse überpurzelte sich in Glück und Eifer die große Jugendbewegung umzufunktionieren in Terrorismus und Kriminalität.

- *Eine große Zahl heimatlos gewordener Neuer Linker flippte einfach aus.* Sie flüchteten zurück in die unpolitische Jugendkultur mit ein bißchen Hasch oder zu härteren Drogen oder zur härtesten aller Drogen: bürgerliches Leben Leistung Karriere Konsum Ehe Familie schließlich wird man älter –

Sie sind heimgegangen zur Großen Armee gutbürgerlich lebender Leichname. Mögen die Toten sich selber begraben: unnötiger Wunsch das ist ihr Leben. »Wer im Krieg gewesen hat das Recht am stillen Ufer auszuruhen. Wofür hab ich gekämpft? Fürs schöne Leben! Jetzt halt ichs zwischen den Pratzen: eine Ehefrau einen Haushalt und wieder gute Umgangsformen« (Majakowski Die Wanze gefunden in der Küchenkredenz gelesen beim Frühstück und dahinter statt gleich zu arbeiten)

P. S.

Ich habe jetzt schon genug Seiten für die beim Buchhandel schon angekündigte Dicke des Buches aber zur Sozialdemokratie als beim Buchhandel schon angekündigtes Thema bin ich noch garnicht gekommen. So schlimm ist das nicht. Sozialdemokratie steckt sicher in allem was ich schreibe. In der Einführung gibts da ein entlarvendes kleines Kapitel »Linke Theorie und mein Leben« und alle drei Kapitel »Die Lage der arbeitenden Klassen« behandeln die Besserung dieser Lage nicht durch intellektuellen Revolutionarismus sondern durch biederen sozialdemokratisch-kapitalistischen Reformismus und in den fünf Kapiteln über die Neue Linke sicher die große politische Liebe meines Lebens treibe ich doch immer wieder Verrat an meiner Liebe durch schäbigen Realismus das heißt Sozialdemokratismus Untreue durch Dialektik das heißt Vorliebe für Mehrfachbeziehungen:

nicht bloß Linke sondern Sozialdemokratie

nicht bloß Sozialdemokratie sondern Linke

nicht bloß Linke sondern alle historisch progressiven Fraktionen und Institutionen

der bürgerlichen Demokratie

des industriellen Kapitalismus

der konservativen Kritik am Liberalismus-Kapitalismus

und natürlich des Christentums

einschließlich gewisser Passagen der päpstlichen Sozialenzykliken

ferner habe ich Vorliebe nicht bloß für die Revolution sondern auch für die Mühsal der tausendundeinen Reformschritte.

Ich bin nicht bloß rot sondern auch realistisch.

Die Attraktivität der Neuen Linken war hingegen ihre Unbedingtheit die Zauberkraft ihres Kometenlebens war daß sie nur rot war nicht realistisch.

Kommune ist der 6. Akt

K o m m u n e nannten sich die Bürgergemeinden der oberitalienischen und französischen Städte im heimlichen oder offenen Krieg gegen die Monarchen in heimlicher oder offener Revolution gegen den Feudalismus

K o m m u n e ist also aus dem b ü r g e r l i c h e n Sprachschatz (in Wien zB gibts noch Widmungstafeln an Häusern des 19. Jahrhunderts wo statt Stadtgemeinde Stadt oder Gemeinde einfach Kommune steht und gemeint ist eine sehr ehrenwerte bürgerliche Institution) erst 1871 mit dem Aufstand der r o t e n Pariser Kommune wandert das Wort hinüber in den sozialistisch/kommunistischen Sprach- Sagen- und Liederschatz »Die Kommune wird die Menschheit sein«

K o m m u n e war für die SA-Schläger der kommunistische Gegner in der Straßenschlacht oder auch der sozialdemokratische so genau nahmen sies nicht in Brutalität und Ignoranz dieser Abkürzung schwingt aber echter historischer Zusammenhang: Gemeinsames Wohnen und Leben von Bürgern – Revolutionäre Gemeinschaft – Sozialistisch/Kommunistische Weltbewegung. »Im sechsten Akt siegt die Kommune« prophezeit Majakowski in seinem Mysterium buffo 1917/18 den Gang der Weltgeschichte.

K o m m u n e ist der sechste Akt der Weltgeschichte hereingeholt in die neulinken Wohn- und Schlafzimmer alter Mietskasernen von Berlin bis Berkeley welch ungeheurer unverständiger rettungslos roter Optimismus. Was die Jahrhunderte nicht konnten die Millionen nicht erkämpften mit soviel Blut – s i e trauten sich ihn zu den sechsten Akt.

Aber noch hat die ordentliche Weltgeschichte wie das ordentliche Schauspiel erst fünf Akte.

Realismus zwecks Romantik

Unter dem Nachschreiben der zehn Jahre von utopisch-rot Junglinks bis realistisch-rot Juso hier wo es nichts gibt als Frösche Fasane Rehe und Bauern die keine mehr sind sondern Montag bis Freitag schon in der Fabrik arbeiten: ist mir der Realismus abwechselnd vergangen und gekommen.

Die Neue Linke war echte R o m a n t i k : echte Romantik ist immer große Weigerung gegen das Bestehende echte Romantik ist immer große Vorwegnahme des Künftigen und weil sie jetzt und hier schon vorwegnimmt mit Fleisch und Blut des eigenen Lebens ist sie buchstäblich und unwiderleglich r e a l e Utopie.

Aber vom Bestehenden ins Künftige kommt man nicht mit Romantik seis auch echter auch nicht mit Vorwegnahme des Künftigen im eigenen Leben. Die Massen können sich diesen Luxus nicht leisten eingespannt in ihre Existenz unterm Kapitalismus. Damit Künftiges m a s s e n h a f t wird braucht es Strategie: Strategie ist Realismus zwecks Verwirklichung von Romantik.

Die Neue Linke ist tot es lebe die Neue Linke. Die Romantik ist tot es lebe der Realismus zwecks Verwirklichung der Romantik.

Wiedergeburt der Sozialdemokratie 35.–43. Tag
Analyse Kritik Funktionen-

Vorbemerkung zu den Kapiteln
über Sozialdemokratie

35. Tag
G.N.s Abstieg
vom Reformer zum Linken

36. Tag
G.N.s Aufstieg
vom Krieg zum Frieden mit der Partei
P.S.

37. Tag
Böse junge Linke
gute alte Sozialdemokratie

Holzhammer statt Dialektik
Doppelgesicht der Sozialdemokratie (1)
»Neue Sozialdemokratie«: KPI KPF US-Demokraten
Doppelgesicht der Reform
Linker Josefinismus und Revolution
Strategie ohne Selbstmord

38. Tag
Linkes Leben im Kapitalismus

39. Tag
Sozialismus als Produkt des Kapitalismus

40. Tag
Dialektik des demokratischen Kapitalismus

Basisdemokratie contra Herrschaftsdemokratie
Alle immer hineinlegen geht nicht
Doppelgesicht der Sozialdemokratie (2)
Von bürgerlicher Basisdemokratie über demokratischen Kapitalismus zum Faschismus
Doppelgesicht der Sozialdemokratie (3)
Vom Nutzen bürgerlicher Demokratie
Vertreterdemokratie Mediendemokratie

41. Tag
Sozialdemokratie und Großkapital
Sozialdemokratie als Störfaktor
Gleichgewicht der Klassen
Arrangement der Klassen
Verkümmerung der Arbeiterbewegung
Historische Arbeitsteilung Sozialismus–Kapitalismus
Planspiel: »Sozialdemokratie« und »Sowjetkommunismus« im Spätfeudalismus
Sozialdemokratie Großkapital Kleinkapital

42. Tag
Doppelgesicht der Sozialdemokratie
Man lasse sich nicht irremachen
Tanzen auf zwei Kirtagen
APO der Kapitalisten
Medienzirkus
Preissteigerungen und Ideologie

43. Tag
Funktionen der Sozialdemokratie
Zusammenfassung und Weiterführung
Agentur der Massen
Agentur des Kapitals
Liberale Reformagentur
Agentur geistiger Klimaänderung
Agentur zur Ruhighaltung der Massen
Agentur des Sozialismus
P.S.

Vorbemerkung zu den Kapiteln über Sozialdemokratie

Die Neue Linke war eine Sturmflut
Die Sozialdemokratie ein alter Hut
Aber die Neue Linke war bloß Kopfrevolution
Die Sozialdemokratie bloß ein bißchen untergetaucht
Blieb aber solide verankert auf dem Grund des Kapitalismus
Weil Kopfrevolution Wirklichkeit nicht ändert
(nur eben Köpfe und dadurch Änderung der Wirklichkeit vorbereitet)
kam es
verblüffend für jene die Kopf und Wirklichkeit verwechseln
(für Gefühlslinke also)
begreiflich für jene die Wirklichkeit ernst nehmen
auch und gerade wenn sie ihnen nicht paßt
(für Marxisten also)
zur Wiedergeburt der Sozialdemokratie
In wichtigen kapitalistischen Ländern
Westdeutschland Österreich Skandinavien
kam gute alte Sozialdemokratie
dank einer gewissen Modernisierung
ans Regierungsruder
oder blieb an diesem
dank einer gewissen Modernisierung
Das Dreigestirn Brandt Kreisky Palme
ging auf am sozialdemokratisch-kapitalistischen Gesamtfirmament
nachdem die neulinken Wasser sich wieder verlaufen hatten
Seitdem ist der sozialdemokratische Glanz teils gewachsen teils gemindert teils selbstverständlich
Mag da und dort Sozialdemokratie wieder vom Ruder gelangen
(sie ist das gewöhnt in ihrer Geschichte)
steht da und dort anderswo Sozialdemokratie ins Haus
In Frankreich ist die SP erstmals seit Jahrzehnten stark im Wachsen
In Frankreich und in Italien wird »Neue Sozialdemokratie«
nämlich parlamentarisch-bürgerlich-demokratisch zahm gewordene KP
irgendwann zur Regierungsbildung gelangen
Zur Regierung gelangen wird wahrscheinlich
die Demokratische Partei der USA unter Ted Kennedy
nach links gedrängt durch Rechtsextremisierung Nixons
nach links gedrängt vor allem durch die millionenstarke Junglinke
Kurz die gute alte Tante ist unterwegs
die bösen jungen Nichten und Neffen sollten sich um sie kümmern

35. Tag
G.N.s Abstieg vom Reformer zum Linken

● Meine ersten drei Bücher 1963 bis 1965 schrieb ich aus Anlaß der damaligen »Reformdiskussion« in der österreichischen Sozialdemokratie. Sie sollte »reformiert« werden weil sie mit einer neuen Situation nicht fertigwurde:

Drüben in der bürgerlichen Partei kam man immer mehr auf die Idee allein zu regieren nach endlosen immer lustloseren Jahren im Koalitionsbett mit der Sozialdemokratie. Wichtige Kreise des Kapitals teilten diesen Wunsch. Der zwingende Anlaß für Zusammenregieren der beiden großen politischen Kräfte des Landes war schon 1955 weggefallen mit Ende der Besetzung durch fremde Truppen. Nun wollte man den hier noch recht altertümlichen (zersplitterten profitschwachen) Kapitalismus modernisieren (konzentrierter profitabler machen). Die Sozialdemokratie in ihrem damaligen Zustand schien dafür ein Hindernis. In den Jahren der Besetzung war sie unentbehrlich: sie hatte die Arbeiter ruhig gehalten und brav antikommunistisch sie bestand auf Erhöhung der Masseneinkommen und Sozialleistungen aber beides mit großer Zurückhaltung sie ermöglichte so den Wiederaufbau eines wenn auch schwächlichen Kapitalismus. Für dessen Modernisierung hatte sie damals kein ernsthaftes Verständnis.

1958 wurde mit dem »Wiener Programm« der SPÖ ein papierener Versuch gemacht zur Modernisierung der Sozialdemokratie: moderne Sozialdemokratie heißt (unter anderem) verständnisvolle Agentur zur Modernisierung des Kapitalismus. Der Versuch scheiterte zunächst. Weder gewann die Sozialdemokratie auf Anhieb das Vertrauen der progressiven das heißt: auf Modernisierung begierigen Fraktion des Kapitals noch in ausreichendem Maß das Vertrauen der aufstiegswilligen und das heißt wieder: auf Modernisierung des Kapitalismus begierigen Massen vor allem der Angestellten. Diese sind wahlentscheidend weil mit der traditionell sozialdemokratischen Anhängerschaft eine Regierungsbasis nicht erhältlich ist.

(Erst Kreisky brachte beides zustande: Vertrauen des progressiven Kapitals Vertrauen der aufstiegsgierigen Angestelltenmassen. *Das ist die Regierungsgrundlage einer modernen Sozialdemokratie.)*

● Wer die Sozialdemokratie »reformieren« wollte stand damals im Parteijargon »rechts«. Dieses Ettikett wurde mir prompt umgehängt. »Links« stand wer zwar gewisse Zusammenarbeit mit

Bürgertum und Kapital taktisch billigte im übrigen aber die Partei unterschiedslos antikapitalistisch halten und folglich nichts wissen wollte von ihrer »Reform« durch Umwandlung in eine strategische Agentur zur Modernisierung des Kapitalismus.

»Rechte« wie »Linke« waren in der Partei damals wie heute kleine ziemlich einflußlose Gruppen. Der Parteiapparat die Masse der Funktionäre stand in der »Mitte« wollte weiter nichts als Erfolge für die Partei und bekam sie gerade darum nicht weil sie weiter nichts wollte.

Die Sozialdemokratie hatte wie in der Zeit nach 1945 so auch in der Zeit vor dem Faschismus Zusammenarbeit gepflogen mit dem Kapitalismus. Der parteioffizielle deutsche Marxismus mit seinem Haupt Karl Kautsky und unter den Austromarxisten vor allem Karl Renner entwickelten eine Theorie solcher Kooperation mit Bürgertum und Kapital ausgehend von den zwingenden Bedürfnissen der Praxis einer Massenpartei. Deren Anhänger wollten nicht an erster Stelle Revolution sondern Sicherung ihrer täglich von der Wirtschaftskrise bedrohten Das schien nur erhältlich wenn überhaupt so um den Preis der täglichen Zusammenarbeit mit dem Kapital gedeckt durch die »Verhandlungsmacht« einer riesenhaften Partei. Gegenüber einem Kapitalismus in der Krise und aus eigenem weder imstande noch willens sich um die materielle Existenz der Massen zu scheren müsse man sagten die deutschen Sozialdemokraten *»Arzt am Krankenbett des Kapitalismus«* spielen paradoxerweise obwohl man doch dessen Tod wünsche. In der Zeit des Übergangs vom Kapitalismus zum Sozialismus *könne die Regierungsform in der Regel keine andere sein* sagte Karl Kautsky Marx verbessernd (bei dem es weitergeht: keine andere sein als die Diktatur des Proletariats) keine andere sein *als die Koalition mit Bürgertum und Kapital.*

Statt Revolution Koalition. Statt Diktatur über das Kapital Zusammenarbeit mit ihm. Um dieses Einschwenken zu kaschieren entwikkelte die Sozialdemokratie in der Zeit vor dem Faschismus ein Zwiedenken in dem beides Platz hatte: die Praxis der Zusammenarbeit und die Theorie der radikalen Phrase Marx wiederkäuend. Freilich bei den tieferen und ehrlicheren Theoretikern unterspickt mit plötzlichen Eingeständnissen obiger Art die radikale Phrase Lügen strafend.

Eine neue konsequentere marxistische Theorie der Zusammenarbeit von Sozialdemokratie und Kapitalismus konnte in der vorfaschistischen Zeit schwer entstehen. In der damaligen tiefen Krise des Kapitalismus (er hatte noch nicht entdeckt wie verführbar und befriedigbar das Proletariat ist wenn man gerade genug Massenkaufkraft schafft gleich aus welcher Quelle um ihm viele schöne bunte Konsumgüter anzudrehen gleich wie unnütz sie sein mögen man kann daran schön verdienen) in der damaligen tiefen Krise und der daraus wachsenden Empörung der Massen schien Verzicht auf radikale Phrase fast unmöglich.

Die überlebende Linke in der Sozialdemokratie blieb nach 1945 im wesentlichen bei diesem altertümlichen und inkonsequenten Stand der Theorie.

- Ich hielt meinen Standpunkt in der »Reformdiskussion« der Sechzigerjahre für »links«: mit Marx gegen bornierte Parteipolitik mit Marx gegen phrasenhafte marxistische Restbestände.

An der »alten Linken« in der Partei kritisierte ich den unwandelbar auf die Vergangeheit gerichteten Blick. Daß die Sozialdemokratie nur weil sies einmal war wiederum eine revolutionäre Partei werden müsse hielt ich für eine Illusion. (Auch schon das sies überhaupt einmal war außer in Theorie und Phrase hielt ich für eine Illusion.) Daß die Sozialdemokratie den Sozialismus zu verwirklichen habe und dies schon eine ausreichende Theorie sei schien mir gleichfalls illusionär verglichen mit einer Praxis der täglichen tausendfachen Verflechtung und Verfilzung mit dem Kapitalismus. Wogegen die »alten Linken« im Grunde nichts hatten wenn Zusammenarbeit mit dem Kapital nur sauber definiert werde als bloße Taktik gegenüber dem Klassenfeind. Diese Verharmlosung schien mir die gefährlichste Illusion denn in Theorie wie Praxis solcher Zusammenarbeit geht es um weit mehr als Taktik:

Der Kapitalismus der österreichische besonders deutlich aber im Grunde aller Kapitalismus ist nicht mehr imstande aus eigenem sich zu Ende zu entwickeln. Die Widersprüche zwischen seinen einzelnen Fraktionen mit einander entgegengesetzten Teilinteressen sind so groß geworden daß er sein Gesamtinteresse: die Entfaltung der vollen Leistungsfähigkeit (Profitfähigkeit) seines Produktionsapparates gar nicht mehr selber verwirklichen kann. Weil aber diese letzte Höhe des Kapitalismus jene ist auf der erst der Sozialismus aufbaut zumindest einer mit viel Freiheit ist die Schaffung dieser Voraussetzung die doppelte Aufgabe der Sozialdemokratie: Vollendung des Kapitalismus Vorbereitung des Sozialismus. Das erfordert nicht bloße Taktik (Clausewitz: Führung der Truppe im Gefecht) sondern Strategie (Clausewitz: Führung der Gefechte im Krieg bis zum Sieg).

Die Sozialdemokratie steht nicht bloß vor der *taktischen* Frage: Zusammenarbeit mit dem Klassenfeind um ihm hohe Masseneinkommen und Sozialleistungen herauszureißen solange es ihn gibt. Die Sozialdemokratie steht nicht bloß vor der *taktischen* Frage im Fall der Wirtschaftskrise: Arzt am Krankenbett des Kapitalismus um ihm gerade soviel Gesundheit zu verordnen als nötig für solches Herausreißen von Substanz solange bis die Kräfte des Sozialismus stark genug sind für die Machtübernahme. Sondern die Sozialdemokratie steht vor der ständigen *strategischen* Frage im Fall der anscheinenden Blüte wie der Krise des Kapitalismus: Übernahme entscheidender Funktionen in ihm nicht als Arzt am Krankenbett sondern als prinzipieller Entwicklungshelfer.

Die Sozialdemokratie kann sich von ihrer Funktion im Kapitalismus nicht ablenken lassen durch irgendwelche linken Dogmen von der unbefleckten Empfängnis des Sozialismus. Im übermächtigen Sog der Größe dieser geschichtlichen Aufgabe haben solche linken Hirnwebereien auch gar keine Aussicht sich durchzusetzen. Die Sozialdemokratie kann sich nicht drücken vor ihrer gegenwärtigen Aufgabe den Kapitalismus zu vollenden und zwar deshalb nicht weil die ins Künftige gewendete Kehrseite dieser Aufgabe die Vorbereitung des Sozialismus ist.

Mit Marx glaubte ich in der »Reformdiskussion« und glaube ich weiterhin daß sich Entwicklungsphasen weder überspringen noch wegdekrekretieren lassen: also muß der Kapitalismus zu Leistungsmaximum Reife Reichtum gebracht werden ehe freiheitlicher Sozialismus möglich wird.

Mit Marx glaubte ich in der »Reformdiskussion« und glaube ich weiterhin daß nichts weiter möglich und nötig ist als neue Elemente im Schoß der alten Gesellschaft in Freiheit zu setzen: dies ist die Aufgabe der sozialdemokratischen Reformtätigkeit im Kapitalismus.

Revolution und Sozialismus in Sonn- und Feiertagsreden beweihräuchern aber während der Woche die blinde Praxis der etablierten Partei ohne wirksamen Widerspruch hinnehmen. Das war mein Hauptvorwurf gegen die »alten Linken« in der Partei.

Gegen die »Rechten« in der Partei war und ist mein Vorwurf: das sie den Sozialismus garnicht mehr wollen. Soweit sie auf das Wort Sozialismus noch Wert legen verneinen sie den Sozialismus mittels der Bejahung daß er ohnehin schon da sei siehe Verstaatlichung Sozialstaat Lebensstandard der Rest ist Utopie.

Gegen die »Mitte« der Masse des Parteiapparates war und ist mein Vorwurf: man treibt Zusammenarbeit mit dem sittlich gewiß erlaubten Ziel der Besserung des Lebensstandards der Massen sowie dem immer noch erlaubten Ziel nebenbei dadurch die eigene Karriere zu sichern und zu fördern aber Sozialismus ist gleichgültig bis lästig weil bürgerlich manipulierte Wähler dadurch nur kopfscheu werden.

Mein Vorwurf gegen »rechts« und die blinde »Mitte«: Preisgabe des Sozialismus – war und ist ungleich schwerer als mein Vorwurf gegen »altlinks«: Reden vom Sozialismus ohne Bekümmerung um Strategie wie man hinkommt aus den bestehenden Zuständen. Da die »linke« Position aber schon besetzt war traditionellermaßen von eben jenem Sozialismusgerede ohne Strategie konnte ich als Kritiker dieser Position nur »rechts« ettikettiert werden.

Letztlich trafen sich »altlinks« und »rechts« in der Partei darin daß sie die bestehende Praxis der Zusammenarbeit mit dem Kapital im luftleeren Raum hängen ließen: die »Altlinken« weil jede sozialistische Theorie von Kooperation mit dem Kapital die Reinheit der Lehre befleckte; die »Rechten« weil überhaupt jede sozialistische Theorie die wertfreie Reinheit ihrer Praxis befleckte. Die »Altlinken« wollten keine Störung ihrer Theorie durch die Praxis die »Rechten« keine Störung ihrer Praxis durch die Theorie.

● Mein Standpunkt in der »Reformdiskussion« war: die Sozialdemokratie konnte in ihrem altertümlichen Zustand die neue Situation nicht in den Griff bekommen. Ich auch nicht. Aber mir gelangen gewisse Formulierungen und ich erzielte gewisse Wirkungen: unterirdische in der Partei wo »Reformer« damals offiziell verfemt waren oberirdische vor allem bei der Jugend der damals schon alle traditionelle Parteipolitik ein ungemischter Greuel war.

Ich wurde Schoßkind der bürgerlichen Presse und von daher eines gewissen bürgerlichen Publikums wegen des ungewöhnlichen Schauspiels öffentlicher Kritik an der eigenen Partei. Ebendrum avancierte ich zum parteioffiziellen Prügelknaben.

Meine damaligen Reformerfreunde sagten: Du willst ein Linker sein da kannst Du Dich lang abstrampeln das nehmen Dir die Leute nie ab wetten wir?

Die Wette habe ich unterdessen gewonnen. Es hat sich halt doch herumgesprochen. Alle alle halten mich für links außer natürlich die Linken.

Bei der bürgerlichen Presse und demgemäß beim halbpolitischen Bürgertum bin ich längst Buhmann 1. Klasse.

Meine einstigen Reformerfreunde mögen mich politisch auch nicht mehr vielleicht noch persönlich. Sie waren und blieben echte »Rechte« sitzen heute wo »rechte« Kritiker der Partei eben landen in angesehenen Instituten Universitätslehrstühlen Bankdirektorsesseln.

Ich sitze immer noch wo ich schon in den Sechzigerjahren mich wohlzufühlen versicherte: »zwischen allen Stühlen auf dem Stockerl der Zukunft« (»Öffnung oder Untergang« 1965).

Alle sind erwachsen. Ich bin links.

36. Tag
G. N.s Aufstieg
vom Krieg zum Frieden mit der Partei

In den Sechzigerjahren war die Tätigkeit der Parteireformer: schreiben und reden. Übergang zur politischen Aktion in oder außerhalb der Partei wurde unterlassen mit der ausdrücklichen Begründung wir wollten dadurch unsere Loyalität beweisen. Wer so bequem ist liefert den Apparatschiki ein sanftes Ruhekissen.

Am 1. Mai 1968 wollten sozialdemokratische Studenten auf einer sozialdemokratischen Blasmusikveranstaltung über Sozialismus diskutieren. Das kindliche Unterfangen wurde ihnen von sozialdemokratisch geführter Polizei ausgetrieben. Unter allen halbwegs »Erwachsenen« und halbwegs »Prominenten« in der Partei einschließlich altlinker Restbestände war ich der einzige der sich auf Seite der Radaubrüder stellte.

Mein damaliger Aufsatz im »Neuen Forum« ist in diesem Buch abgedruckt an der Spitze des Kapitels über den Tod der Neuen Linken (30. Tag). Tagespolitische Bezüge habe ich gestrichen. Desgleichen meine damalige Satire auf den gewesenen für die Polizeiattacke verantwortlichen sozialdemokratischen Bürgermeister Wiens. Daran entzündete sich mein bisher heftigster Krieg mit der Partei.

Der 1. Mai 1968 und das Bündnis der durch Polizeiknüppel aufgeklärten Studenten mit dem von mir geleiteten »Neuen Forum« wurde Geburtsstunde und dauerhafter Rückhalt der Neuen Linken in Wien. Die Partei hatte wie überall Angst vor den Studenten witterte lebendigen Sozialismus außerhalb der Parteiumzäunung. Sie hatte Angst um das Image des neuen Parteivorsitzenden (Bruno Kreisky seit 1967) weil dieser insbesondere die Jugend anziehen sollte. Sie hatte Angst vor der statt dessen sich ereignenden Verbindung revoltierender Jugend mit meinem »Reformer«-Image.

Zunächst erfüllten sich alle diese Ängste. Die Studentenorganisation der Partei schien sich zu verselbständigen mit Frontstellung gegen den neuen Parteivorsitzenden und die neue junge Linke Wiens versammelte sich prompt in der Redaktion des »Neuen Forum« ihrem einzigen Stützpunkt von einigem publizistischem Gewicht gewissem öffentlichem Einfluß und bescheidener materieller Hilfskraft.

Ohne das eigene Gesicht preiszugeben wurde die Zeitschrift zu einer Art Servicestation für neulinke Unternehmungen aller Art.

In den Sog dieser Entwicklung geriet auch die redaktionsnahe von mir geleitete österreichische »Paulus Gesellschaft« Vereinigung vor allem für christlich-marxistischen Dialog. Sie gründete einen eigenen »Kritischen Klub« zum Gebrauch durch aktionsfreudige Jugend und übergab ihn dieser zur Selbstverwaltung.

Mein Ausbruch aus der Druckerschwärze in politische Aktion erfüllte meine Reformerfreunde sozialdemokratische wie katholische mit unüberwindlichem Mißbehagen. Die meisten verließen den Redaktionsbeirat der Zeitschrift einige auch die Paulus Gesellschaft. Zeitschrift wie Gesellschaft waren 1965 von mir gegründet worden zum Gespräch zwischen Menschen verschiedener Anschauungen insbesondere Christen und Marxisten aber zum Dialog auch mit der neumarxistischen Linken oder gar zur aktiven Diakonie: Liebesdienst an dieser von Partei wie Kirche wie Gesellschaft verfemten Jugend reichte der christliche Mantel nicht.

Gerade weil ein neues politisches Kraftzentrum seis auch minderer Größenordnung entstanden war kam es verblüffend für meine im Grunde unpolitischen Reformerfreunde zum raschen und dauerhaften Friedensschluß mit der neuen Parteiführung.

Unser neulinkes Zentrum war nicht so stark daß man uns um jeden Preis hätte ausradieren müssen. Aber stark genug um politischen »nuisance value« zu haben etwa durch fortgesetzten öffentlichen Streit mit der Partei bei herannahenden Wahlen. Parteifreunde die beiden Streitteilen wohlwollten hatten daher sogleich Erfolg als sie aus eigener Initiative Vermittlungsschritte unternahmen. Der Friedensschluß wurde im Parteitagsprotokoll 1969 besiegelt.

Für die Zeitschrift war es höchste Zeit. Der Krieg war unter anderem mittels Sperre aller Anzeigen parteinaher Unternehmungen geführt worden.

Danach gab es weitere Ausbrüche aus der Druckerschwärze zur politischen Aktion in der Spannweite vom Betrieb des ersten Wiener antiautoritären Kindergartens in den Räumen der Redaktion (1968/69) bis zur Kampagne gegen das Bundesheer (1969/70) wodurch dieses zeitweise zum innenpolitischen Hauptthema aufrückte. Als Mittel der Agitation wurde ein verfassungsgesetzliches Volksbegehren zur Auflösung des Heeres eingeleitet. Bei 35.000 Unterschriften mußte es aus Geldmangel abgebrochen werden. (Wenn hierzulande das Volk begehrt kostet das die Initiatoren mindest eine Viertelmillion für Druck und Versand der Unterschriftenlisten an alle Gemeinden aber den Parteien werden bei Wahlen sogar die Stimmzettel vom Staat gedruckt und verteilt.)

Hauptergebnis des Volksbegehrens gegen das Bundesheer war eine Drachensaat junger Aktivistengruppen in allen größeren Orten Österreichs wo es derlei noch nie gegeben hatte. Insgesamt ein paar tausend junge Menschen verwandelten sich rasch aus Unterschriftensammlern in echte Linke unter anderem durch die vom »Neuen Forum« gebotene politische Kost.

Die Zeitschrift schuf solcherart überhaupt erst eine in ganz Österreich verbreitete junge Linke.

Weil die Kampagne der Linken gegen das Bundesheer zugleich mit dem Wahlkampf der Parteien geführt wurde und weil die Sozialdemokratie unter Kreisky rasch schaltete: Verkürzung sowie Reform des Wehrdienstes versprach gewann Kreisky besonders viele Jungwähler und damit so meinten die Meinungsforscher die Wahlen im Frühjahr 1970.

Von da ab war mein Verhältnis zur Sozialdemokratie bis auf weiteres normalisiert. Die Existenz eines linken Zentrums minderer Größe wurde desto williger hingenommen als dessen erste größere Aktion sogar Wahlfrüchte für die Partei getragen hatte.

Bisher bornierte Parteifeindschaft gegen mich und die Zeitschrift wich distanzierter Duldung.

Die Zeitschrift fand im weiten Imperium parteinaher Unternehmungen wieder das ihr nötige materielle Verständnis.

Es tut mir herzlich leid aber dem Zustand der Presse im Kapitalismus kann eine linke Zeitschrift nicht beliebig entrinnen. Sie kann durch unter- oder garnicht bezahlte Arbeit des Kollektivs und Erwerb eigener Produktionsmittel die Kosten senken. Sie kann ihren Lesern höhere Preise zumuten verglichen mit anzeigengesegneter Presse. Sie kann ihren Unterhalt versuchen durch ein kommerzieller und massenhafter konzipiertes Zweitprodukt im eigenen Verlag. Wir versuchten und versuchen das alles. Fraglich bleibt ob die Schere zwischen Kosten und Preis deren Schließung systemtreue Presse sich von der Werbewirtschaft erwarten darf bei linker Presse mangels dieser sorgenden Hand überhaupt geschlossen werden kann. Auch wenn die Schließung *fast* gelingt: im noch so spitzen Winkel dieser Schere grinst weiterhin das Subventionsproblem.

Subvention heißt Abhängigkeit. Erträglichste Abhängigkeit für linke Presse ist Subvention aus Quellen im Bereich der historischen Arbeiterbewegung. Da gibt es auf seiten linker Presse ein gewisses Anrecht auf seiten der Arbeiterbewegung eine gewisse Verpflichtung. Dennoch:

Was wird solcherart aus des Autors und der Zeitschrift kritischer Eigenständigkeit?

Politische Druckerschwärze und politische Aktion sind weiterhin drin. *Politisch-analytische* Angriffe von links auf die Sozialdemokratie sind in der Zeitschrift seit dem Friedensschluß mit Kreisky schärfer und häufiger als zuvor. Was seinerzeit in der Partei hysterische Kopfstände erzeugte mit Begleitgeheul nach meiner Disziplinierung oder meinem Ausschluß fällt heute unter das Kreiskysche Toleranzpatent. Anders steht es vermutlich mit Angriffen die als *politisch-persönlich* eingestuft werden. Seit Friedensschluß hält sich hier die Zeitschrift zurück.

Vielleicht haben beide Teile ihre Lektion gelernt: die Partei daß Abwürgen einer Zeitschrift oder schon der Anschein hievon schlecht ist fürs öffentliche Image; die Zeitschrift daß Attacken auf einzelne Personen oder das ganze Ensemble des Parteiestablishments schlecht sind für den Anzeigenerwerb von parteinahen Unternehmungen. Publizistische Sternstunden wie der politisch-satirische Frontalangriff vom Mai 1968 auf das ganze Parteiestablishment und auch noch einen gewichtigen Mann darin sind wohl immer lebensgefährlich.

Notfalls lebt man halt lebensgefährlich.

P. S.

Das Kapitel schließt mit einer gewissen Forschheit die in Wahrheit Ausdruck ist einer ebenso gewissen Verlegenheit. Ist das alles was es zu sagen gibt? Fügen sich meine Reformvergangenheit und Linksgegenwart so glatt aneinander? Welche Rolle spielt in meiner Linksgegenwart meine sozialdemokratisch subventionierte Linkszeitschrift? Wie verhält sich solcher Unterbau zu einem intellektuellen Überbau in welchem ich mich gerade wieder von links ein Stück zur Mitte bewege in Gestalt einer sozialistischen Strategie mit Hauptrollen für Linke und Sozialdemokratie?

Das läuft auf die Frage hinaus: Kann ich denken ohne daß meine Lebensumstände mich beeinflussen? Die marxistisch korrekte Antwort ist nein.

Die Antwort hat wenig Trost. Denn die moralische Frage beginnt erst dahinter: Der unbestrittene Einfluß meiner Umstände auf mein Denken ist nämlich zweideutig. Er kann zur Anpassung an die Umstände führen. Er kann aber auch dazu führen aus den Umständen das Beispiel und aus mir selbst die Kraft zu ziehen für eine nötige Änderung der Umstände.

Seitwärts vom Haus wachsen Gurken Kürbis Mais alles noch ganz jung und zart. Als K. zu Besuch war begann sie damit herumzukochen. Erst war ich dagegen. Aber es schmeckt herrlich. Jetzt kochte ich selber. Ich finde es blödsinnig in die Stadt zurückzukehren um herauszufinden oder nicht herauszufinden wie unabhängig oder abhängig ein linker oder halblinker Intellektueller oder Halbintellektueller schreiben handeln leben kann darf soll muß.

37. Tag
Böse junge Linke gute alte Sozialdemokratie

Bis jetzt habe ich mir den Text aufgehoben eines Waschzettels den ich im Frühjahr für den Verlag machte als er ihn für sein Herbstprogramm brauchte. Ich finde den Text jetzt dumm. Das ist nicht die Melodie die ich im Ohr habe. Was ich vor drei Monaten schrieb ist wie vor hundert Jahren.

Günther Nenning
Rot und realistisch
Gesamtsozialistische Strategie und Sozialdemokratie
ca. 250 Seiten

Die Jugendrevolte stürzte die Sozialdemokratie von ihrem historischen Sockel. Der Fall war nur scheinbar. Den erstaunlichen Wiederaufstieg unter Brandt, Palme, Kreisky untersucht Günther Nenning, linker Flügelmann der SPÖ. Die Neue Linke ist tot, meint Nenning. Aber ihre Niederlage war höchst erfolgreich. Neulinker Denk-, Lebens-, Aktionsstil zersetzt die Gesellschaft des Spätkapitalismus. Sozialistische Politik wird scheitern, prophezeit Nenning, wenn die Sozialisten nicht sozialistisch leben. Er befürwortet die Vorwegnahme neuer, künftiger Formen der Erziehung, Ehe, Familie, Demokratie, Produktion. Er fordert eine Strategie, die »rot und realistisch« ist: die spannungs- und chancenreiche Bündnispolitik von Sozialdemokraten, neuen Linken, Kommunisten, Christen, Liberalen. Sie soll vorbereiten, was bisher noch nie gelang: sozialistische Revolution in fortgeschrittenen Industriegesellschaften – »rosa Revolution« als Vorreiterin der roten.

Wer stürzte wen von welchem Sockel und wessen Fall war nur scheinbar?

Der Sockel auf dem die Sozialdemokratie steht und mit dem sie fällt ist der Kapitalismus. Von diesem soliden Sockel hat sie niemand gestürzt. Wacklig wurde bloß das traditionsreiche Sitzbrett ihrer Restideologie worauf sie hockte mit immer dünneren Programmpapieren bewaffnet zum Augen- oder sonstigen Auswischen:

- Erstens ist unser Sozialismus der allein wahre allein seligmachende. Alles andere ist Entartung insbesondere der Kommunismus.
- Zweitens ist dieser Sozialismus der beileibe kein Kommunismus ist eigentlich überhaupt kein Sozialismus. Er nimmt niemandem etwas weg tut keinem weh insbesondere nicht dem Kapitalismus.

Die sozialdemokratische Restideologie vom wahren Sozialismus der kein Kommunismus ist und eigentlich überhaupt keiner war für den Kapitalismus die Freude seines Alters. Da entrollten die Bürgersöhne die auf den Universitäten Revolte machten erneut die glücklich eingemottete blutrote Fahne des 120prozentigen Sozialismus. Das schreckte ihre Väter Kapitalisten oder mit dem Kapital Sympathisierende ganz fürchterlich.

Nicht selten waren die Väter der bösen jungen Linken auch gute alte Sozialdemokraten. Die schreckten sich nicht minder. Die Jugendrevolte denunzierte die tausendfältige Verflechtung und Verfilzung der Sozialdemokratie mit dem regierenden Kapital. Sie stürzte die Sozialdemokratie von ihrem historischen Postamt nicht nur theoretisch: mit Stößen neulinker Bücher sondern emotional: mit einem gewaltigen aus innerster sozialistischer Seele kommenden Gefühlsstoß Verachtung Erbitterung Haß.

Was gegen die Sozialdemokratie vorgebracht wurde von den Neuen Linken war nicht gerade neu. Seit runden siebzig Jahren sagten das die Kommunisten. Aber gegen kommunistische Parolen ist die Sozialdemokratie geimpft. Was die Jungen sagten war nicht Parteiroutine. Es traf ins sozialdemokratische Herz wo das ewige Licht des Sozialismus noch flackerte.

Holzhammer statt Dialektik

Den Zusammenhang zwischen Sozialdemokratie und Kapitalismus sahen die Jungen den Zusammenhang zwischen Soziaidemokratie und Sozialismus sahen sie nicht. *Die Neuen Linken betreiben sozialistische Theorie mit dem Holzhammer. Die stets auf zwei Seiten geschliffene Klinge der Marxschen Dialektik gehört nicht zu ihrem Rüstzeug.* Darin sind die Neulinken wie in ihrer sozialen Herkunft wie in ihrem fehlenden Zusammenhang mit Arbeitern aus Fleisch und Blut: Bürgersöhne blinde Idealisten.

Wer die Verflechtung von Sozialdemokratie und Kapitalismus nicht sieht ist blind. Immer noch blind ist wer die Verflechtung von Sozialdemokratie und *Sozialismus* nicht sieht. Ihm mangelt der zweite Blick ohne den es keine Einsicht gibt folglich keine Einsicht in Geschichte und Zukunft.

Doppelgesicht der Sozialdemokratie (1)

- Sozialdemokratie ist Agentur des Kapitalismus. Ihre materiellen Forderungen und deren Durchsetzung schaffen Massenkaufkraft erweitern und festigen den Markt ermöglichen die Konsumgesellschaft. An der Regierung modernisiert die Sozialdemokratie den Produktionsapparat und auch den Überbau des Kapitalismus (zB Strafrechtsreform). Ideologisch hält sie die Arbeiterklasse ruhig (zB durch ihre Theorie der »Sozialpartnerschaft«).
- Sozialdemokratie ist Agentur des Sozialismus. Sie betreibt was der Kapitalismus nicht mehr selber kann nämlich Fortentwicklung seiner materiellen Produktivkräfte auf den höchstmöglichen Stand. Dieser materielle Reichtum ist Voraussetzung für eine sozialistische Gesellschaft mit hohen Freiheitsgraden. Desgleichen ist hoher Lebensstandard und hohe Schulbildung Voraussetzung für die Aktionsfähigkeit einer neuen Arbeiterklasse. *Die sozialistische Revolution in den höchstentwickelten kapitalistischen Regionen wird von einer materiell befriedigten geistig unbefriedigten Arbeiterklasse gemacht werden oder sie wird überhaupt nicht gemacht werden.*

Was die Sozialdemokratie durch ihre Zusammenarbeit mit dem höchstentwickelten Kapitalismus schaffen kann ist bloß ein Bündel von *Voraussetzungen:* sie sind notwendig für Revolution in unserer Weltgegend aber nicht ausreichend dafür. Andere Voraussetzungen müssen hinzukommen zB eine lebendige Linke.

Automatisch ist gar nichts. Nicht der Umschlag aus zu Ende entwickeltem Kapitalismus in Sozialismus. Nicht die Geburt einer breiten sozialistischen Bewegung dort wo der Kapitalismus seinen höchsten Entwicklungsstand hat.

Höchststand der materiellen Produktivkräfte ist Voraussetzung für freiheitlichen Sozialismus könnte aber auch zu nichts weiter führen als sattem faulem triumphierendem Spätkapitalismus.

Ausrüstung der Arbeiterklasse mit hohem Lebensstandard und hoher Schulbildung ist Voraussetzung für den Weg zum Sozialismus im »Westen« beides kann aber auch nichts weiter als idiotisierend sein:

– Dann nämlich wenn Lebensstandard nicht aufgedeckt wird als Brosamen vom Tisch der Superreichen und immer Reicheren Linsengericht um das die Arbeiterklasse ihr Erstgeburtsrecht auf geistige Wachheit politische und ökonomische Selbstbestimmung verkauft.

– Dann nämlich wenn Schulbildung nicht aufgedeckt wird als Anstalt in der nicht hauptsächlich Wissen vermittelt wird womit der Mensch die Wirklichkeit in seinen Griff bekommen kann sondern

Disziplin Resignation vor Übermacht der Macht Untertanenzufriedenheit.

Lebensstandard und Schulbildung wie die kapitalistisch-sozialdemokratische Gesellschaft im »Westen« sie liefern dienen der Arbeiterklasse nur dann wenn sie damit auch etwas anzufangen weiß:

Das erlangte Einkommen darf nicht insgesamt für Eigenheim Auto und Fressen draufgehen. Das erlangte Wissen nicht insgesamt für Jagd nach dem besseren Job. Sondern von Einkommen und Wissen ist einzuzahlen in den historischen Aktionsfonds für Sozialismus.

Es kann dieses passieren oder jenes. Sattheit Faulheit Zufriedenheit Triumph des Kapitalismus noch eine ganze Zeitlang. Oder immer massenhafter wucherndes kritisches Bewußtsein und daraus Bereitschaft zur Aktion gegen Unvernunft und Unmenschlichkeit bestehender Zustände.

Ob dieses passiert oder jenes hängt ab von der Lebenskraft der Linken.

Die Sozialdemokratie ist keine sozialistische Partei sondern eben eine sozialdemokratische. Sie kann nur Voraussetzungen für Sozialismus schaffen. Nicht mehr und nicht weniger ist ihre Rolle in einer gesamtsozialistischen Strategie. Die Nutzung solcher Voraussetzungen obliegt der Linken. Nicht mehr und nicht weniger ist ihre Rolle in einer gesamtsozialistischen Strategie.

Wenn sie die Sozialdemokratie nicht mit dem richtigen Stellenwert in ihre strategische Rechnung einsetzt geht die Linke in die Irre: Resignation Wut Sektenwesen Herumsitzen und Warten bis Marx recht bekommt.

Marx bekommt nicht recht außer man macht Revolution. Wer die Revolution will muß in seine Strategie jene Partei der Lohn- und Gehaltsabhängigen einbeziehen welche Voraussetzungen für Sozialismus schafft indem sie am Kapitalismus mitarbeitet.

»Neue Sozialdemokratie«: KPI KPF US-Demokraten

Zur Sozialdemokratie gehören in einer gesamtsozialistischen Strategie nicht nur die traditionellen sich selber so nennenden Parteien sondern alle Parteien die

1. am gegenwärtigen kapitalistischen System Veränderungen vornehmen oder vornehmen wollen die beträchtlich zu nennen sind im Vergleich zu konservativen Kräften und im Kampf mit diesen wobei
2. dieser Kampf ausschließlich und ausdrücklich auf dem Tugendpfad der bürgerlich-parlamentarischen Demokratie geführt wird.

Die Definitionsmerkmale 1) und 2) treffen zu auf die folgenden Parteien:

Kommunistische Partei Italiens Kommunistische Partei Frankreichs. Von beiden liegen seit einiger Zeit ausdrückliche programmatische Erklärungen hiezu vor. Daß sie sich »sozialdemokratisieren« sagte ich schon 1963 in meinem »Anschluß an die Zukunft« und erntete damals wütende Dementis von parteikommunistischer wie parteisozialdemokratischer Seite.

Demokratische Partei der USA (ausschließlich des südlichen Parteiflügels der ohnehin zu den Nixon-Republikanern abschwimmt). Infolge Rechtswanderung Nixons und vor allem unter dem Einfluß der Millionen Köpfe starken US-Junglinken war schon das Wahlprogramm des Demokratischen Präsidentschaftskandidaten McGovern für alle praktischen Zwecke ein gut sozialdemokratisches Reformprogramm. Damit gewann er auf Anhieb über ein Drittel der Wähler oder mehr als die 28,8 Prozent mit denen nach 1945 die SPD ihren Aufstieg begann. Das ist ungeheuer in einem Land wo Sozialdemokraten bisher ins Raritätenkabinett gehörten. Ein Erfolg der erfolglosen Jugendrevolte. Die USA werden dort landen – unter Ted Kennedy vermutlich – wo unter Brandt Kreisky Palme die rosaroten Teile Europas schon sind.

Inventar:

Starke bis regierende Sozialdemokratie im engeren traditionellen Sinn: Westdeutschland Österreich Schweiz Holland Skandinavien Großbritannien.

Bündnis traditioneller Sozialdemokratie mit »sozialdemokratischer« KP beide stark und mit Hoffnung auf gemeinsame Regierung: Frankreich

Starke »sozialdemokratoide« KP: Italien

Starke »sozialdemokratoide« bürgerliche Partei links von der anderen bürgerlichen Partei: USA

Starke Sozialdemokratie oder »sozialdemokratoide« Parteien gibt es also in den wichtigsten das heißt fortgeschrittensten kapitalistischen Industrieländern.

Überall dort gibt es auch starke überlebende Junglinke (vielleicht mit Ausnahme von Österreich und der Schweiz).

Erwägungen über eine gesamtsozialistische Strategie für Sozialdemokratie »sozialdemokratoide« Parteien und Linke betreffen also fast die gesamte westliche Industriewelt fast den gesamten Kapitalismus.

Ein solches strategisches Konzept ist *dialektisch* weil es Sozialdemokratie einbezieht einerseits gemäß ihrem subjektivem Selbstverständnis welches undeutlich sozialistisch aber meist deutlich antikommunistisch ist anderseits gemäß ihrer objektiven Tauglichkeit Agentur zu sein zur Vorbereitung von Sozialismus innerhalb des demokratischen Kapitalismus: Daher Einbeziehung der großen kommunistischen Parteien des Westens. Daher Einbeziehung der linkeren unter den beiden großen bürgerlichen Parteien der USA.

Ein solches strategisches Konzept ist auch deshalb *dialektisch* weil es der Linken abverlangt einerseits die ihr eigentümliche radikale Kopfrevolution anderseits ihre Befassung mit reformistischen Sozialdemokraten und »Sozialdemokratoiden«.

In nichtrevolutionären Zeiten und Gegenden kann man nicht Revolution machen. Aber man kann sozialistische Akzente stärken kapitalistische Akzente schwächen und durch solche Halbheiten fallen keine Steine aus der revolutionären Krone.

Wer zu soviel Dialektik nicht imstande ist steht hilflos vor dem Wiederaufstieg der Sozialdemokratie unter Brandt Kreisky Palme. Sollte dieser Aufstieg schon gebremst sein oder gar ins Gegenteil umschlagen steht der Nichtdialektiker demnächst ebenso hilflos vor dem Aufstieg der vereinigten Sozialdemokraten-Kommunisten in Frankreich zur Regierung hilflos vor dem Aufstieg der KPI zur Regierungsteilnahme hilflos vor dem Aufstieg der US-Demokraten unter Ted Kennedy zur Regierung. *Der Nichtdialektiker steht immer daneben:* es fehlt ihm die Strategie die ihn ins Spiel bringt.

Doppelgesicht der Reform

Je nach gesamtsozialistischer Strategie der Linken kann Mitarbeit der Sozialdemokratie am Kapitalismus so ausfallen oder so:

Mitarbeit der Sozialdemokratie am Kapitalismus kann bloßer Handlangerdienst sein zur Sicherung des materiellen Lebensstandards der Massen und damit des nächsten Wahlsiegs (kein unerlaubtes Ziel aber auch kein ausreichendes) oder auch Handlangerdienst nur zur Sicherung der Pfründe einer Führungsclique (weder erlaubt noch ausreichend).

Mitarbeit der Sozialdemokratie am Kapitalismus kann aber auch heißen: bei Modernisierung des Produktionsapparates bei Modernisierung des Überbaus (Schulreform Rechtsreform Verwaltungsreform) wird unter alle Reformpläne der Grundriß einer künftigen sozialistischen Gesellschaft untergeschoben. *Indem man den Kapitalismus fortentwickelt entwickelt man ihn fort:* sein Verschwinden wird vorbereitet.

Vorbereitung des Sozialismus durch die Sozialdemokratie kann bloßes Papierwerk sein (zB im Wiener Programm der SPÖ 1958 die Deklaration unter dem Abschnitt »Gesunde Lebensführung«: »Die SPÖ kämpft für eine neue, klassenlose Gesellschaft«)

Vorbereitung des Sozialismus durch die Sozialdemokratie kann aber auch heißen: Jede Reform wird zur Entwicklung konkreten sozialistischen Bewußtseins und konkreter sozialistischer Lebensformen ausgenutzt.

Ein und dieselbe Reform kann je nachdem pro- oder antikapitalistische Vorzeichen haben.

Mitbestimmung zB kann bloßer psychologischer Trick sein. Den Lohn- und Gehaltsabhängigen wird eingeredet es sei ihr eigener Betrieb sie arbeiten besser der Besitzer verdient besser. Mitbestimmung kann aber auch Sprungbrett sein für immer weitergehende Forderungen nach Stücken echter Verfügungsmacht über den Betrieb (Selbstbestimmung über Arbeitsgeschwindigkeit oder sonstige unmittelbare Arbeitsverhältnisse Wahl der unmittelbaren Vorgesetzten udgl). Soweit solche Forderungen durchgesetzt werden liefern sie das Bewußtsein: Wenn wir zusammenstehen erreichen wir etwas. Soweit solche Forderungen schiefgehen weil allzunahe herankommend an die Schranke des Privateigentums (oder auch des bürokratisierten Staatseigentums) liefert solches Schiefgehen den Beweis wie schädlich und schändlich diese Schranke ist: Privateigentum (bürokratisiertes Staatseigentum) am Betrieb verträgt sich nicht mit Demokratie.

Desgleichen kann zB *Reform des Ehe- Familien- und Sexualrechts* durch die Sozialdemokratie je nachdem pro- oder antikapitalistisches Bewußtsein nach sich ziehen. Sie kann ein Klima zur Folge haben in dem sich die nun erlaubten zusätzlichen Sexualreize einfach umsetzen in erwünschte zusätzliche Kaufreize. Aus der asketischen Produktionsgesellschaft des klassischen Kapitalismus wird die sexualisierte Konsumgesellschaft des Spätkapitalismus und zwar mit Hilfe liberaler Rechtsreform durch die Sozialdemokratie. Ebendies kann aber auch Anlaß sein zur breiten Entfaltung neuer Lebensformen. Im Kontrast zu den optischen Bordellen in Massenmedien und Werbung könnte wirkliche sexuelle Freiheit ausprobiert werden. Klubs für junge Menschen denen im Elternhaus dergleichen verboten ist. Für Ehepaare die aus der Zweierbeziehung herauswollen für Menschen die von vornherein in Mehrfachbeziehungen leben wollen: Wohngemeinschaften Großfamilie.

Aufgaben für eine lebendige Linke nicht für eine Sozialdemokratie die damit bloß Selbstmord betriebe.

Jede Reform geht mit ihrem Gegenteil schwanger. Mitbestimmung kann unter dem kapitalistischen Motto sthen: Nun arbeitet mal mehr damit ich mehr verdiene. Sie kann aber auch unter das linke Motto gebracht werden: Wer Mitbestimmung hat kommt auf den Geschmack nach Selbstbestimmung. Reform des Ehe- Familien- Sexualrechtes kann unter dem kapitalistischen Motto sthen: Nun vögelt mal schön damit ihr auch schön konsumiert und politisch Ruhe gebt. Dieselbe Reform kann aber auch dem linken Motto folgen: Wer mehr sexuelle Freiheit kriegt kommt auf den Geschmack nach mehr sonstiger Freiheit.

Welche der zwei Möglichkeiten jeder sozialdemokratisch-kapitalistischen Reform jeweils Wirklichkeit wird steht nicht im Belieben der Sozialdemokratie. Jene tausend Fäden die sie mit dem bestehenden System verknüpfen ziehen sie regelmäßig nach rechts. Die Dialektik die in ihren eigenen Reformen steckt kann sie selber nicht nutzen (bestenfalls wahrnehmen: mit den Augen ihrer intelligentesten Vertreter).

Der Rest ist Sache der Linken.

Strategie ohne Selbstmord

Die Linke muß eine Strategie entwickeln in der die Sozialdemokratie den ihr gebührenden Platz zugewiesen erhält.

Mittels solcher Theorie könnte die Sozialdemokratie zum Bewußtsein ihrer selbst gelangen: ihre Funktion bei der Entwicklung des Kapitalismus klar sehen ihre Funktion bei der Entwicklung des Sozialismus klar sehen und daß sie ihrer geschichtlichen Aufgabe nur dann treu bleibt oder treu wird wenn sie beide Funktionen gleichermaßen klar sieht gleichermaßen tätig wahrnimmt.

Ihre Funktion bei der Entwicklung des Kapitalismus fordert daß die Sozialdemokratie eine politische Partei im Rahmen der parlamentarischen Demokratie ist und bleibt. Sie kann die Vollendung des Kapitalismus nicht außerhalb von dessen politökonomischen System betreiben sondern nur mitten drin.

Ihre Funktion bei der Entwicklung des Sozialismus fordert mit gleicher Notwendigkeit daß die Sozialdemokratie über den Rahmen traditioneller Parteipolitik hinausgeht und Formen direkter Demokratie an der Basis duldet ja fördert. Vorläufig nicht als Ersatz für Parteiendemokratie wohl aber als nötige Ergänzung.

Ohne Ergänzung durch Basisdemokratie stirbt die Parteiendemokratie vor Ablauf ihrer Zeit das heißt vor Erfüllung ihrer geschichtlichen Funktion: im Spätkapitalismus Operationsfeld zu sein für Sozialdemokratie.

Ihre Rolle im Kapitalismus: vorbereitende Agentur für Sozialismus wird die Sozialdemokratie nur spielen können wenn es neben ihr und in ihr genügend viele Leute und Gruppen gibt die nicht Träger oder Opfer traditioneller Politik in der Parteiendemokratie sein wollen sondern Stücke sozialistischen Lebens vorwegnehmen mitten in den bestehenden Verhältnissen losziehen Richtung Selbstbestimmung in den konkreten Lebensbereichen Arbeiten Wohnen Konsum Lernen Ehe Familie Sexualität.

Aber es soll eine Strategie ohne politischen Selbstmord sein:

Die Sozialdemokratie soll Neues und Linkes Gott bewahre nicht selber propagieren und probieren in der ganzen Bandbreite von Basisdemokratie pfui riecht nach Rätedemokratie bis sexueller Befreiung pfui riecht noch schlechter. Das brächte sie nur vor die Richterstühle der Massenmedien Freudenfest für die Gegner des Sozialismus.

Linker Josefinismus und Revolution

Wichtig ist nur daß die Sozialdemokratie Duldung und Förderung übt für Neues und Linkes durch Lieferung von Voraussetzungen hiefür. Reformen die Freiräume zur Folge haben wenn sich genug Leute und Gruppen finden die diese Räume beleben ausfüllen ausdehnen.

In einer guten Sozialdemokratie steckt ein Stück *Josefinismus.* Sie soll zur Linken sich verhalten wie der gute Kaiser Josef zum Volk. Er schrieb über den Eingang zum Wiener Augarten »Allen Menschen gewidmeter Erlustigungsort von ihrem Schätzer«.

Der gute Kaiser Josef ersparte seinem Volk durch ein Bündel von Reformen die Revolution. Im Verkehr mit Kapitalisten verweisen gebildete Sozialdemokraten auf den josefinischen Effekt ihrer Politik.

Dagegen ist nichts einzuwenden wenn Revolution spießbürgerlich gedacht wird als fürchterlich blutige Gewalttat. Revolution ist aber nicht Form: blutig oder unblutig – sondern nüchterner Inhalt: Beendigung des Kapitalismus Beginn des Sozialismus.

In der Tat sollen sozialdemokratische Reformen revolutionäre Prozesse vorbereiten nicht nur inhaltlich sondern auch formal: so daß Revolution vor sich gehen kann ohne blutige Gewalt.

Was *Revolution* dann sein wird bleibt offen: ob friedliches Hineinwachsen in den Sozialismus oder blutig gewaltsame Störung dieses Wachstums durch den sich wehrenden Kapitalismus. Nicht offen bleibt der sozialistische Wille Revolution zu machen ohne blutige Gewalt. Oder Humanismus über alles wenn der Kapitalismus nur will.

38. Tag
Linkes Leben im Kapitalismus

Sozialdemokratie als Agentur zur Vorbereitung von Sozialismus in nichtrevolutionären Gegenden und Zeiten muß als Teil ihrer Vorbereitungsarbeit die Schranke zwischen Politik und Leben niedriger machen.

Politik über die Köpfe und in Vertretung entmündigter Bürger. *Leben* dieser Bürger das von solcher Politik garnicht berührt begriffen befriedigt wird.

Sozialistische Politik die diese Trennung vom Leben der Bürger strikt aufrechterhält und daher garkeine sozialistische Politik ist.*Leben von Sozialisten* das in unerschütterlicher Planetenbahn rund um die Sonne des Spießertums kreist und daher garkein sozialistisches Leben ist.

Angeblich sozialistische Politik. Wirklich nicht sozialistisches Leben.

Die Trennung von Politik und Leben hat bisher allen Sozialismus um seinen Erfolg gebracht.

Es gibt *linke Lebenspraxis* die bestimmt ausgeht von einigen theoretischen Grundsätzen in einigen theoretischen Büchern aber in allem wesentlichem Detail und der Teufel steckt im Detail verläuft linkes Leben in Wirklichkeit des Kapitalismus theoriefern theoriefremd.

Diese linke Lebenspraxis ist vermutlich nicht mehr gänzlich rückholbar in den kapitalistischen Rahmen insofern geschichtlich folgenreich. Anderseits ist sie nicht sehr erfolgreich für die so lebenden Gruppen und die einzelnen Menschen darin. Das von außen hereinwirkende kapitalistische Leben ist so übermächtig und dieser linken Lebenspraxis fehlt die Stütze einer konkreten Theorie über ihr Verhältnis zu dieser Übermacht.

Eine solche Theorie müßte realistisch sein:

Den kapitalistischen Rahmen rund um das linke Leben dialektisch einbeziehen und gerade dadurch bewältigen.

Wohl gibt es haufenweise neulinke Theorie. Aber ihre Stärke ist die *Entlarvung*

Entlarvung unseres gegenwärtigen Lebens im Kapitalismus: aus den ehrwürdigen Gebäuden von Marxismus Psychoanalyse Anarchismus brach die neulinke Theorie Bausteine für eine Schilderung die nicht mehr den Kapitalismus des 19. Jahrhunderts trifft sondern mit tödlicher Genauigkeit den gegenwärtigen. Das ist ein gewaltiges Verdienst.

Außer solcher Analyse leistet neulinke Theorie auch Darbietung von *Alternativen*

Alternativen die zeigen wie Menschen menschlich leben sollten und auch tatsächlich könnten

- Anderes Leben erscheint als schweigendes Gegenbild schon bei der lauten Schilderung gegenwärtig unmenschlichen Lebens im Konsum- Leistungs- Frustrationskapitalismus
- Ausdrücklich erscheint anderes Leben durch Ausmalung konkreter Utopie: wie könnte es sein wenn die längst oder jüngsthin erreichten wirtschaftlichen technischen wissenschaftlichen Möglichkeiten statt kapitalistisch vergeudet sozialistisch genutzt werden?

Das Aufzeigen von Utopie nicht romantisch unmöglicher sondern konkret möglicher *realer Utopie* ist ein gewaltiges Verdienst neulinker Theorie.

Der Sozialismus steht schon am Ende einer langen Geschichte von Terror Macht Bürokratie Zusammenarbeit mit dem Kapitalismus. So verlor er fast seine moralische Potenz zugleich mit seiner realen. Moralische Potenz hat wer sagen kann: so lebt Ihr schlecht so sollt Ihr anders leben. Reale Potenz hat wer zugleich beweisen kann: Ihr sollt nicht nur so leben Ihr *könnt* auch so leben die realen Voraussetzungen bestehen Ihr müßt sie nur nutzen.

Die Junge Linke hat dem Sozialismus seine moralische und reale Potenz wiedergegeben. Sozialismus ist nicht mehr was schon probiert wurde und schon gescheitert ist. Sozialismus ist was noch nie probiert wurde und doch schon möglich ist. Sozialismus ist wieder etwas Schönes.

Bleibt daß die neulinke Theorie zwar reale Analyse und reale Utopie bietet nicht aber realistische Theorie linken Lebens im gegenwärtigen Kapitalismus

Theorie mittels welcher angegeben werden muß wie man von da nach dort kommt: von den bestehenden Verhältnissen zu den künftigen.

Neulinke mit dem Holzhammer Theorie treibend statt mit Marxscher Dialektik haben die Antwort bereit: Sozialistisches Leben im Kapitalismus geht eben nicht ist doch Unsinn sowas zu wollen.

Das wird auch garnicht gewollt: sozialistisches Leben als genaues Gegenteil des Lebens im Kapitalismus zu verwirklichen jetzt und hier.

Was wirklich gewollt und unternommen wird ist der massenhafte Versuch vor allem von Jungen unklar orientiert am Zielbild des Sozialismus oder überhaupt einfach angefressen angeekelt:

Mitten im gegenwärtigen Kapitalismus wollen Massen junger Menschen anders zu leben das heißt deutlich verschieden von jenen die sich den Verhältnissen und ihrem Druck unterwerfen.

39. Tag
Sozialismus als Produkt des Kapitalismus

Keine geschichtliche Bewegung kommt vorwärts ohne den Versuch die von ihr gewollte Zukunft schon gegenwärtig vorwegzunehmen seis auch stückhaft.

Doktrinär eingeraucht auf ein sehr fernes Ziel starren ohne massive Versuche praktischer Verwirklichung schon unterwegs. Verzicht auf Teilpraxis weil Totalpraxis jetzt und hier unmöglich. Solche theoretische Reinheit ist zu schwächlich für eine große Bewegung.

Marx meint überhaupt Freisetzung von neuen Elementen im Schosse der alten Ordnung sei die typische die einzig mögliche Fortschrittsweise des Sozialismus (K. M. Der Bürgerkrieg in Frankreich Berlin DDR 1952 S. 77).

Marx meint damit nicht einfach neue Elemente des Lebens willentlich geschaffen durch Menschen die sich am Zielbild des Sozialismus orientieren er meint vor allem neue Lebenselemente die beinahe unwillkürlich unvermeidlich entstehen gemäß Entwicklungsgesetz des Kapitalismus.

Das aber können sein und sind auch immer wieder zugleich Elemente die auf den Sozialismus vorausweisen voranhelfen können bei der Entwicklung zu ihm hin Stationen auf dem Weg.

Daran beißen sich manche Neulinke die theoretischen Milchzähne aus: sie suchen nach Neuem das *nur* dem Sozialismus voranhilft ohne Ursache Entwicklung Wirkung innerhalb des Kapitalismus und sie verwerfen hochnäsig alles Neue das zwar dem Sozialismus voranhelfen könnte zugleich aber auch dem Kapitalismus.

Sie verwechseln innerkapitalistische Entwicklung und *Revolution.* Ein Neues das nur dem Sozialismus voranhilft und nicht auch dem Kapitalismus das ist einzig die Revolution (die danach entweder gelingen oder scheitern kann denn gegen solches Neues wird der Kapitalismus sich nach Kräften wehren).

Was aber geschieht *bis* zur Revolution und wir leben im Geschichtsabschnitt bis zu ihr und nicht schon in ihr daran ändern revolutionäre Phrasen garnichts.

Jetzt und Hier gibt es kein Neues das direkt aus dem sozialistischen Himmel herabregnet. Es gibt bloß Neues das sowohl dem Kapitalismus voranhelfen kann wie auch dem Sozialismus: je nach Kräfteverhältnis zwischen ihnen einmal mehr dem einen einmal mehr dem andern immer aber beiden.

Kapitalismus und Sozialismus sind in der Geschichte aneinandergeknüpft von beider Anbeginn. Sozialismus ist nach Engelsscher Definition ein bloßer Reflex des Kapitalismus.

Weil Sozialismus mitten im Kapitalismus drinsteckt aus ihm heraus sich entwickelt das heißt zunächst einmal: *in* ihm sich entwickelt darum gilt: Solange es den Kapitalismus gibt gibt es keine Entwicklung zum Sozialismus die nicht zugleich Entwicklung des Kapitalismus ist.

Genauer noch:

Sozialistische Lebensformen entstehen überhaupt erst oder zumindest erst dann massenhaft und dauerhaft wenn sie eine solide Grundlage haben in neuen Errungenschaften neuen Entwicklungstendenzen der kapitalistischen Produktionsform selbst.

Die neuen sozialistischen Lebensformen im Kapitalismus:

● Aktionsformen direkter Demokratie von unten

● Verzicht auf Leistung Lob der Faulheit

● Verzicht auf Konsum. Askese gegenüber materiellen Gütern. Zurück zur Erde und zum einfachen Leben

● Wohngemeinschaft Großfamilie Gruppenehe Kommune gemeinschaftliche Formen von Sexualität

Das alles ist nicht einfach Produkt sozialistischer Zielvorstellungen willentlich herabgeholt aus dem Himmel der schönen Ideen linkes Hirngespinst sondern hat handfeste Voraussetzungen in der Entwicklung des Spätkapitalismus.

●● Basisdemokratische Initiative kleiner Gruppen wie sie von der Jungen Linken ins politische Leben eingeführt wurden:

Entspricht spätkapitalistischen Produktionsformen gewonnen aus neuer Technologie und Industriepsychologie: die kleine Gruppe arbeitet als Team eigenverantwortlich. Zur zentralisierten Riesenfabrik mit Massen total gelenkter total isolierter Arbeiter am Fließband gehört die parlamentarische Demokratie mit Massen total gelenkter total isolierter Bürger an der Wahlurne. Zur dezentralisierten Fabrik mit kleinen selbständigen Fertigungsgruppen gehört die von junglinks kommende Basisdemokratie Demokratie die Bürgerinitiative kleiner Gruppen.

●● Verzicht auf Leistung Lob der Faulheit typisch neulinke Lebensformen:

Entspricht Tendenzen im Spätkapitalismus zum Verlagern des Schwergewichts von Produktion auf Konsum demgemäß von Arbeitszeit Zeit für Leistung zur Freizeit Zeit für Faulheit. Der Mensch soll ununterbrochen arbeiten: gut für Produktion. Der Mensch soll ununterbrochen frei haben: gut für Konsum. Aus diesem

Widerspruch führt der Ausweg über die Technologie. Sie bringt höchste Produktion bei verringerter Leistung des Arbeiters (nicht jetzt schon wo der Leistungsdruck meist noch steigt aber das ist der Ausblick:) Entlassung ins Freizeitparadies Konsumparadies Dienstleistungsparadies Profitparadies.

●● Verzicht auf Konsum Askese der materiellen Bedürfnisse. Zurück zur Erde zum einfachen Leben:

Entspricht der nochmals neueren Tendenz des Spätkapitalismus dessen fortgeschrittenste Fraktion schon um die nächste Ecke vom Konsumparadies ist im neuesten Profitparadies wo ganze Umwelten neu produziert ganze Lufträume ganze Meere ganze Landschaften gereinigt ganze Städte komplett mit allem Drum und Dran Kindergärten Schulen Spitälern Supermarkets neu geliefert werden – Ersatz für ruinierte Umwelten ruinierte Städte Dschungel aus Lärm Gestank Schmutz Verbrechen wunderschön warum nicht wenn die nächste Generation des Kapitals daran verdient daß die vorige Generation des Kapitals dies alles versaut hat. Auf wunderschönen Verdienst besteht alle Aussicht: der politische Druck Richtung Umweltschutz und Stadtsanierung ist stark die Massenmedien vervielfältigen diesen Druck und der so gedrückte Steuerzahler zahlt. Die Summen sind so enorm daß der Gute zeitgerecht umdressiert werden muß auf manchen Konsumverzicht manche neue Askese zugunsten manchen neuen Profits.

●● Zersetzung der Kleinfamilie statt dessen Kommunen Zersetzung der Zweierbeziehung statt dessen Mehrfach- und Gruppenbeziehungen überhaupt sexuelle Freiheit Inbegriff allen Greuels typisch links:

Entspricht doch zugleich typischen Bedürfnissen des Spätkapitalismus. Kleinfamilie und Zweierbeziehung haben Sinn wenn in der Produktion hauptsächlich Männer arbeiten sollen natürlich möglichst billig das heißt: mit einer Frau als kostenlosem Arbeitstier. Da überdies alle Energie in die Produktion gehen soll: sexuelle Askese durch Beschränkung auf das eine bald unattraktive Geschlechtstier daheim. Aber heute ist die Frau mehrheitlich einbezogen in den allgemeinen Arbeitsmarkt dementsprechend allgemeiner ist auch der sexuelle Markt. Die Frau als Geschlechtsteil im Privateigentum eines einzigen Mannes der sie unter Verschluß hält für unproduktive Arbeit und wenig stimulierenden Sexualgebrauch – das ist für den Spätkapitalismus so gut anachronistisch wie für Junglinks.

Das Bündnis mit dem Kapitalismus ist nicht nur Charakterzug der vielgeschmähten Sozialdemokratie. Auf grund von innerkapitalistischen Tendenzen steht in solchem objektivem Bündnis ob sies will oder nicht auch die Neue Linke. Sie schafft Lebensformen die im Zuge der Entwicklung des Kapitalismus liegen.

Oberflächlich ist die Betrachtungsweise die da meint es gäbe zwei Phasen der Jugendrevolte: erst der heroische Kampf gegen das Establishment dann das Abschlaffen der Verrat die Integration der Kapitalismus kauft sich die Revolution: an den Exrevolutionären verdienen Plattenindustrie Modeindustrie Jugendillustrierte Antibabypillenerzeuger. Es ist umgekehrt: da alle sozialistische Entwicklung eingebettet ist in Entwicklung des Kapitalismus können bestimmte Lebensformen die vorauszielen auf Sozialismus überhaupt erst entstehen und *bestehen* wenn Tendenzen in der kapitalistischen Produktionsweise hiefür die innere Logik und die äußere Möglichkeit geliefert haben.

Eine Theorie sozialistischer Lebensformen im Kapitalismus hat begründet zu werden: gerade im dialektischen Nebeneinander Ineinander Gegeneinander sozialistischer und kapitalistischer Entwicklung.

Alle Entwicklung zum Sozialismus ist Entwicklung im und folglich des Kapitalismus. Sozialistische Lebensformen von Politik bis Sexualität wachsen *ursächlich* aus neuen Tendenzen der kapitalistischen Produktion. Was da entsteht ist zunächst immer zugleich sozialistisch und kapitalistisch. Das Sozialistische daran steckt im Bewußtsein der Menschen die diese neuen Lebensformen erproben und in der möglichen Wirkung auf die Zukunft. Das Kapitalistische daran steckt in der Verursachung durch neue Produktionstendenzen und in der Möglichkeit diese neuen Lebensformen zu integrieren: einzufangen im durchaus elastischen Rahmen des Kapitalismus abzuschneiden vom Wachstum uber diesen Rahmen hinaus Richtung Sozialismus.

Auf den ersten Blick sind die neuen Lebensformen Folge und Nachfolge neulinker Jugendrevolte. Auf den zweiten Blick enthüllen sie ihre Wurzeln im Kapitalismus selbst. Wer sie nur als sozialistisch ansieht wünscht oder fürchtet der müßte zunächst erklären wieso sie überhaupt entstehen wieso sie überhaupt sich durchsetzen konnten. War denn diese Jugendrevolte so unheimlich stark verglichen mit Macht und Übermacht des Kapitalismus?

Was diese Jugendrevolte schuf an sozialistischen Lebensformen und was sich da weiterpflanzt auch nach dem Tod der Jugendrevolte hat nur Bestand weil es sozialistische Entwicklung ist die gleichläuft mit kapitalistischer Entwicklung. Sichtbar wurden zunächst: Angst Wut Unterdrückung als Antwort des Kapitals auf die Jugendrevolte. Sichtbar zu machen ist: daß die von ihr entwickelten Formen bestimmten Tendenzen des Spätkapitalismus präzise entsprechen. *Sozialismus ist Produkt des Kapitalismus.*

Theorie und Praxis sozialistischer Lebensformen junglinker Herkunft die auf diesem Auge blind ist bleibt bloße Romantik.

40. Tag
Dialektik des demokratischen Kapitalismus

Basisdemokratie contra Herrschaftsdemokratie

In einem strategischen Konzept für Linke und Sozialdemokratie (inklusive sozialdemokratisierte KPen sozialdemokratisierte US-Demokraten) stecken zwei Hauptfragen:

- Wie und wann kommt *Revolution* in den fortgeschrittensten kapitalistischen Industriestaaten? Davon später. (Letztes Kapitel: Rosa Revolution)
- Welchen Wert hat die *bürgerlich-parlamentarische Demokratie*/der demokratische Kapitalismus als Weg zum Sozialismus?

Die Sozialdemokratie sowie die ihr vergleichbaren »sozialdemokratoiden« Parteien KPI KPF US-Demokraten sind ausschließlich und ausdrücklich auf die bürgerlich-parlamentarische Demokratie eingeschworen. In ihren Programmen mag man eine demokratischere Demokratie der Zukunft ausgemalt finden. Aber in ihrer Praxis halten sie sich peinlich an die begrenzte gegenwärtige Demokratie. (In ihrer inneren Praxis halten sie sich oft nicht einmal an diese.)

Man kann Sozialdemokraten und »Sozialdemokratoide« nicht ärger kränken als durch Vorwurf (von rechts) oder Vorschlag (von links) irgendwelcher Abweichung vom Tugendpfad der Demokratie in den Grenzen des Kapitalismus.

●● Die Sozialdemokratie schwört auf den demokratischen Kapitalismus.

●● Die Linke will eine vom Kapitalismus befreite und dann erst recht demokratische Demokratie.

Befreiung vom Kapitalismus heißt Befreiung vom Problem: Wie herrscht eine Minderheit von Kapitalisten und ihr Anhang über eine riesige Mehrheit von Nichtkapitalisten?

Befreiung vom Kapitalismus heißt Befreiung von der Antwort: Die kapitalistische Minderheit herrscht über die nichtkapitalistische Mehrheit auf demokratische Weise. Demokratie heißt nämlich nicht Volksherrschaft das ist eine Fehlübersetzung. Demokratie heißt Herrschaft von Volksvertretern an Stelle des Volkes die Volksvertreter werden von den Parteien ausgewählt die Parteien werden vom Volk gewählt das Volk wird von den Massenmedien zum Wählen gebracht und Massenmedien sind direkt oder indirekt in Händen der kapitalistischen Minderheit.

Ganze Bibliotheken wurden vollgeschrieben um diese verdammte Fehlübersetzung wegzukriegen daß Demokratie Volksherrschaft heiße. Das Volk – steht in diesen Bücheln – ist der *Souverän* aber es herrscht nicht oder halt nicht so vulgär direkt (Souverän ist gerade für bürgerliche Demokraten derjenige der *nicht* herrscht in revolutionärer Jugendzeit köpften sie ihn später ließen sie ihn leben aber ohne Herrschaft).

Volk Volksherrschaft war das Paradestück der revolutionären bürgerlichen Demokratietheorie *Parteien* Parteienregierung ist das Paradestück der spätbürgerlichen Demokratietheorie. Mit Recht. Die Auswahl der Volksvertreter obliegt wirklich nicht dem Volk sondern den Parteien. Sie sind die »Schöpfer für das Geschöpf« (Karl Renner Denkschrift über die Geschichte der Unabhängigkeitserklärung Zürich 1946 S. 31).

Volksherrschaft ist im Raritätenkabinett bürgerlicher Demokratietheorie gelandet. Es gibt sogar Gelehrte die schreiben zweibändige Werke daß Volksherrschaft eigentlich eine Art Faschismus sei »totalitäre Demokratie« (J. J. Talmon). Mehr Verlaß ist auf die Parteien und auf das zweite Paradestück spätbürgerlicher Demokratietheorie die *Massenmedien*. Parteien und Massenmedien sind die demokratisch privilegierten »Vorformer« und »Träger« des Volkswillens. Sie haben ein Monopol aufs Volk alles andere ist linker Terror. Natürlich hat das Volk seine Freiheit natürlich haben die Massenmedien ihre Freiheit. Medienfreiheit altmodisch: *Pressefreiheit*) ist die Freiheit jedermanns der das Geld dazu hat seine eigene Meinung in millionenfacher Verstärkung zu sagen. Medienfreiheit ist nur ein »Unterfall« der allgemeinen Meinungsfreiheit. Die allgemeine Meinungsfreiheit ist die Freiheit jedermanns seine Meinung frei zu sagen daheim oder am Wirtshaustisch oder in Leserbriefen. Das Volk hat Meinungsfreiheit die besseren Leute haben Medienfreiheit.

Alle immer hineinlegen geht nicht

Das demokratisch-kapitalistische Spiel mit Volksvertretern Parteien Massenmedien funktioniert aber nicht unfehlbar.

Es kann schon passieren daß Volksvertreter/Parteien/Massenmedien erfolglos bleiben obwohl sie im Erfolgsfall die Interessen ihrer Wähler/ihrer Käufer ehrlich und bestens vertreten würden.

(Das passiert im demokratischen Kapitalismus zB dann wenn Kandidaten/Parteien/Massenmedien nicht genug Geld zusammenkriegen.)

Es kann auch passieren daß Volksvertreter/Parteien/Massenmedien Erfolg haben obwohl sie die Interessen ihrer Wähler/Käufer schlecht oder garnicht wahrnehmen

(Das passiert im demokratischen Kapitalismus zB wenn solche

Volksvertreter/Parteien/Massenmedien *genug* Geld zusammenkriegen.)

Aber es passiert eben auch daß Volksvertreter/Parteien/Massenmedien die dauernd und schwerwiegend gegen die Interessen ihrer Wähler/Käufer verstoßen eben doch *nicht* gewählt/*nicht* gekauft werden.

Daß in der bürgerlichen Demokratie/im demokratischen Kapitalismus *überhaupt* kein Band bestehe zwischen Herrschaftsapparat und Beherrschten ist eine neulinke Trotztheorie entsprungen der Frustration über die verdammte Dauerhaftigkeit dieses Systems aber unverträglich mit Sozialismus. *Für Sozialismus gäbe es keine Hoffnung wäre die demokratisch-kapitalistische Herrschaftsmaschinerie wirklich so teuflisch perfekt daß sie jedermann jederzeit beliebig und ewig manipulieren kann.*

Die Faustregel für die Herrschenden im demokratischen Kapitalismus formulierte schon der gute alte Abraham Lincoln: Man kann sehr viele Leute ununterbrochen hineinlegen. Man kann alle Leute eine ganze Zeitlang hineinlegen. Aber kann nicht *alle immer* hineinlegen.

Die bürgerliche Demokratie ist kein beliebig und ewig erneuerbarer Sperriegel wovor die Linken stehen müssen wie der Ochs vorm neuen Tor wild schimpfend in kunstvollem Soziologiechinesisch aber letztlich resigniert: Gegen *den* Apparat kommen wir nie auf.

Denn zweitens ist der menschliche Kopf nicht beliebig manipulierbar und erstens sind mittendrin in der bürgerlichen Demokratie/im demokratischen Kapitalismus Widersprüche unterwegs Interessengegensätze Entwicklungstendenzen die ihn sprengen werden – vorausgesetzt kräftige Nachhilfe seitens Agenturen des Sozialismus wie Sozialdemokratie/Linke/Kommunisten/linke Christen/Untergrund und Gegenkultur und was da alles noch mitziehen wird auf dem langen Marsch quer durch den demokratischen Kapitalismus zur endlichen Revolution (Revolution heißt: Ende des Kapitalismus Anfang des Sozialismus.)

Doppelgesicht der Sozialdemokratie (2)

(Doppelgesicht der Sozialdemokratie (1): siehe 37. Tag)

Stimmt: *Durch ihre Rolle in der Herrschaftsdemokratie und im zugehörigen politökonomischen System überhaupt wird die Sozialdemokratie zum Juniorpartner des Kapitalismus.* Striche man die Sozialdemokratie aus dem politökonomischen Rollenspiel des gegenwärtigen demokratischen Kapitalismus wäre dieser Kapitalismus zunächst einmal und bis auf weiteres schlechter dran ohne Sozialdemokratie als mit. Seine Chancen zur Ruhighaltung der lohn- und gehaltsabhängigen Massen wären ohne Sozialdemokratie geringer. Ohne Sozialdemokratie wären seine Chancen geringer auf einen modernen leistungsfähigen Produktionsapparat der hohe Profite sichert und relativ hohe Masseneinkommen und damit hohen Konsum und damit nochmals hohe Profite.

Die Sozialdemokratie ist Juniorpartner des Kapitalismus aber nicht nur das: sie bleibt Vertreterin ihrer Wähler *Vertreterin der unmittelbaren Interessen der lohn- und gehaltsabhängigen Massen* und zwar eben *weil* sie Juniorpartner des Kapitalismus ist weil sie mitarbeitet an einem modernen Produktionsapparat der (hohe Profite und) relativ hohe Masseneinkommen liefert.

Striche man die Sozialdemokratie aus dem politölonomischen Rollenspiel des gegenwärtigen Kapitalismus so wären die lohn- und gehaltsabhängigen Massen zunächst und bis auf weiteres schlechter dran ohne Sozialdemokratie als mit.

Das heißt nicht automatisch: Die Sozialdemokratie holt jederzeit und überall ohnehin für die kleinen Leute das Beste und Meiste heraus aus dieser Demokratie. Das heißt schon gar nicht: diese Demokratie ist so gut daß man daran gefälligst nichts ändern soll. In beiden Punkten ist die Linke ein nützlicher sozialistischer Stachel im allzubreiten sozialdemokratischen Sitzfleisch.

Aber man soll nicht so tun wie neulinks beliebt als ob Entwicklung und Strategie des Sozialismus ohne Sozialdemokratie ebensogut vielmehr besser vorangekommen wäre und vorankäme. Abgesehen von der Sinnlosigkeit einer Fragestellung: Was wäre gewesen wenn die Weltgeschichte anders verlaufen wäre als sie in Wirklichkeit verlief. *Eine große historische Kraft ob sie einem gefällt oder nicht kann man nicht wegoperieren mittels moralisierender Diskussion.*

Desgleichen soll man nicht so tun wie neulinks beliebt als ob die Errungenschaften der bürgerlichen Demokratie: Wahlrecht Grundrechte der Person Rechtsstaat – nur für den Kapitalismus nutzbar waren und sind.

Verteufelung der Sozialdemokratie als Verräterin im Solde des Kapitals Preisgabe der bürgerlichen Demokratie als Teufelswerk des Kapitals – beides ist unmarxistisch undialektisch unhistorisch.

Nach alledem was unter dem Namen Sozialdemokratie und Demokratie schon passiert ist und weiterhin passiert sind gefühlslinke Aufwallungen gegen die beiden sehr begreiflich und jeder passionierte Sozialist kann da spontan miteinstimmen. Gleich als nächstes geht es aber um nüchterne Auswertung der historischen und gegenwärtigen Dialektik:

Die bürgerliche Demokratie hat zwei Gesichter:

Demokratie als Fortschritt zu mehr Freiheit

Demokratie als Tarnkappe des Kapitals

Die Sozialdemokratie hat zwei Gesichter:

Sozialdemokratie als unmittelbare Interessenvertretung der Arbeiter und Angestellten

Sozialdemokratie als Juniorpartner des Kapitals

Die beiden Gesichter der bürgerlichen Demokratie hie Freiheit hie Kapitalismus sind kein moralisch verdammenswertes Doppelspiel sondern historisch gewachsener Zusammenhang.

Die beiden Gesichter der Sozialdemokratie hie Interessenvertretung der Massen hie Juniorpartner des Kapitals sind kein moralisch verdammenswertes Doppelspiel sondern historisch gewachsener Zusammenhang.

Die Doppelgesichter der bürgerlichen Demokratie und der Sozialdemokratie sind beide im Laufe einer historischen Entwicklung gewachsen die man kennen und analysieren muß will man zukünftige Entwicklung in Richtung Sozialismus treiben folglich die richtige Seite des Januskopfes möglichst profilieren die falsche möglichst plattdrücken.

Von bürgerlicher Basisdemokratie über demokratischen Kapitalismus zum Faschismus

Am Anfang steht bürgerliche Demokratie als Volksherrschaft. Unsere heutigen Ruhe-und-Ordnung-Demokraten würden Kugelaugen machen nähmen sie sich die Mühe nachzulesen was ihre gutbürgerlich revolutionären Vorfahren anno 1789 1830 1848 als Demokratie definierten nämlich den gewaltsamen Aufstand des Volkes mit anschließender Herrschaft des Volkes unter gewaltsamer Niederhaltung der bisherigen Unterdrücker- und Ausbeuterklasse. Die Ruhe-und-Ordnung-Demokraten von heute würden das für linken Terrorismus halten.

Die Gemeinsamkeit frühbürgerlicher und sozialistischer Demokratietheorie: Demokratie als Volksherrschaft beruht auf der gemeinsamen Ideologie von bürgerlicher Revolution und Sozialismus: Freiheit Gleichheit Brüderlichkeit – das war der ideologische Rammbock mit dem das revolutionäre Bürgertum den unterdrückenden und ausbeutenden Feudalstaat zum Einsturz brachte. Nicht das Proletariat *das Bürgertum war die erste Klasse der Weltgeschichte der ihre Ideologen die Aufgabe zuwiesen gleich der ganzen Menschheit die reale Freiheit zu bringen* „Diesen Kuß der ganzen Welt“.

Im Text von Beethovens Neunter steht vermutlich aus Gründen obrigkeitlicher Zensur statt „Freiheit holder Götterfunken“ bloß „Freude holder Götterfunken“ aber damals hatte sich das Bürgertum schon längst selber zu zensurieren begonnen: *gleiche und brüderliche*

Freiheit galten nur noch für das bürgerliche Kapital nicht für die von ihm unterdrückten und ausgebeuteten Lohnarbeiter. Freiheitsgesänge gab es nur noch im Konzerthaus wohin die Lohnarbeiter gar nicht kamen nur die Brüder Kapitalisten.

Sobald dies klar war löste sich der Sozialismus aus seinem bürgerlich-revolutionären Mutterboden (über den Ursprung des Sozialismus als zunächst bürgerliche Ideologie vergleiche G. N. Sozialdemokratie Wien 1965).

Die vom Bürgertum verratene Freiheit Gleichheit Brüderlichkeit wollte nun der Sozialismus verwirklichen und zwar mit der einst vom Bürgertum empfohlenen Methode: Demokratie als gewaltsamer Aufstand des Volks (proletarische Revolution) sodann als Herrschaft des Volkes und zwar zunächst als Herrschaft der großen nichtkapitalistischen Mehrheit gegen die kleine kapitalistische Minderheit unter gewaltsamer Niederhaltung der besiegten Unterdrücker- und Ausbeuterklasse (Diktatur des Proletariats).

Die Idee der revolutionären Demokratie hat der Sozialismus vom Bürgertum geerbt.

Für die bürgerlich-revolutionäre Demokratietheorie heißt Volk: *alle Bürger* unter ausdrücklicher Entrechtung der Feudalklasse als bisherige Unterdrücker- und Ausbeuterklasse. Die Bürger sind die große Mehrheit gegen die Feudalklasse aber dann holen sie sich Massen von Bauern in ihre Fabriken ihre Städte und gegenüber der neuen von ihnen selbst geschaffenen Lohnarbeiterklasse geraten sie in die Minderheit.

Bauern verstreut und vereinzelt auf dem Lande sind aufstands- und widerstandsfähig nur gegen eine ebenso verstreut und vereinzelt siedelnde Feudalklasse (Bauernkriege) nicht mehr gegen eine zentralisierte Staatsmacht sei sie feudal oder bürgerlich die das ganze Land systematisch mit dem Netz ihrer Macht überzieht (Beamte Polizei Militär Lehrer). Aber die Bürger machen aus den Bauern Proletarier indem sie sie konzentrieren disziplinieren organisieren zur Fabriksarbeit daraus wird Arbeiterbewegung gegen die Bürger: Durch massenhafte Konzentration Disziplin Organisation werden die Proletarier was sie als Bauern nicht mehr waren: wiederum aufstands- und widerstandsfähig.

So ringen sie den Bürgern das allgemeine Wahlrecht ab.

Aber um den Preis eines welthistorischen Kompromisses (denn *beide* Klassen sind stark): sie kriegen politische Rechte werden aber dadurch eingegliedert in den bürgerlich-parlamentarisch-kapitalistischen Staat.

Sie kämpfen von nun ab und bis auf weiteres auf dessen Boden:

Wie immer die Theorie aussieht in ihrer Praxis anerkennt die Arbeiterbewegung in den fortgeschrittensten kapitalistischen Staaten:

Wir kriegen politische Rechte Ihr kriegt den Fortbestand Eures ökonomischen Systems.

So entsteht der demokratische Kapitalismus.

Weil er und solange er durch ununterbrochenen Hinweis auf diese politischen Freiheiten sein ökonomisches System außer Diskussion stellen kann bleibt er diesen Freiheiten treu mehr oder minder.

Sie sind ebensoviele Masken die er vor sich hält rufend „Seht die Freiheit!“ damit dahinter verborgen bleibe die Fratze der wirtschaftlichen Ausplünderung.

Im Krisen- und Notfall gibt der demokratische Kapitalismus seine demokratische Komponente preis um sein ökonomisches System zu retten: den Vorgang nennt man *Faschismus.*

Bewahrte er die politischen Freiheiten und opferte statt dessen sein ökonomisches System würde er sich selbst umbringen. Der Weg ist für den Kapitalismus als solchen natürlich nicht gangbar. Wohl aber für eine progressive Fraktion von Kapitalisten die in den Sozialismus hinüberwechseln können als Spezialisten in einer vergesellschafteten Wirtschaft.

Doppelgesicht der Sozialdemokratie (3)

Die historische Entwicklung der bürgerlichen Demokratie geht von Volksherrschaft: Herrschaft aller Bürger – zur Minderheitenherrschaft: *ökonomische Herrschaft des Kapitals plus politische Rechte für die Massen der abhängig Arbeitenden plus Sozialdemokratie als Agentur zur Wahrung der politischen Rechte der Massen und Agentur zur Wahrung der Fortdauer des ökonomischen Systems. Sozialdemokratie ist das Garantiezeichen für die fortdauernde Gültigkeit des Paktes zwischen Bürger- und Arbeiterklasse: hie politische Rechte hie Fortdauer des ökonomischen Systems. Die Sozialdemokratie war beim Handschlag der Klassen dabei sie brachte ihn zustande sie ist die Nahtstelle zweier großer gesellschaftlicher Kräfte für die Dauer eines Zeitalters.*

An dieser historischen Dimension läßt sich die Torheit der gefühlslinken Aggression ermessen Sozialdemokratie betreibe Verrat an der Arbeiterklasse im Solde des Kapitals.

In der gegenwärtigen Epoche sind die beiden historischen Funktionen der Sozialdemokratie unzertrennlich: hie politökonomische Interessenvertretung der abhängigen Massen hie Partnerschaft mit dem Kapital.

Die Forderung Sozialdemokratie möge *nur* Interessenvertretung der Massen sein ist unmöglich weil sie diese Funktion genau dadurch erfüllt *daß* sie Partner des Kapitals ist. Beim derzeit gegebenen Kräfteverhältnis der Klassen kann sie politische Rechte der Massen steigende Masseneinkommen höheren Lebensstandard höhere Sozialleistungen nur herausschlagen *im Austausch* für die garantierte Fortdauer des ökonomischen Systems *im Austausch* für ihre Mithilfe bei der Modernisierung des Produktionsapparates zwecks (mehr Profit und) mehr Masseneinkommen (mehr Konsum und nochmals mehr Profit).

So unsinnig wie die Forderung von gefühlslinker Seite die Sozialdemokratie möge nur Interessenvertretung der Massen sein wäre die spiegelbildliche Forderung von kapitalistischer Seite die Sozialdemokratie möge nur Partner des Kapitals sein. Aber das Kapital stellt keine solche Forderung. Im Gegenteil. Als Partner ist die Sozialdemokratie für das Kapital nur interessant weil sie und solange sie wirksame Interessenvertretung der Massen ist folglich deren Vertrauen hat folglich für deren Ruhighaltung sorgen kann.

Weil die Sozialdemokratie Interessenvertretung der Massen ist kann sie Partner des Kapitals sein. Weil sie Partner des Kapitals ist kann sie Interessenvertretung der Massen sein.

Von ihrer historischen Doppelfunktion kann die Sozialdemokratie bei Strafe ihres Untergangs keine preisgeben.

Opferte sie ihre Rolle als Partner des Kapitals kann sie keine wirksame Interessenvertretung der Massen sein. Opferte sie ihre Rolle als Interessenvertretung der Massen kann sie kein interessanter Partner des Kapitals sein. Im einen Fall wie im andern verliert sie das Vertrauen der Massen. Diese schwenken zu „radikaleren" Bewegungen nach links oder nach rechts. Im historischen Regelfall siegt nicht die Linke sondern der Faschismus.

Indem die Sozialdemokratie ihre historische Doppelfunktion erfüllt getreulich die Interessen der Massen wahrnimmt getreulich dem Kapitalismus die Fortdauer seines politökonomischen Systems garantiert: betreibt sie mehr als bloß Stabilisierung des bestehenden Systems betreibt sie vielmehr zugleich dessen loyale Unterhöhlung durch Reform um Reform:

Alle Reformen die sie durchsetzt im unmittelbaren Interesse der Massen kann sie nur durchsetzen – beim derzeit gegebenen Kräfteverhältnis zwischen den Klassen – wenn es Reformen zugleich im Interesse der historisch progressiven Fraktionen des Kapitals sind und damit Reformen im Interesse des Gesamtkapitalismus

(welcher zerrissen von Fraktionsegoismen sein Gesamtinteresse gar nicht mehr selber wahrnehmen kann)

Indem sie solcherart Reform um Reform setzt loyal dem Interesse des Gesamtkapitals betreibt sie Modernisierung des Kapitalismus Fortentwicklung Vollendung des Kapitalismus

Aber sie betreibt dies so *daß die schiere Quantität der Reform umschlägt in eine neue Qualität in ein neues System:*

Indem sie den Kapitalismus loyal fortentwickelt entwickelt sie ihn fort: entwickelt ihn heraus aus der Geschichte beseitigt ihn loyal ihrem historischen Auftrag: nicht nur unmittelbare Interessenvertretung der Massen nicht nur Partner des Kapitals sondern *Agentur zur Vorbereitung des Sozialismus.*

Indem sie den Kapitalismus vollendet

durch Reform um Reform deren jede möglichst viel Sozialismus vorwegnimmt

schafft sie die Grundlage für *einen Sozialismus der aufbauen kann auf dem gesammelten Reichtum der fortgeschrittensten kapitalistischen Industriestaaten:*

einen Sozialismus mit höchsten Freiheitsgraden.

An diesem rosaroten Hymnus ist nichts falsch als das Konjugieren im Indikativ. Ob Sozialdemokratie all diese komplizierte Dialektik tatsächlich hinkriegt oder nicht ergibt sich nämlich nicht schon daraus daß es Sozialdemokratie überhaupt gibt sondern erst aus ihrem Einbau in ein Gesamtgebäude sozialistischer Strategie mit entsprechend starkem linkem Zug und Druck.

Vom Nutzen bürgerlicher Demokratie

Die bei Sozialdemokraten beliebte Sonntagsrednerei über die Schönheiten *der* Demokratie ist ebenso grober Unfug wie die Alltagsrednerei der Linken über die Verwerflichkeit *der* Demokratie.

Bürgerliche Demokratie ist nicht einfach ein toter Hund.

Stimmt: *Historische* Ursache der politischen Freiheiten bürgerlicher Demokratie ist der Kapitalismus: eine neue Klasse wurde so reich und mächtig daß sie gegen die absterbende Feudalklasse sich diese Freiheiten erkämpfte welche sie brauchte um ihre neue Wirtschaftsform voranzutreiben. Die politischen Freiheiten bürgerlicher Demokratie sind historisch ebensoviele *ökonomische* Freibriefe:

Freiheit der Person (man kann dich nicht willkürlich festsetzen um Lösegeld zu erpressen)

Hausrecht (man kann nicht willkürlich dein Haus durchsuchen und deinen Besitz wegtragen)

Briefgeheimnis (man kann nicht in deinen Briefen nachsehen was du für Geschäfte machst)

Freizügigkeit (du kannst im ganzen Staat herumreisen und Geschäfte machen)

Niederlassungsfreiheit (du kannst dein Geschäft aufmachen wo es am günstigsten ist)

Heiligkeit des Eigentums (der Staat darf es dir nicht wegnehmen)

Wahlrecht (du wählst aus deinesgleichen ein Parlament das aufpaßt daß alle diese Rechte gewahrt werden zunächst ist es auch oberster Gerichtshof für alle diese Rechte auch werden dort deine Steuern von deinesgleichen festgesetzt und nicht vom König).

Stimmt: Einmal erkämpft waren die bürgerlichen Freiheiten eine wesentliche Ursache für explosionsartige Blüte und Ausbreitung des Kapitalismus.

Aber in wichtigen Regionen des Kapitalismus wurden Elemente bürgerlicher Demokratie wie allgemeines Wahlrecht Grundrechte Rechtsstaat überhaupt erst durchgesetzt mittels historischer Anstrengung von Sozialisten/Sozialdemokraten weil dort das Bürgertum gegen den Feudalismus zu schwach war seine bürgerlichen Freiheiten durchzusetzen (zB Österreich) oder wichtiger noch: zwar stark war aber gerade deshalb wenig Lust hatte angesichts einer wachsenden Mehrheit von Lohnarbeitern sich abzuplagen mit allzuviel Demokratie zB allgemeinem Wahlrecht (in England Mutterland der Demokratie und des Kapitalismus gabs keines bis tief ins 19. Jahrhundert).

Die politischen Rechte der bürgerlichen Demokratie sind ebenso gut Bestandteile des Sozialismus:

historisch weil revolutionäre bürgerliche Demokratie und Sozialismus *eine* ideologische Wurzel haben und weil Sozialismus/Sozialdemokratie wichtige Bestandteile bürgerlicher Demokratie überhaupt erst erkämpfte

ideologisch weil diese bürgerlich-demokratischen Einrichtungen ein positives Maß an Freiheit Gleichheit Brüderlichkeit in sich haben

praktisch weil diese positiven Elemente bürgerlicher Demokratie die Entwicklung zum Sozialismus vorantreiben können (Wahlrecht) und Sozialisten vor Verfolgung schützen können (Grundrechte Rechtsstaat).

Alle diese bürgerlich-demokratischen Einrichtungen: Wahlrecht Grundrechte Rechtsstaat unterliegen heute der zynischen Aushöhlung und Manipulation durch eine Ruhe-und-Ordnung-Demokratie die dem Faschismus immer ähnlicher sieht. *Aber Wort Begriff und Inhalt der Demokratie zu überlassen dem bequemen Gebrauch der Demokratiefaschisten wäre gefühlslinke Torheit.* Sozialismus heißt praktische und theoretische Verteidigung und angriffsweise Weiterentwicklung der Demokratie.

Vertreterdemokratie Mediendemokratie

Sobald aus der Haut des revolutionären Bürgers der kapitalistische Bürger geschlüpft war (Marx nannte dies die Verwandlung des Citoyen in den Bourgeois) stand auf der historischen Tagesordnung nicht mehr: Demokratie als Volksherrschaft das heißt: Herrschaft der bürgerlichen Mehrheit gegen die feudale Minderheit – sondern

Demokratie als Minderheitenherrschaft das heißt: Herrschaft der kapitalistischen Minderheit über die nichtkapitalistische Mehrheit des Volkes.

Das Problem wurde zunächst gelöst durch *Zurücknahme des allgemeinen Wahlrechts* wo es die bürgerliche Revolution erkämpft hatte für alle (Frankreich) oder durch möglichst *lange Verweigerung des allgemeinen Wahlrechts* wo die bürgerliche Revolution garkeins gebracht hatte (zB im Mutterland der Demokratie England).

Die endgültige Lösung für demokratische Minderheitenherrschaft wurde gefunden im Ausbau der *Vertreterdemokratie:*

Dies ist zunächst ganz unverdächtig. Natürlich können gewisse Entscheidungen nicht massenhaft sondern nur durch Vertreter der Massen getroffen werden.

Aber das gefährliche der Vertreterdemokratie ist: verglichen mit dem Volk sind die Volksvertreter immer eine Minderheit. Wenn es gelingt sie umzufunktionieren aus Vertretern des herrschenden Volkes in herrschende Volksvertreter dann ist das Problem der demokratischen Minderheitenherrschaft im Ansatz schon gelöst. Es herrscht dann eine Minderheit von Volksvertretern die in der Theorie das Volk vertreten in der Praxis die kapitalistische Minderheit: Minderheitendemokratie zum Quadrat.

Diese endgültige Lösung für demokratische Minderheitenherrschaft wird möglich durch Ausbau der *Mediendemokratie.*

Ursprünglich waren Zeitungen udgl für die Information einer Minderheit da: für die ökonomische Information der frühen handeltreibenden Bürgerklasse. Aus Information der herrschenden Minderheit wurde Herrschaftsmittel gegenüber der Mehrheit: *Massenmedien machen aus Massen Medien* die ihrem hypnotischen Befehl glauben dieses hier sei Demokratie alles andere Bolschewismus oder neulinker Terror.

In der revolutionären bürgerlichen Demokratie bestand Übereinstimmung von Meinung Wille Interesse der Massen und ihrer Vertreter. Nach einer vorbereitenden Phase der »Aufklärung« eher von oben: durch Spezialisten oft abgefallene Ideologen der Feudalklasse ehemalige Priester oder Pastorensöhne vollzog sich die Bildung von Meinung Wille Interesse dann nicht mehr durch Bücher sondern mit realer revolutionärer Wucht: In obere Entscheidungsorgane entsandte Vertreter der revolutionären Massen (in Paris 1789 ff. Vertreter der bewaffneten Stadtviertel; in England 1644 ff. Vertreter der revolutionären Bürgerarmee) hatten Vertreter derer unten zu sein sonst wurden sie fortgejagt. Revolutionäre bürgerliche Massenmedien: Versammlungen Bürger- und Soldatenräte Flugblattzeitungen oft spontan entstanden mit anonymen Rednern und Schreibern funktionierten von unten nach oben. Mit dem revolutionären

Abschwung Hervortreten kapitalistischen Besitzinteresses und jedenfalls mit dem allgemeinen Wahlrecht das zur Manipulation der nichtkapitalistischen Mehrheit *zwingt* wird ein gegenläufiger Apparat von Massenmedien aufgebaut nicht von unten aus den Massen spontan und anonym sondern von oben kapitalistisch produktionsmäßig durchorganisiert und jeweils mit Autoritäten die von dort oben nach unten wirken: Vereine patriotischer völkischer militärischer christlicher wohltätiger Tendenz mit kapitalistischen Lenkern Gönnern Spendern. Parteien mit denselben Lenkern Gönnern Spendern. Kirchen mit denselben Lenkern Gönnern Spendern. Zeitungen zu Preisen unter den Kosten weil subventioniert durch Anzeigen kapitalistischer Unternehmungen. *Dieser ganze Medienapparat hat den Zweck Demokratie als Volksherrschaft umzufunktionieren in Demokratie als Minderheitenherrschaft.* Gemäß dem von Marx formulierten Gesetz bürgerlicher Massenmedien machen sie die Meinung der Herrschenden zur herrschenden Meinung.

Meinung Wille Interesse der Unteren werden nun von den Oberen produziert wie sonst irgendeine Ware im Kapitalismus aber subventioniert weil lebenswichtig fürs System.

Weil aber Meinung Wille Interesse der Unteren nun von den Oberen produziert werden befreit dies die Volksvertreter vom Druck der Massen. An seine Stelle tritt der Druck auf die Volksvertreter von oben wo die Meinungsproduzenten und Geldgeber sitzen. Getrost kann der Volksvertreter vom Volk unabhängig statt dessen die Kapitalisten vertreten er wird im Regelfall dennoch gewählt.

Minderheitendemokratie mittels Mediendemokratie.

Massenmedien machen aus Massen Medien nicht durch irgendwelche Zauberei. Voraussetzung ist eine Erziehungs- und Lebensform beherrscht vom Glauben an Autoritäten pflichtgemäßem Gehorsam gegenüber ihren Ge- und Verboten daraus entspringende Frustrationen des sexuellen und überhaupt des Triebs nach freiem glücklichen Leben daraus entspringende Aggression die wiederum lenkbar ist von Autoritäten die pflichtgemäß geifern gegen Vaterlandsfeinde Sozialisten Juden Kommunisten linke Terroristen je nachdem.

An Stelle von Glück durch Leben tritt Glück durch Massenmedien.

Die autoritätsgläubige manipulative Erziehungs- und Lebensform letztlich feudalen und klerikalen Ursprungs wurde von der bürgerlichen Revolution nicht oder nicht ausreichend zersetzt. Vom Sozialismus bisher auch nicht. Von der Sozialdemokratie erst recht nicht.

Von daher das Wunder des Fortbestehens und Blühens herrschaftswichtig idiotisierender Medien.

41. Tag
Sozialdemokratie und Großkapital

Sozialdemokratie als Störfaktor

In die klassische bürgerliche Demokratie tritt die Sozialdemokratie zunächst als ebenso klassischer Störfaktor.

Zwecks Ausbeutung konzentriert diszipliniert organisiert das Kapital die Proletarier in seinen Fabriken seinen Städten zwecks Widerstand gegen Ausbeutung konzentriert diszipliniert organisiert die Sozialdemokratie das Proletariat in ihren Vereinen Parteien Gewerkschaften Genossenschaften. Sie erst macht die Massen der abhängig Arbeitenden widerstands- und kampffähig.

Durch ihre Partei- Gewerkschafts- Genossenschafts- und Bildungsorganisation durch ihren Versammlungs- Presse- und sonstigen Propagandaapparat schafft die Sozialdemokratie eigene Massenmedien unabhängig vom Kapital.

So gewinnt die Sozialdemokratie eine erstklassige Angriffsposition gegen den Kapitalismus.

Gleichgewicht der Klassen

Aber das historische Kräftemessen zwischen Sozialdemokratie und Kapitalismus produziert keinen klaren Sieger keinen klaren Verlierer nicht im Heldenzeitalter des offenen Klassenkampfes und nicht im Bürokratenzeitalter des versteckten Klassenkampfes am Konferenztisch.

Das Kräfteverhältnis zwischen Bürger- und Arbeiterklasse in den fortgeschrittensten kapitalistischen Industriestaaten schwankt um die 50 zu 50 Prozent Marke ohne entscheidenden Ausschlag nach rechts oder links im historischen Gesamtdurchschnitt.

Otto Bauer geistiges Haupt der Austromarxisten in den Zwischenkriegsjahren sprach für eine bestimmte Periode der österreichischen Geschichte vom Gleichgewicht der Klassenkräfte (von der Revolution nach Kriegsende bis zur Restauration in den frühen Zwanzigerjahren vgl. G. N. Anschluß an die Zukunft Wien 1963 Abschnitt über Austromarxismus S. 51 ff.)

Gleichgewicht der Klassenkräfte zwischen Bürgern und Arbeitern herrscht überhaupt im historischen Gesamtdurchschnitt in den fortgeschrittensten kapitalistischen Industriestaaten quer durch vom Beginn der Arbeiterbewegung über zwei Weltkriege und Faschismus bis zum gemischt sozialdemokratisch-kapitalistischen System heute welches wiederum nichts anderes ist als Ausdruck des Gleichgewichts der Klassenkräfte.

Das ist der Spruch der Geschichte und er ist noch nicht revidiert: an diesem historischen Gesamtbefund messe man die gefühlslinke Torheit des Geredes vom Verrat der Sozialdemokratie an der Arbeiterklasse im Solde des Kapitals.

Gleichgewicht der Klassenkräfte ist die Signatur des Zeitalters in den fortgeschrittensten kapitalistischen Industriestaaten. So wird aus Angriffsmacht (»Die Arbeiterklasse *stürmt* gegen die Klassenherrschaft der Bourgeoisie« so hieß es zumindest rhetorisch noch in Otto Bauers Linzer Programm 1926 für die austromarxistische Sozialdemokratie) Verhandlungsmacht.

So wird aus dem Klassenkampf auf Leben und Tod Klassenkampf auf Leben und Lebenlassen. Es kommt zu Arrangement Kompromiß bloßer Reform in jeder speziellen Frage und allgemein zum Gesamtarrangement zwischen den Klassen Gesamtarrangement Sozialdemokratie-Kapital.

Die Sozialdemokratie scheidet aus als Störfaktor.

Arrangement der Klassen

Das Gesamtarrangement zwischen den Klassen beruht auf den folgenden beiden handfesten Gründen die sich durch keinerlei linke Diskussionstechnik fortschwemmen lassen:

1) Die beiden Klassen können einande nicht umbringen (die eine die andere nicht durch Revolution siehe 1918 die andere die eine nicht durch Faschismus sieht 1933 in Deutschland 1934 und 1938 in Österreich)

2) Die Interessen der beiden Klassen sind langfristig einander entgegengesetzt (die Arbeiterklasse ist tendentiell antikapitalistisch die Kapitalistenklasse ist tendentiell antisozialistisch) kurzfristig aber und auch noch mittelfristig gibt es gemeinsame Interessen (in kapitalistischen Interessen sind Interessen der Arbeiterklasse mitenthalten in Interessen der Arbeiterklasse sind kapitalistische Interessen mitenthalten)

Langfristig lautet das historische Gesamtarrangement zwischen den Klassen so: der Kapitalismus geht zu Ende der Sozialismus beginnt

Mittel- und kurzfristig ist das Klassenarrangement komplizierter:

Kapitalistenklasse g i b t :

- Politische Rechte der bürgerlichen Demokratie auch für die abhängig arbeitenden Massen
- Masseneinkommen Massenkaufkraft Lebensstandard Sozialleistungen in relativer Höhe

● sonstige den Massen dienliche Reformen zB juristische (Straf- Familien- Ehe- Sexualrecht)

Arbeiterklasse g i b t :

●● Anerkennung der Fortdauer des politökonomischen Systems
(politisch: bürgerlich-parlamentarische Demokratie)
(ökonomisch: Kapitalismus)
(politökonomisch: »demokratischer Kapitalismus«)

●● Dementsprechend: Aktionen nur innerhalb des gegebenen politökonomischen Systems
(politisch: Reformtätigkeit durch parlamentarische Gesetze)
(ökonomisch: Gewerkschaftstätigkeit und sozialdemokratisch beherrschter Wirtschaftssektor in Genossenschaftsbetrieben kommunaler Gemeinwirtschaft verstaatlichten Industrie- und Bankbetrieben)
(politökonomisch: sozialdemokratisch-kapitalistischer Reformstaat)

●● Dementsprechend: Ruhe an der ideologischen Front. Kein »Radikalismus«

Langfristig lautet das historische Gesamtarrangement zwischen den

●●● für die *politischen Rechte* die sie an die Arbeiterklasse gibt: Um diese Rechte auszuüben muß sich die Arbeiterklasse auf bürgerlich-*parlamentarischen* Boden begeben die dort herrschenden »Spielregeln« akzeptieren und damit eigentlich schon das bestehende bürgerlich-parlamentarisch-*kapitalistische* System akzeptieren

●●● für die relativ hohen *Masseneinkommen* die sie an die Arbeiterklasse gibt kriegt die Kapitalistenklasse einen gewaltigen ständig sich erweiternden inneren Markt Grundlage der »modernen Konsumgesellschaft« Grundlage für Profit. Ferner ein ständiges Interesse der Arbeiterklasse an »leistungsfähiger Wirtschaft« das heißt technische Modernisierung Konzentration und Zentralisation dementsprechende staatliche Investitions- Subventions- Auftragspolitik dementsprechende Steuer- und sonstige Gesetzgebung. »Leistungsfähige Wirtschaft« heißt hohe Profite und hohe Masseneinkommen: das ist die Grundlage der Gewerkschaftspolitik.

●●● Für die relativ hohen *Sozialleistungen* die die Kapitalistenklasse der Arbeiterklasse zubilligt kriegt sie gleichfalls nicht wenig: Der Sozialstaat« ist nämlich nicht nur im Interesse der breiten Bevölkerung er subventioniert auch das Kapital. Da der Unternehmer den Arbeiter braucht um Profit zu machen müßte *er* für alles aufkommen was zur Wiederherstellung der Arbeitskraft seiner Arbeiter und Angestellten nötig ist täglich und das ganze Arbeitsleben lang zB im Krankheitsfall. Hiefür und für unheimlich viel Anderes bis hin zur Subventionierung des Wohnens und des öffentlichen Verkehrs sorgt jedoch der »Sozialstaat« gefüttert aus Direktbeiträgen der Unternehmer *und* Abhängigen oder gefüttert aus allgemeinen Steuergeldern das heißt indirekten Beiträgen der Unternehmer *und* Abhängigen. Den »Sozialstaat« zahlt sich der abhängig Arbeitende zum Großteil selber: der »Sozialstaat« spart dem Unternehmer Geld. Er kann die Löhne und Gehälter niedriger halten: was er gänzlich selber zahlen müßte zahlt er nur zum Teil. Aber beim gegebenen Kräfteverhältnis der Klassen würde er eben nicht alles selber zahlen.

●●● Für *sonstige Reformen* zB juristische die er der Sozialdemokratie zubilligt holt sich der Kapitalismus gleichfalls nicht wenig: Straf- Familien- Ehe- Sexualrechtsreform sind nämlich nicht nur im Interesse der breiten Bevölkerung sie schaffen überdies ein liberales Reizklima: Es soll dir gut gehen du sollst dir nichts versagen du sollst glücklich sein. Ein solches Klima ist nötig zum Gedeihen der »modernen Konsumgesellschaft«. Mit Strenge Finsternis Askese kann sie nichts anfangen. Sie braucht Reize die sich in Kaufreize umsetzen lassen.

(Bezüglich sonstiger Reformpolitik zB Mitbestimmung Wohnbau Verkehr vergleiche die betreffenden drei Kapitel im Abschnitt »Die Lage der arbeitenden Klassen« gleich hinter der Einführung)

Arbeiterklasse k r i e g t :

●●●● für die Anerkennung der Fortdauer des politökonomischen Systems (parlamentarische Demokratie plus Kapitalismus) die Möglichkeit *umfassender Reformpolitik:*

●●●● Wahrung ihrer *unmittelbaren Lebensinteressen* halbwegs (buchstäblich halbwegs nämlich im Kompromiß mit der gleichstarken Kapitalistenklasse die die andere Hälfte des Vorteils nach Hause trägt)

●●●● Ihr Lebensstandard kann *Kampfausrüstung* sein auf dem Weg zum Sozialismus wenn ihr klar gemacht werden kann: einen gehörigen Teil dieses Standards muß sie in einen entsprechenden historischen Kampffonds einzahlen um sozialistische Bewegung materiell am Leben zu erhalten

●●●● Ihre materielle Befriedigung kann Grundlage werden für *geistige Unbefriedigung:* erst kommt das Fressen dann kommt die Moral aber daß sie kommt: daß aus materieller Sattheit geistiger Trieb nach Sozialismus wächst – das erfordert gewaltige Anstrengung gegenläufig zu den bürgerlichen Massenmedien die dazu da sind genau das zu verhindern: im Westen wird Revolution eine materiell satte geistig hungrige Arbeiterklasse machen oder es wird keine Revolution geben

●●●● Wie inmitten des Kapitalismus die geistige Grundlage gelegt werden muß für dahinter kommenden Sozialismus so auch die *materielle Grundlage:* Im Westen wird Revolution gemacht werden aus dem Reichtum des zur Reife gebrachten Kapitalismus. Dieses Ziel erfordert unterwegs die ständige weitere technische Modernisierung Konzentration Zentralisation des Kapitals (Greißler kann man nicht vergesellschaften). Und zwar Fortentwicklung des Kapitalismus nicht so wie er sich selber entwickeln würde (zerrissen in die Egoismen seiner Fraktionen kann ers gar nicht) sondern durch Reformen die schon den Schattenriß der künftigen sozialistischen Wirtschaft halbwegs vorwegnehmen (buchstäblich halbwegs: die andere Hälfte geschieht im kapitalistischen Gesamtinteresse).

●●●● Von der sozialdemokratisch-kapitalistischen Reformpolitik die jeweils halbwegs das Interesse des Kapitals wahrt hat die Arbeiterklasse im Westen nach aller historischen Erfahrung auch den Vorteil daß *Faschismus vermieden* wird. Versehen mit der Bestandgarantie seines politökonomischen Systems kann der Kapitalismus aus der Zusammenarbeit mit rosaroter Sozialdemokratie sich mehr Vorteile errechnen als aus seiner Rettung durch den Faschismus vor dunkelroten Sozialismusvarianten.

Verkümmerung der Arbeiterbewegung

Unter dem Stern des Arrangements mit dem Kapitalismus verdorren verkümmern mutieren die traditionellen Massenorganisationen und Massenmedien der Sozialdemokratie.

Die *Parteiorganisation* kann nicht mehr Organisationsform der Massenmobilisierung sein. Dies würde den parlamentarischen Rahmen der bürgerlich-kapitalistischen Demokratie sprengen oder doch dauernd Unruhe und Störung in ihn hineinbringen.

Auf den parlamentarischen Kampf beschränkt übernimmt die Sozialdemokratie die bürgerliche Parteiform:

Apparat zur Auswahl von Funktions- und Herrschaftsträgern

Apparat zur Herstellung einer disziplinierten parlamentarischen Schlachtordnung

Apparat zur Berieselung der Mitglieder mit Meinung von oben nach unten.

Der Parteiorganisation verbleibt überdies durch Beitragskassierung diese Apparaturen zu finanzieren.

(Verglichen mit der Parteifinanzierung aus viel dünkleren Quellen ist dies immer noch ehrenvoll.)

Was Partei einmal war: ein Stück vorweggenommene Zukunft ist sie heute nicht mehr und fraglich ob sies je wieder werden kann

(*Dafür* gibt es ja die Linke: *ihr* Denken Leben Agieren soll vorweggenommener Sozialismus sein)

Die *Bildungsorganisation* der Sozialdemokratie kann nicht mehr

Organisationsform zur massenhaften Verbreitung sozialistischer Theorie die *Vereine* der Partei können nicht mehr Organisationsform für kollektive sozialistische Lebenspraxis sein. Sozialistische Theorie und erst recht sozialistisches Leben würden den Rahmen der bürgerlich-kapitalistischen Demokratie sprengen der Partei die ständige Denunziation durch bürgerliche Massenmedien eintragen daß sie eben doch statt den Kapitalismus zu akzeptieren den Sozialismus wolle.

(*Dafür* gibt es ja die Linke die ja auch fleißig denunziert wird von den bürgerlichen Massenmedien. Rollenteilung in einer gesamtsozialistischen Strategie: Tante Sozialdemokratie weiß was sich gehört ihre linken Neffen und Nichten aber sind fürchterlich.)

Unter den Umständen des Parlamentarismus und Kapitalismus verliert auch der *Versammlungs- und Presseapparat* der Partei seine Funktion originales Massenmedium der Arbeiterbewegung zu sein: praktische und theoretische Aufklärung politische Mobilisierung zum Sozialismus. Versammlungen und Zeitungen vermitteln – ritualisiert oder auch modernisiert – die Meinung der Parteioberen und deren Leistungen in Regierung Parlament Gemeinden Betrieben. Sozialdemokratische Versammlungen werden gleichbedeutend mit Langeweile oder modernistischem Medienzirkus. Ob sozialdemokratische Zeitungen überhaupt noch nötig sind wird gefragt und meist verneint. Sozialismus ist nicht mehr viel drin und über sozialdemokratische Meinungen und Leistungen in den Grenzen des bestehenden Systems berichten auch unabhängig firmierende bürgerliche Massenmedien vielleicht nicht immer genug für den Geschmack von Parteioberen aber reichlich für den Geschmack der großen Zahl ihrer sozialdemokratisch orientierten Konsumenten:

Denn zur parlamentarisch-kapitalistischen Demokratie und folglich zur darin operierenden Sozialdemokratie gehört ein mäßiger durch sorgsam vorgekochte Kost bequem zu stillender Appetit auf Politik wir haben eine Art sozialdemokratisch-kapitalistisches Neobiedermeier »Jeder soll sein Huhn im Topf haben und sonst soll er Ruh geben« (Kaiser Ferdinand der Gütige).

Historische Arbeitsteilung Sozialismus-Kapitalismus

Was feierlich-revolutionär benannt wird als Kampf auf Leben und Tod zwischen Kapitalismus und Sozialismus

Was feierlich-parlamentarisch benannt wird als faires Kräftemessen zwischen Sozialdemokratie und Andersgesinnten

läßt sich nüchtern-historisch auch beschreiben als *arbeitsteilige Kooperation zwischen Sozialismus und Kapitalismus:*

Rolle des Sozialismus (der Sozialdemokratie) in der Entwicklung des Kapitalismus

Rolle des Kapitalismus in der Entwicklung des Sozialismus.

Die Rolle des Kapitalismus in der Entwicklung zum Sozialismus beschrieben schon die marxistischen Klassiker:

Der Kapitalismus schafft das Riesenheer der abhängig Arbeitenden die seine Totengräber werden

Der Kapitalismus schafft durch Konzentration und Zentralisation und den dadurch freigesetzten Fortschritt in Wissenschaft Technik Wirtschaft die materiellen Voraussetzungen für Sozialismus nämlich für freien gleichen brüderlichen Anteil aller am Springquell solchen Reichtums.

Nicht mit gleicher Deutlichkeit – noch fehlte historische Erfahrung – beschrieben die marxistischen Klassiker die Rolle des Sozialismus in der Entwicklung des Kapitalismus. Die Erfahrungslücke wurde durch die Sozialdemokratie geschlossen.

Die Haupt- und Preisfrage von der Geschichte selbst gestellt: *Wenn das Bürgertum zerrissen in Fraktionsegoismen den Kapitalismus nicht auf jene Höhe entwickelt welche die materielle Voraussetzung für Sozialismus ist: wer macht das dann?*

Wo Bürgertum und Kapitalismus stark genug sind sozialistische Revolution jetzt und hier und bis auf weiteres zu verhindern: im Westen also – dort wird die von Bürgertum und Kapitalismus nicht mehr allein zustandegebrachte weitere Entwicklung des Kapitalismus von der *Sozialdemokratie* besorgt innerhalb des Kapitalismus als sein hilfreicher Juniorpartner der aber auch schon weiß und will daß die ganze Firma einmal vom Sozialismus übernommen wird

(Naja nicht jede Sozialdemokratie und jeder Sozialdemokrat weiß und will das aber gesamthistorisch stimmts schon.)

Wo aber Bürgertum und Kapitalismus so schwach waren daß eine sozialistische Revolution bereits siegen konnte: im *Osten* also – dort *holt der siegreiche Sozialismus die noch ausständige kapitalistische Entwicklung nach.* Bei bestem Willen und mancherlei bis vielerlei Vorteil für die arbeitenden Massen: durch die unsozialistische Aufgabe des Nachholens von Kapitalismus des Ein- und Überholens dessen was er im Westen schon geleistet hat – durch diese unsozialistische Aufgabe wird der Sozialismus dementsprechend verzerrt so daß zB die Sowjetunion samt Anhang in mancherlei Hinblick kaum besser aussieht als die kapitalistisch-sozialdemokratischen Staaten des Westens.

Die Neue Linke besah sich Sozialdemokratie und Sowjetsozialismus und fand beide scheußlich. Sie hat recht. Aber wenn sie sich mit Denunziation begnügt die historische Analyse ausläßt die gegenwärtige und künftige Strategie nicht ausarbeitet so bleibt sie beim Gefühl statt beim Marxismus.

Wer nicht begreift daß die Fortentwicklung einer alten historischen Formation seis auch durch Mitarbeit an ihr *zugleich* die Entwicklung einer neuen Formation sein kann: Fort-Entwicklung der alten Formation im buchstäblichen Sinn ihre Austreibung aus der Geschichte – der hat von historischer Dialektik nichts begriffen.

Planspiel: »Sozialdemokratie« und »Sowjetkommunismus« im Spätfeudalismus

Wer historische Dialektik begriffen hat kann »Sozialdemokratie« und »Sowjetkommunismus« gemeinsam entteufeln indem er sie in einem historischen Planspiel zurückversetzt aus der gemeinsamen Geschichte von Sozialismus und Kapitalismus in die gemeinsame Geschichte von Kapitalismus und Feudalismus: sie lassen sich in dieser wie jener Epoche als historisch-dialektische Strategien beschreiben.

»Sozialdemokratie« im Spätfeudalismus

Wo der Feudalismus noch stark genug ist bürgerliche Revolution jetzt und hier und bis auf weiteres zu verhindern – dort wird die vom Feudalismus nicht mehr allein zustandegebrachte Höchst- und Spätform seiner selbst vom aufsteigenden Bürgertum durch eigene Mitarbeit energisch vorangetrieben: Innerhalb des Feudalismus und als dessen hilfreicher Juniorpartner aber eben auch als Agent der eigenen bürgerlich-kapitalistischen Entwicklung besorgt das Bürgertum – Komplize seines historischen Gegners – immer mehr von dessen Geschäften. Es betreibt die zentralistisch-absolutistische Höchst- und Spätform des Feudalismus so ausnehmend tüchtig daß dieser zu seinen eigenen Klassengenossen garnicht mehr das rechte Zutrauen hat: In Verwaltung Wissenschaft Technik besonders in der dem Feudalismus (oder eigentlich seinen Steuerzahlern) so teuren Kriegstechnik und im ebenso teuren Bauwesen – überall wirken Bürgerliche an der Pracht- und Machtentfaltung der feudalen Spätphase. Erst recht sitzen Bürgerliche im innersten Kern und Geheimnis des Spätfeudalismus/Absolutismus: sie verschaffen diesem die ökonomischen Grundlagen für Pracht Macht und Krieg: Sie sitzen an den Hebeln der feudal-absolutistischen Steuer- Geld- und überhaupt Wirtschaftspolitik. Sie entwickeln als Beamte des Absolutismus durchaus loyal zu seinen Pracht- Macht- Kriegsinteressen auch und insbesondere die Produktivkräfte ihrer eigenen Klasse: durch strikte staatliche Planwirtschaft und durch ungeheure Projekte à la Keynes (John Maynard Keynes britischer Nationalökonom der Zwanzigerjahre empfahl in der damaligen Wirtschaftskrise man möge ohne Rücksicht auf Kosten also durch Staatsschulden nur recht große beliebige auch blödsinnige Arbeiten durchführen von ihm aus auch Aufgraben und wieder Zuschütten von Löchern ein Ankurbelungseffekt für die kapitalistische Wirtschaft werde sich dadurch jedenfalls einstellen). An Pracht Macht Krieg ist dem bürgerlichen Juniorpartner des Absolutismus nichts zu teuer zu blödsinnig zu schrecklich wenn es nur bürgerliche Arbeit bürgerlichen Profit schafft. Da die Bürgerlichen im Banken- und Kreditwesen in Gewerbe Handel Industrie ohnehin schon saßen sitzen sie sodann an allen Hebeln der feudalen Formation: sie entwickeln diese fort: aus der Geschichte heraus: die bürgerliche Revolution gibt nur den letzten Tritt.

»Sowjetkommunismus« im Spätfeudalismus

Wo der Feudalismus so schwach ist daß die bürgerliche Revolution frühzeitig siegen kann (Niederlande 16. England 17. Jahrhundert) – dort holt das siegreiche Bürgertum die noch ausständige Entwicklung des Feudalismus nach betreibt Einholen und Überholen dessen was der Feudalismus anderswo geleistet hat: Das siegreiche Bürgertum vollzieht die zentralistisch-absolutistische Spätphase des Feudalismus mit planwirtschaftlicher Staatsaufsicht über den Kapitalismus mit gewaltigen Ausgaben für Bürokratie Bauwesen Heer und Flotte weil die spätfeudale Planwirtschaft eben die Gehschule ist für das sodann staatsfreie Ausschreiten des Kapitalismus als Konkurrenzkapitalismus. So daß der frühbürgerliche Staat: England unter seinem stalinistischen Herrn und Beschützer (Lord Protector) Cromwell in mancherlei Hinblick kaum anders aussieht als der spätfeudale Staat in seiner höchsten Blüte: Frankreich unter dem Sonnenkönig

(Naja Ende des Exkurses)

Sozialdemokratie Großkapital Kleinkapital

Die historischen Aufgaben der Sozialdemokratie in der kapitalistischen Entwicklung entspringen a) der Kraft des Spätkapitalismus sozialistische Revolution zu verhindern Sozialdemokratie zum Arrangement und Kompromiß zu bringen b) seinem Unvermögen (zufolge Aufspaltung in Fraktionsegoismen) die in seinem eigenen Gesamtinteresse liegenden in seiner eigenen Entwicklung zur Höchstform enthaltenen Tendenzen weiterzutreiben und auszuschöpfen allein aus eigener Kraft – bis zu jenem dialektischem Punkt jenem höchsten

Reifegrad welcher zugleich die materielle Voraussetzung für Sozialismus liefert.

Um ihre Aufgabe der Fortentwicklung des Kapitalismus mit dem Ziel des Sozialismus zu vollziehen bedarf die Sozialdemokratie dementsprechender *eigener Stärke* aber nicht nur dieser: weil Bürgertum und Kapitalismus ihrerseits stark genug sind bis auf weiteres den revolutionären Sieg des Sozialismus im Westen zu verhindern bedarf die Sozialdemokratie überdies des Arrangements und der *Allianz mit Fraktionen von Bürgertum und Kapitalismus:*

Allianz mit jenen Fraktionen in deren Teilinteresse solche Allianz liegt und die weil sie die historisch progressiven Fraktionen des Kapitals sind zugleich dessen Gesamtinteresse auf Fort- und Höchstentwicklung vertreten.

Solcherart gelenkt vom eigenen Interesse kommen sie zur Einsicht daß für ihre volle Entfaltung und das heißt siehe oben: für die volle Entfaltung des Gesamtkapitalismus die eigene Stärke nicht ausreicht die Mithilfe der Sozialdemokratie nötig ist.

Das historische Bündnis zwischen Sozialdemokratie und Kapitalismus vollzieht sich nicht mit dem Gesamtkapital nicht mit dem gesamten Bürgertum. *Bündnisfähig ist die historisch progressive Fraktion des Kapitals die auf dem Weg des Kapitalismus fortgeschrittenste Fraktion des Bürgertums: Industrie- und Finanzkapital als das am stärksten konzentrierte und zentralisierte.* Es interessiert sich nicht für die Produktion von Hosenknöpfen oder auch Hosen oder auch Hosen- oder Hosenknopffabriken. Ganze neue Industrien ganze neue Energiezentren ganze neue Verkehrsnetze ganze neue Städte will es bauen und entsprechend daran verdienen. Oder auch wenn der Auftrag erhältlich ist zB von der Sozialdemokratie einen ganzen neuen »Sozialstaat« mit massenhaften und riesigen Schulen Hochschulen Spitälern Verwaltungs- und Versorgungszentren und wiederum entsprechend daran verdienen. Das heißt mehr noch als am bisherigen Produktionsapparat mehr noch als an der bisherigen »modernen Konsumgesellschaft«.

Der Durst nach großen Taten und großen Profiten bringt das große Kapital in die Nähe der Sozialdemokratie. Die nämlich solche Aufträge zu vergeben imstande ist. Die nämlich vor weiterer Konzentration Zentralisation Leistungsfähigkeit des Kapitals keine Angst hat weil unmittelbar Masseneinkommen davon abfallen und mittelbar Entwicklung zum Sozialismus materielle Grundlage für dessen Beginn.

So gerät das große Kapital in die Nähe der Sozialdemokratie die vor ihm keine Angst hat im Gegensatz zu kleineren konservativeren Kapitalfraktionen angstvoll konservativem Kleinkapital und Kleinbürgertum.

Die Sozialdemokratie braucht die große neue leistungsfähige Industrie weil nur diese außer Profit fürs Kapital Lebensstandard für die lohn- und gehaltsabhängigen sozialdemokratischen Wählermassen liefern kann. Innerhalb des kapitalistischen Systems und die Sozialdemokratie muß drinbleiben im Zeichen des Gleichgewichts der Klassenkräfte ist möglichst hoher Lebensstandard der Massen nur erhältlich indem man vom möglichst reich gedeckten Tisch des Kapitals für die Lohn- und Gehaltsabhängigen möglichst große Abfälle holt.

Die Sozialdemokratie braucht zuhanden ihrer Wählermassen den großen neuen »Sozialstaat« und sie kann ihn nicht kriegen – beim gegebenen Kräfteverhältnis der Klassen – ohne großes Kapital das ihn zu bauen bereit ist mit größtem materiellen Vergnügen.

Auf der anderen Seite fürchten sich die kleinkapitalistisch-kleinbürgerlichen Konservativen vor alledem: je ein großer Kapitalist schlägt viele kleine tot.

Insofern ist das große Kapital historisch progressiv das kleine konservativ.

(Das große Kapital erzeugt wohl auch jeweils neues kleines von ihm abhängiges: das Ölkapital Tankstellenkapitalisten das Autokapital Werkstattkapitalisten aber das ändert nichts an den Ängsten des jeweils zugrundegehenden *alten* Kleinkapitals/Kleinbürgertums.)

Je ein großer Kapitalist schlägt viele kleine tot und die etwa noch überlebenden können höhere Lohn- und Gehaltskosten höhere Soziallasten höhere Steuern für den »Sozialstaat« schwerer verdauen schwerer auf die Preise überwälzen.

(Genauer: wenn einerseits Branchen mit hohem und anderseits Branchen mit geringem Konzentrationsgrad ans Preisüberwälzen gehen zB bei Lohnerhöhungen so überwälzen die kleinen viel unverschämter als die großen besser rationalisierten. Wenn aber *innerhalb* derselben Branche Große und Kleine beisammen sind zB heute im Lebensmittelhandel können die Kleinen unter dem Konkurrenzdurck der Großen weniger bis nichts überwälzen und gehen sterben.)

Für das große Kapital birgt das Bündnis mit der Sozialdemokratie wenig Schrecken und viel Profit für das kleine ist es umgekehrt.

(Wenn die Sozialdemokratie in Bündnis und Kompromiß mit dem großen Kapital höhere Masseneinkommen erreicht bringt dies höhere Kaufkraft auch zum Kleinkapital aber es hat nicht viel davon es wird vom großen doch gefressen: der Greissler von der Handelskette das Stoffgeschäft von der Warenhauskette usw.)

Die den sozialdemokratischen Massen der Lohn- und Gehaltsabhängigen fernsten großen Kapitalisten sind die möglichen und tatsächlichen Bündnispartner der Sozialdemokratie. Nur aus solchem

Bündnis können innerhalb des kapitalistischen Systems massenhafter Lebensstandard und hohe Sozialleistungen kommen.

Die den sozialdemokratischen Massen ökonomisch nächsten Kleinkapitalisten und Kleinbürger: materiell und sozial vom Abstieg bedroht noch unters Niveau der Arbeiter und Angestellten sind am wildesten gegen das sozialdemokratisch-großkapitalistische Bündnis von dem ihnen der desto gewissere Abstieg winkt.

Gelingt den antisozialdemokratischen Kleinkapitalisten der Übergang und oft heißt dies: Aufstieg ins Lohn- oder Gehaltsverhältnis werden sie gemäß ihrer neuen Interessenlage zu Wählern der Sozialdemokratie.

Gelingt größeren Kapitalisten – denkmöglich und in einzelnen Exemplaren tatsächlich – der Aufstieg zur historischen Einsicht: der Übergang vom Kapitalismus zum Sozialismus ist sowohl unausweichlich wie auch humaner Fortschritt – so werden sie zu Beinahe-Sozialdemokraten oder mehr: nämlich loyalen Mitarbeitern an diesem Übergang nun nicht mehr mit ihren kapitalistisch-besitzmäßigen sondern mit ihren unternehmerisch-funktionellen Qualitäten (für nähere Ausführung siehe G. N. Wege aus der moralischen Krise. Zusammenarbeit von Demokraten und Unternehmern in: Otto Schulmeister Hg., Offene Briefe an die Österreicher Wien 1970 S. 126 ff.)

Die Scheidung in bürgerlich-kapitalistische Konservative und Progressive soll insgesamt keine von außen herangetragene moralisierende Scheidung sein: die bösen Konservativen sind gegen den Sozialismus die guten Progressiven für ihn. Gemeint ist eine innerkapitalistische Unterscheidung:

Die Konservativen sind an einer vollen Entfaltung des Kapitalismus nicht interessiert wenn und soweit sie verknüpft ist mit dem Untergang ihrer eigenen kleinkapitalistisch-kleinbürgerlichen Existenzweise.

Die Progressiven sind von solcher Existenzangst frei: sie selbst sind es die durch ihre großkapitalistische Konzentration und Zentralisation Tod und Verderben ihrer kleinkapitalistischen Brüder exekutieren. Sie sind an den darin liegenden Möglichkeiten der vollen Entfaltung des Kapitalismus interessiert desgleichen an dessen noch weiterer Entfaltung – befreit von den hemmenden Ängsten des kleinen Kapitals – durch eine große Allianz mit der Sozialdemokratie.

Dementsprechend löst sich das progressive große Kapital aus dem die längste Zeit selbstverständlichen Bündnis mit kleinbürgerlich-konservatiben Parteien deren Aufwand es großteils zu bezahlen hat und deren Gegenleistung: Lieferung von Wählern für des kapitalistische System nicht befriedigend ausfällt: denn ein Großteil dieser Wähler sind Kleinkapitalisten/Kleinbürger auch Bauern – deren Interessenvertretung hemmt die konservativ-kleinbürgerlichen Parteien bei der konsequenten Interessenvertretung des großen Kapitals das sie doch hauptsächlich finanziert.

(Für die absteigenden Kleinkapitalisten/Kleinbürger gibt es keine konsequente Interessenvertretung. Die bürgerlich-konservativen Parteien vertreten sie nur halbherzig weil diesen Parteien das große Kapital mindest gleich wichtig ist. Die Sozialdemokratie zu der sie ohnehin kaum gehen würde sie dem Bündnis mit dem Großkapital opfern. So tendieren sie zum Faschismus aber der verrät sie erst recht weil ihm Geld vom und Bündnis mit dem Großkapital wichtiger ist. In der Nazizeit ging trotz NS-Kleingewerberetterei der Konzentrationsprozeß des großen Kapitals verstärkt weiter.)

Die bürgerlich-konservativen Parteien stehen vor einer Quadratur des Kreises: Sie sollen dem großen Kapital Wähler liefern Kleinkapitalisten/Kleinbürger/Bauern die von jenem großen Kapital täglich dezimiert werden und die soweit sie noch leben diesen Parteien davonlaufen wenn diese nicht *ihre* Interessen vertreten statt jene des Großkapitals das aber dafür zahlt diese Wähler geliefert zu bekommen und statt dessen seine Interessen nicht genug vertreten sieht.

So gibt es für die bürgerlich-konservativen Parteien nur zwei konsequente Wege in die Zukunft: a) *nach rechts* zu einem modernen Faschismus aber den will das Großkapital nur notfalls wenn dunkelroter Sozialismus droht sonst ist ihm das Bündnis mit der Sozialdemokratie lieber nämlich profitabler b) *nach links* zu einer Nachäffung der Sozialdemokratie das heißt Gewinnung statt absterbender Kleinkapitalisten aufsteigender »neuer Arbeiterklasse« das heißt Angestelltenmassen. Diese von der Sozialdemokratie wegzuholen ist wahrscheinlich möglich. Das Bündnis mit dem Großkapital nach dem Muster der Sozialdemokratie wäre gleichfalls möglich und diese hätte dann einen bürgerlichen und keinen sozialismusverdächtigen politischen Partner.

Bis auf weiteres aber macht die Sozialdemokratie dem großen Kapital weniger Kopfzerbrechen als die in Krise befindlichen bürgerlich-konservativen Parteien. Ihre Wählermassen bringt die Sozialdemokratie ins Bündnis mit dem großen Kapital kostenfrei ein. Ihr Bündnisinteresse ist höherer Lohn- Gehalts- Lebensstandard ihrer Wähler. Und dieses sozialdemokratische Interesse ist eben innerhalb des Kapitalismus gleichläufig mit dem großkapitalistischen Interesse an konzentrierter und zentralisierter das heißt leistungsfähiger das heißt Profit und Masseneinkommen abwerfender Industrie.

Bis auf weiteres gelangt das Großkapital zur Einsicht daß die Tricks der konservativ-bürgerlichen Parteien sozialdemokratische Erfolge an der Lohn- Sozial- und sonstigen Reformfront möglichst abzublocken oder doch zu verzögern zum alten Eisen der Parteipolitik gehören. Sie scheinen dem großen Kapital kleinkariert unwirksam unerwünscht. Das progressive Großkapital ist bis auf weiteres eher für den großzügigen Pakt mit der Sozialdemokratie: sie bekommt die ihr nötigen Erfolge für ihre Wähler das Kapital bekommt die Garantie seines profitablen Fortbestands. Die Lohn- Sozial- und Steuerkosten dieses Arrangements holt es sich über Rationalisierung oder Preise oder beides. Die Masseneinkommen steigen die Profite auch und womöglich noch mehr.

Unter solchen günstigen Bedingungen ist das Großkapital bereit auch die alleinige politische Regierungsgewalt der Sozialdemokratie in der bürgerlich-kapitalistischen Demokratie zu akzeptieren. An der Regierung betreibt die Sozialdemokratie getreu die Geschäfte ihres kapitalistischen Seniorpartners. Wenn sie gute Sozialdemokratie ist betreibt sie ebenso getreu die Geschäfte des kommenden Erben namens Sozialismus.

Das große Arrangement Sozialdemokratie-Großkapital ist für die gegenwärtige historische Epoche unwiderruflich das kleine Arrangement alleinige Regierungsgewalt ist hingegen widerruflich. Dasselbe Kapital das wegen eines ihm nötigen und von einer konservativ-bürgerlichen Partei nicht vollbringbaren Modernisierungs- Reformierungs- oder sonstigen Interessenschubs die Sozialdemokratie an der Regierung will und dafür sogar die Schleusen seiner Massenmedien öffnet kann diese Schleusen auch wieder schließen wenn der nötige Schub vorbei ist und aus diesem Grund oder einem anderen die sozialdemokratische Regierung wieder unerwünscht wird zB weil sie angeblich oder wirklich doch ein Stück zu sozialistisch agierte.

Dann ist für das Großkapital wiederum die bürgerlich-konservative Partei an der Reihe zum Regieren wenn sie es bei den Wählern hinkriegt. Weshalb bei allem Arrangement mit der Sozialdemokratie das große Kapital die bürgerlich-konservative Partei nie schlechthin fallen läßt.

Auch nicht deren rechten fast schon faschistischen Flügel denn Faschismus in moderner Variante könnte vielleicht immer noch nötig sein wenn allzuviel Sozialismus ins Haus steht.

42. Tag
Doppelgesicht der Sozialdemokratie

(Vergleiche: Doppelgesicht der Sozialdemokratie (1) bis (3) in den Kapiteln des 37. und 40. Tages)

I.
Man lasse sich nicht irremachen

Die Sozialdemokratie hat historische Funktionen in der kapitalistischen wie in der sozialistischen Entwicklung:

Sie wirkt mit an der vollen Entfaltung der Produktivkräfte des Kapitalismus-

Eben dadurch wirkt sie mit an der materiellen Grundlage für den nachfolgenden Sozialismus.

Man kann die zwei Gesichter der Sozialdemokratie nicht säuberlich moralisch einteilen:

ihr kapitalistisches Gesicht ist das böse verräterische
ihr sozialistisches Gesicht das gute »idealistische«.

In ihrer kapitalistischen wie in ihrer sozialistischen Funktion hat die Sozialdemokratie in den fortgeschrittenen kapitalistischen Industriegesellschaften des Westens das zu leisten was Marx dem Sozialismus als dessen historische Aufgabe zuschrieb:

Elemente der neuen Gesellschaft freizusetzen im Schoße der alten.

Die Freisetzung des Neuen aus dem Schoße des Alten ist kein automatischer kein blinder Vorgang. Die Geschichte ist keine metaphysische Marionettenspielerin an deren unsichtbaren Fingern die Menschen und Klassen hängen und tanzen. Es ist nicht am allermarxistischesten im Kaffeehaus zu sitzen und zu warten bis Marx rechtbekommt. Die Freisetzung des Neuen aus dem Alten ist weder das Werk eines überirdischen noch eines irdischen *Geistes:* durch Klugscheissen wird aus der alten Welt keine neue.

Die alte Gesellschaft ist kein Hirngespinst das sich durch Diskussion auflösen läßt sondern harte materielle Wirklichkeit aus dem Willen von Menschen und Klassen. Indem Menschen und Klassen gemäß ihrem Willen *ihre* Gesellschaft weiterentwickeln entstehen in Durchkreuzung ihres Willen die realen Möglichkeiten einer *neuen* Gesellschaft: neue Produktivkräfte neue Klassen. Und neue Ideologen zeigen daß dieses Neue in einer neuen Gesellschaft besseren Platz hätte als in der alten in der es entstand aber sich nicht entfalten kann. Mächtige gesellschaftliche Bewegungen machen sich auf um dieses

Ziel zu verwirklichen: neue bessere Gesellschaft das heißt eine mit mehr Raum für menschliches Glück. Zugleich damit zeigt sich: die alte Gesellschaft zerklüftet in ihre Gruppenegoisemen ist selbst gar nicht mehr fähig die volle Reife ihrer Produktivkräfte zu erreichen aus eigener Kraft und damit die materielle Voraussetzung zu schaffen für die künftige neue Gesellschaft. *In der Bewegung aus der alten zur neuen Gesellschaft funktioniert die Sozialdemokratie als Kraft die innerhalb der alten Gesellschaft mitwirkt an der vollen Entfaltung von deren Möglichkeiten folglich zugleich an der Entfaltung der Möglichkeiten neuer Gesellschaft.*

(Bürgerliche die massenhaft an der vollen Entfaltung des spätfeudalen Absolutismus mitwirkten daher zugleich an der Entfaltung des nachfolgenden Kapitalismus waren die »Sozialdemokraten« im Feudalismus vergleiche den Exkurs im vorangehenden Kapitel des 41. Tages.)

Der Sozialdemokratie ist nicht vorzuwerfen daß sie statt »rein« sozialistisch zu bleiben sich mit Arbeit am Kapitalismus die Hände schmutzig macht das ist vielmehr ihr Daseinszweck. Ein Vorwurf wäre erst der Nachweis daß sie diese Arbeit schlecht ausführt nämlich zu Nutzen bloß des Kapitalismus und nicht auch des Sozialismus. In der dialektischen Verwicklung und Verstrickung von kapitalistischen und sozialistischen Prozessen kann deren jeder zwei Ausgänge haben:

»Einerseits wird die Sozialdemokratie partiell zur Institution der Stabilisierung des Systems, wie es ist, gerichtet gegen die gleiche Klasse, auf die sie sich stützt. Anderseits bleibt sie auf diese Klasse gestützt, bekommt von daher immer wieder Impulse und bewegt sich insofern widerspruchsvoll fort.« (Wolfgang Abendroth »links« 3/1970)

Und wie geht das aus mit der widerspruchsvollen Fortbewegung? Aber Kollege klopft dem guten Marxisten Abendroth ein anderer guter Marxist auf die Schulter quer durch Jahrhundert:

»Man lasse sich nicht irre machen durch den anscheinenden Widerspruch, den die historische Aufgabe der Sozialdemokratie aufweist. Ihr fällt es zu, die Interessen des Proletariats gegenüber dem Kapitalismus zu schützen, diesen zu bekämpfen, gleichzeitig aber auch die ökonomische Entwicklung zu fördern, welche doch, solange die Gesellschaft nicht sozialistisch eingerichtet ist, notwendigerweise zu einer Förderung des Kapitalismus wird . . . deren der Kapitalismus bedarf, um seine letzte höchste Form zu erreichen, in der das Proletariat sich seiner bemächtigen wird.« (Karl Kautsky: Nationalstaat imperialistischer Staat und Staatenbund Nürnberg 1915 S. 75 ff.)

II.
Tanzen auf zwei Kirtagen

Die Dialektik von systeminternen und systemüberschreitenden Elementen in der Sozialdemokratie ist Teil der umfassenden Dialektik im Kapitalismus: was sich in ihm entwickelt ist nicht nur Teil von ihm und nützlich für ihn sondern auch Ausgangsbasis für die Entwicklung zum Sozialismus. *So ist Sozialdemokratie Produkt des Kapitalismus aber Sozialismus desgleichen. Sozialismus wächst nicht vorgängig aus den Köpfen als Hirngespinst sondern aus der Wirklichkeit das heißt aus dem Kapitalismus.*

Durch Pakt (»Große Koalition« »Paritätische Kommission« »Sozialpartnerschaft« »Konzertierte Aktion« oder wie immer er heißt einschließlich sozialdemokratischer Regierung unter Respektierung des Kapitalismus) einigt sich die Sozialdemokratie mit dem Kapital daß sie für dieses die Modernisierung des kapitalistischen Systems besorgt:

»Förderung der Wirtschaft« das heißt des Kapitalismus durch Aufträge Investitionen Subventionen Budget Steuer- und sonstige Gesetze Zubilligung von Gewinnen folglich Modernisierung des Produktionsapparates

Liberale Reformen von Ehe- Familien- Sexual- und Pornogesetzgebung damit in freiem Klima analog auch die Freiheit des Konsumbürgers ins Kraut schießen kann sich nichts zu versagen das heißt alles zu kaufen.

Das Kapital billigt der Sozialdemokratie die Funktion der Modernisierung des Kapitalismus zu weil die Sozialdemokratie diesbezüglich verläßlicher ist als die konservative Partei: Förderung des Industrie- und Konsumkapitalismus entspricht sozialdemokratischem Parteiinteresse an Hebung des materiellen Standards ihrer Wähler innerhalb des Kapitalismus. *Förderung des großindustriellen Kapitalismus widerspricht hingegen den materiellen Interessen wichtiger kleinkapitalistischer Stammwähler der konservativen Parteien und Förderung des Konsumkapitalismus gerät in Widerspruch zur traditionellen konservativen Entsagungsmoral in der ganzen Breite von Ehe- bis Pornogesetzgebung.*

Die Sozialdemokratie ist bis auf weiteres eine verläßlichere Modernisierungsagentur des Kapitalismus verglichen mit den konservativen Parteien. Aber die Verläßlichkeit der Sozialdemokratie gegenüber dem Kapital ist keine glatte widerspruchsfreie verglichen mit den materiellen Interessen und dem Bewußtsein der massenhaft sozialdemokratischen Lohn- und Gehaltsabhängigen:

1) Als Interessenvertretung der Lohn- und Gehaltsabhängigen inner-

halb des Kapitalismus muß die Sozialdemokratie obgleich Agentur des Kapitalismus dessen Modernisierung immer wieder so zu steuern versuchen *daß möglichst viel Produktivität des Kapitals und möglichst wenig Profit des Kapitals dabei herausschaut.* Sonst kündigen ihr die Lohn- und Gehaltsabhängigen die Wahlgefolgschaft auf.

2) Als Modernisierungsagentur des Kapitalismus zwecks Interessenvertretung der Lohn- und Gehältsabhängigen innerhalb des Kapitalismus muß die Sozialdemokratie obgleich Interessenvertretung der Lohn- und Gehaltsabhängigen diese Interessenvertretung immer wieder so zu dosieren versuchen *daß außer Zuwachs an materiellem Standard der Lohn- und Gehaltsabhängigen durch höhere Produktivität der Wirtschaft auch Zuwachs an Profiten der Unternehmer herausschaut.* Sonst kündigt ihr das Kapital den Pakt (die »Sozialpartnerschaft«) auf.

Es ist die historische Aufgabe der Sozialdemokratie mit einem Hintern auf zwei Kirtagen zu tanzen.

III.
APO der Kapitalisten

Wie kann das Kapitel: eine kleine Zahl von Köpfen den Pakt mit der Sozialdemokratie bedrohlich aufkündigen wo doch diese soviel Wähler hat oder gar von einer Wählermehrheit bis ins Regierungsamt gebracht wurde?

Die freie das heißt kapitalistische Wirtschaft funktioniert nach eigenen ehernen Gesetzen die durch Parlamentsmehrheiten nicht in Unordnung gebracht werden dürfen.

Der Kapitalismus ist eine außerparlamentarische Opposition mit der sich jede parlamentarische Mehrheit gut stellen muß.

Sonst geht die Kapitalisten-APO demonstrieren: weil sie kein Vertrauen in die parlamentarische Mehrheit hat manipuliert sie Bankkapitalien Investitionen Beschäftigungsziffern nach unten Preise nach oben.

Schuld daran ist dann nicht die kleine radikale Minderheit der Kapitalisten sondern die sozialdemokratische Parlamentsmehrheit.

Dafür sorgen die bürgerlichen Massenmedien.

IV.
Medienzirkus

Der direkte massive Wirtschaftsboykott gegen die Sozialdemokratie ist grobes Geschütz mit der Aufschrift »Ultima ratio regum«:

letztes Mittel der Könige das heißt der eigentlichen der kapitalistischen Herren im Haus der parlamentarischen Demokratie. In der Regel reichen jedoch schon die Kanonen der Massenmedien.

Die Massenmedien sind der normale Regulator des Verhältnisses zwischen Kapital und Sozialdemokratie. Sie verteilen gute und schlechte Zeugnisse an die Sozialdemokratie gemäß bürgerlich-kapitalistischer Notenskala denn sie sind fast ohne Ausnahme in bürgerlich-kapitalistischem Besitz direkt durch Eigentumsverhältnisse und/oder durch Ideologie ihres Managements und/oder der dort Beschäftigten.

Die Sozialdemokratie muß alle ihre Handlungen und Äußerungen daraufhin prüfen ob sie damit bei den bürgerlichen Massenmedien gut ankommt. Sonst verliert sie ihre Wähler denn diese alle haben täglich und stündlich die Nürnberger Trichter der Massenmedien auf ihren Köpfen und sind auch schon durch ihre sonstige Erziehung in der gleichen Richtung vorausverformt: *Familie Schule öffentliche Meinung sind Filialbetriebe der Massenmedien.*

Das ist der Kirtag auf dem am schwierigsten zu tanzen ist: Wenn die Sozialdemokratie Glück hat wird sie von den Massenmedien gelobt für ihre Verläßlichkeit in parlamentarischer Demokratie das heißt ins Ökonomische gewendet: Verläßlichkeit in freier das heißt kapitalistischer Wirtschaft. *Wenn die Sozialdemokratie Pech hat und über ihr Glück und Pech entscheiden zunächst nicht die Wähler sondern die Massenmedien: wenn sie also Pech hat bleibt sie im Massenmedienfeuer liegen wohin immer sie sich wenden will:*

- Marschiert sie ein Stück in die Gegend eines höheren materiellen Standards der Arbeiter und Angestellten durch Zügelung von Profit und Anarchie in der freien Wirtschaft *so werden diese antikapitalistischen Maßnahmen der Sozialdemokratie von den Massenmedien genußvoll als undemokratisch denunziert.*
- Marschiert sie ein Stück in die Gegend der Modernisierung des Kapitalismus das heißt Produktivitätssteigerung folglich auch Profitsteigerung zu Ungunsten der Lohn- und Gehaltsabhängigen so ist der Genuß noch größer: *dann werden diese prokapitalistischen Maßnahmen der Sozialdemokratie von den prokapitalistischen Massenmedien prompt als Maßnahmen gegen den kleinen Mann entlarvt.*

Die *Preisfrage* ist immer wieder die Preisfrage der Sozialdemokratie: wie tanzt sie mit gleicher Eleganz auf folgenden drei Kirtagen:

1) *Massen:* Gegen Preissteigerungen *muß* die Sozialdemokratie sehr viel tun weil sie sonst als Interessenvertretung der Arbeiter und Angestellten unglaubwürdig wird Wähler verliert.
2) *Kapital:* Gegen Preissteigerungen *kann* die Sozialdemokratie nicht sehr viel tun weil sie sonst als Modernisierungsagentur des

Kapitalismus für diesen unglaubwürdig wird das heißt sie verletzt die paktierte Respektierung der freien Wirtschaft.

3) *Massenmedien:* können folglich ihren Lesern Hörern Sehern: den sozialdemokratischen Arbeitern und Angestellten mit dem obenerwähnten Genuß immer das Richtige beweisen:

●● *Maßnahmen* gegen Preissteigerungen beweisen daß die Sozialdemokratie für undemokratischen Zwang ist

●● *Keine Maßnahmen* gegen Preissteigerungen beweisen daß die Sozialdemokratie gegen den kleinen Mann ist.

Ob die Sozialdemokratie gute oder schlechte Interessenvertretung des kleinen Mannes ist gute oder schlechte »Förderung der Wirtschaft« betreibe – *ob die Sozialdemokratie gut oder schlecht ist entscheiden die ganz überwiegend bürgerlich-kapitalistischen Massenmedien schon vor den Wahlen und insofern anstatt der Wahlen anstatt der Wähler.* Die Sozialdemokratie muß permanent unter dem Joch der bürgerlichen Massenmedien durch.

Einerseits ist die Sozialdemokratie auf systeminterne Weise von Massenmedien abhängig: sie muß tatsächlich ob Linke dabei die Nase rümpfen oder nicht alle ihre Maßnahmen und Äußerungen stets prüfen ob sie wohl ankommen bei den bürgerlich-kapitalistischen Massenmedien

Anderseits soll die Sozialdemokratie Abhängigkeit von Massenmedien gefälligst auch auf systemüberschreitende Weise verwirklichen: sie soll eigene radikal-demokratische Medien aufbauen die nicht oder möglichst wenig von oben nach unten manipulieren nicht oder möglichst wenig künstliche Bedürfnisse schaffen echte Bedürfnisse verschleiern

sondern von unten nach oben Forderungen der breiten Massen vertreten gegen die politische ökonomische kulturelle Macht des Kapitalismus. Wenn die Sozialdemokratie zu solchem Aufbau radikaldemokratischer Medien selbst nicht willens oder nicht fähig ist soll sie kooperationsbereite linke Medien dieser Art unterstützen.

Nur so kann die Sozialdemokratie der Perversion entrinnen daß sie ständig vor dem Tribunal der bürgerlich-kapitalistischen Massenmedien steht. Sie wird von diesen immer nur auf Bewährung freigelassen. Sobald sie nicht brav genug ist wird sie blitzschnell umfunktioniert vom reformistischen Musterknaben zum bolschewistischen Krampus.

V.
Preissteigerungen und Ideologie

An der *Preisfront* wendete sich schon mehrmals in der Geschichte des demokratischen Kapitalismus das rosarote Schlechtenglück der

Sozialdemokratie. Immer wenn die Preise steigen wird der Himmel schwarz über ihr: *Trendumkehr.*

Ab einem gewissen Ausmaß von Inflation womöglich gekoppelt mit Stagnation (»Stagflation«) tritt die wichtigste Klausel des sozialdemokratisch-kapitalistischen Arrangements plötzlich außer Kraft: hie höhere Profite hie höhere Masseneinkommen. Aber die Profite steigen nicht mehr: wegen Stagnation und die Masseneinkommen sinken: wegen Inflation. Auf Inflation antworten die Arbeiter und Angestellten mit Lohn- und Gehaltsforderungen trotz Stagnation der Wirtschaft und wegen Stagnation antworten die Unternehmer mit Ablehnung dieser Forderungen trotz Inflation. Die Beziehungen zwischen Arbeit und Kapital verschlechtern sich.

Für eine neue Situation des schärferen Klassenkampfes hat die Sozialdemokratie keine geeignete Ideologie parat.

Die bisherige sozialdemokratische Ideologie der »Sozialpartnerschaft« entsprach einer mehr oder minder anhaltenden Wirtschaftskonjunktur.

Seit Kriegsende 1945 gabs mit kleineren Rückschlägen unentwegte Wirtschaftsblüte. Von innen gespeist durch Nachkriegsaufbau und märchenhafte Marktausweitung durch »moderne Konsumgesellschaft«. Von außen gespeist durch Ausplünderung der 3. Welt und die Kriege in Korea und Indochina. Seit dieser letztere Krieg verloren oder doch beendet wurde ohne die entsprechenden ökonomischen Vorteile für die kapitalistische Führungsmacht USA (wie diese sie zB aus dem Sieg 1945 zog) – seither ist die ewige Wirtschaftsblüte welk geworden. Daher

1) *braucht die Sozialdemokratie eine ideologische Antwort auf schlechtere Zeiten in der Wirtschaft und auf entsprechend schärferen Klassenkampf.* Sonst laufen ihr die Lohn- und Gehaltsabhängigen davon
2) braucht die Sozialdemokratie eine ideologische Antwort auf die Linksbewegung wesentlicher Teile der jungen Generation. Sonst läuft ihr diese Jugend davon.
3) braucht die Sozialdemokratie eine Antwort auf die Peinlichkeit das die rötere Ideologie der jungen Linken besser zum schärferen Klassenkampf paßt als ihre eigene rosarote von der Sozialpartnerschaft
4) *Die Sozialdemokratie braucht jetzt eine Antwort auf jene jämmerliche augenzwinkernde Übereinstimmung mit den Gegnern des Sozialismus daß dieser ja eine ganz gute Sache sei aber längst schon erreicht weil es den Arbeitern doch gut und immer besser geht.*

Die Sozialdemokratie wie sie derzeit besteht hat weder die reale Möglichkeit noch die ideelle Kraft Sozialismus jetzt und hier zu verwirklichen. Sie will dies gar nicht – teils aus Realismus teils als Opfer bürgerlicher Manipulation.

Die Sozialdemokratie war bis vor kurzem eine *»unmoderne«* Partei: Mit Arme-Leute-Geruch aber ohne revolutionären Schwung. Mit Resten altmarxistischer Theorie aber mit total reformistischer Praxis. Jetzt ist sie eine *»moderne«* Partei: Ohne revolutionären Schwung aber attraktiv für aufstiegshungrige Lohn- und Gehaltsabhängige. Ohne altmarxistische Überreste statt dessen mit technokratischer Theorie und Praxis. So gelangte sie an die ihr nötigen Wählermassen und an die ihr nötigen Schalthebel im parlamentarisch-kapitalistischen System. *So weit so gut.*

Aber jetzt muß es weitergehen soll Sozialdemokratie nicht zur *bloßen* Agentur des Kapitalismus verkommen. In der parlamentarisch-kapitalistischen Praxis ist die Sozialdemokratie derzeit von unübersehbarer Stärke. Sie ist daher auch für eine gesamtsozialistische Strategie ein unentbehrliches Element. In den Ländern mit starker Sozialdemokratie (inkl. »sozialdemokratoider« Parteien wie KPI KPF US-Demokraten) gibt es zu ihr keine Alternative: es gibt keine sozialistische Politik mittels einer genügend starken selbständigen außerparteilichen Linken einfach weil es eine solche Linke nicht – nicht mehr – noch nicht wieder – gibt.

Darum gehen junge Linke in die Sozialdemokratie bzw. KP. Auch die Jüngeren in diesen Parteien selbst sind von dem historischen Schock der Jungen Linken bis 1968 mitgenommen ihr Leben und Denken ist in bestimmten Bereichen anders auch wenn sie auf den Aufstiegsleitern in Partei Gewerkschaft Politik Wirtschaft dahinklettern. Desgleichen hat auch das politische Denken mancher Älterer in der Parteimaschine durch den junglinken Schock Rückstöße in Richtung Sozialismus bekommen.

Daraus ergibt sich die Chance einer *ideellen Erneuerung der Sozialdemokratie* ausgehend von den Anstößen der Jungen Linken und auf der Basis einer sich verschärfenden ökonomischen Situation welche die Sozialdemokratie ein Stück nach links treibt bei Strafe sonstigen Verlustes ihrer lohn- und gehaltsabhängigen Massen.

Solche ideelle Erneuerung würde aus der »modernen« Sozialdemokratie eine machen die *Agentur des Sozialismus sein kann.* Das heißt nicht: Sozialdemokratie ist identisch mit Sozialismus verwirklicht Sozialismus: wohl aber: Sozialdemokratie schafft innerhalb des Kapitalismus Voraussetzungen für den Sozialismus.

Das wäre Sozialdemokratie auf dem Weg zum Sozialismus.

Mißlingt die ideelle Erneuerung der Sozialdemokratie bekämen jene recht die stattdessen am Aufbau einer neuen revolutionären sozialistischen Bewegung arbeiten und die Sozialdemokratie bereits abgeschrieben haben. Ich nehme diese Abschreibung nicht – noch nicht – nicht mehr – vor.

43. Tag
Funktionen der Sozialdemokratie

Zusammenfassung und Weiterführung

I.
Sozialdemokratie als Agentur der Massen

Diese Funktion muß die Sozialdemokratie wahrnehmen weil die Massen der Lohn- und Gehaltsabhängigen ihre Wähler sind. Es ist keine tiefdunkelrot sozialistische Aufgabe sondern zunächst eine *humanistische* also eine ehrenwerte: es geht um die *unmittelbaren Lebensinteressen* der überwältigenden Mehrzahl der Menschen im gegenwärtigen System »Man möcht gar net glauben was ein Mensch alles braucht damit er halbwegs einem Menschen gleichschaut« (Nestroy).

Halbwegs: die andere Hälfte ist Profit des Kapitalismus.

Die sozialdemokratischen Wähler verstehen ihre Interessen innerhalb des Kapitalismus und die Sozialdemokratie will sie innerhalb des Kapitalismus wahrnehmen. Linke Forderungen die Sozialdemokratie möge entgegen dem was sie ist: eben Interessenvertretung *innerhalb* des Kapitalismus und auch noch entgegen dem damit übereinstimmenden Verständnis ihrer Wähler statt dessen Politik *außerhalb* des Kapitalismus machen revolutionäre Politik –

Diese Forderungen der Linken mißachten deren eigenes Prinzip: revolutionäre Politik sei nur möglich mit revolutionierten Massen und einer dementsprechenden revolutionären Organisation. An Stelle dieser beiden Forderungen kann bitte nicht der Taschenspielertrick gesetzt werden der Sozialdemokratie hinterdrein abzufordern wozu man selbst noch nicht imstande war.

»Eine radikale Revolution kann nur die Revolution radikaler Bedürfnisse sein, deren Voraussetzungen und Geburtsstätten eben zu fehlen scheinen.« (Karl Marx Zur Kritik der Hegelschen Rechtsphilosophie Einleitung MEW 1/85)

Die Linke möge sie schaffen die radikalen Bedürfnisse Kopfrevolution das ist ihre historische Pflicht.

Dann wird man weiter sehen.

(Restliche Erwägungen zu diesem Punkt siehe bitte Punkt Nr. 2 Sozialdemokratie als Agentur des Kapitals ja der Verweis ist bezeichnend die beiden Funktionen sind zwei Seiten ein und derselben sozialdemokratisch-kapitalistischen Medaille.)

II.
Sozialdemokratie als Agentur des Kapitals (Komplize Juniorpartner)

Sozialdemokratie als Agentur der Massen innerhalb des Kapitalismus – das bedeutet Wahrnehmung der politischen Rechte und ökonomischen Interessen der Massen im Austausch gegen Garantie auf Fortdauer des kapitalistischen Systems.

Das wiederum bedeutet: massenhafte Einkommenssteigerung und sozialpolitische Reformen können *nicht* herkommen aus einer grundlegenden Umstrukturierung der Ökonomie (Sozialisierung aller wesentlichen Produktionsmittel radikale Umverteilung von Vermögen und Einkommen). Sondern Lebensstandard der Massen ist nur möglich *als Abfallprodukt von Produktivitäts- und Profitsteigerung.*

Das wiederum bedeutet: die Sozialdemokratie muß ausgehen auf *Modernisierung des Kapitalismus:*

Konzentration und Zentralisation des Kapitals

Technische Neuerung des Produktionsapparates

Staatsaufträge Investitionen Subventionen Budget- Steuer- und sonstige Politik zur *»Förderung der Wirtschaft«*.

Die Sozialdemokratie befindet sich daher trotz allem Streit um die Größe des Abfalls – insofern eben ist sie Interessenvertretung der Lohn- und Gehaltsabhängigen – zugleich und bis auf weiteres in einer seis auch spannungsreichen *Interessenidentität mit dem Kapitalismus* zumindest dessen progressivem Flügel: dem großen Kapital von dem allein erhöhte Produktivität zu erwarten ist – vor allem durch dessen Konzentration das heißt Totschlag der kleinen Kapitalisten wobei die Sozialdemokratie wegen jener Interessenidentität *Mittäter* ist.

Zwischen ihrer Aufgabe Interessenvertretung ihrer Wähler zu sein und jener anderen eben darum den Kapitalismus zu modernisieren *schwankt die Sozialdemokratie nicht aus Charakterschwäche sondern aus Notwendigkeit* bis sie sich je nach ihrer Stärke und jener des Kapitalismus jeweils einpendelt auf einen Kompromiß.

In diesem Kampf gibt es wechselnde Fronten:

- Aus der gemeinsamen Front Sozialdemokratie progressives Kapital wird die Sozialdemokratie immer wieder *ausscheren* Frontwechsel machen und *mit den Gewerkschaften* (die gleichfalls mehrheitlich sozialdemokratisch sind) *gegen die Unternehmer* marschieren um mehr Masseneinkommen und sozialpolitische Vorteile herauszuschlagen.
- Aber immer wieder wird es auch die Frontstellung *Sozialdemokratie plus progressives Kapital kontra Gewerkschaften* geben. Wenn die Gewerkschaften (seis auch mit sozialdemokratischer Mehrheit)

»zu viel« und/oder »zu früh« neue Einkommensvorteile für die Lohn- und Gehaltsabhängigen fordern wird die mitbestimmende/mitregierende/allein regierende Sozialdemokratie *bremsen* in Front mit den Unternehmern um deren Profite deren Investitionen deren technische Modernisierung zu sichern.

Außer um funktionalen Konflikt handelt es sich hier auch um *Rivalität zweier sozialdemokratischer Hierarchien.*

ZB ist zu Zeiten einer bürgerlich-konservativen Regierung die Gewerkschaftshierarchie »stiller Koalitionspartner« Nr. 1 in Vertretung der Lohn- und Gehaltsabhängigen und in Vertretung der in Opposition gedrängten sozialdemokratischen Partei.

Ist die *Partei* an der Regierung ist *sie* Partner Nr. 1 des Kapitals die Gewerkschaftshierarchie Nr. 2 das ärgert diese ein bißchen und sie ärgert dafür die sozialdemokratische Regierung ein bißchen: Dann gibt es auch die Frontstellung hie sozialdemokratische Regierung plus progressives (Groß)Kapital hie Gewerkschaftshierarchie plus konservatives (Klein)Kapital.

Die Sozialdemokratie als Modernisierungsagentur des Kapitalismus erfüllt eine historisch notwendige Funktion. Sie wegen ihrer Zusammenarbeit mit der Kapitalistenklasse moralisch zu verteufeln ist absurd. In den westlichen Industriestaaten geht es um Errichtung des Sozialismus auf der Grundlage einer vollendeten Entwicklung des Kapitalismus – aus den Springquellen des ökonomischen technischen wissenschaftlichen Reichtums gespeist *wird dieser westliche Sozialismus ein qualitativ anderer sein* als jener in den zurückgebliebenen Randgebieten der kapitalistischen Welt der aufgebaut werden mußte unter Nachholung des Großteils der kapitalistischen Entwicklung in den fortgeschrittenen Ländern.

Für einen revolutionären Sturz des Kapitalismus fehlen in den westlichen Industriestaaten die Voraussetzungen dort ist der Kapitalismus bis auf weiteres zu stark. Solange das so ist und das wird noch lange so sein ist eine Vertretung der unmittelbaren materiellen Interessen der Massen nötig und diese wieder nur möglich wenn die materielle Entwicklung des Kapitalismus vorangetrieben wird.

Der Kapitalismus selbst ist zu seiner Modernisierung oft unfähig gefangen in seinen eigenen Widersprüchen:

Die Profitvernunft der einzelnen Branchen addiert sich zur Unvernunft des Gesamtkapitals.

Überdies ist der Kapitalismus auch gefangen in den Widersprüchen der bürgerlichen Demokratie des allgemeinen Stimmrechts: die hauptsächlich vom großen Kapital finanzierten bürgerlich-konservativen »Volksparteien« müssen auch die gegenläufigen Interessen ihrer kleinkapitalistischen kleinbürgerlichen bäuerlichen Stammwähler vertreten.

Aufgeklärte Unternehmervertreter sagten sich: um unsere Interessen zu wahren haben wir lang genug die bürgerlich-konservativen Parteien finanziert das war nicht billig und nicht sehr effektiv. Die Interessen der kleinkapitalistischen Stammwähler dieser »Volksparteien« die sie ja braucht denn wir großen Kapitalisten sind nicht zahlreich genug um auch nur die kleine Zehe eines Abgeordneten zu wählen – diese kleinkapitalistischen Wählerinteressen kommen mit unseren großen Interessen immer wieder übers Kreuz. Jetzt und hier (Änderungen vorbehalten zB wenn die Sozialdemokratie zu rot wird oder zB wenn die bürgerlich-konservativen »Volksparteien« umsteigen auf »Sozialdemokratie«: Gewinnung der lohn- und gehaltsabhängigen Massen die nicht dahinschwinden durch Kapitalkonzentration sondern deren Einkommensinteressen im Gegenteil damit konform gehen) – bis auf weiteres also gelangten wir zur Ansicht daß *die Sozialdemokratie geeigneter ist* zu unserer weiteren Entwicklung und Modernisierung. Sie braucht diese für den Lebensstandard ihrer Wählermassen. Sie wahrt unsere Interessen ohne die kleinkapitalistische Bleikugel am Bein. Und sie ist kostenlos sie finanziert sich selbst.

Anders als die kleinen Kapitalisten haben die Lohn- und Gehaltsabhängigen als Klasse von der Konzentration und Zentralisation des Kapitals langfristig nichts zu befürchten sondern sie haben davon das Näherkommen des Sozialismus zu erwarten.

III.
Sozialdemokratie als liberale Reformagentur

Die Modernisierung des Kapitalismus durch die Sozialdemokratie im Bereich der materiellen Produktion hat ihr Gegenstück im gesellschaftlichen Überbau.

Als systemimmanente Interessenvertretung der Lohn- und Gehaltsabhängigen betreibt die Sozialdemokratie Reformgesetzgebung zur *Humanisierung* der (ihrem Wesen nach inhumanen) kapitalistischen Arbeitswelt – in Front also *gegen* die Kapitalistenklasse.

Sie wird aber solche Reformgesetze auch betreiben in Front *mit* dem progressiven Flügel der Kapitalistenklasse als deren Modernisierungsagentur. Denn solche Reformgesetze dienen außer der Humanisierung auch der vollen materiellen Entfaltung des Kapitalismus und damit auch dessen Profitinteressen – in Front gegen das konservative Kleinkapital der absterbenden bürgerlichen Mittelschichten und in Front gegen deren Ideologie der Angst vor allem Neuen Bestehen auf Autorität und »Sittlichkeit«.

Auf verschiedene Weise aber in jedem seiner Teile dient das liberale Reformwerk der Sozialdemokratie immer auch dem Kapitalismus.

Ein ins Auge stechendes Beispiel ist die *Sexualgesetzgebung*. Ihre Reform gegen wütenden konservativen Widerstand ist ein Stück Humanisierung öffnet den Menschen neue Freiheitsräume *verrät* diese aber zugleich unter den Bedingungen des Kapitalismus an dessen Profitinteresse. *Aufhebung der Pornozensur ist nicht nur eine Forderung liberaler Sozialdemokraten im Namen mündiger Menschen sondern auch eine Forderung der Pornoproduzenten.*

Die Reform des Sexual- aber auch des Ehe- Familien- und Jugendrechtes schafft außer neue Menschlichkeit auch neue *ideologische Voraussetzungen für den vollen Durchbruch des modernen Konsumkapitalismus.* Dieser braucht Menschen die mit gutem Gewissen nein sagen zu starrer Bindung Versagung Enthaltsamkeit ja sagen zu Genuß und Glück. Der Werbeapparat macht daraus das Nein zur Konsumaskese das Ja zu Genuß und Glück durch Kauf und Gebrauch immer neuen immer unnötigeren Zeugs.

So legt die sozialdemokratische Reform der Sexual- Ehe- Familien- und Jugendgesetze im Nachziehverfahren die juristischen Fundamente für den Konsumkapitalismus dessen sonstige ideologischen Fundamente längst gelegt sind durch Massenmedien Illustrierte Fernsehen kommerzielle Werbung. Damit aus Menschen neurotisch kaufende Konsumtiere werden muß in ihren Köpfen eine *Genußideologie* etabliert werden die Glück vorgaukelt aber nicht ermöglicht: Werde glücklich durch Zigaretten und Duftspray – nicht etwa durch ökonomisch politisch und sexuell wirklich freies Leben. Das Zeug das Dir angehängt wird ist ja gerade der profitträchtige Ersatz für wirkliche Freiheit wirklichen Genuß wirkliches Glück.

Leiste Dir was leiste Dir alles versage Dir nichts Du brauchst Deine Freiheit – aber bitte sorgfältig keimfrei gemachte entpolitisierte Freiheit. Freiheit zu konsumieren und dadurch Profit zu verursachen.

Aber selbst in ihrer profitträchtigen Scheinform stehen die liberalen Reformen der Sozialdemokratie in vollem unversöhnlichen Gegensatz zur unlösbaren Bindung Versagung Enthaltsamkeit: den Leitideen der konservativ-reaktionären Familien- Ehe- Jugend- und Sexualgesetze.

Indem die Sozialdemokratie liberale Reformagentur ist zerstört sie das konservativ-reaktionäre geistige Klima im demokratischen Kapitalismus schafft also ideologische Voraussetzungen für ihren eigenen Verbleib an der Regierung und deren künftige Stärkung schafft Voraussetzungen aber auch für Modernisierung des Kapitalismus durch Förderung einer unpolitischen folglich kapitalistisch nutzbaren Ideologie von Freiheit Genuß Konsum.

Operierend innerhalb des Kapitalismus kann die Sozialdemokratie solche Widersprüche nicht auflösen – es sei denn sie löste den Kapitalismus auf was sie subjektiv nicht will und was auch objektiv jetzt und hier gar nicht möglich ist.

Doch wie Modernisierung und Vollendung des Kapitalismus in der materiellen Produktion so ist auch *Vollendung der liberalen Reformen im gesellschaftlichen Überbau Voraussetzung für Sozialismus in den Industriestaaten.* Ein Sozialismus der aufbauen kann auf einem kompletten liberalen Reformwerk der Sozialdemokratie wenngleich vollzogen innerhalb des Kapitalismus weil dessen Ablösung historisch noch nicht möglich ist – ein solcher Sozialismus wird ganz andere Freiheitsgrade liefern als sie in den (programmatisch so benannten) »sozialistischen« Staaten historisch möglich waren und sind.

Daher ist es absurd einer Sozialdemokratie die solches vollbringt oder doch vollbringen könnte mit moralischer und emotionaler Aggression zu kommen statt ihr den historisch korrekten Stellenwert zu geben in einer gesamtsozialistischen Strategie.

(Exkurs über Österreich: Hier war das Bürgertum zu schwächlich ängstlich zögernd um ein liberales Reformwerk durchzusetzen wie in westlichen Ländern wo es erfolgreiche bürgerliche Revolutionen gab. Stellvertretend für das Bürgertum übernahm die Sozialdemokratie die Rolle einer liberalen Reformagentur schon 1907 mit Erkämpfung des allgemeinen Wahlrechts schon 1917 mit Ausrufung der bürgerlich-kapitalistischen Republik. Diese Rolle ist längst noch nicht beendet. Sie wird fortgesetzt zB durch Brodas Strafgesetzreform teils auch durch die Wissenschafts- Hochschul- Schul- und Kulturpolitik der sozialdemokratischen Regierung. Die allgemeine sozialdemokratische Aufgabe einer geistigen Klimaänderung ist in diesem Land unter speziellen Bedingungen zu erfüllen nämlich knöcheltief in einem geistigen Sumpf trübe schillernd in allen konservativ-reaktionären Spielarten von k. u. k. Operette über klerikales Muckertum bis zum kleinbürgerlichen Altfaschismus.)

IV.

Sozialdemokratie als Agentur geistiger Klimaänderung

Die moderne Sozialdemokratie rückte weit nach rechts nur so konnte sie ihre Wiedergeburt gewinnen operierend in einer Bevölkerung die vollgepumpt wurde mit Antikommunismus und Antisozialismus operierend in einer bürgerlichen Demokratie worin Wahlkampf entweder Manipulation oder Gegenmanipulation ist. *Aber eine nach rechts gerückte Sozialdemokratie die an die Regierung gelangt – das ist immer noch ein Ruck nach links gemessen am bisherigen geistigen Klima von jahrzehntelang bürgerlich-konservativ versumpften Ländern* wie Westdeutschland und Österreich. Dies zu ignorieren und statt dessen nur zu messen am eigenen Standpunkt ist weltferne linke Egozentrik luftigster Idealismus.

Denn die geistigen Verhältnisse eines Landes sind Realität so gut wie die Verhältnisse der materiellen Produktion.

Überdies wurde die Wiedergeburt der Sozialdemokratie möglich nicht nur durch deren Hinüberrücken nach rechts sondern auch dadurch daß sich die Welt ein Stück nach links drehte (Studentenbewegung Befreiungsbewegungen der 3. Welt). Als Reflex darauf gab es bei wachsender Angst vor Dunkelrot und gerade wegen dieser Angst: Öffnung zum sanften garantiert unextremen Rosa in genügenden Teilen der meinungswichtigen Intelligenz- und Angestelltenmasse. *Entgegen den Ängsten phantasieloser Parteibürokraten war die Linke für die Sozialdemokratie nicht nur nicht schädlich sondern sie hat ihr vorangeholfen:*

1968 wurden die Studenten geschlagen 1969 kam die Regierung Brandt 1970 die Minderheitsregierung Kreisky 1971 die Mehrheitsregierung Kreisky 1972 der Wahltriumph Brandts. *Die Wähler hatten nicht nur Angst sondern auch Lust auf etwas mehr Fortschritt wenn er ohne Angst zu haben wäre. Genau das war das Angebot der Sozialdemokratie.* So siegte sie auf dem Rücken der Studentenrevolte.

Beides war Voraussetzung der sozialdemokratischen Erfolge: diese moderne Sozialdemokratie rückte ein saftiges Stück nach rechts um den rechtsmanipulierten Wählern entgegenzukommen die »öffentliche Meinung« rückte ein sanftes Stück nach links und kam damit der Sozialdemokratie entgegen. *An dem Punkt an dem diese beiden Bewegungen zusammenstießen entstand sozialdemokratischer Wahlsieg.* Er produzierte einen weiteren noch sanfteren Linksruck im »öffentlichen Bewußtsein«: es gab nun eine regierende Sozialdemokratie man stellte sich darauf ein im Kreise der Meinungsmacher (und Karrieremacher aber Ideologie wird eben auch von handfesten Interessen bestimmt).

Als in den zwanziger dreißiger Jahren Sozialdemokratie und Kommunismus in demokratischen Wahlen nahe an die Mehrheit gelangten rüstete der Kapitalismus zum Bürgerkrieg. Erst führte er ihn versteckt mittels Massenmedien dann offen mittels Faschismus. Die Brandt-Kreisky-Sozialdemokratie meidet dementsprechend vorsichtig jeden Linksverdacht. *Auf rosa Samtpfoten gelangte sie an die Regierung. Mit rosa Samtpfoten wird sie regieren.* Linke Töne oder Taten von ihr zu fordern ist absurd.

Hingegen kann und soll die moderne Sozialdemokratie eine weitere geistige Klimaänderung leisten: Liberalisierung des »öffentlichen Bewußtseins« zB durch weitere Rechtsreform siehe oben Punkt

Nr. 3. Daß sie dergleichen tun möge ist nicht nur die Forderung einer gesamtsozialistischen Strategie sondern – und deswegen wird sies wohl tun – Interesse ihres Allianzpartners des progressiven Kapitals: *Zur Vollendung des modernen Konsumkapitalismus ist ein ganzes Stück mehr Freiheit vonnöten als der konservative Kleinkapitalismus der bürgerlichen Parteien einsehen will* (anders denken die »Junglinken« in diesen Parteien und das ist die Chance dieser Parteien: ihre »Sozialdemokratisierung«).

Wiederum wäre absurd zu leugnen daß es solche Interessenidentität linker Strategie mit progressivem Kapital geben könne: Schritte Richtung Sozialismus werden ja nicht dadurch schon gesetzt daß sozialistische Köpfe sie sich ausdenken sondern erst dadurch daß in der kapitalistischen Realität dementsprechende Tendenzen – widersprüchlich und erst vom Sozialismus freisetzbar – sich wirklich entfalten.

V.
Sozialdemokratie als Agentur zur Ruhighaltung der Massen

Sozialdemokratie ist imstande den Lohn- und Gehaltsabhängigen glaubhaft zu machen a) daß durch sie eine wirksame Vertretung ihrer Interessen möglich ist b) am besten möglich ist innerhalb des parlamentarischen Systems c) und das heißt ökonomisch: innerhalb des Kapitalismus. *Die Sozialdemokratie hält dadurch die Arbeiterklasse ruhig.* Sie neutralisiert noch ehe sie auftreten etwaige revolutionäre Tendenzen das heißt solche auf Beseitigung des Kapitalismus Aufrichtung des Sozialismus. Sie verschleiert die Klassenteilung: hie Herrschende hie Beherrschte. Sie verschleiert den Klassenkampf insbesondere den von oben: Kapital gegen Lohn- und Gehaltsabhängige. Durch ihre Erfolge innerhalb des Kapitalismus verhindert die Sozialdemokratie daß der Fortbestand des Kapitalismus von den Lohn- und Gehaltsabhängigen in Frage gestellt wird ja daß diese sich auch nur bewußt werden: wir leben unterm Kapitalismus. Die Sozialdemokratie würde ihre Erfolge als parlamentarisch und gewerkschaftliche Kraft verkleinern wenn sie diese relativierte nach dem Motto: Das ist ja ganz schön was wir da erreicht haben aber das ist alles nichts verglichen mit dem Sozialismus wirklich entscheidendes wird erst möglich durch Beseitigung des Kapitalismus. Indem die Sozialdemokratie durch ihre Erfolge innerhalb des Kapitalismus die vorsorgliche Ruhigstellung der Arbeiterklasse bewirkt sie den politisch ruhigen Fortbestand des Kapitalismus.

Das ist der gesellschaftliche Hintergrund der insofern wahren sozialdemokratischen Propaganda daß diese Partei für den »inneren Frieden« sorge.

Die Melodie vom »inneren Frieden« liefert die bequemste Blechmusik zum historischen Marsch der 1001 sozialdemokratischen Reformen. Wahr ist daß in der Epoche des Klassengleichgewichts und folglich Klassenkompromisses durch verbale Überdrehung die gewollte Kompromißpolitik gefährdet und schließlich erschlagen werden kann (so unter anderem kam es zum Februar 1934 in Österreich). Die Alternative zur reformistischen Friedensphrase ist auch nicht die revolutionäre Phrase sondern die Verbreitung nüchterner Analyse des Kapitalismus die Verbreitung nüchterner Perspektive des Sozialismus. Da hat die gute alte Sozialdemokratie Hemmungen da muß die böse junge Linke einhaken auch das ist Rollenteilung in einer gesamtsozialistischen Strategie.

VI.
Sozialdemokratie als Agentur des Sozialismus

Weil in der Jungen Linken alles so verdammt marxistisch denkt aber mit dem Holzhammer statt dialektisch und *das* erst heißt richtig marxistisch – deswegen kann von ihr kaum gedacht werden was doch gedacht werden muß: *daß nämlich Sozialdemokratie nicht nur als Agentur des Kapitalismus tätig wird sondern auch und zugleich als Agentur des Sozialismus.*

Naiv moralisierend ist die Annahme was sozialistisch sei und was nicht lasse sich danach bemessen ob es von allem Nichtsozialistischen wohl säuberlich getrennt sei oder nicht.

(Exkurs über Österreich: Die KPÖ zu empfehlen weil sie als einzige Partei in Österreich mit dem Kapitalismus nicht kooperiere heißt zB eine jetzt und hier unwirksame Variante von Sozialismus empfehlen. Wo kommunistische Parteien Wirkung haben dort sind sie höchst sozialdemokratisch zusammenarbeitswillig: sie kooperieren mit Parteien im parlamentarisch-kapitalistischen System (KPI KPF) sie koexistieren mit dem imperialistisch-kapitalistischen System (KPdSU KPCh). Und zu kooperieren im Parlament und sonstwo im Kapitalismus wäre auch die KPÖ bereit – marxistisch korrekt – wenn sie nur hinkäme.)

Die Gretchenfrage an die moderne Sozialdemokratie lautet nicht: Arbeitest Du mit dem Kapitalismus zusammen oder nicht? Sondern: Was leistest Du außerdem für den Sozialismus nach den Maßstäben einer gesamtsozialistischen Strategie?

Was bewirkst Du mit Deiner systemimmanenten Interessenvertretung der Lohn- und Gehaltsabhängige? *Nur* besseres Funktionieren des Kapitalismus? Mehr Masseneinkommen heißt auch: mehr Profit durch mehr Konsum.

Was bringt Deine Modernisierung des Kapitalismus? *Nur* dessen besseres Funktionieren? Moderne Produktionsanlagen auf Kosten von Masseneinkommen und Steuerleistung heißt auch: mehr Ausbeutung mehr Profit.

Oder werden zugleich *auch* im Austausch dafür tendentiell sozialistische Planungs- und Steuerungselemente in die Wirtschaft eingebaut?

Was bedeuten die liberalen Reformen der Sozialdemokratie und die dementsprechende geistige Klimaänderung? *Nur* Kosmetik des Partei-Images Scheinfreiheit zugunsten des Konsumkapitalismus? Oder öffnet die moderne Sozialdemokratie *auch* – nach jahrzehntelanger Pause – Freiheitsräume für Aufklärung Information Diskussion kurz: Volksbildung in Richtung radikale Demokratie und Sozialismus?

Daß die Sozialdemokratie dahinkam wo sie landete: nach rechts gerückt um endlich Wahlen zu gewinnen – ist ja nicht jetzt eine Folge ihrer totalen Einfügung in die bürgerliche Bewußtseinsindustrie. Folge des totalen Unterlassens eigener kritischer Bildungsarbeit seit Jahrzehnten. An die Regierung gelangt unter diesem ominösen Vorzeichen kann sie das nun alles umdrehen: kritische politisierte Öffentlichkeit schaffen? Das allein wäre ja die *dauerhafte* Basis für ihr Regieren sofern dieses sinnvoll sein soll in einer sozialistischen Strategie.

Auf obige Fragen schlechthin positive Antworten zu geben ist sicher voreilig. Schlechthin negative Antworten sind ebenso voreilig. Es ist möglich aber nicht sicher daß die Sozialdemokratie als Juniorpartner des Kapitals verrottet nur noch Kooperation betreibt statt auch Konfrontation zumindest diese vorbereitet durch Reformen die über den Kapitalismus hinausweisen.

Wer bereits vom *Bankrott der Sozialdemokratie* spricht verwechselt diese – ehrenvoll für sie – mit Sozialismus. *Sozialdemokratie ist nicht identisch mit Sozialismus sondern eine Möglichkeit für ihn Voraussetzungen zu schaffen. (Eine* Möglichkeit: nämlich in den westlichen Industriestaaten. Im Osten und in der Dritten Welt geht es um *andere* Voraussetzungen für Sozialismus.)

Ob moderne Sozialdemokratie *tatsächlich* Voraussetzungen schafft für Sozialismus wird abhängen von dem Druck den progressive radikaldemokratische *linke* Kräfte auf sie ausüben. Druck heißt hier: richtige Mischung aus Kooperation und Konfrontation innerhalb wie außerhalb der Partei.

Die von ihnen zu erfüllende Aufgabe kann den Linken niemand abnehmen schon gar nicht die Sozialdemokratie selbst: sie können an diese nicht raunzend zurückdelegieren wovon sie doch behaupten daß nur s i e a l l e i n d i e s *leisten können schwach wie sie sind: die Erarbeitung einer Theorie und Praxis die sozialistischer wäre als jene des sozialdemokratischen Kolosses.*

Es steht nämlich der linken Forderung die Sozialdemokratie möge *»sozialistische Bildungsarbeit«* betreiben die linke Frage entgegen: Kann sie das? Will sie das? In der bürgerlichen Demokratie ist doch Entpolitisierung der Massen zwecks Manipulation der Massen Voraussetzung von Wahlsieg wie Regierung. *Insofern ist die Forderung nach »sozialistischer Bildung« der Massen durch die Sozialdemokratie naiv.* Die Antwort könnte sein: *Solche* »Bildungsarbeit« (Theorie verknüpft mit Praxis) hat eben die Linke selber zu betreiben. Die Linke ist keine parlamentarische Partei. Die Sozialdemokratie kein Mittel sozialistischer Bewußtseinsbildung. Daraus ergibt sich Arbeitsteilung in der sozialistischen Gesamtstrategie.

P.S.

Komm komm wie oft willst Dus noch sagen-

– Du sollst es dreimal sagen

– Das sagt aber der T e u f e l *zum Faust und außerdem sagst Dus mehr als dreimal*

– Dann sei für einen gestrengen Rezensenten angemerkt ehe er die Programmplatte in seinen Computer einfüttert die anfängt mit »Man fragt sich vergeblich, warum wohl der Autor . . .« also hier liegt bitte finstere Absicht vor ein didaktischer Zweck eine Retourkutsche auf noch sehr viel öfter wiederholte Denunziation der Sozialdemokratie durch böse junge Linke soll eine d i a l e k t i s c h e *Theorie der Sozialdemokratie von* m e h r e r e n A s p e k t e n *her entwickelt werden um den Preis von Wiederholungen. Den bösen jungen Linken liegt Dialektik so fern und erst recht der guten alten Sozialdemokratie und beiden liegt der Holzhammer so nahe daß ihnen Dialektik eben mit dem Holzhammer eingetrieben werden soll.*

– Du hast aber ein ganz schön schlechtes Gewissen wegen der Wiederholungen so arg sind sie gar nicht.

– Na schön dann sei einem weniger gestrengen Rezesenten eingestanden daß der Text dieses Abschnitts aus drei etwa gleichen Dritteln besteht ein Drittel wurde schon publiziert (Neues Forum Mai/Juni und Oktober/November 1971 sowie April 1972 Die Zukunft März 1972) aber hier stark verändert ein weiteres Drittel wurde im Sommer 1972 auf der Prader Alm am Ortler geschrieben um zu sehen noch ohne Verleger obs ein Buch werden könnte ein drittes Drittel entstand

hier in der Hütte. Ich habe ehrlich gesagt nicht Lust und nicht Zeit zu einer pedantischen Egalisierung zumal da mir didaktisch die Variation von Lektion zu Lektion

– Das sagtest Du schon oben einem gestrengen Rezesenten.

– Für einen noch gestrengeren sei hinzugefügt: Bursche merkst Du nicht daß in diesem Buch 5 10 15 20 23 Fasane marschieren einer hinter dem anderen auf der Wiese vorbei einer hinter dem anderen wie an einem Schnürl gezogen eine n e u e l i t e r a r i s c h e F o r m d e s p o l i t i s c h e n E s s a y s ausprobiert wird Du mit Deinem Spürsinn Lyrik Prosa Drama sind längst aufgebrochen Bewußtseinsstrom Publikumsbeschimpfung Theater im Theater im Theater nur der politische Essay bleibt auch mit allerlinkstem Inhalt respektvoll versteinert im allerbürgerlichsten Wissenschaftsesperanto also sieh Dir das Buch darauf an. Wenn Du nichts merkst oder wenn es Dir nicht gefällt teilen wir uns in die Schuld es ist ja nur herumprobiert.

Ja und jetzt merkst Du wohl auch endlich daß zum Basteln mit einer neuen Form des politischen Essays zum Zerbrechen der alten Form die Ironie gehört Ironie der Nichtvollendung Ironie der Wiederholung Ironie des eingestreuten Gebrauchs der alten Form als ob gar nichts passiert wäre Ironie vor der Du Dich entscheiden mußt: entweder Du verlierst den Humor oder Du nimmst Partei.

Rosa Revolution 44.–50. Tag Strategie Lebenlassen Sterbenlassen

44. Tag

G. N. an Parteifreunde
über gesamtsozialistische Strategie

Klassenlose Gesellschaft als Ziel
Sozialistische Bewußtseinsbildung als Weg
Sozialistische Theorie als Voraussetzung
Sozialistische Praxis als Voraussetzung
Rolle der Sozialdemokratie im Kapitalismus
Rolle der Sozialdemokratie in einer gesamtsozialistischen Strategie

45. Tag

G. N. an einen linken Fatalisten
über gesamtsozialistische Strategie

46. Tag

G. N. an einen linken Optimisten
über gesamtsozialistische Strategie

P.S.

47. Tag

Revolution Gewalt Sozialdemokratie

Geschwindigkeit
Gewalt
Inhalt
und nochmals Gewalt diesmal auch sozialdemokratische
P.S.

48. Tag
Revolutionäre Arbeit und sexuelle Freiheit
P. S.

49. und 50. Tag
(nichts mehr geschrieben)

11. September 1973
Chile und die Revolution

44. Tag
G. N. an Parteifreunde über gesamtsozialistische Strategie

LIEBE PARTEIFREUNDE

I.
Klassenlose Gesellschaft als Ziel

Die SPÖ stellt seit Oktober 1971 mit knapper Mehrheit die Alleinregierung. Ziel der SPÖ ist (Parteiprogramm 1958) die klassenlose Gesellschaft. *Wie kommt man von da nach dort:* von der parlamentarischen Regierung in einem kapitalistischen Staat zu einer Gesellschaft in der die Produktionsmittel vergesellschaftet daher alle Klassenherrschaft auch die in den Formen der bürgerlich-parlamentarischen Demokratie beseitigt ist zugunsten Selbstregierung aller Produzenten das heißt des Volkes und *das* heißt dann erst Demokratie.

Wie man von einer parlamentarischen Regierung der Sozialdemokratie zum Sozialismus kommt ist eine Frage der Strategie das heißt der möglichen Mittel und Etappen in Richtung auf ein langfristiges Ziel.

Es gibt allerdings viele Anzeichen dafür daß die österreichische – und westdeutsche – Sozialdemokratie (als parteipolitische Organisation) das Ziel der klassenlosen Gesellschaft preisgegeben hat daß ihr jener Satz im Parteiprogramm 1958 – der hineinkam als Konzession an einen damals vorhandenen einigermaßen linken Flügel – heute peinlich ist.

Für Sozialisten das heißt für Leute die das Ziel des Sozialismus die klassenlose Gesellschaft wollen stellt sich daher *vor* jeder Strategiedebatte die grundsätzliche Frage: *Können Sozialisten in einer sozialdemokratischen Partei bleiben? Können sie in ihr für das sozialistische Ziel arbeiten?*

Meine Antwort lautet: Sie müssen bis auf weiteres in dieser Partei bleiben. Denn:1) Es gibt derzeit in Österreich – und Westdeutschland – *keine sozialistische Alternative zur Sozialdemokratie:* sie ist die *einzige Massenpartei* das heißt die einzige Partei zu der die Lohn- und Gehaltsabhängigen massenhaft ein mehr oder minder nahes Verhältnis haben als Funktionäre Mitglieder Wähler Sympathisanten.

2) Es ist derzeit in Österreich – und in Westdeutschland – auch *keine revolutionäre Situation* abzusehen in der eine Massenbewegung

entstehen könnte die sich deutlicher zum Ziel des Sozialismus bekennt das hieße: eine neue sozialistische Partei mit dem Ziel den Kapitalismus revolutionär zu beseitigen.

3) Auch *wenn* eine revolutionäre Situation vorläge müßte gefragt werden ob revolutionäre Politik statt mittels einer neuen Partei nicht besser dort vorangetrieben werden kann *wo es jene Masse der Lohn- und Gehaltsabhängigen bereits gibt ohne die eine revolutionäre Politik unmöglich ist.*

Bis auf weiteres besteht die paradoxe Situation *daß die Sozialisten in der Sozialistischen Partei aufpassen müssen wenn sie vom Sozialismus reden* das heißt von der klassenlosen Gesellschaft. Denn die Lohn- und Gehaltsabhängigen werden in Familien und in Schulen erzogen später dann in der großen Schule der Erwachsenen: Zeitungen Illustrierte Rundfunk Fernsehen wo ihnen gründliche Abneigung gegen den Sozialismus das heißt die klassenlose Gesellschaft eingeimpft wird.

Daraus folgt als weiteres Paradoxon *daß die Sozialistische Partei Wahlen nur gewinnen kann wenn sie nicht vom Sozialismus redet.* Wahlplakate auf denen stünde »Wählt klassenlose Gesellschaft Wählt SPÖ« wären die helle Freude der Gegner.

II.
Sozialistische Bewußtseinsbildung als Weg

Aus obigem folgt schon eine (nicht *die)* Antwort auf die einleitende Frage: wie kommt man von da nach dort: von einer sozialdemokratischen Regierung zum sozialistischen Ziel der klassenlosen Gesellschaft? Der Weg führt unter anderem über sozialistische Bewußtseinsbildung bei der Masse der Lohn- und Gehaltsabhängigen das heißt bei der Masse der Funktionäre Mitglieder Wähler Sympathisanten der Sozialdemokratie.

Die Verteufelung des Sozialismus das heißt der klassenlosen Gesellschaft durch die Erziehung in Familie Schule Massenmedien muß aufgehoben werden. Ist das möglich jetzt und hier?

Man weiß es insofern nicht als es noch gar nicht versucht wurde. *Es gibt keine konsequente massenhafte sozialistische Bewußtseinsbildung innerhalb der Sozialdemokratie.* (Außerhalb auch nicht denn es gibt in Österreich – und Westdeutschland – keine sozialistische Massenbewegung außerhalb der Sozialdemokratie). Die traditionell betriebene »Bildungsarbeit« in der Partei hat als Thema nicht mehr den Sozialismus das heißt die klassenlose Gesellschaft sondern die Vermittlung der jeweiligen tagespolitischen oder bestenfalls mittelfristigen Ziele der Partei meist nachhinkend hinter den eigenen Medien Zeitungen udgl.

Dem anscheinend übermächtigen Einfluß der Erziehung durch Familie Schule Massenmedien entgegenzuwirken ist unter bestimmten Voraussetzungen durchaus möglich wie historische Erfahrung zeigt. Solche Voraussetzungen sind:

1) Eine bestimmte *Situation* in der es den Lohn- und Gehaltsabhängigen relativ schlecht geht nämlich schlecht im Vergleich zu Vermögen Einkommen Lebenshaltung der herrschenden Klasse. Eine solche Situation ist im Kapitalismus *immer* gegeben es gibt sie auch jetzt und hier.

2) Eine bestimmte das heißt konkrete *Theorie* welche die *Ursachen* dieser relativ schlechten Situation der Lohn- und Gehaltsabhängigen faktenmäßig aufdeckt und auf längere Frist einen konkreten *Ausweg* aus dieser Situation weist. Zum unbestimmten halb unbewußten *Druck* den diese Situation in den Köpfen der Lohn- und Gehaltsabhängigen ohnehin erzeugt kann dann das *Bewußtsein* des Drucks hinzutreten.

3) Damit es dazu tatsächlich kommt sind bestimmte *medientechnische* Voraussetzungen nötig nämlich: 3 a) *bewußtseinsbildende Kader* 3 b) *bewußtseinsbildende Medien.* Verglichen mit den Massenmedien der kapitalistischen Gesellschaft können solche Medien in ihrer Auflage und Aufmachung vielleicht sogar relativ bescheiden und daher billig sein. Sie müssen in ihrem *Inhalt* konkrete sozialistische Theorie vermitteln und sie müssen eine daran interessierte *Leserschaft* haben verglichen mit der Masse der Lohn- und Gehaltsabhängigen eine kleine Minderheit aber aus Personen welche die solcherart vermittelte konkrete sozialistische Theorie *weitergeben* (altmodisch: Kader neumodisch: Opinion Leaders Meinungsbildner) an eine sehr viel größere Minderheit in Krisenzeiten sogar an eine Mehrheit von Lohn- und Gehaltsabhängigen.

Historische Erfahrungen zeigen (zB Mai 1968 in Frankreich) daß – allerdings in bestimmten konkreten Situationen – durch geeignete Kader und Medien mit relativ wenigen Menschen und relativ geringen Mitteln eine große Zahl von Lohn- und Gehaltsabhängigen erreicht und aufgeweckt werden kann. Auf diese Weise kann man die kapitalistischen Massenmedien unterlaufen deren Aufgabe die Einschläferung die Hypnotisierung der Massen ist. *Massenmedien machen aus Massen Medien.* Sozialistische Bewußtseinsbildung muß unter anderem zeigen wer die Hypnotiseure sind und wie man sie loswerden kann.

Ehe man sich darauf im einzelnen einläßt müssen Sozialisten grundsätzlich fragen: *Ist sozialistische Bildungsarbeit überhaupt möglich in einer modernen sozialdemokratischen Partei?* Wie ließe sich solche Bewußtseinsarbeit die zum Ziel haben müßte: Aufklärung über das kapitalistische System Forderung dieses System zu beseitigen

Kampf für solche Beseitigung – wie ließe sich solche sozialistische Bewußtseinsbildung betreiben innerhalb einer Partei die in ihrer politischen Praxis *mitten in diesem kapitalistischen System operiert* auch in ihren tagespolitischen Äußerungen wie in ihrer mittelfristigen Programmatik dieses System akzeptiert gewiß garniert mit Kritik aber mit solcher die gleichfalls innerhalb des Systems verbleibt und keine konkrete Perspektive aufweist zur Überwindung dieses Systems?

Meine Antwort lautet: Sozialisten müssen sozialistische Bewußtseinsarbeit innerhalb der Sozialdemokratie versuchen *weil die Sozialdemokratie nicht nur eine wichtige Rolle innerhalb des Kapitalismus spielt sondern auch innerhalb einer sozialistischen Gesamtstrategie.*

Zumindest gilt dies für Parteien vom Typ der SPÖ SPD Labour Party skandinavischen SPen – zu diesen allen gibt es keine aktuelle Alternative in Form einer anderen *sozialistischeren* Massenpartei. Mangels solcher Alternative müssen Sozialisten die nicht im Kaffeehaus auf den Sozialismus warten wollen sondern jetzt und hier praktisch für ihn arbeiten *sozialistische Bewußtseinsbildung dort betreiben wo die Masse der Lohn- und Gehaltsabhängigen* (als Funktionäre Mitglieder Wähler Sympathisanten) *vorzufinden ist.*

III.
Sozialistische Theorie als Voraussetzung

Sozialistische Bewußtseinsbildung durch Sozialisten innerhalb der Sozialdemokratie hat zur Voraussetzung eine konkrete das heißt jetzt und hier anwendbare sozialistische Theorie. Wer auf die Köpfe der Lohn- und Gehaltsabhängigen einwirken will kann dies nicht mit dem bloßen *Wort* Sozialismus dem bloßen *Wort* klassenlose Gesellschaft. Er muß konkret *zeigen* können was derzeit *ist* konkret *sagen* können wohin er künftig *will.* Auf dem Weg von der parlamentarischen Regierung der Sozialdemokratie zur klassenlosen Gesellschaft muß man unter anderem hindurch durch die Köpfe der Lohn- und Gehaltsabhängigen. Dazu braucht man eine konkrete jetzt und hier anwendbare sozialistische Theorie. Diese gibt es derzeit nicht. Sie zu erarbeiten ist dringlich.

IV.
Sozialistische Praxis als Voraussetzung

Die bis hierher entwickelte Gedankenreihe: zur klassenlosen Gesellschaft gelangt man (unter anderem) durch sozialistische Bewußtseinsbildung zu dieser Bewußtseinsbildung bedarf es (unter anderem) einer konkreten sozialistischen Theorie – diese Gedankenreihe ist in einem entscheidenden Punkt unvollständig. Weder massenhafte Bewußtseinsbildung noch Theoriebildung (das heißt Bewußtseinsbildung im engeren Kreis von Theoriespezialisten) sind *nach Belieben* vollziehbare Prozesse nach dem Muster: So jetzt sind wir uns darüber klar jetzt machen wirs.

Bewußtseinsbildung steht in einem nicht willkürlich auflösbaren Zusammenhang mit dem *praktischen Leben* der Menschen. Sie kann nicht in Isolierung von diesem Leben betrieben werden als Konstruktion aus dem Blitzblauen als bloße Hirnweberei.

Auch die mächtigsten kapitalistischen Massenmedien könnten das Bewußtsein der Lohn- und Gehaltsabhängigen nicht vernebeln wenn diese nicht zugleich gezwungen wären ihr praktisches *Leben* im Kapitalismus zu verbringen in einer vom Kapitalismus geschaffenen entmenschtlichten Arbeitswelt. Erst dieses praktische Leben in der kapitalistischen Arbeitswelt schafft die Voraussetzungen für die Bewußtseinsarbeit der Massenmedien: sie liefern nämlich das Opium das diese Welt zunächst einmal erträglich macht.

(In Drittwirkung vernebeln die kapitalistischen Massenmedien im »Westen« auch das Bewußtsein der Arbeiterklasse im *»Osten«*. Diese lebt zwar nicht im Kapitalismus aber in einem Staatssozialismus dessen deklariertes Ziel das Ein- und Überholen auch des westlichen Konsumkapitalismus ist. *Diese* pseudosozialistische Realität ist die Grundlage für die Wirksamkeit westlicher Massenmedien auch im Ostblock.)

Inhaltlich anders aber formal durchaus gleich ist der Zusammenhang zwischen sozialistischer Bewußtseinsbildung und sozialistischer Praxis. Sozialismus kann nicht mit dauerhaftem Erfolg in die Köpfe der Lohn- und Gehaltsabhängigen gelangen wenn *nur theoretisch* gezeigt werden kann daß der Kapitalismus schlecht der Sozialismus gut sei. Dauerhafte Bewußtseinsbildung muß im praktischen Leben eingebettet sein. Dazu gehört nicht nur daß die Lohn- und Gehaltsabhängigen täglich die schlechte Wirklichkeit des Kapitalismus erleben sondern auch *das Erlebnis praktischen Kampfes* gegen diese Wirklichkeit und das Erlebnis *menschlichen Zusammenhalts* in diesem Kampf: Stücke *sozialistischer Praxis* also.

Desgleichen kann konkrete sozialistische Theorie nicht ausreichend erarbeitet werden ohne Zusammenhang mit solcher sozialistischer Praxis. Im praktischen Kampf im solidarischen Zusammenleben steigen Einsichten auf die durch bloße *abstrakte* Betrachtung nicht zu gewinnen sind.

Kämpft die Sozialdemokratie gegen den Kapitalismus? Gibt es in ihr solidarisches Zusammenleben im Dienst solchen Kampfes? Und wenn dies *nicht* der Fall ist: ist denn *ohne* solche sozialistische Praxis sozialistische Theoriebildung massenhafte sozialistische Bewußtseinsbildung in der Sozialdemokratie möglich?

Meine Antwort lautet: Unmittelbaren von Mitgliedern und Anhängern direkt *erlebbaren* Kampf gegen den Kapitalismus gibt es im Rahmen der Sozialdemokratie wohl nur ausnahmsweise. Und wohl noch seltener unmittelbares solidarisches Gemeinschaftsleben im Dienst solchen Kampfes. Es gibt aber – durch die völlige Beschränkung der Partei auf den Parlamentarismus: oben tätige Vertreter unten untätige Vertretene – ein beträchtliches Reservoir an Wollen und Wünschen unter Mitgliedern wie Anhängern: nicht durch Stellvertreter sondern *selber* für Sozialismus zu kämpfen für solchen Kampf gemeinschaftlich zu leben. Dieses *emotionale Reservoir* unbeachtet oder auch beargwöhnt von vielbeschäftigten Managern der parlamentarischen Vertretungsdemokratie scheint mir nutzbar für sozialistische Theorie und Bewußtseinsbildung innerhalb der SPÖ.

V.
Rolle der Sozialdemokratie im Kapitalismus

Obige Frage nach der Möglichkeit des Kampfes und des solidarischen gemeinsamen Lebens für Sozialismus innerhalb einer sozialdemokratischen Partei führt zur Frage nach der Rolle der Sozialdemokratie im Kapitalismus aber auch in einer sozialistischen Gesamtstrategie. Das sind Themen neben anderen ebenso wichtigen für eine konkrete sozialistische Theorie. Sie kann nur das Werk einer größeren Zahl von Köpfen sein. Meine Hinweise sind daher bloß provisorisch und eher ein *Problemkatalog* als ein Stück ausgereifter sozialistischer Theorie.

Einst *»stürmte«* die Sozialdemokratie *gegen* die bürgerlich-kapitalistische Gesellschaft – so noch im Linzer Programm der österreichischen Sozialdemokratie 1927. Heute erfüllt die Sozialdemokratie wichtige Funktionen *innerhalb* der parlamentarischen Demokratie das heißt: innerhalb der bürgerlichen innerhalb der kapitalistischen Gesellschaft.

Dies ist das Ergebnis nicht des falschen oder richtigen Handelns irgendwelcher einzelner Personen und Gruppen die ebensogut auch anders hätten handeln können sondern Ergebnis einer geschichtlichen Entwicklung gesellschaftlicher Kräfte. Die nüchterne Untersuchung dieser Kräfte und dieser Entwicklung kann nicht ersetzt werden durch sentimentale Anklagen wegen Verrats am Sozialismus.

Als 1945 die österreichische Sozialdemokratie wiederbegründet wurde desgleichen in den folgenden Jahren der Besetzung des Landes unter anderem durch die Sowjetunion gab es in der Partei nur wenige

Personen und Gruppen die für das Wagnis waren den Weg zum Sozialismus zu versuchen durch Bündnis und Verschmelzung mit dem stalinistisch verzerrten *Kommunismus*. In den Satellitenstaaten der Sowjetunion war dies versucht oder auch erzwungen worden und die Ergebnisse waren nicht gerade ermutigend. *Revolutionäre* Alternative gab es keine: es fehlte die revolutionäre Situation in dem nazistisch durchseuchten militärisch besetzten Land. Eine selbständige revolutionäre Bewegung hätten *alle* Besatzungsmächte unterdrückt einschließlich der sowjetischen. Und auch wenn die Chance einer selbständigen revolutionären Entwicklung vorhanden gewesen wäre hätte sie die *parlamentarisch* gesinnte SP-Führung nicht genutzt. So blieb als Alternative die Anlehnung an die parlamentarisch-kapitalistischen westlichen Besatzungsmächte um dem Druck der stalinistischen Sowjetbesatzung und ihrer österreichischen Satelliten zu entgehen. Und so blieb als zugehörige innenpolitische 'Alternative: *die Aktion innerhalb des parlamentarisch-kapitalistischen bürgerlichen Systems.*

Da in all der langen Zeit seit 1945 eine revolutionäre Entwicklung in Österreich wie im »Westen« überhaupt sich nicht abzeichnete bedeutete *die ausschließlich parlamentarische innerkapitalistische Praxis der Sozialdemokratie eine ständige Verdünnung ihrer langfristigen im Programm noch einbekannten Perspektive in Richtung auf den Sozialismus das heißt die klassenlose Gesellschaft.*

Die äußeren Verhältnisse: Druck zunächst der Besatzungsmächte insgesamt jedoch insbesondere der sowjetisch-stalinistischen und ihrer einheimischen Satelliten. Von daher Anlehnung an die westlichen Besatzungsmächte und die Westmächte überhaupt. Druck der eigenen Lebenserfahrung: Scheitern des Faschismus als Erfahrung der Kapitalisten Scheitern des bewaffneten Aufstandes 1934 als Erfahrung der Sozialdemokraten. Druck der aktuellen Erfahrung in all den Jahren parlamentarischer Zusammenarbeit »Große Koalition« »Sozialpartnerschaft« – *Dies alles trieb Kapital und Sozialdemokratie einander in die Arme.* Ungeachtet ihrer politischen Tageskämpfe und mit diesen Kämpfen als Schutzschirm entwickelte sich im Hintergrund ein *Vertrauensverhältnis zwischen Kapital und Sozialdemokratie:*

Das Kapital in Österreich weiß: die Sozialdemokratie wird bis auf weiteres das bürgerlich-parlamentarische System nicht sprengen und das heißt: sie wird das System der kapitalistischen Profitwirtschaft nicht sprengen.

Die Sozialdemokratie in Österreich weiß: desgleichen wird das österreichische Kapital bis auf weiteres das parlamentarische System nicht sprengen diesfalls in Richtung auf (den alten oder einen neuen)

Faschismus (Tendenzen dieser Art sind vorläufig eher beim massenhaften Kleinbürgertum daheim) –

Sondern das Kapital wird der Sozialdemokratie Erfolge zubilligen für ihre Wähler in der ganzen Bandbreite von einigen Lohnprozenten bis zu einer sozialdemokratischen Alleinregierung.

Ermöglicht durch dieses historisch gewachsene Vertrauensverhältnis zwischen Kapital und Sozialdemokratie befestigte sich darüber hinaus eine *gesellschaftliche Rollenverteilung zwischen Kapital und Sozialdemokratie innerhalb des Kapitalismus.*

Die Rollenverteilung von Sozialdemokratie und progressivem Kapital im Rahmen des parlamentarisch-kapitalistischen Systems läßt sich so zusammenfassen:

Der aufgeklärte Kapitalist weiß: ohne Sozialdemokratie würde der Kapitalismus schlechter funktionieren als mit ihr.

Der aufgeklärte Sozialdemokrat weiß: ohne parlamentarisch-kapitalistisches System könnten Partei und Gewerkschaften *mangels Operationsbasis* überhaupt nicht funktionieren.

So sind die beiden aufeinander angewiesen:

Ohne zusammenarbeitswillige Sozialdemokratie müßte der Kapitalismus um am Leben zu bleiben den Weg zum *Faschismus* gehen.

Ohne zusammenarbeitswilliges progressives Kapital müßte die Sozialdemokratie unter Preisgabe ihrer Existenz als parlamentarische Partei und innerkapitalistische Gewerkschaftsorganisation den Weg zum revolutionären Sozialismus gehen (wobei der *Faschismus* vermutlich rascher und stärker wäre und beide: Sozialdemokratie und revolutionären Sozialismus bis auf weiteres liquidierte).

In diesem Punkt besteht für die Dauer einer bestimmten geschichtlichen Epoche des Übergangs ein Bündnis zwischen Sozialdemokratie und progressivem Kapital: Es herrscht für jene Periode des Übergangs statt Kampf auf Leben und Tod Bündnis auf Leben und Lebenlassen:

Die Sozialdemokratie lebt indem sie den Kapitalismus leben läßt als Ermöglichungsgrund ihrer parlamentarischen und gewerkschaftlichen Erfolge.

Der Kapitalismus lebt indem er die Sozialdemokratie leben läßt als Ermöglichungsgrund seiner weiteren profitablen Entwicklung.

Dies: *wechselseitige Schonung des Vitalinteresses:* Existenz der Sozialdemokratie als erfolgreiche parlamentarische und gewerkschaftliche Organisation Existenz des Kapitalismus als erfolgreiche Profitwirtschaft – ja die *wechselseitige Förderung* dieser beiden Vitalinteressen durch gesellschaftliche Rollenverteilung – dies und nicht irgendwelche Verräterei von Personen und Gruppen –

War die historische Grundlage der *»Großen Koalition«* war und ist die Grundlage der *»Sozialpartnerschaft«* ist die Grundlage der *Epoche Kreisky.*

Für eine konkrete sozialistische Theorie brauchte man daher ein vordringliches Teilstück: eine detaillierte *kritische Theorie der Sozialpartnerschaft* an Stelle von deren emotionaler Verteufelung oder auch ebenso oberflächlicher ebenso unfruchtbarer Verhimmelung.

VI.
Rolle der Sozialdemokratie in einer gesamtsozialistischen Strategie

Indem die Sozialdemokratie die Interessen der Lohn- und Gehaltsabhängigen innerhalb des Kapitalismus vertritt vertritt sie zugleich die Interessen des Kapitalismus: Sie schafft ihm einen massenhaften kaufkräftigen Binnenmarkt. Sie modernisiert seinen Produktionsapparat. Sie verschleiert sein Dasein. Sie hält die Arbeiterklasse ruhig. Sie schafft ein unpolitisches Freiheitsklima das dem Konsum- und Genußkapitalismus das heißt dessen Profit dienlich ist.

Zerstört diese Doppelrolle der Sozialdemokratie ihre im Programm noch einbekannte sozialistische Perspektive? Wessen Interessen vertritt die Sozialdemokratie nun wirklich oder doch mehr als die anderen?

Meine Antwort lautet: Solche Fragen sind begreifliche aber untaugliche Versuche sich über die *historische Dialektik* hinwegzuschwindeln die in dieser Doppelrolle der Sozialdemokratie steckt und nüchtern analysiert werden muß. *Die Sozialdemokratie hat ihre Funktionen innerhalb des Kapitalismus nicht willkürlich angenommen als Bosheitsakt einiger Individuen. Noch auch kann die Sozialdemokratie aus ihren innerkapitalistischen Funktionen willkürlich aussteigen aus Entschluß einiger edelgesinnter wahrer Sozialisten.*

Die Denunziation historisch-gesellschaftlicher Kräfte als unmoralisch ist Unsinn insofern damit die Erwartung verknüpft ist sie würden auf Grund solcher Denunziation sich eines Besseren besinnen und ihre historisch-gesellschaftliche Rolle aufgeben können. Es geht vielmehr darum: Lassen sich *zusätzliche Kräfte* ausfindigmachen zusätzliche Kräfte mobilisieren innerhalb wie außerhalb des Kapitalismus innerhalb wie außerhalb der Sozialdemokratie – Kräfte die imstande sind die gesellschaftliche Entwicklung und innerhalb dieser Entwicklung: die Sozialdemokratie *vorwärtszutreiben in Richtung Sozialismus.*

In diesem Zusammenhang geht es um die Rolle der Sozialdemokratie in einer *gesamtsozialistischen Strategie.*

Entwicklungstendenzen innerhalb des Kapitalismus sind nicht schlechthin Tendenzen *gegen* den Sozialismus. Der Sozialismus entspringt nicht einfach fix und fertig den Köpfen einiger sozialistischen Denker die sich das Gegenteil der kapitalistischen Gesellschaft ausmalen. Sozialismus ist kein bloßes Hirnprodukt sondern vor allem Produkt der materiellen Wirklichkeit: wirklicher Reflex des wirklichen Kapitalismus: *Sozialismus ist Produkt des Kapitalismus.* Entwicklungstendenzen in Kapitalismus gedeihen daher nicht schlechthin zum Nutzen nur des Kapitalismus sondern der Möglichkeit nach auch zum Nutzen des Sozialismus. Aus der Möglichkeit wird Wirklichkeit wenn eine genügend starke sozialistische Bewegung für die Nutzung dieser kapitalistischen Entwicklungstendenzen in Richtung Sozialismus sorgt.

Innerkapitalistische Entwicklungen: technisch-wissenschaftlicher Fortschritt Industrialisierung Kapitalkonzentration Vermehrung der Arbeiterklasse (Angestellten) Absterben des alten Kleinbürgertums und der Bauern und auch: Übernahme innerkapitalistischer Funktionen durch die Sozialdemokratie – das alles sind zumindest in den Ländern die vom Kapitalismus bereits weitgehend industrialisiert wurden *Voraussetzungen* für die Verwirklichung des Sozialismus wenn dieser eine dem Kapitalismus überlegene: materiell und geistig reichere glücklichere Gesellschaft sein soll.

Für den Sozialismus arbeiten heißt daher nicht einfach: zur derzeitigen kapitalistischen Gesellschaft im Kopfe *utopische* Gegenbilder entwerfen – sondern immer auch: prüfen *was von den derzeitigen Entwicklungstendenzen im Kapitalismus verlängert und dabei verändert werden kann bis in jenes zukünftige Gegenbild das dadurch zur konkreten Utopie wird.*

Gilt dieses Erfordernis der Prüfung schon für rein kapitalistische Entwicklungen so gilt es erst recht für die Entwicklung der Sozialdemokratie die sowohl Funktionen innerhalb des Kapitalismus ausübt wie auch zumindest programmatisch hinausstrebt über diesen zum Sozialismus:

- Interessenvertretung der Arbeiterklasse innerhalb des Kapitalismus und dadurch Erhöhung von deren Lebensstandard braucht *nicht* ausschließlich zu bedeuten: Stärkung der Kaufkraft zugunsten des Konsumkapitalismus Ruhigstellung der Arbeiterklasse Verschleierung der Existenz des Kapitalismus. Diese prokapitalistischen Wirkungen treten *nur dann* in vollem Umfang ein wenn zur Erhöhrung des Lebensstandards die ungehinderte Wirkung von Massenmedien tritt deren Aufgabe Verschleierung und Verhimmelung der bestehenden Zustände ist.

Daß die Sozialdemokratie *nicht* für Erhöhung des Lebensstandards der Arbeiterklasse tätig sein möge weil dies dem Konsumkapitalismus hilft – das ist eine offenkundig unsinnige Forderung. Die Antwort ist vielmehr: *Erhöhung des Lebensstandards plus sozialistische Bewußtseinsbildung: Überhöhung und Relativierung des Erreichten und kurz- bis mittelfristig weiterhin Erreichbaren durch langfristige sozialistische Perspektiven.* Die Erhöhung des Lebensstandards wird dann nicht bloß zu Profit für den Konsumkapitalismus sondern auch zur besseren Kampfausrüstung der Arbeiterklasse: mehr Freizeit für politische Bildung mehr Freizeit für politische Betätigung ausreichende Beiträge für den materiellen Unterhalt sozialistischer Organisationen.

Dies läuft hinaus auf eine *Rollenverteilung zwischen Sozialdemokratie insgesamt und den Linken innerhalb wie außerhalb der Partei:*

Die Sozialdemokratie sorgt für innerkapitalistische Erhöhung des Lebensstandards der Arbeiterklasse – und dies sollten die Linken anerkennen als notwendig innerhalb einer sozialistischen Gesamtstrategie statt es emotionell und theorielos zu verteufeln.

Die Linken sorgen für sozialistische Bewußtseinsbildung innerhalb wie außerhalb der Partei sorgen dadurch für sozialistischen Druck auf die Sozialdemokratie bestehen auf sozialistischer Perspektive auch in Form außerparlamentarischer (darum nicht außerdemokratischer) Aktionen – und dies sollte die Sozialdemokratie anerkennen als nötig für das Vorwärtstreiben der Entwicklung sowohl des Kapitalismus wie der Sozialdemokratie.

- Wenn die Sozialdemokratie zwecks Erhöhung des innerkapitalistischen Standards der Arbeiterklasse Agentur ist zur Modernisierung des kapitalistischen Produktionsapparates so braucht dies nicht *ausschließlich* dem Kapitalismus zu Nutzen sein (modernisierter Produktionsapparat erhöht den Profit erhöht auch den Lebensstandard der Arbeiterklasse dies aber umgesetzt in Kaufkraft erhöht *wiederum* den Profit). Sozialdemokratische *Planungsarbeit* wenngleich innerkapitalistisch und daher Profitinteressen respektierend kann insoferne systemüberschreitend sein als sie die *Struktur einer künftigen sozialistischen Industrie* in gewissen Maße vorwegnehmend einbaut.

Überhaupt ist die volle wissenschaftlich-technische Ausreifung des kapitalistischen Produktionsapparates eine Voraussetzung für Aufbau eines Sozialismus der nicht erst kapitalistische Industrialisierungsfunktionen nachzuholen hat wie im Ostblock sondern gleich auf der höchsten materiellen Entwicklungsstufe des Kapitalismus weiterbauen kann. Dies wird dann ein Sozialismus von ganz anderen Leistungs- und dementsprechend Freiheitsgraden sein als im Ostblock.

Weil die Sozialdemokratie zugleich Interessenvertretung der Arbeiterklasse und Modernisierungsagentur des Kapitals ist hat sie Arbeiterinteressen und Kapitalinteressen immer wieder gegeneinander abzuwägen. Sie wird Kapitalinteressen zurückstellen zugunsten Arbeiterinteressen oder auch umgekehrt je nach politischem Stärkeverhältnis wozu auch linker Druck auf die Sozialdemokratie gehört.

Das sozialdemokratische Wechselspiel zwischen Arbeiter- und Kapitalinteressen liefert erstklassigen *Anschauungsunterricht über den kapitalismus* und die relativ engen Grenzen innerhalb deren Arbeiterinteressen im Kapitalismus wahrgenommen werden können. Daraus wiederum läßt sich zum Schaden des Kapitalismus ein gutes Stück konkreter sozialistischer Bewußtseinsbildung machen.

Wiederum läuft dies hinaus auf eine *Rollenverteilung von Sozialdemokratie und Linken* (in und außerhalb der Partei) im Rahmen einer sozialistischen Gesamtstrategie.

Was die Sozialdemokratie betrifft gehört es zu deren historisch-gesellschaftlichen Funktionen den kapitalistischen Produktionsapparat zu modernisieren nur so ist innerkapitalistisch der Lebensstandard der Arbeiterklasse zu erhöhen. Der Kapitalismus ist zu solcher Modernisierung aus eigener Kraft nicht fähig. Daß die Sozialdemokratie den kapitalistischen Produktionsapparat *nicht* modernisieren möge weil dies dem Kapitalismus nützt ist eine unsinnige Forderung. Die innerkapitalistische Erhöhung des Lebensstandards der Arbeiterklasse ist ein notwendiges Ziel in einer sozialistischen Gesamtstrategie insoferne diese Erhöhung der besseren materiellen und geistigen Kampfausrüstung der Arbeiterklasse dienlich werden kann. Die volle Modernität des Produktionsapparates ist überdies nötig für Aufbau eines Sozialismus von voller Leistungskraft und dementsprechenden Freiheitsgraden. Aus diesen Gründen *sollten die Linken anerkennen daß die Sozialdemokratie gerade auch als Modernisierungsagentur des Kapitalismus positive Funktionen im Rahmen einer sozialistischen Gesamtstrategie haben kann.*

Umgekehrt sollte die Sozialdemokratie die kritische Funktion der Linken anerkennen die Rolle der Sozialdemokratie im Kapitalismus sauber herauszupräparieren und ans Licht zu stellen. Ohne solche Analyse und Kritik von links würde die Sozialdemokratie glatt aufgehen in ihrer innerkapitalistischen Rolle und auch die Reste sozialistischer Perspektive abstreifen als hinderlich für diese Rolle. Sie würde damit für eine gesamtsozialistische Strategie ihre Bedeutung verlieren.

- Indem die Sozialdemokratie als liberale Reformagentur tätig ist leistet sie der Möglichkeit nach nicht *nur* Arbeit für den Kapitalismus. Auszugehen ist davon daß für eine gesamtsozialistische Strategie eine parlamentarische Regierung der Sozialdemokratie besser ist als jede andere parlamentarische Regierung. Dies deshalb weil es die Regierung einer Partei ist zu der die große Mehrheit der Lohn- und Gehaltsabhängigen ein Naheverhältnis hat (als Wähler Sympathisanten Mitglieder Funktionäre) woraus sich Möglichkeiten für eine sozialistische Strategie ergeben. Wenn daher eine Regierung der Sozialdemokratie wünschenswert ist dann ist auch deren Tätigkeit als liberale Reformagentur wünschenswert: *denn durch liberale Reformen wird das konservativ-reaktionäre Klima zersetzt werden Verbleib und künftige Stärkung der sozialdemokratischen Regierung überhaupt erst möglich.*

Insoweit das liberale Reformwerk der Sozialdemokratie das Kapital stärkt (ideologische Liberalisierung fördert Konsum- und Genußkapitalismus) stärkt es zugleich die sozialdemokratische Regierung weil es jenes Bündnis zwischen Sozialdemokratie und progressivem Kapital festigt welches eine (nicht *die*) Grundlage einer sozialdemokratischen Regierung ist.

Liberalisierung zB der Familien- Ehe- Sexualgesetze oder des Erziehungswesens ist *für sich* genommen nichts Sozialistisches. Sie schafft zunächst unpolitische Scheinfreiheit die sogleich wieder umgebogen werden kann: in Genuß durch Konsum und daher in Profit oder in Ausbildung und Leistung zugunsten der Profitwirtschaft. *Im Zusammenhang* der Entwicklungsreihe a) konservativ-reaktionäre Versumperung b) liberale Reformen c) Sozialismus – gewinnt das liberale Reformwerk der Sozialdemokratie jedoch auch Bedeutung hinsichtlich des Sozialismus: b) ist gegenüber a) ein Fortschritt und b) kann nicht übersprungen werden wenn zu c) gelangt werden soll. Das liberale Reformwerk der Sozialdemokratie ist Teil der Modernisierung und vollen Ausreifung des Kapitalismus und wie diese insgesamt *Voraussetzung* für Aufbau des Sozialismus in den Industrieländern mit liberal-bürgerlicher Freiheitstradition.

Das liberale Reformwerk der Sozialdemokratie *kann* steckenbleiben in den profitträchtigen prokapitalistischen Scheinfreiheiten die es hervorbringt. Es kann aber auch *weitergetrieben* werden: von der Scheinfreiheit die aber ein Schritt hinaus ist über die totale Unfreiheit zB der konservativ-reaktionären Familien- Ehe- und Sexualgesetze weiter zu wirklicher materieller Freiheit im sozialistischen Sinn.

Die gesetzliche Freigabe der *Pornographie* zB ist ein Schritt hinaus über die totale Unmündigkeit des erwachsenen Menschen in der bisherigen konservativ-reaktionären Pornogesetzgebung. Ob von der Freiheit des Pornographie*lesens* (und dem damit verknüpften Profit der Pornokapitalisten) weitergelangt wird zur Freiheit des Sexual*lebens* (und dem damit verknüpften Bankrott der Pornokapitalisten) wird abhängen von der Dynamik sozialistischer Bewußtseinsarbeit und sozialistischer Lebenspraxis.

Die Liberalisierung der *Schulen und Hochschulen* auf gesetzlichem Wege (Einbau formaldemokratischer Elemente Modernisierung des Lehrplans) ist ein Schritt hinaus über das bisherige autoritäre Erziehungsklima. Ob das *nur* ausschlägt zugunsten des Kapitalismus der dadurch willigere und tauglichere Anhängsel für seine Maschinerie bekommt oder ob von da weitergeschritten wird zur Selbstverwaltung von Schülern Lehrern Eltern – das wird wiederum abhängen von der Stärke sozialistischer Bewegung im Kapitalismus und auch in der Sozialdemokratie.

Wiederum läuft dies hinaus auf *Rollenverteilung zwischen Sozialdemokratie und Linken:*

Die Linken sollten anerkennen *daß die Arbeit der Sozialdemokratie an einem kompletten liberalen Reformwerk nicht einfach Teufelswerk zugunsten des Kapitalismus ist sondern trächtig geht mit Möglichkeiten auch in Richtung Sozialismus.*

Die Sozialdemokratie sollte anerkennen daß Kritik von links an ihrem liberalen Reformwerk nicht bloß jugendlicher Akt der Bosheit und des Unverständnisses ist – sondern Voraussetzung dafür daß dieses Reformwerk nicht steckenbleibt im innerkapitalistischen prokapitalistischen Bereich vielmehr systemüberschreitende sozialistische Perspektiven erhält.

Die Sozialdemokratie ist in ernsthafter Gefahr im Kapitalismus aufzugehen – gerade wegen ihrer Erfolge zB unter Brandt Kreisky Palme Erfolge die den Schluß nahelegen: *Wenn uns das möglich ist im derzeitigen System (Kapitalismus) was soll das Geschwätz daß wir aus diesem System herausmüssen (zum Sozialismus)?*

Gerade die gegenwärtigen Erfolge der Sozialdemokratie könnten aber auch Anlaß sein das dadurch bewirkte Gefühl allgemeinen Aufschwungs der Partei hinauszutreiben über den unmittelbaren innerkapitalistischen Anlaß hinauszutreiben auch über das bloße Gefühl und hinein in die Erarbeitung einer konkreten sozialistischen Theorie und Praxis welche die Rolle der Sozialdemokratie einbezieht und dynamisiert in Richtung einer Überschreitung dieses Systems. *Sozialdemokratie an der Regierung ist eine Chance für den Sozialismus.*

Diese Chance stirbt oder lebt je nachdem: Ob die Sozialdemokratie bloß kurz- bis mittelfristige Expertenprogramme zustandebringt oder auch konkrete sozialistische Theorie. Ob sie bloß parlamentarische Vertretung der Arbeiterklasse zustandebringt oder auch direkte demokratische Praxis ausgeübt durch die Lohn- und Gehaltsabhängigen selbst. Ob sie *nur* innerkapitalistisch agiert oder *auch* systemüberschreitend.

Dazu bedarf es der Zusammenarbeit von Sozialdemokratie insgesamt und Linken innerhalb wie außerhalb der Partei. Das heißt: *statt emotionales Gegeneinander kritisches Miteinander.*

Unter den Bedingungen des entwickelten industriellen Kapitalismus müssen zunächst *alle* Institutionen und Aktionen die aus dem Kapitalismus heraus- und zum Sozialismus hinstreben »sozialdemokratisch« sein: das heißt sich auf eine *dialektische Strategie* verstehen. Sie müssen *im* System operierend *über* dieses hinausgelangen erst in den Köpfen der Menschen und sodann in der materiellen Wirklichkeit der Gesellschaft. Jede andere jede undialektische Strategie landet durch ihre Schwarz-Weiß-Seherei und dementsprechend grobes bescheuklapptes Handeln *entweder in der totalen Aufsaugung durch den Kapitalismus oder in der ebenso totalen linksradikalen Isolierung (wahrscheinlich mit nachfolgendem Faschismus).*

Die dialektische Strategie ist höchst gefährlich: möglicherweise führt sie zur Verwaschenheit Theorielosigkeit Doppelzüngigkeit zum *Einerseits-Andererseits bei dem die Summe der Erklärungen und Handlungen null ist weil sie einander jeweils aufheben.*

Darin liegt aber auch eine *Chance:* die dialektische Strategie in der gegenwärtigen Periode des Übergangs vom Kapitalismus zum Sozialismus die einzig realistische in den industriekapitalistischen Ländern *zwingt* eben wegen ihrer Gefährlichkeit die ernsthaften Sozialisten zur genauen Analyse der jeweiligen Situation zur Entwicklung einer konkreten Theorie und zu einer Praxis die nicht bloß pragmatisch ist sondern langfristig theoriebezogen.

Die Erarbeitung einer gesamtsozialistischen Strategie ist identisch mit der Erarbeitung einer konkreten Dialektik von Theorie und Praxis – Systemimmanenz und Systemüberschreitung – Sozialdemokratie und inner- wie außerparteiliche Linke – einheimischem und internationalem Sozialismus. Dies zu erarbeiten ist entgegen tagespolitischem Anschein eine *dringliche* Aufgabe wenn Regierung durch Sozialdemokratie sinnvoll sein soll für Entwicklung Richtung Sozialismus.

45. Tag
G. N. an einen linken Fatalisten über gesamtsozialistische Strategie

LIEBER W.

Was Du analytisch-kritisch über die Sozialdemokratie denkst dem stimme ich im wesentlichen zu es ist das was die Linke überhaupt denkt. Nicht aber akzeptiere ich Deine daraus abgeleitete Perspektive. Sie läuft auf Fatalismus hinaus:

1) Es gibt keine Linke die genug stark wäre um Revolution zu machen
2) Die Sozialdemokratie ist nichts als Juniorpartner des Kapitals
3) Ein neuer Faschismus zieht auf.

Das ist der dialektische Dreischritt des Nichtstuers:

ad 1) So darfs nicht weitergehn
ad 2) Da muß was geschehn
ad 3) Da kann man nix machn

In radikal-marxistischer Verkleidung bist Du ein gut demokratisch-kapitalistischer Raunzer: scharfsinniger Analytiker totaler Defaitist.

Wer hingegen nicht gedenkt über einem Schalerl Kaffee still zu sitzen und den Faschismus streng marxistisch solange zu analysieren bis er aus dem Kaffeehaus direkt ins KZ übersiedeln kann – der muß eine Strategie ausarbeiten und eine Praxis verwirklichen helfen die eine solche Entwicklung hintanhält – offensiv hintanhält im größeren Zusammenhang des internationalen Sozialismus (in West Ost Dritter Welt).

Statt dessen wirst Du das Opfer einer linksseitig weitverbreiteten *Übertragungsneurose:* weil Du den eigentlichen Gegner für so stark hältst daß Dir zu ihm keine Strategie und keine Praxis einfällt überträgst Du Deine Aggression von ihm auf die Sozialdemokratie. *Der linke Fatalist sieht so rot daß er den Hauptgegner übersieht. Dies ist mit Verlaub nicht die Sozialdemokratie sondern der Kapitalismus.*

Natürlich hält auch der linke Fatalist den Kampf gegen den Kapitalismus für *nötig* aber zugleich hält er ihn jetzt und hier nicht für *möglich.* Es ginge aber gerade jetzt und hier um den Schritt vom marxistisch kostümierten Fatalismus zur marxistisch realisierbaren Strategie:

Bestimmung von Stellenwert und Möglichkeiten der Linken

Bestimmung von Stellenwert und Möglichkeiten der Sozialdemokratie.

Wie holt man junge Linke aus dem Sumpf antisozialdemokratischer Emotionen?

Helmut Gollwitzer Sozialist Marxist und evangelischer Theologieprofessor an der Freien Universität Berlin sagte 1971 vor der Paulus-Gesellschaft in Wien: »*Wenn Junge Linke verrückt werden so gibt es dafür nur einen Schuldigen: uns Erwachsene.*«

Der emotionale Antisozialdemokratismus der Jungen Linken gehört auf das Schuldkonto der Sozialdemokratie.

II.

Entgegen dem Optimismus des späten Engels:
dem quasi naturgesetzlichen Wachstum der Lohn- (und Gehalts-)abhängigen im Kapitalismus entspräche ein desgleichen quasi naturgesetzliches Wachstum der sozialdemokratischen Stimmen
ergab sich vielmehr im demokratischen Kapitalismus:
Die Zahl der Lohn- und Gehaltsabhängigen stieg in der Tat rapide die Stimmenzahl der Sozialdemokratie *viel weniger steil.*

Zwischen den beiden Kurven entstand eine Schere ein weites Feld für Sozialdemogogie der Konservativen bis Faschisten ein weites Feld für »Modernisierung« der Sozialdemokratie.

Die moderne Sozialdemokratie konnte die Schere ganz ungefähr schließen. Den *weit über* 50% der lohn- und gehaltsabhängigen Wahlberechtigten (Aktive Pensionisten Familienangehörige) entspricht ein *um* 50% (teils ziemlich darunter teils etwas darüber) schwankender Anteil sozialdemokratischer Wähler.

Die Schere zwischen Zahl des Proletariats und Wahlverhalten des Proletariats ist Verdienst der kapitalistischen *Bewußtseinsindustrie:* ihre überwältigende Manipulationsmaschinerie füllt die Köpfe der wählenden Lohn- und Gehaltsabhängigen mit Angst vor »Bolschewismus« Angst vor »Atheismus« Angst vor »Verstaatlichung« blablabla.

Die Operationen der Bewußtseinsindustrie hatten ein doppeltes Resultat:
1) Die Sozialdemokratie um ihrer Verteufelung zu entgehen rutschte immer weiter nach rechts
2) wurde in die Lohn- und Gehaltsabhängigen soviel Angst eingefüllt daß sie nicht einmal die nach rechts gerutschte Sozialdemokratie in ausreichender Anzahl wählten.
Auf diese Weise wurde die Sozialdemokratie doppelt entschärft:
1) Indem sie immer weiter nach rechts rückte wurde sie für den Kapitalismus immer ungefährlicher
2) wurde sie auch noch um ihre Belohnung dafür geprellt weil immer noch nicht genug Leute sie wählten.
Die moderne Sozialdemokratie à la Brandt Kreisky fand die einzig logische Lösung dieses Problems. Wenn die Bewußtseinsindustrie die

Leute nach rechts trieb desgleichen die Partei nach rechts trieb diese aber nicht ganz so weit – denn noch gab es ein bißchen Tradition Emotion Mythologie: linke Spurenelemente – *so mußte man diese Reste liquidieren.* Was liquidiert wurde war eine Konkursmasse aus dysfunktionaler Ideologie: reduziert wie sie war half sie der Partei weder zur inneren Lebendigkeit noch zum äußeren Erfolg.

Keine Schade drum.

Der sozialdemokratische Modernismus pflanzte sich auf einem strategischen Punkt so weit rechts daß er die bürgerliche Bewußtseinsindustrie fürs erste überrumpelte: deren Sozialismus-Image war so antiquiert dunkelrot daß sie von dort her aufschließen mußte Richtung modern rosarot. Sie tats mit lauten Jubelrufen.

Woran die Sozialdemokratie seit Geburt der spätkapitalistischen Bewußtseinsindustrie immer so gelitten hatte: am Mangel eines beweglichen durchschlagskräftigen Manipulationsapparates – das konnte die moderne Sozialdemokratie fürs erste wettmachen: nicht durch Aufbau eines eigenen solchen Apparates sondern indem sie den bürgerlichen Manipulationsapparat für sich einnahm. Sie war das neue Wundertier schön blaßrosa und Großproduzentin von schön blaßrosa Werbegags auf deren Verbreitung die Massenmedien sich immer wieder einließen weil und solange die Dame mit endlich souverän gewordenem Medieninstinkt so schön blaßrosa blieb. *Eine moderne sozialdemokratische Regierung funktioniert unter anderem wie eine kapitalistische Werbeagentur.*

Die vorerst relativ beständige Feier der modernen Sozialdemokratie durch bürgerliche Massenmedien schien gerechtfertigt das heißt ungefährlich weil diese wie noch keine Sozialdemokratie zuvor ihre stets guten Absichten auch gegenüber dem Kapitalismus deklarierte. Unterm Feiern tauchte dann die Frage auf und minderte allmählich die Festesfreude: *Wie gefährlich ist eine Sozialdemokratie die dem Kapitalismus ungefährlich ist?*

Was ist gefährlicher? Ein Häuflein linker Radikaler deren jeder täglich zum Frühstück Kapitalismus Imperialismus Kolonialismus verspeist oder eine Sozialdemokratie mit parlamentarischer Mehrheit und an der Regierung zwar in Kooperation mit dem Kapitalismus aber mit dessen progressivem Flügel welcher einen Kapitalismus auf der Höhe der Zeit will: hochkonzentrierten hochzentralisierten Kapitalismus ohne den Rattenschwanz von Kleinkapitalisten Kleinbürgern Bauern.

Was kommt da alles ins Rutschen?

Was da ausstirbt sind die Stammwähler der bürgerlich-konservativen Parteien.

Was da geschaffen wird ist jener moderne Kapitalismus dessen

Reife die materielle Voraussetzung ist für den Übergang zum Sozialismus.

Sozialdemokratie macht rosa Revolution.

Das ist die Voraussetzung für rote.

III.

Die Schere zwischen Zahl des Proletariats und Stimmenzahl der Sozialdemokratie wurde von dieser ungefähr geschlossen oder doch stark verkleinert indem sie den von bürgerlichen Massenmedien produzierten Bewußtseinsstand dieses Proletariats als gegebene Größe nahm und davon ausgehend den Wählern eine entsprechend »modernisierte« Sozialdemokratie vorstellte.

Demgegenüber steht das linke Prinzip jene Schere vielmehr dadurch zu schließen daß Proletariat und Partei mit revolutionärem Bewußtsein erfüllt werden.

Gesiegt hat die sozialdemokratische Strategie nicht das linke Prinzip.

Kern des linken antisozialdemokratischen Affekts ist aber der Wunschtraum *die Sozialdemokratie möge nachdem sie gemäß ihrem eigenen Konzept an Mehrheit und Regierung gelangt ist nun regieren gemäß den Prinzipien der Linken die bei Wahlen nichts ausrichten.* Das ist absurd.

Gemäß dem Konzept mit dem sie Wahlen gewonnen hat wird die Sozialdemokratie auch regieren. Die Sozialdemokratie ist keine linke Splittergruppe sondern eine große parlamentarische Partei die ausdrücklich und ausschließlich auf dem Boden der parlamentarischen Demokratie steht. Sie ist ein Koloß der mit allen Beinen auf diesem Boden steht. Man kann von ihr keine linken Höhenflüge erwarten.

Dafür ist sie nicht gebaut.

46. Tag
G. N. an einen linken Optimisten über gesamtsozialistische Strategie

LIEBER L.

Du hast recht. Die Sozialdemokratie ist eine Agentur zur Modernisierung des Kapitalismus und insofern dessen Komplizin. Dein Irrtum beginnt erst bei der Annahme die Sozialdemokratie könnte auch *anders* als sie kann: könnte auch statt den Kapitalismus erst zu modernisieren bereits Sozialismus machen.

Wo sind hiefür die Voraussetzungen in den kapitalistischen Ländern: Wo die Voraussetzungen im Bewußtsein der Wähler: Wo ist die sozialistische Idee materielle Gewalt die die *Massen* ergreift? Nach ihrer Niederlage im Mai 1968 macht es sich frustrierte Linke allzuleicht wenn sie statt aus eigener Kraft Revolution zu machen nun revolutionäre Aufträge an die Sozialdemokratie erteilen: die Sozialdemokratie möge doch gefälligst die nächsten Wahlen mal andersherum gewinnen – nicht mit der Losung: Moderner Kapitalismus sondern mit der Losung: Sozialismus.

Damit aber wurde schon manche Wahl *verloren.* Eine rosa Sozialdemokratie innerhalb des Kapitalismus wird sich nicht darauf sondern bestenfalls auf eine Reform des Kapitalismus einlassen. Und zwar zumeist ohne ein so häßliches Wort wie »Kapitalismus« in den Mund oder gar auf die Plakatwände zu nehmen.

Woher Dein rührendes Zutrauen zu einer Agentur des Kapitalismus? Glaubst Du an bürgerliche Metaphysik: Wenn einer nur *will* so *kann* er auch? Nämlich statt hellrosa Sozialdemokrat dunkelroter Sozialist sein und tun was er vielmehr was Du willst daß er wollen soll.

Die Linke selbst hat die *geschichtliche Bedingtheit* der Sozialdemokratie analytisch-kritisch aufgedeckt: daher ist alle linke Erwartung die Sozialdemokratie möge über ihren rosa Schatten springen romantisches Wunschdenken. Höchst ehrend für die Sozialdemokratie was Du alles von ihr erwartest Du Optimist.

Aber gerade dadurch wird Deine linke Analyse der Sozialdemokratie obwohl richtig dennoch zur *Denunziation:* Du tust nämlich unterwegs immer wieder so als sei diese Analyse nicht nur wahr sondern *unnötig* wahr weil die Sozialdemokratie statt rosa geradeso gut rot sein könnte.

II.

Also Sozialdemokratie for ever und alles was sie macht oder nicht macht goldrichtig?

Worum es zunächst geht ist: Hinausgelangen über die bloße – bloß denunziatorische bloß frustrierende keine Dynamik produzierende linke *Analyse* der Sozialdemokratie. Weiterschreiten zu einer linken *Strategie* als *umfassende* Strategie. Zuweisen von Aufgaben nicht *nur* an die rosa Sozialdemokratie noch dazu unmögliche Aufgaben weil *Sozialdemokratie* eben keine *sozialistischen* Aufgaben leisten kann. Zuweisen von Aufgaben auch und vor allem an linke Revolution der Köpfe Bewußtseinsrevolution Kulturrevolution das Wort ist egal jedenfalls: Veränderung des in den Köpfen Vorhandenen Richtung links.

Altmodisch gesagt: es geht um *geistige Klimaänderung*.

Es ist unsinnig dies von der Sozialdemokratie *allein* zu erwarten. Es ist unsinnig daß Du an Deinem Schreibtisch sitzend hoffnungsvoll revolutionäre Aufträge an die Sozialdemokratie richtest nachdem Du sie zuvor als einen Haufen Kapitalistenknechte entlarvt hast. Das ist Untertanenhaltung seis auch linke aber in bester obrigkeitsstaatlicher Tradition. Du sagst damit: *Die Behörde soll was tun diesfalls die Sozialdemokratie als Behörde des Sozialismus* – mit dem sie gar nichts zu tun hat wie Du zuvor analytisch-kritisch festgestellt hast und keineswegs *ganz* zu Unrecht.

Die Sozialdemokratie *allein* kann für die Ankunft des Sozialismus jetzt und hier *unmittelbar* garnichts tun. Weder haben Partei und Gewerkschaften das hiefür erforderliche sozialistisch-revolutionäre Bewußtsein. Noch ist die parlamentarische Basis dafür breit genug. Noch auch würde eine noch so breite parlamentarische Basis ausreichen bei fortdauernder kapitalistischer Wirtschaftsstruktur. Noch auch läßt sich eine kapitalistische Wirtschaftsstruktur beseitigen durch irgendwelche Abstimmungsgymnastik in einem Parlament.

Aus allen diesen Gründen kann (will *darf*) die Sozialdemokratie für den Sozialismus unmittelbar nichts tun. Wieviel sie *mittelbar* dafür tun kann (will *muß*) wird von dem *Druck von links* abhängen dem sie unterworfen werden kann. Dieser Druck von links wiederum wird davon abhängen welcher Grad von Köpfe- Bewußtseins- und Kulturrevolution: geistige Klimaänderung hervorgebracht werden kann. Wie weit lassen sich Menschen vorwärtsbringen zur Menschlichkeit? Herzen erhitzen die gewohnt sind als Kältemaschinen zu arbeiten? Hirne zur Vernunft bringen so daß sie das *Elend* in dem ihre Besitzer leben nicht erst unter Alkohol erkennen sondern mit nüchterner politischer Konsequenz.

Darum geht es. Alles andere bedeutet Sitzenbleiben hinterm Kaffeehaustisch und dort warten auf die Revolution.

III.

Gewiß lassen sich *politische Kräfte* nicht dadurch erzeugen daß man sie denkt. Aber zum Unterschied von ökonomischen Tendenzen (und Institutionen Regierungen Bürokratie die deren ausführende Organe sind) enthalten politische Kräfte stets auch *Ideen* als massenhaft gewordene und folglich materielle Gewalt. Alle reale politische Bewegung ehe sie vollführt oder auch nur angestrebt werden kann muß durch den menschlichen Kopf hindurch alle reale politische Bewegung ist unter anderem *Produkt (kollektiver) Denkanstrengung.*

Das heißt eben: Ausarbeitung einer Theorie Ausarbeitung einer Praxis *Ausarbeitung einer Strategie.*

Kräfteinventar für solche Strategie:

- *Linksbewegung in der Welt.* Der demokratisch-kapitalistische Gesamtspießer verabscheut sie aber gerade die Angst vor ihr transportierte wesentliche Teile seines Korpus ein winziges Stück nach links dorthin wo er die Höhe der Zeit vermutet: Leute wählten sozialdemokratisch die bis vor kurzem noch nie daran gedacht hatten. *Die weltweite Linksbewegung war das historische Substrat homöopathisch verdünnt der Wiedergeburt der Sozialdemokratie.*
- Die Linksbewegung draußen in der Welt war ein letzter allgemeinster Ermöglichungsgrund für die Wiedergeburt der Sozialdemokratie sicherlich kein zureichender. Der zweite Grund für die sozialdemokratischen Erfolge war vielmehr *gegenläufig zur Linksbewegung in der Welt eine Bewegung der Sozialdemokratie nach rechts Richtung Salonfähigkeit im demokratischen Kapitalismus:*
  Dieser überzeugt ja mittels Massenmedien auch eine Mehrzahl seiner Opfer: die Gehalts- und Lohnabhängigen von seinen Vorzügen verglichen mit der sozialistischen Ordnung die von diesen Massenmedien konsequent gleichgesetzt wird mit »Osten« »Kommunismus« »wie bei den Russen«. Unter Brandt Kreisky gelang der Sozialdemokratie der Nachweis ihrer diesbezüglichen Harmlosigkeit das heißt

a) Vertrauenswürdigkeit bei einem ausreichend großen Teil der Führungsgruppen der kapitalistischen Wirtschaft was zwar nicht direkt zum Erfolg bei den Wählermassen führt wohl aber indirekt da diese Wirtschaftskreise Dirigenten von Massenmedien sind welche daraufhin die »moderne« Sozialdemokratie zu manchen Zeiten und in manchen Ländern recht freundlich behandelten.

b) Vertrauenswürdigkeit direkt bei den Wählermassen der Lohn- und Gehaltsabhängigen die von diesen Massenmedien auf die Vorzüge des Kapitalismus die Gefährlichkeit des Sozialismus dressiert sind.
c) Vertrauenswürdigkeit sowohl bei b) Wählermassen wie bei a) kapitalistische Führungsgruppen ist für die Sozialdemokratie schon deshalb entscheidend weil sie ihre Lohn- und Wirtschaftspolitik nicht betreiben kann ohne Zustimmung oder doch Stillhalten von a) wie b).

Die Bewegung der Sozialdemokratie nach rechts Richtung Salonfähigkeit innerhalb des kapitalistischen Systems ist unterwegs seit es Sozialdemokratie überhaupt gibt. Wenn sie dennoch gerade erst jüngsthin zur erfolgreichen Wiedergeburt von Sozialdemokratie führte so eben deshalb *weil durch die weltweite Linkstendenz der demokratisch-kapitalistische Gesamtspießer jenes winzige Stück nach links transportiert wurde das gerade noch fehlte um ihm eine weit nach rechts gerückte rosa Sozialdemokratie akzeptabel oder doch unverdächtig zu machen.* Die Intelligenz von Brandt Kreisky Palme kann diese beiden widersprüchlichen Bewegungskräfte gleichermaßen artikulieren: *den nötigen kleinen Schritt nach links durch Reden von »Demokratisierung« den nötigen großen Schritt nach rechts durch Reden von Modernisierung des Kapitalismus.*

● Die Sozialdemokratie als Modernisierungsagentur des Kapitalismus entspricht einer zwar vom Kapitalismus verursachten aber von ihm politisch loslösbaren gesellschaftlichen Bewegungskraft: nämlich dem *unbändigen geradezu neurotischen Aufstiegswillen immer weiterer Teile der Bevölkerung* in den fortgeschrittenen kapitalistischen »Industriegesellschaften« des Westens:

Hinter dem wütenden Aufstiegswillen zu Auto Eigenheim und dem ganzen übrigen Wohlstandsplunder von der Traumküche bis zum Deo-Schaum der glücklich macht durch Geruchslosigkeit — dahinter steckt das Herauswollen aus dem Gestank der Armut Unsicherheit Lebensangst: *herauswollen aus dem Elend das der Kapitalismus auf die Welt gebracht hat und das zu zu beseitigen er zugleich vorgaukelt* von den Plakatwänden und Fernsehschirmen.

Ironie die aber den Kapitalismus keineswegs ins Mark trifft: *Der Kapitalismus pflanzte in die Leute glücklich soviel Aufstiegswillen daß sie nun das zur Erfüllung ihrer Aufstiegsräume nötige ständige Wachstum des Kapitalismus nicht mehr den eigentlich kapitalistischen bürgerlichen Parteien anvertrauen sondern eher der modernisierten Sozialdemokratie.* Und in der Tat kann die Sozialdemokratie — ohne jene Massen kleinkapitalistischer Greißler und Bauern die wie Bleigewichte den konservativen Parteien anhängen — bei der Modernisierung des Kapitalismus leichtflüssiger vorankommen und ist daher auch schon ausgestattet mit dem Vertrauen der aufgeklärten unter den industriellen Kapitalisten.

Dieses doppelte Vertrauen das die »moderne« Sozialdemokratie sich erworben hat: Vertrauen der aufstiegswütigen Lohn- und Gehaltsabhängigen Vertrauen der aufgeklärten Industriekapitalisten ist bis auf weiteres der doppelte Garant für die rosa Zukunft des demokratischen Kapitalismus.

(Die rosa Zukunft des demokratischen Kapitalismus ist nicht unbedingt mit dem fortdauernden Erfolg der *Sozialdemokratie* verknüpft. Die bürgerlich-konservativen Parteien deren kleinkapitalistische Stammwähler einerseits vom Großkapital dezimiert werden anderseits noch genug zahlreich sind um diese Parteien zu hindern an konsequenter Politik zugunsten des Großkapitals – diese bürgerlichen Parteien in dieser doppelten Krise könnten versuchen durch einen strategischen Doppelsalto herauszukommen: durch Kopierung der erfolgreichen Sozialdemokratie Gewinnung insbesondere der aufstiegswilligen Angestelltenmassen und auf dieser solideren Basis Gewinnung des verlorenen Vertrauens beim Großkapital. Deshalb wird der »junglinke« Flügel in den bürgerlich-konservativen Parteien keineswegs ausgerottet entgegen Primitiverwartungen auf echt linker Seite sondern er kriegt Spielraum bei Wahlen und gewinnt diese mancherorts auch wirklich zB Graz 1973.)

Die »modernisierte« Sozialdemokratie hat herausgefunden daß der *ökonomische* nämlich kapitalistische Aufstiegswille der Lohn- und Gehaltsabhängigen wirksam werden kann als eine *politisch* selbständige Kraft: was durch *kapitalistische* Werbeanstrengungen entstanden ist kann umgemünzt werden in *sozialdemokratische* Stimmzettel

(Und was kapitalistisch inspiriert sozialdemokratisch wählt könnte durch entsprechende Werbeanstrengungen auch zu der Konsequenz gebracht werden gleich direkt bürgerlich-konservativ zu wählen siehe oben den Absatz in Klammern.)

Von der Sozialdemokratie irgendwelche linke Verurteilung der tatsächlichen Unmenschlichkeit dieser Aufstiegshysterie der abhängigen und abhängig bleibenden Massen zu erwarten in den Papier- und Redefluten einer demokratisch-kapitalistischen Wahlschlacht wäre eine Lächerlichkeit.

● Verglichen mit jenen vom Kapitalismus entliehenen und von der »modernen« Sozialdemokratie intelligent auf ihre Wahlmühlen geleiteten quasi elementaren ökonomisch-politischen Bewegungskräften sind die im demokratischen Kapitalismus erhebbaren politisch-ideologischen *Gegenkräfte nach links* seit ihrer Niederlage vom Mai 1968 wiederum und bis auf weiteres *viel schwächer:*

Reflexe der linken Weltbewegung. Überlebende Neulinke/Junglinke/Studentenbewegte. Überbleibsel einer Alten

Linken in der Sozialdemokratie. JUSO-Bewegung. Junge Kräfte die aus den etablierten Kirchen nach links auswandern. Jugendkultur/Gegenkultur/Untergrund.

Die politisch gewordene und dann festgelaufene Studentenbewegung war die sichtbare Spitze des Eisberges *9/10 der Jugendbewegung sind politisch noch unsichtbar.* Schon in dieser Nah- und Frühform wirkte die Jugendbewegung auf die Instinkte der etablierten Politiker. Nach anfänglichem krassen Versagen hat die Sozialdemokratie unter Brandt Kreisky Palme hinsichtlich der Jugendbewegung wie der übrigen hier aufgezählten linken Gegenkräfte dazugelernt. Sie hat – weil immerhin rosa – gegenüber diversen roten Kräften eine mögliche Gesprächsbasis (auch Manipulationsbasis).

IV.

Die hiemit gelieferte Aufzählung bietet nicht mehr als ein Sammelsurium strategisch interessanter politischer Bewegungskräfte im demokratischen Kapitalismus aktueller oder potentieller. Sie bedürften genauerer Beschreibung sowie Untersuchung. Ohne solche ist eine gesamtsozialistische Strategie nicht zu erarbeiten. *Setzt man an die Stelle dieser realen Bewegungsmaße ein idealistisch verstümmeltes Proletariat mit der angeblich angeborenen Tugend immer und überall rötesten Sozialismus zu wollen oder operiert man überhaupt einfach mit dem Satz: Wer Sozialist ist muß sozialistische Politik machen und sozialistische Politik ist das was ich darunter verstehe — so betreibt man Metaphysik nicht Politik.*

Linke Politik oder zunächst: konkrete Theorie einer linken Politik im demokratischen Kapitalismus hieße: An Stelle der exneulinken Mischung aus totaler Kritik an der Sozialdemokratie und darauffolgender vertrauensvoller Aufforderung die Sozialdemokratie solle halt doch gut sozialistisch sein braucht man e i n e n ü c h t e r n e A u f t e i l u n g d e r F u n k t i o n e n i m K r ä f t e s p e k t r u m z w i s c h e n h e l l r o s a u n d d u n k e l r o t. Junge Linke irren wenn sie einen Gegensatz zwischen Sozialdemokratie unter Brandt Kreisky Palme einerseits und *dem* Marxismus anderseits konstruieren: heutige Sozialdemokratie sei total rosa systemimmanent *der* Marxismus sei total dunkelrot systemtranszendent. Sie mögen zB das Wirtschaftsprogramm für Österreich lesen das Otto Bauer 1926 seinem systemtranszendenten Linzer Programm voranstellte: In Vorwegnahme der Ideen von Keynes unterbreitet Otto Bauer und die austromarxistische Sozialdemokratie (der Linzer Parteitag beschloß Otto Bauers Text ohne wesentliche Veränderung) hier eine Art »*Neue Ökonomische Politik*«. Mit dieser NEP-Politik offeriert sich Sozialdemokratie in ihren »radikalen«

austromarxistischen Jahren als »Arzt am Krankenbett des Kapitalismus« als Agentur für Modernisierung des Kapitalismus: *denn erst auf der Stufe einer vollen Entwicklung zunächst der kapitalistischen Produktivkräfte lasse sich demokratischer Sozialismus erreichen durch nachfolgende Übernahme des solcherart ausgebauten ökonomischen Apparats.* Ob das so stimmt darüber läßt sich diskutieren. Jedenfalls befindet sich Brandts Kreiskys Palmes Neue Ökonomische Politik insofern in bester marxistischer (austromarxistischer und überhaupt klassisch marxistischer) Gesellschaft.

Ob Brandts Kreiskys Palmes Neue Ökonomische Politik stehen bleibt bei der Modernisierung des Kapitalismus und dann tatsächlich nichts weiter wäre als politischer Juniorpartner des Kapitalismus nur tüchtiger als die bürgerlich-konservativen Parteien oder ob diese Neue Ökonomische Politik ihre Fortsetzung findet im Aufbau des Sozialismus auf der modernisiert kapitalistischen Basis: ein Ziel das außer mit ein paar Phrasen – zB im Parteiprogramm der SPÖ 1958 – von der heutigen Sozialdemokratie nicht einmal noch verbalisiert wurde geschweige denn Bestandteil politischen Willens der Partei ist – *das wird abhängen von der Entwicklung: Verkümmerung oder Entfaltung der linken Gegenkräfte innerhalb wie außerhalb der Sozialdemokratie.*

Reden wie die Kreiskys von »Demokratisierung aller Lebensbereiche« und von Sozialdemokratie als »Prozeß« einer solchen Demokratisierung bilden durchaus einen *Ausgangspunkt* für linke Argumentation und Aktion. Gewiß wird es ein weiter Weg sein von solchen intelligent vorsichtigen Formulierungen bis zu einer ausgearbeiteten sozialistischen Strategie die nicht nur die Dinge beim richtigen *Namen* nennt: Beseitigung des Kapitalismus Aufrichtung des Sozialismus – sondern auch konkret angibt ausgehend von einer Analyse der demokratisch-kapitalistischen Wirklichkeit *wie* der Übergang zu vollziehen sei vom Kapitalismus zum Sozialismus das heißt: die Revolution.

Um diese Strategie geht es. Denn daß Sozialisten in einer bestimmten *Phase* der gesellschaftlichen Entwicklung zusammenarbeiten mit Kapitalisten ist unbedenklich auch gemäß strengsten marxistischen Maßstäben. Die Frage ist *wies weitergeht.*

Das Weitergehen Richtung Sozialismus wird nicht die Sozialdemokratie allein besorgen können. Auch nicht die linken Gegenkräfte allein. *Das Problem des Sozialismus im demokratischen Kapitalismus ist auf längere Sicht das Problem der Zusammenarbeit zwischen Sozialdemokratie (inkl. »sozialdemokratoiden« Parteien wie KPI KPF US-Demokraten) und linken Gegenkräften.*

V.

Auf kürzere Frist wäre es eine Überschätzung der im demokratischen Kapitalismus vorhandenen linken Gegenkräfte wollte man annehmen das Verhältnis zwischen dieser Linken und der Sozialdemokratie sei zunächst und heute schon das *einzige* große Problem einer gesamtsozialistischen Strategie. Vielmehr hat eine solche Strategie unter anderem die folgenden Probleme vor sich:

●● *Die Funktion der Sozialdemokratie als Agentur zur Modernisierung des Kapitalismus muß unabweislich wahrgenommen werden weil mit ihr die Funktion der Sozialdemokratie als unmittelbare Interessenvertretung der Unteren gegen die Oberen innerhalb des Kapitalismus steht und fällt:*

Den abhängig arbeitenden Massen wenigstens materiell einigermaßen menschliche Lebensbedingungen zu geben ihnen wenigstens materiell-innerkapitalistisch und insofern immer noch inhärent unmenschlich gewisse materielle Aufstiegschancen zu öffnen: das ist sozialistisch gesehen zwar eine bloße Minimalaufgabe aber sie ist menschlich-sittlich notwendig. Niemand kann sie leisten als die Sozialdemokratie. Eine revolutionär-sozialistische Alternative besteht derzeit und bis auf weiteres im demokratischen Kapitalismus nicht (wenngleich sie langfristig angestrebt werden muß).

Diese Interessenvertretung der Unteren gegen die Oberen sichert und nur sie sichert die Massenbasis der Sozialdemokratie. Versagt die Sozialdemokratie als Interessenvertretung der Unteren würden die Massen — bei ihrer gegenwärtig kapitalistisch manipulierten Bewußtseinslage — keineswegs nach links rücken und revolutionär werden sondern nach rechts und ihr Heil bei faschistischen Demagogen starken Männern Rettern des Volkes suchen.

Diese Bewußtseinslage ist nicht als gegeben hinzunehmen sondern muß verändert werden. *Solange* sie aber nicht verändert ist verändert von linken Gegenkräften solange gibt es *keine Alternative zur Sozialdemokratie* als Interessenvertretung der Unteren gegen die Oberen.

Das heißt bis auf weiteres: rosa Politik als Mischung aus systemimmanentem Druck *gegen* den Kapitalismus um ihm gewisse materielle Zugeständnisse zu entreißen und systemimmanenter Kooperation *mit* dem Kapitalismus um jene Moderniserung des Kapitalismus zu leisten die dieser selbst und seine bürgerlich-konservativen Stammparteien nicht fertigbringen und die allein — innerhalb des Kapitalismus — den materiellen Minimalstandard der Lohn- und Gehaltsabhängigen produzieren kann.

Sozialistische Strategie heißt jetzt und hier: durch Druck von links innerhalb wie außerhalb der Partei dafür zu sorgen daß die historisch sehr merkliche Tendenz der Sozialdemokratie steckenzubleiben bei dieser ihrer (notwendigen aber) innerkapitalistischen Funktion wettgemacht wird durch Weitertreiben in Richtung auf systemtranszendente Strukturveränderungen. *Dies* ist die Aufgabe der Linken und nicht Hirnweberei über nicht gegebene kurzfristig revolutionäre Alternative *anstatt* der Sozialdemokratie.

●● *Öffnung der Sozialdemokratie nach rechts ist gerechtfertigt wenn und soweit sie Faschismus abblockt:*

Der Kapitalismus hat die Tendenz lieber faschistisch zu werden als dem Sozialismus Platz zu machen.

Für diese allgemeine Tendenz gibt es drei spezielle miteinander verschränkte Substrate:

ein *historisches* Substrat in Deutschland und Österreich (Stammländer des Antisemitismus und Hitlerfaschismus)

ein *ökonomisches* Substrat (Kleinbürger Kleingewerbe Kleinstädte vom Kapitalismus zum Untergang verurteilt untere Schichten von Angestellten Beamten Intelligentsia schlecht qualifiziert und schlechtbezahlt)

ein *sozialpsychologisches* Substrat (Angst vor gesellschaftlichem Wandel in einer Zeit des Umbruchs: so werden harmlose Konservative zu bösartigen Faschisten).

Das reicht natürlich für eine sehr reale Gefahr von rechts. *Aber die Antwort kann nicht sein: Keine Öffnung nach rechts Abstinenz gegenüber der sehr beträchtlichen vorläufig erst potentiellen Massenbasis für eine Neue Rechte. Ein Sozialismus der sich bewußtseinsändernde Dynamik zutraut wird sich nach rechts öffnen um diese Schichten der Bevölkerung (im wesentlichen Kleinbürgertum Angestellte Intelligenzberufe) für sich zu gewinnen und dadurch Faschismus zu verhindern.*

Immer noch gilt die von Otto Bauer (Anfang der dreißiger Jahre als die Nazis ihre ersten Erfolge in Österreich hatten) aufgestellte Alternative: *Diese Schichten können dem Faschismus verfallen. Sie können aber auch für uns gewonnen werden.«* (O. B., Der 24. April 1932, »Kampf« Bd. XXV S. 192)

Freilich ist von diesbezüglicher ideologischer Anstrengung in der Sozialdemokratie bisher fast nichts zu bemerken: In Westdeutschland und Österreich steht dem massenhaften Einströmen ehemaliger Nazis und Deutschnationalen in die Sozialdemokratie unter Mitnahme ihrer unverändert belassenen nur durch Zeitablauf verdünnten oder verdeckten faschistischen Ideologie nichts gegenüber: Keine oder fast keine bewußtseinsändernde Anstrengung um diese Menschen in Richtung Sozialismus zu bewegen.

Sozialistische Strategie hieße: das faschistoid anfällige Kleinbürgertum innerhalb wie außerhalb der Sozialdemokratie nach links politisieren.

Das – und nicht bloßes Warngeschrei – wäre eine Funktion linker Gegenkräfte.

●● *Öffnung der Sozialdemokratie nach links gehört an letzte Stelle innerhalb einer sozialistischen Gesamtstrategie es ist deren wichtigstes aber ein langfristiges Problem:*

Die Linken sind auch dort wo sie massenhaft auftraten und immer noch auftreten eine winzige Minderheit verglichen mit den sozialdemokratischen Wählermassen den tatsächlichen und erst recht den gewünschten. Die Linke ist überall typische Avantgarde geistig sehr wichtig zahlenmäßig uninteressant.

Dazu kommt die konsequente Verteufelung der Linken durch die bürgerlichen Massenmedien. Die Sozialdemokratie würde mit ins Feuer kommen wenn sie allzurasch und allzueng sich einließe mit diesen Teufeln.

Entsprechend ihrem Charakter als geistige Vorhut muß die Linke Kopfrevolution machen innerhalb wie außerhalb der Parteien Gewerkschaften sonstigen Institutionen. Von der Sozialdemokratie darf sie dabei stille Duldung und noch stillere Förderung erwarten und verlangen mehr nicht. Aber das genügt auch. Erst mit dem Fortschreiten der Kopfrevolution – vor allem durch Jugendkultur Jugendbewegung Juso-Bewegung – wird die Sache anders ausschauen.

Bis dorthin ist es noch ein schönes Stück Weges. Sowohl in der Praxis wie in der Theorie wie in den Emotionen auf beiden Seiten bei Sozialdemokraten wie Linken.

Sozialistische Strategie im demokratischen Kapitalismus kann es nicht geben bei Abstinenz der Linken in sozialdemokratischer Politik

nicht bei Abstinenz der Sozialdemokraten in linker Politik

nicht bei emotionaler Denunziation der Linken durch Sozialdemokraten

nicht bei emotionaler Denunziation der Sozialdemokratie durch Linke

sondern nur bei wechselseitiger konkreter Kritik und Kooperation statt unterschiedsloser Abstinenz unterschiedslosen Attacken.

Die Sozialdemokraten müssen die unübersehbare Realität und unentbehrliche Funktion der Linken anerkennen.

Die Linken müssen die unübersehbare Realität und unentbehrliche Funktion der Sozialdemokratie anerkennen.

Die Sozialdemokratie wird gut beraten sein sich die Linke zunutze zu machen die Linken werden gut beraten sein sich die Sozialdemokratie zunutze zu machen. Denn ohne Linke wird die Sozialdemokratie kapitalistisch versumpern ohne die Sozialdemokratie fehlt der

Linken die Massenbasis (oder doch *eine* mögliche eine künftige Massenbasis).

Also braucht die Sozialdemokratie die Linke

Also braucht die Linke die Sozialdemokratie

Kern einer langfristigen sozialistischen Gesamtstrategie ist die dreifache Maxime:

Schafft zwischen Linken und Sozialdemokraten ein *dialektisches Verhältnis von kluger Kooperation und weitertreibendem Druck.*

Macht den linken Flügel stark.

Macht die Sozialdemokratie stark.

P. S.

Die Sonne ist jetzt so stark daß ich ohne Brille schreiben kann kein gutes Zeichen wenn sie so zeitig so stark ist Wetterfrosch mit Brille bzw ohne Brille macht mir die Sozialdemokratie stark die drei Briefe machten mir Spaß geschrieben 1971/72 (Die Zukunft März 1972 Neues Forum November/Oktober 1971 Mai/Juni 1971 dort kann man auch die Adressaten eruieren wenn man Lust hat) jetzt formal umgearbeitet aber inhaltlich sorgfältig unverändert: die Erkaltung meiner alten Liebe zur Neuen Linken die Erwärmung meiner noch älteren Liebe zur Sozialdemokratie ist Produkt des damaligen kollektiven kritischen Kampfes mittendrin in Publizistik und Politik und nicht Produkt dieser falschen Idylle hier wo mir niemand über die Schulter schaut als unsichtbare Gartenzwerge mit Rehleins an der Leine. Beim Nachbarn gibt es ein Reh mit drei Beinen es wurde als kleines niedergemäht er brachte es bis nach Graz ins Tierspital wo der Stumpf operiert wurde es hat viel gekostet sagt die Großmutter aber er hat ja seine Greterl soviel gern jetzt hat er sie zum Bock gebracht oben auf dem Kogel aber wir wissen nicht ob was draus wird mit ihren drei Beinen kann der Bock sie nicht genug treiben und das muß er damit sie in die Hitze kommt zu wachsen beginnt der Same beim Reh erst am 24. Dezember bis dahin liegt er still dann hätte die Greterl zum Spielen kleine Kameraden er hat ein so gutes Herz beim Kameradschaftsbund ist er auch.

47. Tag
Revolution Gewalt Sozialdemokratie

I.
Geschwindigkeit

Heute scheint die Sonne schon um sechs Ende der Regenzeit Beginn des stabilen Herbstwetters weils schon früh finster wird muß ich den hellen Tag nutzen Waldlauf verkürzt einmal auf und ab die Wiese aber die ist ganz schön lang reichlich für Schnaufen und Schwitzen alle Hausarbeit in die Dämmerung verlegt Frühstück ohne Zeremonien vor allem ohne Buch wo ich dann immer solang weiterlese und Zeit verliere die Küchenkredenz ist ausgelesen bis auf den Leitfaden für die Liebhaberbühne Anweisung für Dilettanten des Theaters im eigenen Haus der Tisch stet steht weil es so zeitig beim Haus zu wenig Sonne gibt mitten auf der Wiese in einem großen grünen Zimmer drei Wände Wald eine Wand Aussichtsfenster auf die Berge der Spannteppich ist voller Tau ich ziehe die Schuhe aus tue die Socken auf den Tisch in die Sonne und die Füße ins Gras wenn schon nicht Tautreten so Tausitzen
Revolutionen sagte Marx sind die Lokomotiven der Weltgeschichte
Die Definition hat einen Bart wie er selbst und seine jungen Freunde *ich hab mir hier auch einen wachsen lassen rot und silber* das Marxsche Bild von der Revolution als Lokomotive war höchst sinnreich in einer Epoche wo man normalerweise mit Pferden sich fortbewegte heute fährt alles so schnell oder schneller als die Lokomotive – in unserer Weltgegend. Folgerichtig gabs hinter den bürgerlichen Revolutionen sozialistische Revolutionen immer nur in Gegenden die im allgemeinen sich langsam fortbewegten folglich zurückblieben hinter unserer bürgerlich-industriellen Welt *das Frühstücksei ist zu weich wenn ich es mit kaltem Wasser hinstelle muß es länger wallen* also was soll das bei uns? Bei uns ist immer Revolution und folglich nie. Alles fährt und alles fährt geschwind und **die Sozialdemokratie legt die Geleise oder baut die Straßen**

Rosa Revolution

Dafür permanent.

Dieses Räsonnieren über Revolution beim Frühstücksei ist unerträglich. Anhebung des Niveaus mittels Übergang zum Austromarxismus:

Revolution ist ein Differenzphänomen. Die Marxsche totale Differenz zwischen der Revolutionslokomotive einerseits und aller anderen historischen Fortbewegung anderseits ist heute eingeebnet. Die allgemeine Formel für Fortbewegung der Gesellschaft lieferte schon Otto Bauer: **Revolution ist nur ein Sonderfall der Evolution.** Gesellschaft bewegt sich immer fort zu Zeiten sehr langsam zu Zeiten sehr schnell. Geschieht dies sehr viel schneller als vorher und nachher dann war das Revolution. Dann **war** das Revolution. Otto Bauer das intelligente Unglück der Sozialdemokratie (Trotzki) hielt es mit der Hegelschen Eule der Minerva die erst in der Dämmerung ausfliegt: wenn alles vorbei ist (woraus man sieht daß Trotzki ihm Unrecht tat) *jetzt ist die Sonne so stark daß man sich ausziehen kann es kommt ohnehin niemand ich hole ein Handtuch wenn doch jemand kommt* weiter darüber in Bildern und Formeln zu knobeln bei welcher historischen Geschwindigkeit beginnt Revolution? Bei welcher Geschwindigkeit hört sie wieder auf? und woher das Geschwindigkeitsmaß nehmen? Ist Revolution Rennbahn Evolution Kriechspur der Geschichte? Aber wer fährt schon hauptsächlich Kriechspur? Ist Revolution der 3. und 4. Gang der Geschichte Evolution der 1. und 2. Gang? Aber wer fährt schon hauptsächlich im niederen Gang? hat alles nicht viel Zweck *eine Katze schreit ganz laut ich sage mutz mutz sie ist ganz nah aber wenn ich nachschauen gehe ist sie weit oben auf dem Kogel in der stillen Herbstluft hört und sieht man alles ganz nah.*

Aus dem Merkmal der historischen Geschwindigkeit läßt sich mit Verlaub nur **eine** vernünftige Unterscheidung zugunsten von Revolution herausholen: Revolution ist jedenfalls kein Punkt auf der Zeitlinie einmaliger Kraft- und Gewaltakt Zauberschlag hinter welchem wenn der altmodische Pulverdampf sich verzogen hat die ebenso altmodische Idylle des Paradieses sichtbar wird. **Revolution ist kein Punkt sondern ein Prozeß einsetzend schon inmitten des Kapitalismus fortschreitend mühselig rückschlägig in zähem Dennoch bis zur Beseitigung des Kapitalismus**
Rosa Revolution.

II.
Gewalt

Revolutionen sagte Marx sind die Lokomotiven der Weltgeschichte. Das heißt nicht nur Geschwindigkeit sondern alles zermalmende Kraft. Aber die modernen Fortbewegungsmaschinen sind desto kräftiger je langsamer sie sind Bulldozer sind kräftiger als Rennwagen der 1. und 2. Gang gibt mehr Kraft als der 3. und 4. und auch mehr Beschleunigung. Die Jungen Linken demonstrieren im Laufschritt sie haben einender untergefaßt ein prachtvoller Anblick und rufen Kla-ssen-kampf Kla-ssen-kampf pst pst machen die Sozialdemokraten sie können einander nicht unterfassen wegen der

Aktentaschen sie laufen auch nicht wegen Bauch und Krawatte sie sind kein prachtvoller Anblick wenn sie breitgesässig Klassenkampf machen am Konferenztisch Aber die prachtvollen jungen Menschen laufen nicht mehr oder weniger oft und weniger zahlreich. Aber die weniger prachtvollen Sozialdemokraten sitzen noch immer an den Konferenztischen in manchen Gegenden untermischt mit ziemlich viel Jungen die kürzlich noch gelaufen sind. **Im niederen Gang gibts mehr Kraft und mehr Beschleunigung Rosa Revolution.**

Laufschritt Kla-ssen-kampf auf Leben und Tod ja Schnecken wollen die Herren bitte Platz nehmen zum Klassenkampf auf Leben und Lebenlassen Lebenlassen und Sterbenlassen indem die Klassenkämpfer mit den Aktentaschen von der einen Seite beisammensitzen mit den Klassenkämpfern mit den Aktentaschen von der anderen Seite indem die Sozialdemokratie den Kapitalismus fortentwickelt zu seiner höchsten Form entwickelt sie ihn fort aus der Geschichte der Kapitalismus produziert seine eigenen Totengräber mit Aktentaschen **lebenlassen und sterbenlassen ist gesünder als töten wollen und nicht können**

Rosa Revolution.

»Sitzen unter Pyramiden zu der Völker Hochgericht Überschwemmung Krieg und Frieden und verziehen kein Gesicht« Goethe war ein großer Humorist Sitzen auf der grünen Wiese zu der Linken Hochgericht manches Schöne manches Miese findet sich bei Sonnenlicht Sphinx halb Mensch halb Sozialdemokrat vorne rot hinten rosa eine linke Spießersphinx drüben auf dem Berg ist jetzt die Almhütte zum Greifen nah ich bin nie bis hin gekommen wegen schreiben und schreiben und was ist bitte überhaupt Revolution wenn eigentlich die rosa Revolution der Sozialdemokratie ohnehin schon Revolution ist?

III
Inhalt
Und nochmals Gewalt diesmal auch sozialdemokratische

Die einzig theoretisch haltbare praktisch brauchbare Definition von Revolution ist jene die sich fürs erste einmal davonmacht aus dem unvermeidlichen Streit über historische Geschwindigkeit: Punkt oder Prozeß und über Gewalt: blutige oder friedliche demokratisch parlamentarische blablabla. **In unserer Epoche ist Revolution die Beseitigung des Kapitalismus die Aufrichtung des Sozialismus.** Nur diese **inhaltliche** Definition hält Stich allem Streit und aller Wirklichkeit.

Dann ist **rote Revolution** das Ende des Kapitalismus der Anfang des Sozialismus und wohl auch der darauffolgende revolutionäre Aufbau des Sozialismus.

Dann ist **rosa Revolution** die Vorbereitung der roten das stückweise Beendigen (Beerdigen) des Kapitalismus das stückweise Anfangen des Sozialismus noch inmitten der kapitalistischen Entwicklung.

Fragwürdig ist daher wenn man unter Revolution immer nur verstehen will den **Punkt** am Ende des revolutionären Prozesses die rote Revolution als Schlußpunkt hinter der langwierigen rosa Revolution die endliche Explosion (also doch!) nachdem geduldig und kundig Hebel um Hebel umgelegt wurde **der dialektische Punkt an welchem die Masse der (rosa) Reformen umschlägt in eine neue (rote) Qualität.**

Was rosa Revolution ist und ob es sie gibt. Was rote Revolution ist und ob es sie gibt. Wann rosa Revolution falls es sie gibt aufhört und übergeht in rote Revolution falls es sie gibt. Das ist Streit um das Fell des kapitalistischen Bären der längst noch nicht erlegt ist.

Revolution ob rosa oder rot ist prinzipiell gewaltsam nämlich Beugung des fremden Willens Durchsetzung des eigenen.

Aber in unseren politischen Breiten: in der sozialdemokratisch-kapitalistischen demokratischen Republik in diesem **»Staat als Hebel zum Sozialismus«** (Karl Renner Marxismus Krieg und Internationale Stutgart 1917 S 29) kann der revolutionäre Prozeß **nichtblutige nichtkörperliche Gewalt sein eine Serie von Vergewaltigungen aber zivilisiert demokratisch mittels Mehrheitsbildung:** Gewinnung der Massen. Abstimmung im Parlament. Durchführung von Reformen. Sicherung und Weitertreiben der Reformen durch Demokratisierung aller Lebensbereiche das heißt schrittweise Übergabe von möglichst viel Regierungsgewalt von oben nach unten an Selbstverwaltungsorgane der Bürger in Betrieben Gemeinden Schulen usw usf

Rosa Revolution.

Das ist **sozialdemokratische Gewalt:** Friedliche Gewalt der demokratischen Meinungs- und Mehrheitsbildung. Friedliche Gewalt der demokratischen Abstimmung im Parlament. Friedliche Gewalt demokratischer Selbstverwaltungsorgane.

So wenig die Revolution ein einmaliger blutiger Gewaltakt ist so wenig ist sie ein einmaliger parlamentarischer Abstimmungsakt. Wie es draußen in den Massen um die Gewinnung von **Kopf um Kopf** geht so drinnen im Parlament um die Verabschiedung von **Gesetz um Gesetz** dann wieder draußen in der politökonomischen Wirklichkeit um die Durchführung von **Reform um Reform.** Bis es zu spät ist: bis der Punkt da ist wo die Masse der Köpfe die Masse der Gesetze die Masse der Reformen aus der Quantität umschlägt in eine neue Qualität.

Sozialismus hat **zum Ziel Demokratie:** klassenlose Gesellschaft

zum Mittel Demokratie: Herrschaft der großen Mehrheit des Volkes Entfernung und Fernhaltung der bisher herrschenden Minderheit von der politischen ökonomischen kulturellen Gewalt die sie über die Mehrheit bisher ausübte.

Ob die im kapitalistischen System herrschende Minderheit sich der friedlichen Gewalt der Revolution auch friedlich fügt oder blutig militärisch faschistisch darauf antwortet: das wird davon abhängen

- wie lebendig die friedliche Revolution in den Köpfen ist
- wie klug die friedliche Revolution durch Gesetze ist
- wie stark die – entscheidende – Revolution durch friedliche Übernahme der politischen ökonomischen kulturellen Herrschaft durch die Mehrheit der Bevölkerung selbst ist.

Es ist möglich ja nach historischer Erfahrung wahrscheinlich daß die Kapitalistenklasse gegen die friedliche Revolution irgendwann antritt zum gewaltsamen Gegenschlag Faschismus und nach bisheriger historischer Erfahrung siegt er gegen friedliche Revolution.

Nach bisheriger historischer Erfahrung siegte der Faschismus in dem er den zentralen Machtapparat in Besitz nahm und ihn blitzartig herausholen konnte aus der Kontrolle von Volk und Parlament – unter anderem deshalb **weil der zentrale Machtapparat der parlamentarisch-kapitalistischen Demokratie sich garnicht in der Kontrolle von Volk und Parlament befindet.**

Entscheidend ist daher: gleichläufig mit zentralisierter Gesetzgebung zentralisierter Reformarbeit **muß Macht dezentralisiert werden** durch Übergabe von immer mehr Funktionen an Selbstverwaltungsorgane der Betriebe Gemeinden Wohnviertel Schulen usw. Der relativ leichten Rückeroberung des zentralen Machtapparates durch konterrevolutionären Kapitalismus/Faschismus steht dann gegenüber die Volksherrschaft mittels Selbstverwaltung an der Basis. Und dort und nur dort wächst erfolgreiche Selbstverteidigung der friedlichen Revolution erfolgreiche Selbstverteidigung der Demokratie als Volksherrschaft: **wenn die Demokratie nicht vom Volk verteidigt wird verteidigt sie niemand.**

Konkret kann Sozialdemokratie zugunsten sozialistischer Revolution vorausschaffen

- **Materielle Voraussetzungen**
  Konzentration und Zentralisation des Kapitals in Zusammenarbeit mit dem progressivem Kapital als dessen Juniorpartner und Totengräber
  Ständige Modernisierung des Produktionsapparates
  Einbau sozialistisch geeigneter Planung- und Steuerungselemente in die Wirtschaftsstruktur
- **Klassenmäßige Voraussetzungen**
  Durch Konzentration und Zentralisation des Kapitals hohe Pro-

duktivität zwecks erstklassiger materieller und geistiger Ausrüstung der lohn- und gehaltsabhängigen Massen

Durch Konzentration und Zentralisation des Kapitals friedliche Dezimierung der Kopfzahl solcher Klassen die im Falle des Widerstandes gegen die Revolution als massenhafte Sturmtruppe mißbraucht werden können (Kleinbürger Bauern)

- **Geistige Voraussetzungen**

  Klimaänderung durch konstante konsequente komplette Reformpolitik

  Bildungspolitik zugunsten möglichst viel Demokratie und möglichst hoher beruflicher Qualifikation

  materielle Befriedigung der lohn- und gehaltsabhängigen Massen als Grundlage für darüber sich erhebende geistige: sozialistische revolutionäre Interessen

- **Personelle Voraussetzungen**

  Besetzung möglichst vieler Schlüsselpositionen in Politik Verwaltung Wirtschaft Kultur Bildungswesen mit erstklassig qualifizierten Sozialisten

- **Machtmäßige Voraussetzungen**

  Demokratisierung durch Übergabe von möglichst viel Regierungsgewalt nach unten an Selbstverwaltungsorgane der Betriebe Gemeinden Wohnviertel Schulen

Sozialdemokratie hat mit sozialistischer Revolution nichts zu tun. Sie ist parlamentarische Partei und gewerkschaftliche Organisation. Als Partei wie Gewerkschaft operiert sie ausschließlich innerhalb der parlamentarischen Demokratie ausschließlich innerhalb der kapitalistischen Wirtschaft. Sie setzt dort Reformen durch. **Erst auf dem Felde der Reformen und dieses nicht verlassend stellt sich für eine Sozialdemokratie die auch Agentur des Sozialismus sein will die Frage nach der sozialistischen Revolution.** Erst von diesem Ziel her erhalten ihre Reformen Perspektive: Nützen sie bloß dem bestehenden Kapitalismus oder – zumindest einige – auch dem sozialistischen Ziel.

Reformen **oder** Revolution – da ist keine Frage für Sozialisten
Reformen **statt** Revolution – das ist reine Freude für Kapitalisten
Reformen **zwecks** Revolution – das ist eine sozialistische Lösung in der Industriegesellschaft.

Wer hinter einem großen Haufen Bücher versteckt vor sich ab und zu laut ruft: Reform ist Scheiße es lebe die Revolution! – hat von der realen Dialektik der historischen Entwicklung der kapitalistischen Industriestaaten – der Sozialdemokratie – des Sozialismus nichts begriffen.

P. S.

Letztes Kapitel letzter Schluck Kaffee die Grashalme sind wie Fahnen zur Eröffnung des Tages einen Tautropfen schau ich solange an bis er Mittelpunkt wird des grünen Universums Polarstern rund um den sich alles ordnet in konzentrischen grünen Kreisen aus der Erde wird ein grüner Himmel mit Tausternen es wird heiß und wenn ich meinen Polarstern noch sehen will muß ich den Kopf drehen und wenden so klein ist er schon daneben geht rasch ein neuer grellroter Taustern auf er blinkt im Luftzug Signale aus dem Universum die Katzen kommen heim von der Nachtjagd die Heuhüpfer wachen auf aus der Nachtstarre warum hüpfen Heuhüpfer? Die Tausterne werden schwächer und schwächer und gehen aus einer nach dem andern sieh da es kommt ein allerletztes Kapitel.

48. Tag
Revolutionäre Arbeit und sexuelle Freiheit

Kampf Kampf Marxzitat Schluß nein so kann ein solches Buch nicht aufhören Krampf Krampf heute morgens beim Aufwachen war ich ganz ganz entspannt ich untersuchte mit dem Hirn systematisch vom linken Fuß aufsteigend jeden einzelnen Körperteil jeder konnte fliegen frei schwebend nur Zufall daß jeder unten gerade noch auflag auf dem warmen Flanelltuch darunter die vier Bettfüße darunter schon Erde mit nichts dazwischen als ein paar Zentimeter Bretterboden und Schotter aber der gehört schon zur Erde unterkellert ist das Haus nicht sondern tief darunter fließt eine Wasserader C. fand sie sie pflückte beim Wasserloch einen gegabelten Weidenzweig packte die beiden Enden ganz fest rechts und links mit den Händen und er schlug aus genau überm Bett ich versuchte ihn aufzuhalten aber er bog sich über meine Finger kümmerte sich um nichts da kann man zum Mond fliegen aber was das ist weiß man nicht.

Da kann man eine Theorie machen von Revolution völliger Revolution von ganz allgemein politökonomisch bis ganz speziell sexuell aber es ist nur ein Mondflug ganz glatt langweilig man wird sicher landen aber Wünschelrute Rutengängerei Rutengängerinnen das sparst Du aus verräterischerweise heißt das Ehrlichkeit heißt das Solidarität wovon Du soviel geschwätzt hast gleich in der pompösen Einführung (2.–5. Tag) und in der krampfigen Briefserie (19.–23. Tag) jetzt bist Du ganz entspannt jetzt bist Du fertig da ist leicht entspannt sein um sechs wenn der Apfelbaum durchs Fenster auf Dein Bett schaut theatralisch langsam fällt ein erstes gelbes Blatt Du bist ganz entspannt (bist Dus wenn Dus so oft sagst?) und doch wars eine Nacht voll Streit und Wut Make Love after War its so much nicer Augenzwinkern in Euren Schweinsgesichtern Anwesende ausgenommen zugehörige Theorie wissen wir wir alle Praktizierenden kommen aber nicht schon deshalb aus unserer Praxis heraus weil wir die zugehörige Theorie wissen Freud für Arme ich bin fertig zwei Monate Einsamkeit waren falsche Idylle zeigten dazwischen die Rutengängerinnen und morgens wie wenn nichts gewesen wäre wieder schreiben über sozialistische Strategie sozialistische Revolution: die Wünschelrute biegt sich unerbittlich genau überm Bett genau unterm Bett aber tief unten verläuft die Wasserader dann sitzt Du im flachen Sonnenschein und willst hinschreiben was es ist alter Esel danke lieber Leser gut daß es Leute gibt die merken was eigentlich los ist das Sexualverbot ist nichts verglichen mit dem Perversionsverbot das Sexualverbot ist nicht genug allgemein in der Ehe darf man ja außer der Ehe tut mans ja so wichtig wie die Neue Linke behauptet ist es vielleicht gar nicht in das Nachthemd aus grobem Leinen das am Halse beginnen und über die Füße reichen muß darf in der Mitte ein kleines Löchlein eingeschnitten werden durch das man es tut Pennsylvania Penal Code 1780 genau genommen eigentlich noch in Kraft More Christianum nach Art der Christen von vorne Mann oben More paganum nach Art der Heiden von vorne Frau oben Griechen Römer Sarazenen Mohren More bestiarum von hinten wie die Tiere das Perversionsverbot ist viel viel allgemeiner als das Sexualverbot verbotene Krankheiten und klingen doch so schön Fellatio Cunnilingus Sadomasochismus Masosadismus Sodomie Koprophilie oder halt wenigstens bissel kratzen beißen schlagen oder weiß Gott was. Wenn letzterer wirklich gewußt und recht getan und Freud recht gehabt hat so wußten die beiden schon warum zusammengespannt wurden:

Liebe und nur so Herumschmusen ohne Kinderkriegen

Liebe und Aggression ohne daß es wirklich weh tut

Liebe und Schweinerei ohne daß ein Sittenrichter dabei steht und sich indem ers verbietet begeilt

unsere Katzen hier wenn sie nicht grad jagen müssen schmusen den ganzen Tag aber Kinder machen sie nur Frühjahr und Herbst und dabei zerkratzen und zerbeißen sie sich ganz fürchterlich was Gott vereint hat sollen die Menschen nicht trennen

sie trenntens aber

numerierten die Liebe herunter zum Kinderkriegen der König braucht Soldaten die Sozialversicherung braucht Sozialversicherungszahler

präparierten die Aggression aus der Liebe heraus und bündelten sie zu einer fürchterlichen Kriegswaffe Mensch gegen fremde Menschen gegen andere Menschen überhaupt gegen den nächsten besten Mitmenschen

● *Aber der junglinke Stand ist nicht der jüngste Stand.*

Schon gibt es die progressiv-demokratisch-kapitalistischen Psychiater die sagen gleichfalls: Kinder nun vögelt mal schön (Sexualreiz ist gleich Konsumreiz)

Schon gibt es die noch progressiver-demokratischer-kapitalistischeren Psychiater die sagen: Kinder nun vögelt mal schön und ruhig ein bißchen durcheinander (mehr Sexualreiz mehr Konsumreiz)

Schon gibt es die progressivst-demokratischest-kapitalistischesten Psychiater die sagen: Kinder nun seid mal schön pervers es ist sehr gesund (noch mehr Sexualreiz noch mehr Kaufreiz)

In der junglinks-konsumkapitalistischen Großen Oper »Hair« machten sie aus den medizinischen Krankheitsnamen den romantisch magisch vokalreichen Fellatio Cunnilingus etc einen der schönsten Songs einschmeichelnde Hintergrundmusik für Werbung Omo Persil

Silan Cunnilingus Fellatio Schoko Schoko liebe Konsumkinder leistet Euch mal was besonders Leckeres besonders Süßes Schoko Schoko Kapitalismus in der Phase der ursprünglichen Akkumulation Askese zwecks Akkumulation Produktion Kapitalismus in der Phase des Imperialismus Askese zwecks Produktion und Kriegführen Perversion nur gegen Neger und Chinesen nicht im weißen Bettchen Kapitalismus in der Phase der modernen Konsumgesellschaft Porno Perversion Polygamie die 3 großen P zwecks Konsumreiz linke sexuelle Befreiung verschränkt mit konsumkapitalistischer Psychowerbung objektive neulinks-spätkapitalistische Allianz nicht nur die Sozialdemokratie ist Agentur des Kapitals.

Was geschieht nun oder dann wenn der Kapitalismus Sexualität Zweierehe Kleinfamilie nicht mehr als Herrschaftsmittel hat sondern Porno Perversion Polygamie als Konsummittel? Durch sexuelle Freiheit bricht der Kapitalismus nicht zusammen die Revolution nicht aus nicht durch sexuelle Scheinfreiheit auch nicht durch wirkliche sexuelle Freiheit die Revolution kann man sich nicht ervögeln erschlecken oder was weiß ich.

Herrschen kann man durch Angst und Aggression produziert aus dem Sexual- und Perversionsverbot. Herrschen kann man aber auch statt durch sexuellen Spannungsstau durch sexuellen Spannungsabbau Energievernichtung jeder darf sein Huhn im Topf haben sonst soll er Ruh geben sagte Kaiser Ferdinand der Gütige jeder darf vögeln jeder darf perverseln wann immer wie immer mit wem immer sonst soll er Ruh geben ist die neue Herrschaftsmaxime im progressiv-demokratisch-kapitalistischen Neobiedermeier

●● *Aber der junglinks-spätkapitalistische Stand bleibt nicht der jüngste späteste Stand.*

Der Kapitalismus hat im 19. Jahrhundert die politische Revolution der Sozialdemokratie integriert er wird im 20. Jahrhundert die sexuelle Revolution der Neulinken integrieren. Hat schon.

Wie die politische ist auch die sexuelle Revolution nur möglich wenn die Ökonomie auf entsprechendem Stand ist.

Damit die Arbeiter ihre politischen Rechte kriegten bedurfte es einer Produktion die sie konzentrierte disziplinierte organisierte so daß sie ihrerseits desgleichen tun und kampffähig werden konnten. Damit alle ihre politischen Rechte auch wirklich ausüben können bedarf es einer Produktion die genug Bildung genug Masseneinkommen genug Freizeit liefert alles zu kapitalistischem Vorteil aber umkehrbar gegen diesen.

Damit alle sexuell frei sein können bedarf es einer Produktion die relativ hohe Masseneinkommen relativ viel Freizeit für Konsum und dementsprechend starke Konsumreize braucht. Die sexuelle Befreiung forderten die Neuen Linken die etablierte Tiefenpsychologie entdeckte dann daß man Sexualreize umfunktionieren kann in Kaufreize und als nächstes daß totaler sexueller Spannungsabbau ein Herrschaftsmittel sein kann so gut wie der althergebrachte sexuelle Spannungsstau.

Politische Freiheit ist darum kein toter Hund weil sie – entsprungen aus linker Kopfrevolution und zwar schon bürgerlich-linker – vom Kapitalismus benutzt wurde und wird zur Integration und Ruhigstellung der Arbeiterklasse. Es stimmt darum doch daß ohne politische Freiheit kein geistiger Kampf für Sozialismus möglich ohne politische Freiheit keine sozialistische Gesellschaft eine sozialistische ist.

Sexuelle Freiheit ist darum kein toter Hund weil sie – entsprungen aus sozialistischer Kopfrevolution speziell neulinker – vom Kapitalismus nun benutzt wird als Konsumreiz und als Herrschaftsmittel. Sexuelle Freiheit bleibt dennoch auch sozialistisch nützlich. Ohne sie kommen in den Kampf um Sozialismus kommen in die erkämpfte sozialistische Gesellschaft jene kleinbürgerlich-muckerischen Verklemmungen und Verquerungen die den Sozialismus ruinieren.

Wie sexuelle Freiheit nicht nur eine neulinke Forderung ist sondern auch eine konsumkapitalistische so ist die sexuelle Enthaltsamkeit nicht nur ein kapitalistisches Herrschaftsmittel *sondern auch ein stalinistisches.*

Sexuelle Enthaltsamkeit ist aber nicht nur kapitalistisches Herrschaftsmittel nicht nur stalinistisches Herrschaftsmittel sondern

Mitten aus der neuen sexuellen Freiheit geboren aus neulinken Köpfen und spätkapitalistischer Konsumwirtschaft wird sich *neue sexuelle Askese erheben*

nicht die alte dumpfe die nicht wußte woher und wohin

sondern aufgeklärte

auf höhere Stufe gehoben durch Theorie vom Zusammenhang zwischen Sexualität und Herrschaft

auf höhere Stufe gehoben durch Praxis sowohl der sexuellen Unfreiheit wie der darauffolgenden sexuellen Befreiung

Erlebnis das Sexualmoral Mittel zur Unfreiheit ist

Erlebnis daß Sexualität Mittel zur Freiheit sein kann.

Sollte die alte dumpfe Sexualaskese unfreie Arbeit produzieren zugunsten kapitalistischer oder stalinistischer Herrschaft so soll die neue aufgeklärte Sexualaskese freie Arbeit produzieren zugunsten von Revolution und Sozialismus

und zwar unter Fortdauer sexueller Freiheit:

●●● Sexuelle Freiheit zwecks Verhinderung politischer Unfreiheit
●●● Sexuelle Perversion zwecks Verhinderung politischer Perversion
●●● Sexuelle Askese zwecks revolutionärer Arbeit

Diese drei Maximen sind der Kern *sozialistischer Sexualmoral* sozialistische Sexualmoral ist der Kern *sozialistischer Arbeitsmoral:*

Sexuelle Askese zwecks harter Arbeit im Kampf unterwegs zum Sozialismus sexuelle Askese zwecks harter Arbeit beim Aufbau des Sozialismus.

Sexuelle Askese aber im richtigen Rhythmus mit sexueller Freiheit. *Sexuelle Freiheit ist Vorwegnahme von Sozialismus.* Kampf für Sozialismus ohne Vorwegnahme von Sozialismus schon unterwegs seis auch stückhaft – landet beim Stalinismus.

Wiedergeburt der kleinbürgerlichen Moral umgetauft auf »sozialistisch« oder »kommunistisch« ist typischer Stalinismus.

Bei den ex- und postneulinken Sektierergruppen ist genau das schon passiert. Die exneulinken Jungstalinisten sind echte sexuelle Finsterlinge ihre aus bürgerlicher Erziehung erworbenen Sexualneurosen bringen sie ungeheilt in die Theorie und Praxis ihrer Gruppe: angstvolle und aggressive Sektendisziplin nach innen angstvolle und aggressive Sektenrechthaberei nach außen nichts mehr von der undogmatischen pluralistischen Offenheit Fröhlichkeit Spontaneität der sexuell freizügigen antiautoritären Jungen Linken zu ihrer Blütezeit bis 1968

Aus *dieser* dunkelroten sexualverklemmten Revolution wird nichts.

●●●● Es geht um den richtigen Rytmus von Arbeit und Freizeit: revolutionärer Arbeit und sexueller Freiheit

●●●● Die sexuelle Freiheit darf nicht preisgegeben werden nur weil sie sich immer fester einnisten (»integrieren«) wird in der Politökonomie des Spätkapitalismus. Aber *alle* sozialistische Entwicklung nistet zunächst in der kapitalistischen Entwicklung steigt auf aus ihr und fliegt sich frei zum Sozialismus wenn und sobald der historische Zug dorthin stark genug ist

●●●● Sexuelle Askese zwecks revolutionärer Arbeit soll nicht herabregnen aus der Schwärze moralischer Gebote und Verbote im Himmel der Herrschenden auch nicht der herrschenden Revolutionäre sondern soll aufsteigen aus der nüchternen Helle handfester Theorie über Sexualität und Herrschaft handfester Praxis sexueller Freiheit.

Wer sexuelle Askese übt weil er Untertan ist und Untertan bleiben will oder soll der ist vierfach unfrei: politisch und sexuell und in beidem theoretisch wie praktisch.

Wer sexuelle Askese übt weil er selber sexuell schon frei ist aber politisch dafür arbeiten will daß alle desgleichen frei werden der ist doppelt frei: in seiner politischen Theorie und in seiner sexuellen Praxis.

Wer sexuell frei ist weils ihm die Massenmedien der kapitalistischen Konsumgesellschaft so einreden der ist sexuell frei (wenns wahr ist und er nicht stecken bleibt beim Porno kaufen) politisch weiterhin Untertan. Darum wird er sexuelle Askese zwecks revolutionärer Arbeit ablehnen dumm lächelnd oder dumm empört.

Sexuelle Freiheit ist *konkrete Utopie:* sie steckt nicht bloß in den Köpfen neulinker Ideologen sondern in der politökonomischen Entwicklungstendenz des Kapitalismus

Aber es geht um den Unterschied:

Sexuelle Freiheit ist unsittlich: wie sie der Konsumkapitalismus will nämlich nur sexuelle Freiheit sonst Ruh geben keine politische Arbeit für die ganze Freiheit aller. Das Unsittliche daran ist nicht die sexuelle Freiheit sondern die darin mitgemeinte politische Enthaltsamkeit.

Sexuelle Freiheit ist sittlich: wie sie die sozialistische Linke will nämlich sexuelle Freiheit plus politischer Arbeit für die ganze Freiheit aller. Das Sittliche daran ist nicht die sexuelle Freiheit sondern die darin mitgemeinte politische Arbeit.

Nur Vögeln ist unerlaubt.

Sexuelle Freiheit ist eben auch darum konkrete Utopie weil sie nicht nur sich selbst meint sondern zugleich auch die reale Möglichkeit zu ihrer Verwirklichung: politische Arbeit für die ganze Freiheit aller.

Politische Arbeit für den Sozialismus ist nicht zu leisten *anstatt* Ausübung sexueller Freiheit die dann irgendwann plötzlich da sein wird im Sozialismus wie ja alles Gute und Schöne plötzlich da sein wird im Sozialismus sondern

Politische Arbeit für den Sozialismus ist zu leisten unter gleichzeitiger Ausübung sexueller Freiheit als Vorwegnahme unterwegs eines Stückes Sozialismus. Sexuelle Freiheit kommt nicht plötzlich sondern durch Einübung unterwegs.

Sexuelle Freiheit ist Einübung von Sozialismus.

Sexuelle Freiheit ist keine Märchenerzählung sozialistischer Theorietanten wie schöns irgendwann sein wird im Sozialismus. Sexuelle Freiheit ist kein Verführungstrick sozialistischer Theorieonkel die Vögeln für identisch erklären mit Kampf für Sozialismus.

Es geht um sexuelle Askese zwecks politischer Arbeit unter gleichzeitiger Ausübung sexueller Freiheit.

Sexuelle Freiheit als konkrete Utopie enthält in sich den *Rhytmus* zwischen politischer Arbeit und Ausübung sexueller Freiheit – wie ja die konkrete Utopie des Sozialismus überhaupt freier Rhythmus ist von verschiedenen Tätigkeiten nach Belieben freier Rhytmus von Tätigkeit und Nichtstun von Tätigkeit und Nichtstun nach Belieben. Heute hingegen steckt der Mensch in einem Teufelskreis

»aus dem er nicht herauskann; er ist Jäger, Fischer oder Hirt oder kritischer Kritiker und muß es bleiben, wenn er nicht die Mittel zum Leben verlieren will – während in der kommunistischen Gesellschaft, wo jeder nicht einen ausschließlichen Kreis der Tätigkeit hat, sondern sich in jedem beliebigen Zweige ausbilden kann, die Gesellschaft die allgemeine Produktion regelt und mir eben dadurch möglich macht, heute dies, morgen jenes zu tun, *morgens zu jagen, nachmittags zu fischen, abends Viehzucht zu treiben, nach dem Essen zu kritisieren, wie ich gerade Lust habe:* ohne je Jäger, Fischer, Hirt oder Kritiker zu werden.« (Marx/Engels Die deutsche Ideologie Berlin DDR 1953 S. 30)

Und da weder Jäger noch Fischer noch Viehzüchter noch kritischer Kritiker heutzutage morgens- mittags- abendfüllende Tätigkeiten sind so morgens mittags abends Revolution der Köpfe Revolution der Körper Revolution der Hirne Revolution der Herzen Revolution der Wirklichkeit

P. S.

Geh bitte was solls sag doch was Du sagen willst aber für heute ist es zu spät wie die Sonne weg ist wird es empfindlich kalt bereits herbstlich außerdem ist das Buch zu Ende in der Hütte riecht das Feuer ungeheuer gut nach Holz und Maiskolben mit zwei Kerzen sieht man erstaunlich viel nur nicht genug zum Weiterschreiben das Buch ist zu Ende es ist die letzte Nacht hier in der Hütte »Ist das Buch was geworden?« fragst Du »Streckenweise schon glaub ich aber der Schluß ist blöd« »Komm machen wir miteinander einen neuen wir müssen ihn ja nicht aufschreiben« »Aber gerade das ist es was ich sagen will« »Sags halt mir« bis ich Dir das letzte Kapitel gesagt habe ist es spät geworden ich mußte noch einmal hinaus. Vor der Hütte stand rundum Finsternis mit Sternen.

49. Tag

Geruht

50. Tag

Durchgelesen Heimfahrt siehe ganz vorne »Gebrauchsanweisung«

11. September 1973
Fünf Lehren aus Chile

I. Lehre

»Ein trauriger Morgen Allende ist tot« er kam mir bisher komisch vor der kleine drahtige Schweizer jetzt ist er ernst und menschlich als er mir das im Schwimmbad sagt er hat es in den Frühnachrichten gehört er hat eine Plastiksackfabrik geerbt und leistet sich junglinke Ansichten rundum schwimmen sich Unternehmer fit Managerseminar des Gottlieb Duttweiler Institutes in einem großen Hotelkasten in St. Moritz ich bin Vortragender über sozialistische Gesellschaftspolitik das Institut ist ein Horchposten des progressiven Kapitals was der Gegner im Klassenkampf der Partner im Klassenarrangement denkt das soll der moderne Manager wissen das gehört zu seiner Kampfausrüstung eine Woche lang 5 Stunden täglich ideologische Fitness eingebettet in physische Fitness kostet pro Kopf 3000 Schweizerfranken ich zahle nichts und kriege Honorar ob die was von mir lernen weiß ich nicht ich lerne von ihnen was der Gegner im Klassenkampf der Partner im Klassenarrangement denkt das soll der moderne Sozialist wissen das gehört zu meiner Kampfausrüstung.

Abends Modenschau von Pucci im Schwimmbad jedesmal wenn sich ein Mannequin umdreht und besoffenen Jungunternehmern den Hintern zeigt werden ein Dutzend Linke von General Pinocchio umgelegt großer Beifall »Die Zivilisation und Gerechtigkeit der Bourgeoisordnung tritt hervor in ihrem wahren, gewitterschwangern Licht, sobald die Sklaven dieser Ordnung sich gegen ihre Herren empören« Marx Bürgerkrieg in Frankreich die Mannequins springen in den Swimmingpool die Manager betrachten die Brüste die aus den nassen Modellkleidern hervortreten »wenngleich unterliegend den Wölfen Schweinen und gemeinen Hunden der alten Gesellschaft« Marx Briefe an Kugelmann über die Pariser Kommune 1871 großer Beifall.

»Der revolutionäre Kampf kann die Guerilla sein, der Volkskrieg, der Aufstand und auch die Wahlen, je nach dem Inhalt, den man ihnen gibt« Allende zu Regis Debray Le Monde 22. 9. der Inhalt den Allende den Wahlen gab die ihm September 1970 36% März 1973 44% brachten war »Der Kampf um die Staatsmacht . . . Die Unidad Popular erstrebt die Eroberung der Herrschaft in der demokratischen Republik, nicht um die Demokratie aufzuheben, sondern um sie in den Dienst der Arbeiterklasse zu stellen, den Staatsapparat den Bedürfnissen der Arbeiterklasse anzupassen und ihn als Machtmittel zu benützen, um dem Großkapital und dem Großgrundbesitz die in ihrem Eigentum konzentrierten Produktions- und Tauschmittel zu entreißen und sie in den Gemeinbesitz des ganzen Volkes zu überführen ... Die Unidad Popular wird die Staatsmacht in den Formen der Demokratie und unter allen Bürgschaften der Demokratie ausüben« der Text ist aus dem Linzer Programm der deutschösterreichischen Arbeiterpartei 1926 verfaßt vom austromarxistischen Schulhaupt Otto Bauer nur setzte ich statt Sozialdemokratie jeweils Unidad Popular.

Die Sache mit dem Sozialismus mittels demokratischer Wahlen hat aber nie funktioniert.

Nicht in den Zwanzigerjahren in Italien als die Sozialisten die Parlamentsmehrheit hatten

Nicht in den Dreißigerjahren in Spanien wo sie desgleichen hatten

Nicht in Deutschland und Österreich wo in den Zwanziger Dreißigerjahren rote Mehrheiten drohten

Und nicht in den Fünfzigerjahren in Guatemala in den Sechzigerjahren in Santo Domingo und Brasilien in den Siebzigerjahren in Chile wo halblinke oder linke Präsidenten (Arbenz Bosch Goulart Allende) Mehrheiten bei Wahlen erhielten.

Die erste Lehre aus Chile ist eine alte Lehre: Wahlsiege der Linken mit dem deklarierten Inhalt Sturz des Kapitalismus Errichtung des Sozialismus führen nicht zum Sozialismus sondern zum Faschismus. Die Spielregel: Wer mehr Zettel hat oder mehr Sitze der gewinnt – diese Spielregel des bürgerlichen Regierungssystems kann nicht dazu mißbraucht werden dieses System hinterrücks umzufunktionieren um der Mehrheit des Volkes zur Regierung zu verhelfen über die Minderheit der Kapitalisten samt ihren Satelliten das ist eine Illusion die von den Wölfen Schweinen und gemeinen Hunden der alten Gesellschaft jedesmal mit blutiger Präzision Lügen gestraft wird.

Dies nicht deshalb weil Wahlen und Parlament keine geeigneten demokratischen Instrumente sind zum und im Sozialismus sondern weil Wahlen und Parlament nur die politische Vorderseite des bürgerlichen Regierungssystems sind die ökonomische Hinterseite aber ist der Kapitalismus. Wahlen und Parlament bringen nicht die Entscheidung nicht die Macht sondern letzte Entscheidung eigentliche Macht bleiben beim außerparlamentarischen außerdemokratischen Kapital samt Satelliten: Staatsapparat Bürokratie Justiz Gedankenpolizei (Eltern Schule Amtskirche Massenmedien) Polizei Armee.

Da haben die Spatzenhirne der chilenischen Militärjunta schon recht: indem sie die Verfassung zerfetzen die gewählte Regierung massakrieren stellen sie die Verfassung wieder her: die eigentliche Verfassung des bürgerlichen Staates ist nicht die Regierung der demokratischen Mehrheit sondern die Herrschaft der kapitalistischen Minderheit.

II. Lehre

Ich glaube sagt der junge Erbe einer Plastiksackfabrik mit junglinken Ansichten und legt die Hand aufs Knie der Sekretärin des Managerseminars auch mit junglinken Ansichten die Beleuchtung ist dunkelrot in der Hotelbar ich glaube der Tod Allendes zeigt daß nur der Weg der Gewalt bleibt und welcher Ansicht bist Du bist Du für Wahlen oder für Gewalt die Hand rutscht vom Knie aufwärts Sex ist gut Revolution noch besser in allen besseren Bars Kaffee- und Wirtshäusern der westlichen Welt spielen die besseren Intellektuellen das Spiel Allendes Tod zeigt daß nur der Weg der Gewalt bleibt und welcher Ansicht bist Du für Wahlen oder für Gewalt welches ist Dein Lieblingsfußballklub Rapid oder Vienna? *In einer Orgie des vulgärmarxistischen Kretinismus debattieren derzeit linke Intellektuelle 12.000 Kilometer vom Schuß über parlamentarische Demokratie oder bewaffnete Gewalt als ob es sich hier um freie Entscheidung gemäß persönlicher Vorliebe handle als ob man sich über einem Schalerl Kaffee für diese Lösung entscheiden könne oder auch für jene.*

In Wahrheit fällt die Entscheidung nicht durch persönliche Vorliebe sondern durch die reale Macht des Kräfteverhältnisses zwischen den Klassen.

»Allende hatte tief in seinen Eingeweiden die Verweigerung des Bürgerkriegs, er hielt ihn für verloren angesichts des Kräfteverhältnisses. Er ließ sich nicht täuschen durch den Phrasenschwall vom poder popular (Volksmacht). Er wollte keine Verantwortung für tausende unnütze Tote, das Blut anderer machte ihm Angst. Darum hatte er taube Ohren für seine Sozialistische Partei, die ihm vorwarf zu lavieren bis alles verloren war, statt überzugehen zur Offensive.

– Die Putschisten entwaffnen? Womit?, antwortete Allende. Gebt mir erst die Kräfte dafür.

– Mobilisiere sie, sagte man ihm überall. Nur die direkte Aktion der Massen verhindert den Staatsstreich.

– Und wieviel Massen braucht man, um einen Panzer aufzuhalten?«

(Regis Debray Gespräch mit Allende Le Monde 19. 9.)

»Und wir wissen, daß, wenn es zum Entscheidungskampf kommt, Opfer fallen würden, die wir vor den Müttern dieses Landes nur verantworten können, nachdem wir vorher alles getan haben, was eine friedliche Lösung auf dem Boden der Volksfreiheit möglich macht.«

(Otto Bauer Rede am 10. 3. 1933 ein knappes Jahr vor dem faschistischen Staatsstreich in Österreich)

Aber eine friedliche Lösung auf dem Boden der Volksfreiheit war längst nicht mehr möglich war nie möglich außer in der Illusion man könne im parlamentarisch-kapitalistischen System Wahlen haben mit dem Inhalt Abschaffung des Kapitalismus Aufrichtung des Sozialismus. »Von einem Staatsapparat, geschaffen und besetzt gehalten von der Bourgeoisie, kann man nicht verlangen, jene Klasse zu entmachten, die ihm Geburt und Legitimität gab« (Regis Debray Gespräch mit Allende). Der Staatsapparat geschaffen und besetzt gehalten von der Bourgeoisie die ihm Geburt und Legitimität gab: *diese* Verfassung wurde von den Generälen wieder hergestellt *diese* Verfassung war bedroht durch demokratische Mehrheitsbildung zum Sturz des Kapitalismus ist die bürgerliche Demokratie nicht erfunden worden *diese* Verfassung: den Staatsapparat haben Bourgeoisie Kapital Militär keinen Augenblick aus der Hand gegeben *diesen* Staatsapparat hat die demokratische Mehrheit keinen Augenblick in der Hand gehabt.

Konfrontiert mit der großen Hilflosigkeit der verfassungstreuen sozialistischen Regierung

Konfrontiert mit dem großen Geschrei von Sturz des Kapitalismus Aufrichtung des Sozialismus Revolution Volksmacht Arbeitermiliz Volksbewaffnung wilden Fabriksbesetzungen wilden Landnahmen –

Da haben die Spatzenhirne und Riesenpranken der Militärs eben zugeschlagen.

Die ehrenwerten humanitären Bauchweh vor dem Bürgerkrieg an denen Otto Bauer Salvador Allende unheilbar erkrankten hatten realpolitischen Unterbau in der Intelligenz mit der sie das Kräfteverhältnis zwischen den Klassen richtig einschätzten:

1) Unmöglich war die friedliche Lösung auf dem Boden der Demokratie (der parlamentarisch-kapitalistischen Demokratie) denn die demokratische Mehrheit war im Prinzip wie in der Realität gleichermaßen ohne Macht und Volksmacht war nur heiße Luft aus den Kehlen des friedlich aufmarschierenden Volkes.

2) Unmöglich war der bewaffnete Kampf denn die Waffen hatte das Militär und nicht das Volk.

Erst vom Boden dieser doppelten Unmöglichkeit war der Aufschwung möglich in den Himmel der humanitären Ablehnung des Bürgerkriegs. Wenn schon beides unmöglich ist die friedliche Lösung wie der bewaffnete Kampf dann optiert der Realpolitiker für die schönere Unmöglichkeit für den friedlichen Weg.

»Im täglich wechselnden Labyrinth seines Regierens hatte Allende nur noch zwei Fixpunkte. Einerseits tief in seinen Eingeweiden die Verweigerung des Bürgerkriegs . . . anderseits: nicht versagen gegenüber der Geschichte, das Bild nicht schwärzen, das er von sich hatte und hinterlassen wollte . . . der Erpressung der Militärs sich nicht ausliefern, das Wesentliche seines Programms nicht preisgeben . . . Um seine Ehre zu wahren, hätte er den Bürgerkrieg riskieren, um den Bürgerkrieg zu vermeiden, seine Ehre riskieren müssen. Allende verweigerte diese Alternative ... So gelangte er ans Ende seiner Zeit und seiner Rolle ...« (Regis Debray Gespräch mit Allende)

Es ist die Jesus-Lösung. Als dieser zu Ostern des Jahres 33 Jerusalem friedlich erobert hatte blieb der Machtapparat in Händen seiner Gegner: er konnte seiner Bewegung nur noch dienen durch seinen Tod.

Der lebende Allende im Exil hätte dem Sozialismus nichts mehr genützt. Der tote Allende sprang direkt ins Arsenal der Ideen die zur materiellen Gewalt werden können wenn sie die Massen ergreifen.

Die persönliche Größe des Mannes darf aber nicht zum Schutzschirm werden hinter dem man sich versteckt um einer politischen Analyse aus dem Weg zu gehen. *Die zweite Lehre aus Chile ist gleichfalls eine alte Lehre: das Amalgam aus realer politischer und ökonomischer Ohnmacht derer die auf das Prinzip der demokratischen Mehrheitsbildung schwören und irrealem Phrasenschwall derer die von Sturz des Kapitalismus Sieg des Sozialismus Revolution Volksmacht Volksbewaffnung schreien wilde Fabriksbesetzungen wilde Landnahmen – dieses Amalgam aus ohnmächtiger Sozialdemokratie und ohnmächtigem Linksradikalismus führt direkt zum Faschismus.*

Dieses Amalgam aus Sozialdemokratie und Linksradikalismus wie es in den Jahren vor dem Faschismus in Italien Deutschland Österreich Spanien und schließlich Chile verhängnisvoll wurde – dieses Amalgam kombiniert und eskaliert exakt die Nachteile und verfehlt exakt die Vorteile jener beiden Spielarten von Sozialismus (die zu gegebener Zeit und an gegebenem Ort beide ihren Stellenwert haben in einer gesamtsozialistischen Strategie):

Der Vorteil der verfassungstreuen Sozialdemokratie Vertrauen zu werben bei den klein- und mittelbürgerlichen Massen die andernfalls zu Sturmtruppen des Faschismus werden – wird zunichte durch den ständigen linksradikalen Redeschwall und ständige linksradikale Einzelaktionen welche das Bürgertum in Todesangst versetzen ohne die Wirklichkeit zu verändern. So bleibt nur der Nachteil aller Sozialdemokratie auf halben Wegen und zur halben Tat mit halben Mitteln zauderhaft zu streben.

Der Vorteil des Linksradikalismus: Denunzierung des Stillsitzens und Wartens auf angeblich automatische gesellschaftliche Entwicklung Voranreißen des Willens Beschleunigung und Vorwegnahme solcher Entwicklung Revolutionierung der Köpfe Mobilisierung der Massen – wird zunichte durch die ständige Bremsung solcher Dynamik von seiten der verfassungstreuen Sozialdemokratie deren Schutz und Schirm die für sich allein zu schwache radikale Linke anderseits immer wieder braucht. So bleibt nur der Nachteil alles Linksradikalismus das Reden von der Revolution ohne sie zustandezubringen. *Die Produktion bürgerlicher Todesangst ohne Produktion des bürgerlichen Todes ist tödlich für den Sozialismus.*

Für die ausgestandene Todesangst rächt sich die Bourgeoisie durch die »höllischen Taten der Soldateska, zurückstrahlend den eingeborenen Geist jener Zivilisation, deren Lebensfrage jetzt darin besteht: wie die Haufen Leichen loswerden, die sie mordete«. Marx Bürgerkrieg in Frankreich 1871.

III. Lehre

Während die Ordnungsbestie auf dem dahingestreckten Körper des chilenischen Volkes herumtrampelt ergibt sich die restliche Welt einem Freudenfest der Rechthaberei alle alle haben es vorausgesagt

die bürgerlichen Gegner des Sozialismus daß dieser scheitern müsse

die linksradikalen Gegner der Sozialdemokratie daß nur die revolutionäre Gewalt helfe

die sozialdemokratischen Gegner des Linksradikalismus daß dessen revolutionäre Großsprechereien und wilde Aktionen zum Verhängnis für Allende würden.

Alle alle haben es vorausgesagt und alle alle haben recht behalten

In der Tat mußte der Sozialismus scheitern (gescheitert werden durch den Faschismus)

In der Tat hätte die revolutionäre Gewalt geholfen (den Faschismus früher zum Losschlagen zu bringen)

In der Tat waren die revolutionären Phrasen und wilden Aktionen verhängnisvoll für den Marxisten Allende (er hätte sich sonst zum rosaroten Sozialdemokraten entwickelt).

Am Ufer des Stromes der Geschichte sitzen und debattieren was gewesen wäre wenn dieser unseren Rat befolgt und seinen Lauf geändert hätte – das ist aber reine Müssiggängerei und höchst zweifelhaft die Annahme daß historische Großereignisse auch ganz anders hätten ausgehen können als sie wirklich ausgingen.

Nach bisheriger historischer Erfahrung konnte in Chile weder die friedlich parlamentarische Lösung gelingen noch die revolutionäre Volksbewaffnung.

Voraussetzungen für bewaffnete Revolution:

1) Die Revolution kommt nicht von der Revolution sondern *im Gefolge einer Fremdursache:* Krieg (Rußland) Bürgerkrieg (Kuba) äußerer und innerer Krieg (Jugoslawien China) antikolonialer Befreiungskampf (Vietnam). Aus eigener Kraft ohne Mithilfe einer mächtigen Fremdursache – bisher immer: Krieg – kann die bewaffnete Revolution nicht siegen.

2) Jene mächtige Fremdursache in deren Gefolge die Revolution siegt führt zu einer *totalen Zerrüttung des alten Staats- und Machtapparates:* anders kann die bewaffnete Revolution nicht siegen.

3) Innerhalb der allgemeinen Zersetzung des alten Machtapparates ist insbesondere erforderlich die *Zersetzung des Militärapparates:* die Armee entgleitet dem Kommando der alten Mächte sie verliert ihre Einheit zersplittert in Fraktionen große Mengen Soldaten laufen über zur Revolution großer Mengen Waffen fallen in die Hände der revolutionären Bewegung. Gegen einen intakten Militärapparat kann die Revolution nicht siegen.

4) Erforderlich ist ferner da bewaffnete Revolution von einer relativ kleinen Gruppe gemacht wird *Furcht Ungewißheit Sympathie oder doch Neutralität der großen Mehrheit der Bevölkerung* wie sie einer bestimmten historischen gesellschaftlichen politökonomischen Situation entsprechen.

5) Bewaffnete Revolution siegt daher nur in Situationen und in Ländern mit einem *typischen geschichtlichen gesellschaftlichen politökonomischen Hintergrund:*

a) voran geht keine oder keine durchgreifende bürgerlich-demokratische Revolution daher

b) autoritäres Regierungssystem

c) schwacher bis fast gar kein Kapitalismus daher

d) keine starke breite bürgerliche Mittelklasse.

Zufolge c) und d) *fehlen die ökonomischen und gesellschaftlichen Kräfte zur Aufrechterhaltung oder Wiederherstellung eines starken Staats- und Machtapparates*

Zufolge a) und b) *fehlt ein öffentliches politisches Leben das einer sozialistischen Bewegung Aktionsfeld bietet als Alternative zur bewaffneten Revolution.* Daher:

6) haben sozialistische Bewegungen die bewaffnete Revolution machen ein *typisches soziologisches Profil* sie werden getragen von radikaler Intelligentsia und Proletariat in Ländern mit schwachem Kapitalismus sind daher zahlenmäßig klein verglichen mit der Gesamtbevölkerung streng nach außen abgeschlossen straff geführt straff organisiert quasi militärisch oder überhaupt militärisch. *Massenparteien und Massengewerkschaften in Ländern mit vollzogener bürgerlich-demokratischer Revolution und/oder bürgerlich-demokratischer Tradition sind ungeeignet für bewaffnete Revolution.*

7) Woher kommen die Massen die nötig sind für bewaffnete Revolution wenn der militant-militärische Kern solcher Revolution relativ kleine Gruppen von Intelligentsia und Proletariat sind? Diese Kerntruppe rekrutiert rund um sich eine desto zahlreichere Hilfstruppe von Bauern. Soziologisch sind alle bisherigen bewaffneten sozialistischen Revolutionen *Bauernrevolutionen* in schwach bis garnicht

industrialisierten Ländern. Die Bauern gehen mit der Revolution (wenn und sobald diese ihnen dies begreiflich machen kann) weil sie Friede wollen nach langem äußeren Krieg (Rußland) und/oder langem inneren Krieg (China Kuba) weil sie von fremden Truppen terrorisiert werden (Jugoslawien) weil sie eigenes Land und Schuldfreiheit wollen (Rußland China Vietnam Kuba). *Ohne Mobilisierung von Bauernmassen gibt es keine bewaffnete Revolution* der zahlenmäßig schwachen Klasse der Intelligentsia und des Proletariats in Ländern mit schwachem Kapitalismus (in Ländern mit starkem Kapitalismus gibt es sozialistische Bewegung ganz anderen Typs Massenparteien Massengewerkschaften parlamentarisch-demokratischen Zuschnitts).

8) Schließlich bedarf es für erfolgreiche bewaffnete Revolution einer *spezifischen Struktur ausländischer Einmischung.* Entweder wird die Revolution von außen her im wesentlichen *in Ruhe gelassen* (China Kuba) oder die Einmischung von außen ist so beschaffen daß jene kontra die Revolution *zu schwach* ist (Rußland) oder zwar stark aber per Saldo *weniger effektiv* als die Einmischung zugunsten der Revolution (Vietnam).

Für Chile traf keine der obigen 8 Voraussetzungen bewaffneter Revolution voll zu.

Die dritte Lehre aus Chile ist wiederum eine alte: es gibt keine bewaffnete Revolution

a) ohne Mithilfe wuchtiger revolutionsfremder Ursachen wie Krieg Bürgerkrieg antikolonialer Befreiungskampf

b) welche den alten Staats- und Machtapparat total zerrüttet

c) insbesondere den Militärapparat

d) Es gibt keine bewaffnete Revolution wenn hinter dem Staats- und Militärapparat eine relativ starke Bourgeoisie ein relativ starker Kapitalismus steht

e) wenn die sozialistische Bewegung aus Massenparteien Massengewerkschaften besteht nicht aus einer militärisch disziplinierten Kaderpartei

f) wenn keine Mobilisierung der Bauern gelingt

g) wenn die Einmischung der kapitalistischen Hauptmacht viel stärker ist als die Unterstützung durch sozialistische Staaten.

Obige Liste konkreter historischer gesellschaftlicher politökonomischer Voraussetzungen für bewaffnete Revolution ist bestimmt weder komplett noch genügend differenziert sie reicht aber für den Nachweis: *die linksintellektuelle Kaffeehausdiskussion „Allendes Sturz zeigt daß nur die Gewalt hilft“ ist der reine Unsinn.*

IV. Lehre

Die ganze Fragestellung nach dem Sturz Allendes ist falsch: Gelangt man zum Sozialismus auf bürgerlich-demokratischem Weg oder durch bewaffnete Revolution? Sie geht von der Annahme aus daß es immer und überall *irgendeinen* alternativen Weg zum Sozialismus gäbe. Dies ist nicht der Fall. Es gibt Zeiten und Orte wo jeder Weg zum Sozialismus durch Gegenkräfte bis auf weiteres blockiert ist. *Als Allende auf dem friedlichen Weg blieb schlug der Faschismus dennoch zu – hätte Allende zu den Waffen gerufen wäre der Faschismus desto früher losmarschiert.*

Dies ist keine Entwertung der Regierung Allende welche von bürgerlichen Massenmedien konsequent als „Experiment" tituliert wird um zu vernebeln daß es eine gewählte verfassungsmäßige demokratische Regierung war die da von den Generälen massakriert wurde. In einer bestimmten historischen Situation müssen Personen müssen Bewegungen handeln und können sich nicht vom Handeln dispensieren weil keiner der möglichen Wege ein Weg zum Erfolg werden kann. „Marx hatte im September 1870, ein halbes Jahr vor der Kommune, die französischen Arbeiter direkt gewarnt . . . Und wie verhielt er sich, als dieses nach seiner eigenen Erklärung aussichtslose Unternehmen im März 1871 dennoch Wirklichkeit zu werden begann? . . . Begann er vielleicht wie eine Gouvernante zu nörgeln: Ich habe es ja gesagt, ich habe euch ja gewarnt? . . . Nein. Am 12. April 1871 schreibt Marx einen begeisterten Brief an Kugelmann . . . als er eine Volksbewegung, eine Massenbewegung sieht . . . die in der weltgeschichtlichen revolutionären Bewegung einen Schritt vorwärts bedeutet" (Lenin Vorwort zur russischen Übersetzung der Marxschen Briefe an Kugelmann).

Ein Schritt vorwärts in der weltgeschichtlichen revolutionären Bewegung ist nicht unbedingt ein Schritt zum zeitgenössischen Erfolg. Von der chilenischen Volkseinheit September 1970 bis September 1973 gilt der Nachruf den vor hundert Jahren Marx der gescheiterten Pariser Kommune schrieb: sie „wird ewig gefeiert werden als der ruhmvolle Vorbote einer neuen Gesellschaft. Ihre Märtyrer sind eingeschreint in dem großen Herzen der Arbeiterklasse. Ihre Vertilger hat die Geschichte jetzt schon an jenen Schandpfahl genagelt, von dem zu erlösen alle Gebete ihrer Pfaffen ohnmächtig sind."

Die Verhimmelung der Volkseinheit des toten Allende darf freilich nicht auch einschließlich die Insinuation ein solcher Held und Märtyrer hätte geradesogut wie Untergang durch Schurkerei auch Sieg auf seinem friedlichen Weg erleben können. Die Geschichte baut keine solchen Zufälle. So wenig für die Unidad Popular der Weg offenstand zur Rettung durch revolutionäre Volksbewaffnung so wenig stand ihr der Erfolg offen auf dem Tugendpfad der bürgerlich-parlamentarischen Demokratie.

Das ist die vierte Lehre aus Chile gleichfalls eine alte: dem Faschismus genauer: dem Kleinkapital als massenhafter Sturmtruppe dem Großkapital als Geldgeber dem Staats- und Militärapparat als Verwaltungsorgane der Unterdrückung dem Faschismus als ideologischem und terroristischem Retter der Bourgeoisie aus ihrer Not – der Vereinigung dieser gemeinsam überlegenen Gegenkräfte entgeht die sozialistische Bewegung nur unter folgenden Voraussetzungen:

a) Wahlkämpfe parlamentarische und Regierungsaktivität nicht mit dem deklarierten Inhalt: Sturz des Kapitalismus Aufrichtung des Sozialismus. Dies kann sein und soll sein der Inhalt langfristiger Programmatik und Strategie. Kurzfristig aber sind die Ziele zu definieren als demokratische Reformen *streng innerhalb* des bürgerlich-parlamentarischen (das heißt kapitalistischen) Systems. Was die Summe aller Reformen dann ergibt: den Sprung in eine neue Qualität den Sprung in eine neue Gesellschaft – das steht auf einem anderen einem neuen Blatt der Geschichte nicht aber im parlamentarisch-demokratischen Wahlprogramm.

b) *Disziplinierung der revolutionären Wortmacherei und der wilden Aktionen eines linken Radikalismus Kinderkrankheit sozialistischer Bewegung.*

Die radikale Linke ist unentbehrlich als denkender Kopf der sozialistischen Bewegung die ihrerseits alle übrigen Körperteile für den Marsch durch die Geschichte zu stellen hat. Aufgabe der radikalen Linken ist Theorie Analyse Kritik der sozialistischen Bewegung Praxis sozialistischen Lebens als Vorhut vorwegnehmend sozialistische Zukunft der breiten Massen – Revolution der Köpfe Revolution des Lebens nicht aber Sabotage des gesamtsozialistischen Vormarsches durch blinden Aktionismus nicht aber Hervorrufung von Faschismus *der die sozialistische Bewegung besiegt ehe sie stark genug ist ihrerseits zu siegen.*

c) Durch a) und b) *möglichste Wegnahme der Todesangst vorm Sozialismus wie sie insbesondere die kleinkapitalistischen kleinbürgerlichen Massen haben* oder eingeredet bekommen – welche in Wahrheit bedroht sind vom großen Kapital dessen Konzentrationsprozeß sie um ihre Existenz bringt.

d) *Durch Förderung der Konzentration und Zentralisation des Kapitals* – welche außerdem nötig ist für Erhöhung des Lebensstandards der lohn- und gehaltsabhängigen Massen innerhalb des Kapitalismus – *möglichste Dezimierung der kleinkapitalistischen kleinbürgerlichen Massen welche die sicheren Sturmtruppen des Faschismus sind.*

e) *Durch gezielte selektive Förderung der kapitalistischen Wirt-*

schaft Erhöhung des Lebensstandards der Massen Erhöhung der Masseneinkommen – andernfalls entstehen die ökonomischen Hebel: Massenelend Arbeitslosigkeit Inflation „Wirtschaftschaos" für das Eingreifen des Faschismus.

f) Solange das Proletariat solange die sozialistische Bewegung allein nicht stark genug ist vielmehr unsicheres Gleichgewicht der Klassenkräfte herrscht – solange *gezielte selektive Bündnispolitik mit geeigneten progressiven Fraktionen des Kapitals/der Bourgeoisie:* dies ist zugleich gezielte selektive *Spaltungspolitik* um die vereinigt zu mächtige Bourgeoisie zu teilen in handliche handhabbare Portionen.

g) *Komplettes liberales Reformwerk* um geistige Klimaänderung zu bewirken eine Definition von Demokratie zu realisieren die elastisch und dynamisch ist: Demokratie heißt immer mehr Demokratie.

h) Da der Staats- Macht- Militärapparat so wie er ist ungeeignet ist für Sozialismus geeignet für Faschismus: stückweiser ständiger geduldeter *Umbau Infiltration* in eine Schlüsselstellung nach der anderen.

Keine dieser acht Voraussetzungen für das Überleben einer demokratischen sozialistischen Bewegung hat die Unidad Popular mit einiger Konsequenz erreicht und durchgehalten. Allende wollte sicher diese Art von *sozialistischer Politik auf sozialdemokratischen Katzenpfoten* desgleichen wollte dies die gut sozialdemokratoide KP. Beide wurden zuschanden am verbalen Revolutionarismus und an den wilden Aktionen der radikalen Linken.

Dies heißt nicht daß es im Belieben der Unidad Popular gestanden wäre auch anders zu agieren als sie agierte. Der verbale Radikalismus die Deckung und Duldung der wilden Fabriksbesetzungen und Landnahmen war wahrscheinlich nötig um die Volkseinheit auch nur einigermaßen zusammenzuhalten –

um den Preis daß sie der Faschismus dafür auseinanderschlug.

V. Lehre

Fünfte und wichtigste Lehre aus Chile:

a) *Die Epoche der bewaffneten revolutionären Kämpfe ist in Lateinamerika bis auf weiteres zu Ende.* Kuba: die Überrumpelung der kapitalistischen Hauptmacht vor ihrer eigenen Haustür wird sich nicht wiederholen. Sie hat unterdessen für Festigung der Macht- und insbesondere Militärapparate in allen ihr zugewandten lateinamerikanischen Staaten gesorgt. Sie betreibt die Industrialisierung die Entwicklung des Kapitalismus und einer dementsprechend starken breiten bürgerlichen Mittelklasse in fast allen diesen Staaten mit beträchtlichem Erfolg. Die bewaffneten revolutionären Gruppen sind zerschlagen oder können garnicht erst entstehen. Der romantische

Traum von der Landguerilla ist aus seit dem Tode Ches in Bolivien 1967 – der romantische Traum von der Stadtguerilla ist aus seit Zerschlagung der Tupamaros in Uruguay 1972.

b) *Desgleichen ist nun vorbei mit dem Tod Allendes die Epoche des friedlichen Weges zu einer demokratischen sozialistischen Gesellschaft.* Jedesmal wenn es Mehrheiten bei Wahlen gab für progressive Präsidenten in den Fünfziger- Sechziger- Siebzigerjahren (Arbenz in Guatemala Bosch in Santo Domingo Goulart in Brasilien Allende in Chile) jedesmal rückte die vereinte heimische und US-Feuerwehr aus und löschte mit faschistischer Gewalt den roten Brandherd.

c) *Anbricht die lange Nacht des Faschismus in Lateinamerika* – mit Brasilien als Hauptmacht und US-Statthalter Bolivien Uruguay und nun Chile als Satelliten zu geschweigen von den älteren weniger modernen Diktaturen auf dem ganzen Kontinent.

d) Die Neue Linke ist wieder einmal nicht so ganz auf dem neuesten Stand. Daß alle Regionen der 3. Welt Herd und Hoffnung der Revolution seien ist leider bis auf weiteres unwahr. *Ganz Lateinamerika ist vermutlich aus der Liste zu streichen.* Wo Krieg Bürgerkrieg antikolonialer Befreiungskampf alte Macht- und Militärstrukturen zerrütten dort kann die Revolution siegen – wo solche hilfreichen historischen Umstände fehlen unterlag sie oder kann gar nicht erst versucht werden weil dort Militärmacht Kapitalismus bürgerliche Mittelklasse – alle US-gepäppelt – immer stärker immer blühender werden.

e) *So liegt die Hoffnung der lateinamerikanischen Revolution paradoxerweise nun gerade in jenem Land von dem aus der Kapitalismus seine Polypenarme über Lateinamerika streckt.* Die Vereinigten Staaten sind – immer noch trotz Niederlage der New Left – nicht nur die kapitalistische Hauptmacht sondern eine Hauptmacht der progressiven Linken. Gelangt diese – auf dem Umweg vermutlich über „Sozialdemokratisierung" der US-Demokraten à la McGovern Ted Kennedy – an die Regierung so beginnt was jetzt in Richtung Faschismus spielt: das Ensemble jener mächtigen US-Polypenarme über Lateinamerika in die umgekehrte in die progressive Richtung zu spielen. Wozu die demokratischen sozialistischen Bewegungen in Lateinamerika selbst derzeit und bis auf weiteres unfähig sind das könnte dann von den USA her neu aufgerollt werden.

Hinter dem derzeitigen drittklassigen Kleinkriminellen im Weißen Haus kommt entweder der große Faschismus oder die progressive US-Linke verwirklicht das Postulat daß dem am weitesten fortgeschrittenen Kapitalismus die am weitesten fortgeschrittene sozialistische Bewegung entspricht. Wenn alle innern Bedingungen erfüllt sind wird der lateinamerikanische Auferstehungstag verkündet werden durch den Schrei des US-Adlers.

Mit Prophetie dieser Art („Wenn alle innern Bedingungen erfüllt sind, wird der deutsche Auferstehungstag verkündet werden durch das Schmettern des gallischen Hahns“ Marx Zur Kritik der Hegelschen Rechtsphilosophie Einleitung) haben sich freilich manche schon blamiert.

P. S.

Anruf vom Verlag sie wollen einen neuen Waschzettel denn im Manuskript haben sie gelesen daß mir der alte nicht mehr gefällt ich finde es rührend wie ernsthaft sie an dieses Buch herangehen. Hier ist er:

Neuer Waschzettel Nenning

Nenning unternimmt erste linke Sammlung nach der Schlacht: Die Studentenbewegung ist geschlagen, aber sie hat eine ganze Generation junger Menschen produziert, die links von der Mitte denken und leben. Wie kommen wir zu dem Sozialismus, den diese Jugend will?

In seiner Antwort ist Nenning so rot wie die Jungen Linken, sein Sozialismus ist die klassenlose herrschaftsfreie Gesellschaft, komplett mit Rätedemokratie, Arbeiterselbstverwaltung, sexueller Befreiung, Kommunen statt Zweierehe und Kleinfamilie. Auch seine Analyse der Sozialdemokratie als Juniorpartner des Kapitalismus ist neulinks.

Aber Nenning ist nicht bloß rot, sondern realistisch: Sozialismus ist ein langfristiger Prozeß, zunächst innerhalb des Kapitalismus. Sozialdemokratie einschließlich „sozialdemokratoider“ Parteien (westliche KPen, US-Demokraten à la Mc Govern und Ted Kennedy) sind für ihn Agenturen zur Vorbereitung des Sozialismus. Indem sie den Kapitalismus vollenden, schaffen sie die materielle Basis, indem sie liberale Reformen durchsetzen, schaffen sie die ideologische Basis für Sozialismus.

In heftiger Polemik mit der Neuen Linken, als deren geheimes Oberhaupt er in Österreich lange Zeit galt, fordert Nenning eine gesamtsozialistische Strategie, welche nicht neben und gegen, sondern mitten durch die Sozialdemokratie marschiert.

Nenning sieht in der westlichen Industriegesellschaft keine revolutionäre Situation im klassischen Sinn, sondern „permanente rosa Revolution“: Im dialektischen Bündnis mit den Interessen des „progressiven Kapitals“ nach Konzentration und Liberalisierung (beides zwecks Profit) soviel Reformen, daß deren Masse in einem langen Prozeß umschlägt in eine qualitativ neue Gesellschaft.

Funktion der Linken in dieser Strategie ist nicht die unmögliche klassische Revolution, sondern die mögliche Revolution der Köpfe, die mögliche Revolution des täglichen Lebens in Politik, Betrieben, Wohnvierteln, Ehe, Familie, Sexualität.

Nenning versucht auch formal einen neuen Weg. Lyrik, Drama, Prosa – alle alten Formen zerschlug die moderne Literatur, einzig unversehrt blieb der politische Essay. Auch bei linkstem Inhalt ist seine Form die bürgerliche des 19. Jahrhunderts. Nenning vermischt den theoretischen Gedankenstrom mit einem parallelen „privaten" Bewußtseinsstrom. Revolution umfaßt für ihn nicht bloß Politik und Ökonomie, sondern das eigene Leben. –

Naja wenn dies alles nur so klar herauskäme in diesem Buch wie in diesem Waschzettel Freitag 12. Oktober 7.30 Uhr Abflug Frankfurter Buchmesse ich muß zehn gebundene Exemplare mitnehmen bis dorthin ists keine Woche mehr 406 Seiten sind schon fertig gesetzt dies hier muß noch gesetzt werden alles noch gedruckt also sollte ich vielleicht aufhören fertig ist ein Buch immer nur wenn der Verleger sagt aufhören. Als nächstes Buch schreibe ich dieses Buch neu. Man schreibt sein Leben lang nur e i n Buch.